统一民事责任

原理与规范

The Unification of Civil Liabilities

Why and How

张家勇　昝强龙　著

中国人民大学出版社

·北京·

目 录

导　论

自原《民法通则》颁行以来，民事责任在我国民法理论上就备受关注，学者更将其视为现代民法生命力之所在。[①] 民事责任既体现了民事权利的“法律上之力”，又维护了民事权利确认的利益归属秩序，民事责任在民事法律制度中居于重要地位。

就理论层面而言，尽管民事责任是保障民事权利的基本工具，但在规范技术上，民事责任通常都借助民事义务的媒介而与民事权利结合在一起。民事责任被认为是民事主体因违反民事义务应承担的不利后果，并或多或少具有道德责难的意味。[②] 不过，从历史源流看，债务和责任的分离与融合是责任问题上最具理论抽象意义的课题，被认为是整个债法的基础。[③] 但是，理论上关于民事责任的讨论，更多与具体责任类型，如违约责任、侵权责任与信赖责任等关联，而较少涉及民事责任的一般规范问题。在这个意义上，“民事责任”是复数而非单数形式。这种情况的出现或许与法律传统的继受有关。罗马法将债务与责任融为一体，责任不过是特殊的债因（私犯与准私犯），而违反债务的后果虽然同样属于责任，即债务不履行的责任，但它不过是债务效果的延伸，与作为债因的“责任”并不处于同一层面，故而，责

① 梁慧星．民法学说判例与立法研究．北京：中国政法大学出版社，1993：255.

② 李永军．中国民法学：第1卷．北京：中国民主法制出版社，2022：254.

③ Siehe Otto von Gierke，*Schuld und Haftung im älteren deutschen Recht*，Breslau，1910，S. 1.

任法就仅仅被保留在债务发生原因的规范层面，其可以被看作特殊的债务发生原因法，是从属于债法的规范领域，只有统一的债法（Obiligationsrecht），而没有独立的责任法（Haftungsrecht）。相反，日耳曼法传统将债务（Schuld）与责任（Haftung）分离，债务法（Schuldrecht）与责任法处于同等位阶，后者以前者为前提，且构成前者的体系补充。[①] 现代私法理论显然更多承继了债法的罗马法传统，责任法被认为是债法的当然组成部分，基本被等同于侵权责任法，一般意义上的责任法是不被承认的，至少被认为是欠缺规范价值的，仅在个别规范领域保留了债务与责任分离的痕迹。

就民事立法层面而言，责任法也反映出类似的特点。在范式民法典中，一般民事责任的特征是隐而不彰的，不经由具体责任类型难以窥其共同面相。民事立法主要通过损害赔偿法彰显民事责任的一般特性，而且该一般特性只限于赔偿效果的统一性，赔偿责任的成立规范则始终与具体责任类型关联，不存在一般规定。在某种意义上，这些具体的责任类型已经形成某种“自足、独立”的“规范王国”，以违约责任或侵权责任相对完整的规范体为其典型，相对于这两种责任类型，缔约过失责任以及其他法定责任只能处于补充或附属地位，甚至有被前二者吸收的趋向。如缔约过失责任、因合同解除所生责任（如赔偿责任）被纳入“合同责任”领域[②]，而其他与合同无关的法定责任则被归入“合同外责任”这个抽象度更高的范畴[③]，从而形成合同责任与合同外责任的二元结构。[④] 对于那些在立法形式上根本不设“损害赔偿”一般规范的立法，这种以具体责任类型构建分散式独立“规范王国”的情况就更为明显。例如，我国《民法典》虽然在总则编专章规定民事责

① Gierke，a. a. O.，S. 4.

② 关于“违约责任”与“合同责任”的概念使用，我国民法理论界有不同观点。肯定说认为，违约责任与合同责任含义相同，都是指违反合同债务所产生的民事责任。否定说则认为，合同责任是合同或合同法上的民事责任，既包括违约责任，也包含缔约过失责任，甚至包括合同解除或保证责任等在内。韩世远．合同法总论．北京：法律出版社，2018：743－744. 本文使用的“合同责任”指所有以合同为基础（无论其效力如何）的责任类型，违约责任则仅指以有效合同为基础的责任。

③ 如债法修订后的《法国民法典》第1240条以下。

④ 不过，2020年7月提交的《民事责任改革法建议草案》则按照“卡塔拉草案”的立法模式设置了合同责任和合同外责任的统一规范。

任，但是，其对责任形式的规范不仅流于简陋，甚至完全放弃了对不同责任形式的实质内容的规定，在反映“总则”的一般规范属性方面，其规定的形式意义更为突出，重要的民事责任实体规范仍然散见于具体的责任类型，尤其是合同和侵权责任分编的规定中，也曾因此被学者批评为体系化失败的产物。[①] 据此，我国《民法典》总体上仍然采纳的是范式民法典依责任类型规定民事责任的传统模式，基本放弃了对民事责任一般规范的立法呈现。

在英美法传统中，与大陆法传统上的责任法接近的是救济法，但责任法与救济法在内涵与外延方面都明显有别。不过，实体法上的救济规范虽无责任法之名，却有责任法之实。由于英美法私法中的债法规范本就被切分为合同法、侵权法与返还法等不同规范领域，法学理论上也不很抽象，所以，根本无须也无法发展出一般责任法的理论，更不用说相关的规范领域。尽管学者有关于救济形式一般理论的阐释，它的实体效果与责任法规范接近，在某种意义上甚至可被视为责任法的一般理论[②]，但责任法的基本或主要规范仍然分散于合同法、侵权法等不同法律领域中，从而呈现出与大陆法传统法制相同的状况。

尽管私法理论与制度现实如此，并且与民事义务分离的民事责任，最先也是因其与义务或债务的关系而被“发现”的，但是，在近代民法上，权利成为法律的中心观念，保护个人权利成为法律的最高使命。[③] 法律的任务已由使人尽其义务而转向保护其权利，为使权利之内容得到实现，方有义务的履行。[④] 与之相应，民事责任的正当性逐渐建立在对民事权利的救济基础上，民事责任制裁违反民事义务的行为之功能则渐趋衰落，其虽不能被彻底排除，但也只能作为例外而处于附属地位，其适用范围受到严格的限制。从这个角度看，民事责任纵以民事义务之违反作为其成立的前提，但民事义务

---

① 李宇．民法总则要义：规范释论与判解集注．北京：法律出版社，2017：842.

② Dan B. Dobbs, *Law of Remedies: Damages, Equity, Restitution*, Vol. 1, West Publishing Co., 1993. Geoffrey Samuel, *Law of Obligations and Legal Remedies*, Cavendish Publishing Limited, 2001, pp. 113f.

③ 梁慧星．民法总论．北京：法律出版社，2017：41.

④ 王伯琦．民法总则．台北：台湾编译馆，1979：32.

对于民事责任之成立也仅具法律技术上的意义。直言之，义务违反并不反映民事责任的目的，民事权益受侵害才是启动民事责任机制的动因。有鉴于此，义务违反就不再是民事责任成立的必要条件，不违反法律义务但造成民事权益遭受侵害的行为，仍可能依法引致民事责任。这样，各种民事责任就统一于救济受侵害的民事权益这个共同目的之上，在这个意义上，“民事责任”是单数而非复数的，民事责任的统一也因此获得其正当性基础。

此外，还需要在理论上加以明确的是：民事责任的特性如何？其对民事责任的成立及效果规范具有何种意义？应如何认识民法传统关于民事责任类型区分的意义？统一的民事责任与具体的民事责任类型关系如何？以民事责任发生原因（责任原因）还是责任形式（责任效果）为基础构建民事责任规范体系，各自有何比较优势？民事责任规范的原因模式与效果模式是对立的还是互补的？概而言之：统一的民事责任在理论上可能、在规范上可行吗？

为此，首先需要辨明的是，作为民法的基本概念或范畴，民事责任的规范属性与功能定位是讨论统一民事责任规范的前提问题，这构成本书第一章的基本内容。从民事责任的概念史来看，德国民法理论借助日耳曼法传统的“发现”，确立了债、责分离的传统，责任法也因此被纳入债法领域，作为债法的组成部分。不过，从现代私法的视角来看，前述“发现”的意义，更多不在债、责之关系本身，而在于借助这一关系的历史溯源，使民事责任相对于民事义务或债务的独立性获得关注，并且，伴随近代民法理念的变迁，民事责任的功能也从单纯保障义务履行转向主要保障权利实现。对此，有学者指出，民事责任制度存在两种基本的规范模式，即“义务（行为）—责任”模式与“权利（资源）—责任”模式，它们在责任发生依据、归责原则以及内容上都存在差异。① 更有进者，主张将民事责任从债法领域抽离出来，升进至私法的一般领域（总则规范），并与私法的权利法属性相呼应。为此，通过辨析民事责任的规范属性，厘清其与民事义务、权益救济以及民事制裁的关系，进而确定民事责任规范的基本规范功能，就能够为统一民事责任规

---

① 赵新华，许辉猛．民事责任的两种规范模式．西南政法大学学报，2005（3）：69.

范提供认识前提。

如前所述，无论在理论层面还是制度层面，民事责任并未基于其救济民事权益的功能定位而被当然地确立为私法的一般问题，其规范问题在立法技术上被置于债的发生原因及债务不履行责任层面，并因而更多与具体的责任类型关联，责任规范整体上呈现出分散而非统一的特征。依具体责任类型塑造民事责任是唯一可行的规范模式吗？这种模式是如何确立的？其面临的问题是什么？从责任效果角度规范民事责任有何优势？效果模式与既有的原因模式是对立的还是互补的？对这些问题的回答，构成本书第二章讨论的内容。

民事责任法在结构上由责任构成和责任承担两部分规范内容组成，因此，本书第三、四章对统一民事责任规范论的讨论，将分别从这两个层面展开。即使只进行最简单的观察，我们也不难发现不同责任类型的构成要件存在明显差异，要进行民事责任的统一建构，就应当对这种构成要件差异以及这种差异所造成的规范难题作出回应。经由德国理论有关责任构成阶层论的启发，我们将不难发现，在责任成立的事实构成阶层，不同责任类型具有高度的统一性，尽管不同责任类型理论对这个阶层的要件表达仍可能存在差异，但不足以否定该统一性的存在。就责任承担来说，范式民法典通过对损害赔偿债务类型的统一规范，在损害赔偿这一责任形式的规范层面完成了一般规范的提取。但是，将返还性责任作为损害赔偿的方式，虽然避免了责任构成上不必要的繁复，但也造成对返还性责任与补偿性责任在适用要件上的差异性的轻忽；并且，防御性责任与补偿性责任存在更多的不同，更难为损害赔偿责任所包含。这几种典型的功能性的民事责任形式，被广泛适用于各种民事权利的保护实践。救济形式的选择决定于权益救济的需要，无论何种责任类型，在应对相同的救济需要时，应当适用相同的救济规范。这种责任效果的统一构造，已经在某些立法例中得到尝试。① 尽管这种制度建构的尝

① 张家勇．合同法与侵权法中间领域调整模式研究：以制度互动的实证分析为中心．北京：北京大学出版社，2016：507－511.

试是否成功尚待观察，但目前也没有充分的理由对此表示怀疑，毕竟，法律实践所呈现出的统一效果已经部分支持这种尝试。①

总体而言，伴随《民法典》的颁行，我国民事立法的体系化任务基本完成，但是，受限于立法上的路径依赖与理论研究的不充分，至少就民事责任而言，无论是在立法上还是在理论上都远远没达到体系化应有的程度。“民事责任”虽然形式上被提升为民法总则规范，但其规范内容的丰富性和体系协调性都很难令人满意，也没有在不设置债法总则的立法选择下，通过功能性责任的一般规范发挥损害赔偿一般规范的规范效用。虽然借助合同编“通则”规范的准用（《民法典》第468条），扩大了合同编“通则”规范的适用范围，但侵权责任编中同样具有一般性的损害赔偿规范，却欠缺类似的准用规定，反映出立法者在立法技术上体系视角的缺失。而且纵然补充这样的准用规定，这些规定本身也会带来法律适用上的不确定，相比于通过立法直接抽取一般规范，准用技术也只能是次优的选择。就此而言，在立法未设置责任法一般规范的情况下，通过对现行法体系中责任规范的整理，探索民事责任规范的统一性，是我国后民法典时代所面临的重要理论课题。

① 在法律实践中，不仅不同责任类型下的赔偿效果趋于一致，如对人格权受侵害无论是基于违约还是侵权，在能否主张精神损害赔偿上采取统一的评价标准（如我国《民法典》第996条与第1183条）；在侵害所有权时，无论是依据违约还是侵权，也都采取统一的规范评价，即适用《民法典》第1184条。而且，不同的责任领域中的返还财产、停止侵害等责任形式的法律适用，也都遵循相同或相似的评价标准。

第一章

民事责任的范畴厘定

据称，“民事责任”这一术语是在18世纪末，由法国学者在系统研究民法的法律责任问题时首先提出来的。[①] 但是，作为规范技术的民事责任，其出现的历史实际上可以追溯到更为久远的罗马时代。在罗马法中，责任与债务融为一体，责任被纳入债务的概念之中。[②] 德国民法理论经由日耳曼法传统而发展出责任与债务的区分观念，其中，布林兹（Brinz）首先提出这对概念的区分理论，阿米拉（Karl v. Amira）进一步作出开创性的贡献，而基尔克（Gierke）则是集大成的权威学者。[③] 不过，该区分观念并未能够在现代德国民法制度上得到完全贯彻，仅部分观念之痕迹依稀可寻。在我国民事立法上，对民事责任概念存在不同用法，民法理论就其认识也远未达成共识。因此，澄清民事责任的概念，探究其本质与功能，不仅有助于深化对民事责任制度的理论认识，更有助于整体的制度建构。

第一节　民事责任的概念界定

我国民法理论关于民事责任概念的界定，多从其外在功能入手，而民事

① 郭明瑞，房绍坤，于向平．民事责任论．北京：中国社会科学出版社，1991：40.

② Siehe Otto von Gierke，*Schuld und Haftung im älteren deutschen Recht*，Breslau，1910，S. 1.

③ Rudolf Huebner，*A History of Germanic Private Law*，translated by Francis S. Philbrick，Boston：Little，Brown，and Company，1918，pp. 464－465.

责任的具体内涵却常常被忽略。如果不辨明民事责任的基本属性，就难以全面认识民事责任这一规范概念所具有的制度价值及相应的规范内容。有鉴于此，我们将首先对现有理论加以检视，然后讨论民事责任之属性。

一、界定民事责任的不同学说

恰如学者所见，责任概念在私法发展进程中，其内涵杂糅，外延不定，以致学者在阐述责任本质时分歧巨大，难成共识。[①] 这些观点分歧，涉及民事责任的功能与实质、程序与实体、公法与私法等不同面相。就现代民法以观，尽管民事责任常须借助公力救济，依诉讼与强制执行等程序而实现，但民事责任之本体，也就是民事责任的发生与内容或效果，为纯粹实体私法问题，乃理论上不争之共识。在这个意义上，只有从实体私法角度界定民事责任的相关理论，也就是那些通常表现为功能论的学说，才被纳入我们这里所考察的对象，其中以“担保说”和“制裁说”为其典型。

（一）担保说

这种观点衍生于“债务—责任”的概念史。罗马法使用诸如负债（obligare）、债务（obligatio）等称谓描述责任内容，债、责一体。与之不同，日耳曼法则将责任视为对债务的外在羁束状态、对债务履行的担保，斯堪的纳维亚地区同样采纳了此种做法。[②] 德国民法理论一般也认为，民事责任是债务履行的担保。[③] 受其影响，我国一些学者也多持相同见解。[④] 而我国少数学者试图跳出“债务—责任”关系，以将民事责任置于民法整体的视角来观察，认为民事责任是民事主体违反民事义务的民事法律后果，而民事义务不限于债务，而是包括各种民事义务。[⑤] 这种“不利法律后果说”实际上与

---

① 谢鸿飞，等．债法总则：历史、体系与功能．北京：社会科学文献出版社，2021：51.

② Rudolf Huebner, *A History of Germanic Private Law*, translated by Francis S. Philbrick, Boston: Little, Brown, and Company, 1918, p. 469. 魏振瀛．论债与责任的融合与分离：兼论民法典体系之革新．中国法学．1998（1）.

③ ［德］迪特尔·施瓦布．民法导论．郑冲，译．北京：法律出版社，2006：168－169.

④ 王泽鉴．债法原理．北京：北京大学出版社，2009：22. 林诚二．民法理论与问题研究．北京：中国政法大学出版社，2000：219. 李开国，张玉敏．中国民法学．北京：法律出版社，2002：78.

⑤ 魏振瀛．民法．北京：北京大学出版社，高等教育出版社，2017：46.

“债务—责任”视角在基本结构上类似，民事责任同样被看作保障民事义务履行的手段，有与“担保说”至少相似的立场，仅仅是在“担保”的对象上存在不同理解而已。

“担保说”在区分民事义务与民事责任的意义上具有合理性，在日耳曼法传统上，责任本身的确就曾伴有担保的形式（人质与质物）[①]，而且民事责任因其以义务不履行为发生前提，在效果上体现为一种强制甚至不利益，有利于促进债务的履行或相对方利益的获取，将这种效果称为“担保”当属自然。不过，对“担保”功能的“借用”也正是其局限所在，因为私法理论上所称担保也具有含义不定、用法多样的问题。“担保”作日常用语使用时具有“保障”或“确保”之义，也就是实现某种目的的手段。例如，理论上将债之保全称为一般担保，义务人“保证履行”的表示也都属于这种情况。具有特殊的意义的是现代私法上的“担保制度”，它是相对于债权而被建构的特殊制度，旨在通过债权本身效力外的补充措施确保债权的实现。这种担保在其早期意义上仅以所担保的义务不履行为前提，但担保效果与所违反的义务在内容上并不匹配，不论是人身性责任还是财产设质都是如此，责任与义务/债务的分离表现得尤为明显。现代的担保将担保人的责任限于财产性责任，其在内容上从属于所担保的债权。这样一来，“担保”保障债权的效果就与民事责任的救济效果趋于一致。尽管如此，对于非财产性民事责任，如不作为责任（如停止侵害）以及精神性责任（如消除影响、恢复名誉与赔礼道歉），“担保说”仍然回归“担保”的日常语用。即使引入公力救济的观念，认为民事责任是债权的公力担保[②]，也未根本改变前述状况，这是因为，一旦回归日常语用方面，“担保”的指示或说明意义就极为有限了，在相当程度上仅具有对债务人施以心理压力，促其履行债务的意义。

（二）制裁说

“制裁说”将民事责任作为不法侵害他人权益应受的民事上之制裁。[③]

---

① 参见本章第二节之“一”。

② 张俊浩．民法学原理：下册．北京：中国政法大学出版社，2000：662.

③ 郑玉波．民法债编论文选辑：上．台北：五南图书出版公司，1984：60.

在凯尔森（Hans Kelsen）看来，特殊意义上的制裁包括狭义的制裁与强制执行两种形式，它们都对责任人施加了某种恶，或者强行剥夺了某种善。[①]其中，违法行为（包括不履行义务）是狭义的制裁，即法秩序要求的强制行为的发生条件，但义务主体与对违法行为负责的主体不必是相同主体，即存在为他人行为负责的情况。[②] 尽管他并未直接指明，但狭义的制裁也就是违法行为的后果，与法律责任同其含义。这一点已昭然若揭。简单来说，法律责任就是因自己或他人的违法行为而遭受的某种不利后果（恶的施加或善的剥夺）。

与前述一般法律责任的属性论说不同，民法学者尝试从两个方面明确制裁的含义：一是将制裁理解为法律对民事行为的否定评价，这一功能通过确定责任的过错标准得到反映，从而，严格责任并没有制裁功能。[③] 照这种理解，制裁就只体现为一种价值评价，其不仅不能反映民事责任的整体属性，而且也与制裁的通常含义不尽相符，毕竟，对于返还性责任或补偿性责任来说，如果责任人只是失去其不法所得，就很难在通常意义上将民事责任视为一种制裁。二是将制裁理解为由国家机关对违法者实施的惩罚性强制措施。[④] 在这个意义上，责任通过强制执行的程序机制得到反映，但强制执行不必反映为实然的事实，只要有能够强制执行的潜在可能性即为已足。即使不考虑民事责任与民事制裁是否同其范围的问题，从强制执行法的角度界定责任，就是以责任的实现方式置换责任本体，根本无法揭示责任概念的内容。凯尔森将狭义的制裁与强制执行加以区分，就避免了这种不当置换情形的出现，并且，如果制裁不是确定责任的必要条件，责任概念就肯定无法通过制裁来得到界定。

此外，与"担保说"将民事责任的主要功能指向义务履行或履行效果的获取不同，"制裁说"将民事责任的功能指向对义务人的否定评价或不利后果的施予。尽管指向不同，但它们都存在义务内容与责任效果不完全对应的

---

① ［奥］汉斯·凯尔森．纯粹法学说．雷磊，译．北京：法律出版社，2021：142.

② 同①155－157.

③ 王利明．侵权责任法研究：上卷．北京：中国人民大学出版社，2010：113.

④ 郭明瑞，房绍坤，于向平．民事责任论．北京：中国社会科学出版社，1991：13.

问题。如果说“担保说”还在现代担保意义上对“义务—责任”的关联性有所反映的话（“担保说”实际上欠缺这种确切意涵），“制裁说”则根本就无须考虑这种关联性。作为单极性的视角，对违法者的制裁只需要服务于制裁的有效性目标，而无须顾及制裁后果是否与被违反之义务的本来效果相符。如果说某些民事责任的确具有纯粹的制裁性质，在现代私法上，其始终也只能作为例外而获得承认，将其作为民事责任的一般属性，难以与民事关系两极性正当结构契合。①

如果从民事责任的外在功能角度界定民事责任无法反映其基本属性，那么，将民事责任与其功能分离，从其内容角度阐释民事责任，对于准确界定民事责任概念将是值得尝试的。

二、民事责任的基本属性

从历史源流的角度，民事责任以民事义务的违反为发生前提。伴随现代私法对受害人权益救济的关注，无过错侵权责任或严格责任得到承认，民事责任的发生就不再以民事义务的违反为必要，单纯的权益侵害就足以引发责任的承担。在责任内容上，民事责任原则上以其救济的受保护民事权益为确定其内容的基础，这种内容上的依存性是民事责任区别于公法上责任的关键所在。就此而论，民事责任是法律给予民事主体的法律救济，旨在恢复被侵害的民事权益。唯有通过民事责任与民事权益的关联性，才能将民事责任的内容与功能融为一体。

（一）民事责任是因民事权益受侵害或有受侵害危险所产生的法律后果

我国民法理论一般认为，民事责任是违反民事义务的法律后果。换言之，责任乃是因（契约）债务不履行、个别或一般保护义务之违反所生的后果。② 这样一来，有义务才有责任，权益保护不过是民事责任承担后的间接效果。或许正是基于这样的考虑，我国《民法总则（草案）》第 180 条就曾

① ［加］欧内斯特·J. 温里布．私法的理念．徐爱国，译．北京：北京大学出版社，2007：42.

② 黄茂荣．债法通则之一：债之概念与债务契约．厦门：厦门大学出版社，2014：72.

以原《民法通则》第 106 条第 1 款为基础，规定“民事主体不履行或者不完全履行民事义务的，应当依法承担民事责任”。

对于违约责任来说，称责任为义务不履行或不适当履行（统称为不履行，下同）之后果，是容易理解的。比如，违反约定迟延交付商品，或者交付的商品有瑕疵而造成对方损害，是合同当事人承担损害赔偿责任的必要前提。再如，在无因管理中，管理人因管理方法不当，应向本人承担损害赔偿责任，亦以违反管理人适当管理义务为前提。

对于侵权责任来说，称责任为义务不履行的后果则可能面临困难，尽管在一般情况下并没有太多的问题。这是因为，侵权法保护的对象通常为人身、财产等绝对权，基于绝对权的归属效能，特定权利人与不特定义务人之间会形成尊重与不妨碍他人权利的一般法律义务（“毋害他人”）。这种义务只是一种抽象的法律义务，在侵权事实发生前是隐而不显的。只有当特定行为人违反该种义务而侵害受保护的权利时，才引发侵权人与受害人之间的侵权责任关系。在这个意义上，侵害这些权利虽然不像债务不履行那样是对特定当事人之间具体权利义务关系的破坏，但仍然表现出“义务—责任”的关联关系。

与之不同，在不作为侵权情形下，不论是基于法律规定、职业要求、在先行为，还是基于特定关系而经由裁判确定的作为义务，在责任发生逻辑上，都先要确定特定主体对受保护者负有作为义务。① 这种情形与债务不履行责任发生的情形具有相似性，尤其是与违反合同中的附随义务或保护义务所生责任相似。这是因为，这些义务都不具有给付性质，当事人事先不得要求履行，只有在发生损害时才作为责任成立的要件而被认定。尽管如此，由于合同中的附随义务或保护义务是依附于合同而存在的义务，所以性质上为合同债务。② 这种合同依附性虽然可能提高相关义务的强度，但并未改变义务的属性及其效果。

---

① 程啸．侵权责任法．3 版．北京：法律出版社，2021：220－222.

② 不同看法认为，因附随义务或保护义务的债权人不得以诉的方式请求义务人遵守，故原则上不以债务称之。黄茂荣．债法通则之一：债之概念与债务契约．厦门：厦门大学出版社，2014：68.

这种纯粹为了分配损害而作为逻辑前提被建构的“义务—责任”关系，在尚未上升为权利或被权利化的利益受侵害时同样存在。由于这种利益的内容、边界不确定，是否构成侵害、利益主体能否请求排除，都只能由法官结合案件具体情况作个案权衡后决定。[①] 在这种情形下，义务的行为指示效果不足，其不过是作为责任发生的逻辑前提而得到确认。也就是说，义务不再是一种伦理意义的实质规范，而仅作为技术性概念而存在。

在严格责任或者无过错责任下，责任要么以行为为基础（如与高度危险活动相关的责任），要么以特定关系为基础（如雇主责任），又或者以特定结果为基础（如物件致害责任）。尽管这类责任也可能因存在违法性而与过错责任发生竞合，但其本身并不要求行为具备违法性[②]，甚至致害行为是法律所认可的合法行为，因而存在一种行为被允许但对其所生损害仍须赔偿的状况。在这种情况下，认为责任系因违反义务而生，尽管在前文所述一般法律义务的意义上也并非不可想象，但会造成一种矛盾状态：既然义务是一种受约束状态，有应为的性质，那么法律允许为相关行为就意味着对义务的排除，逻辑上不存在违反已被排除之义务的可能！在过错责任的意义上，义务违反作为行为不法性或过错要素而存在；而在无过错责任下，行为不法或有过错不是责任构成要素，因而也没有强调义务违反的必要。在无过错责任下讨论义务违反，可能混淆规范问题与事实问题，无论如何应当认识到：无过错责任中可能事实上存在义务违反，但义务违反本身并非责任成立的规范前提。与之相似，对公平责任（如《民法典》第1254条规定的高空抛坠物致害情形下，可能加害人的补偿责任）同样不能在义务违反的意义上加以理解。

由此可见，在民事权益与民事责任的关系上，实际存在“权利—义务—责任”和“权利—责任”两种结合模式。[③] 尽管不履行义务作为债务不履行

---

① 于飞．权利与利益区分保护的侵权法体系之研究．北京：法律出版社，2012：60.

② ［德］埃尔温·多伊奇，汉斯-于尔根·阿伦斯．德国侵权法：侵权行为、损害赔偿及痛苦抚慰金：第5版．叶名怡，温大军，译．北京：中国人民大学出版社，2016：174. 王泽鉴．民法研究系列：侵权行为法．3版．北京：北京大学出版社，2016：629.

③ 张家勇．合同法与侵权法中间领域调整模式研究：以制度互动的实证分析为中心．北京：法律出版社，2016：530.

责任的前提没有问题，在一般侵权场合也没有理解上的障碍，但是，用于解释利益侵害情形下的侵权责任，尤其是危险责任或公平责任，则窒碍难行。认为民事责任是民事主体违反第一性义务所产生的第二性义务[①]，虽然与多数情形下的民事责任相符，但是不够周延。因此，将民事责任作为受保护民事权益因他人行为或应负责任范围内的事件而受侵害或有受侵害危险之后果，应当说更加可行。民事责任直接与受保护权益相关，保护合法权益是民事责任的内在和首要的目的。学者有谓，民事责任使民事权利具有法律上之力[②]，此之谓也！

（二）民事责任是责任人承担的与受侵害民事权益相关的不利后果

如果将我国《民法典》总则编“民事责任”章、合同编“违约责任”章以及侵权责任编中的责任规范加以整理，可以发现，我国法上的民事责任在具体形式上大约可以被分为四种类型：第一类是预防性的，如采取补救措施、继续履行、修理、重作、更换（违约责任）、停止侵害、消除危险与排除妨碍（侵权责任）；第二类是恢复性/返还性的，如返还财产、恢复原状；第三类是补偿性的，如赔偿损失、支付违约金、消除影响、恢复名誉与赔礼道歉；第四类是惩罚性的，如惩罚性赔偿或超出损害的得利剥夺。从上述关于民事责任形式的简单列举中不难看出，这些责任的承担，要么会导致责任人增加支出以恢复受侵害权益之原状，如采取补救措施、修理、重作、更换与排除妨碍、消除影响、恢复名誉；要么会将受害人所受之不利益转嫁给责任人，如赔偿损失、支付违约金；甚至可能会超出受害人的受害程度而施予责任人超额的金钱支付义务，如惩罚性赔偿[③]，这些责任总体上都表现出责任人遭受的一种不利益状态。在这种意义上，民事责任可以被看作对责任人的一种制裁。

---

① 崔建远．民法总则应如何设计民事责任制度．法学杂志，2016（11）：24.

② 梁慧星．民法总论．北京：法律出版社，2017：85.

③ 这种超损害的给付义务虽然在效果上接近于公法上的制裁（如行政罚款），但相关款项由责任人直接支付给受害人/被侵权人而非支付给公共机构或国家，因此，其仍然保持了私法的形式，与公法上的惩罚有别。有关惩罚性赔偿在私法上正当性的争论，请参见［德］格哈德·瓦格纳．损害赔偿法的未来：商业化、惩罚性赔偿、集体性损害．王程芳，译．北京：中国法制出版社，2012：125－126。

不过，就赔礼道歉，尤其是实际履行这类责任形式而言，在通常意义上其很难被理解为一种不利益，因为，在这种情形下，责任人的利益并未有所减损，甚至责任内容与责任人本来负担的义务是完全相同的。因此，只有在受强制状态的意义上，它们才表现出责任色彩。但是，被强制的义务履行在以下意义上仍然表现出不利益：首先，被强制的责任人被强迫实施指定的行为，对外将产生宣告其遭受否定评价的表达意义，这种否定性评价的表达意义并不存在于通常的义务履行中。其次，即使基于其性质，法律不能强制行为人实施相关行为（如对赔礼道歉不可直接强制执行），但是，通过间接执行（如罚款、拘留等）、替代执行（如公开判决，由责任人承担费用[①]）等方式，责任人仍将面临法律上的不利益。[②] 对于继续履行来讲，情况也具有类似性：债务不能被强制实际履行并不免除行为人相应的替代赔偿责任；被强制执行的债务必然伴随相较于自愿履行时更重的负担（如承担诉讼与执行费用）。当然，在最严格的意义上讲，如果将民事责任理解为义务人原本负担之给付的强制转换形式，继续履行就不具有民事责任的本质特征。

从整体来看，权利人遭受的权益侵害与责任人因此承担的民事责任之间存在相关性：正是因为责任人的行为或其应当负责范围内的人之行为或事件侵害了权利人受保护的民事权益，才产生了责任人对受害人/权利人的民事责任。

其一，责任人或其负责范围内的人之行为或事件对他人受保护权益造成了侵害，或至少有造成侵害的现实危险。受保护权益作为一种法律确认的利益归属而受到保护，从而产生针对任何人在没有正当理由的情况下不得侵害的效果。[③] 在具体表现上，“不得侵害”可以根据特定的法律政策而表现为保护权利的两种形式：一是禁止任何可能造成侵害的行为；二是允许致害行为存在，但须对受害权益给予补偿。[④] 后一种形式是一种弱化的权益保护方

---

① 最高人民法院原《关于审理名誉权案件若干问题的解答》第 11 条.

② 葛云松．民法上的赔礼道歉责任及其强制执行．法学研究，2011（2）：122.

③ 于飞．侵权法中权利与利益的区分方法．法学研究，2011（4）：108.

④ ［美］吉多·卡拉布雷西，A. 道格拉斯·梅拉米德．财产规则、责任规则于不可让与性：一个权威的视角．明辉，译//徐爱国．哈佛法律评论：侵权法学精粹．北京：法律出版社，2005：295.

式，但仍然维持了权益归属状态的完整性。

在归属关系的维护上，法律基于具体情形而有不同的规范设计。在相对权法律关系（主要是合同关系）中，利益归属通常是通过当事人之间的合同才被确立起来的（例外地，利益归属也可以基于信赖关系而发生，如表见代理及某些缔约关系①）。此时，只有依这种关系负有促使利益实现的当事人才是权益受侵害的可能责任人（债权相对性），第三人仅在例外情形才可能因侵害这种权益而承担责任（第三人侵害债权）。与之不同，在绝对权法律关系中，与权利人相对的不特定义务人原则上仅负担抽象的不侵害或不妨害的义务（侵权法上的不作为义务），只有在例外情形下才负担采取措施或行动以避免受保护权益遭受侵害之作为义务（不作为侵权），因此，具体的致害行为或事件不在于未促成权益内容的实现，而在于妨害或干扰了权益内容的实现。正是由于权益归属与具体致害行为/事件之间存在的相关性，才确立了特定责任人与权利人之间责任关系的正当性。

其二，民事责任是服务于救济受害权益的目标，具体表现为填补受害人遭受的损害，恢复受害权益本应处于之状态，或防止可能遭受侵害的现实危险。从民事责任的规范构造来看，其存在两个规范关注点：一个是对加害行为的防止，另一个是对受害权益的救济。从相关性的角度看，这两个关注点在规范上的评价效果应当保持一致。因此，在民事责任的施加上，法律一方面要求从责任人处转移出去的利益必须由受害人取得，另一方面又强调禁止债权人得利原则，即受害人不能因为受侵害而处于相较于无侵害事实时更好的状态。这是因为，民事责任承担的直接目的是救济遭受侵害的具体民事权益，故而，民事责任的相对人原则上应当是民事侵害行为的受害人或其权利继受人。这个要求将民事责任与行政或刑事责任等公法性的责任区分开来。同时，受害人/请求权人因民事责任的承担所取得的利益，若不是源自受害

① 这种缔约关系主要存在于信赖关系强化对原本不加保护的利益给予保护的情形，如基于信赖的费用支出。更为重要的是已成立，但因一方背信地阻碍合同生效的前合同赔偿情形，具体参见张家勇．论前合同损害赔偿中的期待利益：基于动态缔约过程观的分析．中外法学，2016（3）。

权利的转换（损害填平原则），则只能源自责任人本不应有的付出。如果剥夺本应属于责任人的利益给权利人，必将造成新的不平等，从而违反责任制度的救济目的。这个要求就是平等原则在民事责任制度上的体现。

不过，具体民事责任规范也可能通过如下形式背离前述一般原则：一是根据受保护权益的重大性（针对可能危害不特定社会公众的人身、财产安全的行为）或者侵害行为的严重性（恶意的牟利性侵权行为），法律允许对责任人施加惩罚性赔偿[①]或者得利剥夺责任。[②] 二是对特定类型的民事违法行为，要求行为人向特定公共机构或者国家支付罚金（民事罚金）。[③] 这种做法实际上是将公法的惩罚原理引入私法，或者说是借助私法机制实现公法的威慑目标，因此，并非严格意义上的民事责任，而是民事责任制度下的特殊制裁机制。

（三）民事责任表现为一种特殊的债之关系

民事责任作为责任人承担的不利法律后果，表现为责任人应当依照约定或法律规定为或不为一定行为的义务，或者权利人有要求其实施该等行为的请求权。尽管在概念使用上，债务/义务和广义的责任概念常被混用[④]，在这种情形下，责任与债务/义务为同一含义，没有区分的必要。但是，我国民法在绝大多数情形下所使用的“责任”概念，都是对违反法定义务或侵害受保护权益的后果规定。这从《民法典》第 179 条有关民事责任形式的列举也可以明确看出，所有的民事责任均为对责任人的行为要求，且其权利主体当然地为依法享有相应请求权的民事主体。

因此，民事责任在性质上表现为“责任人—权利人”之间的债之关系。

---

① 朱广新．惩罚性赔偿制度的演进与使用．中国社会科学，2014（3）：115－117.

② 张家勇．基于得利的侵权损害赔偿之规范再造．法学，2019（2）.

③ 2016 年 4 月法国司法部公布的《民事责任改革法建议草案》第 1266—1 条规定：“在非合同领域，若加害人故意地犯有获得收益或节约开支的过错，受害人或检察机关可向法官申请判令加害人支付民事罚金，法官需在判决中就罚金的理由予以特别说理。该罚金与加害人的过错程度、负担能力（facultés contributives）以及可能的获利成比例。民事罚金的数额不能超过获利的十倍。若责任人为法人，则民事罚金之数额最高可以达到该法人机构此前会计年度在法国境内最高税后收入的 5%。民事罚金不能成为责任保险之标的。”

④ 如原《民法总则》第 104 条之规定：“非法人组织的财产不足以清偿债务的，其出资人或者设立人承担无限责任。”

民事责任之所以为债，乃是因为，债之关系具有抽象性，其舍弃了发生原因而单纯从效果着眼，债之关系在效果上被抽象为一种民事主体之间请求为或不为特定行为的关系。[①] 既然民事责任恰好与债之关系的效果相符，在逻辑上就应当将其归类为债之关系。主张将责任由债务分离的观点主要是认为，责任是强制性的表现，而债务则可以由当事人自觉履行，从而不与民事责任发生关联，因而，民事责任并非民事债务的题中应有之义。[②] 在债务可以没有责任保障（如自然债务）的意义上，说债务与责任可以分离，这样的看法当然没有问题。[③] 但是，基于债务自觉履行，从而不发生责任，并据此认为债务与责任在逻辑上应当分离，则是将事实问题与规范问题混淆了：须知，民事责任始终是作为债务不履行的潜在后果而保障债权实现的，正如不能因为没有处分事实就认为所有权没有处分权能一样。更为重要的是，债务不一定表现为责任，这与说责任是债务并没有矛盾。因此，认为债务与责任可以分离，并不足以否认责任为债务。其实，承认没有责任保障的自然债务，恰恰是在抽象意义上使用了债务概念（没有强制力保障的债之关系），既然如此，焉能在讨论债务与责任关系的时候就将债之关系的抽象属性弃置一旁呢？

把民事责任作为一种债务对待，不仅是基于概念逻辑的推论，而且具有规范方面的实践价值。民事责任的内容、履行方式、地点等，在没有相反规定或约定时，应当遵循债的一般规定；此外，债之相对性效力、债权担保、债的保全以及抵销、提存等清偿规则也都适用于民事责任的实现；因义务不履行应负的民事责任，除可能面临强制执行外，还会引发债务不履行的后

---

① 需要说明的是“担保责任”问题。“担保责任”常被作为无债务之责任的例证，尤其是物权担保。在人的担保（保证）情形下，保证人承担的债务与主债务人不履行所生责任相同，但是，将保证责任理解为无债务之责任是不正确的。因为，该种“责任”不过是保证人依保证合同所应当履行的债务而已。在物的担保或者金钱担保情形下，担保人承担担保责任并不需要主动为一定行为，所以只有“责任”而无债务。但是，即便是在这种情形下，设定物权担保的合同或者法律规定均独立地成为担保人必须接受担保实行的后果的法律基础，因此，这里的担保责任仍是在广义责任，也就是行为人承受相应法律后果意义上的责任，尽管再一次与主债务人（如果有）应承担的责任一致，但其本身并非（狭义的）民事责任。

② 魏振瀛．民事责任与债分离研究．北京：北京大学出版社，2013：36.

③ 当然，是否有必要承认“自然债务”或“无责任之债务”则属另一问题，具体参见本章第二节之“一”相关论述。

果。比如，自责任成立时起即应就应付款项支付利息①；未按照规定自觉履行责任，可能要承担加重的迟延责任（如支付滞纳金）。认为民事责任确定后不会发生不履行问题，显然是没有注意到这种因不自觉承担责任所面临的不利后果。尽管这样看上去会出现义务（一般法律义务或原级债务）→原级债务不履行责任或侵权责任（责任之债）→不履行责任之债的责任……这种逻辑循环，但是，由于这种循环本身会因为责任主体的自觉履行，或者强制执行程序的介入而被中断，所以循环的逻辑链条不会过长，不会引发实践中的严重问题。更为重要的是，债务关系是高度抽象化的法律效果，而责任则因对责任原因的强调而在抽象化程度上低于债务关系，而且其效果又恰好落于债务关系的概念外延内。由此可见，侵权责任（侵权之债）的不履行责任不仅在事实上可能，而且在法律逻辑上也完全没有障碍。

尽管民事责任是一种债之关系，但它还是存在不同于普通债（原级债）的特殊性，乃是一种特殊的债。这主要表现在以下三个方面。

第一，民事责任以民事权益受侵害或有受侵害之现实危险为发生前提。救济被侵害的民事权益是民事责任的直接目的，所以，没有引致权益侵害或侵害之危险的行为或事件，就不会引发民事责任。正是在权益救济效果意义上，民事责任才与原级债务相区分，换言之，民事责任通常只是违反原级债务/义务所产生的后果。例如：如果没有违约事实，就不会发生违约责任；如果没有侵权事实，也不会有侵权责任。再如，就管理他人事务而言，在成立适法无因管理的情况下，管理人与本人之间成立法定的债务关系，该种关系不以受保护权益被侵害为前提，就此而论，其属于普通债务关系（原级债务）而非责任关系。只有在这种债务关系发展的过程中，发生了债务不履行的行为，才产生民事责任问题。与之不同，尽管不当得利在我国《民法典》上与无因管理一样被当作“准合同”加以规定，但其发生基础在于不当的利

① 例如，《德国民法典》第256条规定：有义务偿还费用的人，应当负担自支出时起所支出金额的利息；第849条规定，在因侵夺或损坏物而需补偿价额或减值价额时，应自确定价额的基准时起应受害人请求而支付补偿金额的利息。

益保持造成财产归属秩序的破坏，损害了返还权人的利益，因此，其更多具有权益侵害下的恢复原状特征，是一种类似于责任关系的发生原因。概而言之，民事责任仅发挥权益保护功能，而原级债务则既能发挥权益创设功能（如合同创设的合同债务），也能发挥权益保护功能（如以保护为目的的合同关系所涉债务）。

第二，民事责任是民事权利法律上之力的具体呈现，具有现实的强制性。在发生责任引致事实前，民事权利的法律上之力只是一种潜在可能性；在实际发生责任引致事实后，民事责任的强制性就现实化了，它由国家公权力保障实现，当义务人不履行时，其将被强制执行。

第三，民事责任是一种对权益侵害行为或事实的否定评价，甚至可能具有制裁的效果。民事责任除强制性外，通常还具有制裁意义，代表着法律上的否定性评价，系因违反义务而应受制裁之地位。① 不过，需要注意的是，简单地将民事责任等同于制裁并不恰当，仅当制裁脱离了权益相关性时才不同于补偿或救济功能而具有独立性。在这个意义上，只有那些具有惩罚性的民事责任（如惩罚性赔偿）才具有制裁效果。

第二节　民事责任与相关概念的界分

作为我国民法理论上的基本概念，民事责任与其他类似概念存在界分问题。只有在辨明民事责任与这些相邻概念的关系基础上，才能进一步明确民事责任的制度功能或价值。

一、民事责任与民事义务

我国民法理论界一般认为，民事责任是违反民事义务的结果，民事法律制度遵循“权利—义务—责任”的构造逻辑。在主张民事责任与义务或债务区分的学者看来，义务只能是责任发生的前提，义务本身无法确定责任。因

① 李宜琛．民法总则．北京：中国方正出版社，2004：44.

此，有必要在理论上对作为民事责任发生前提的民事义务和民事责任的关系再作澄清。当然，这里所说的民事义务是指原级义务（primary duty），否则，若民事责任本身也表现为一种法律义务，属于次级义务，对二者就没有区分的必要。

在现代法的观念上，义务或债务是一种受强制执行法保障实现的法律状态。在这个意义上，民事义务与民事责任原则上保持一致，分离只能是例外。但是，认为在所有历史中或法域下，民事义务与民事责任都处于这样的关系中，则是不正确的。比如，在罗马法上，“债为法锁，据之我们有必要被强制根据我们城邦的法偿付某物”。在这种制度逻辑下，债务与责任融为一体，责任是违反义务的当然后果，也是债务本身的题中应有之义。但是，在其他法律传统如日耳曼法中，情况则可能与之不同。我国民法理论上主张债务与责任分离观念的学者，通常都是以后者作为其比较法制度支持的。鉴于就日耳曼法下债务与责任分离的相关研究已经较为充分，本书这里仅作概览。

学者研究发现，在日耳曼法（及古老的斯堪的纳维亚等法律传统）中，债法是建立在债务（Schuld）与责任（Haftung）的区分观念基础上的。① 债务（Schuld）在最为宽泛的意义上标示的是一种“法律上的应为”（rechtliches Sollen），而“应为”（Sollen）是指依法施予并受保护的状态。在债务人方面，债务具有两层含义：一是提出给付的积极内容，二是不得规避或阻碍履行条件成就的消极内容。同时，这种“法律上的应为”也对债权人提出了要求，即债权人应当接受债务人所负担的给付。由此，债务人的给付义务与债权人的受领义务结为一体，相互依存。② 债务的履行虽然会产生与法律要求相符的状态，但其本身却并不包含这种状态，也就是说，债务本身不含有强制实现即“必为”（Müssen）的内容。虽然不履行债务构成违反法律的行为，可能会导致债务人被驱逐出族群并被没收财产的后果，但不会产生被

---

① Rudolf Huebner，*A History of Germanic Private Law*，translated by Francis S. Philbrick，Boston：Little，Brown，and Company，1918，p. 464.

② Ibid.，pp. 465－467.

强制履行债务的效果。要达到迫使债务人履行债务的效果，责任（Haftung）就必须被附加在债务之上，以发挥担保债务履行的效果。[①] 这种担保功能通过在义务之外创设一种法律约束关系而表现出来，即某种客体（object）为了债务的履行而受拘束（gebunden）、受牵扯（verstrickt）或被关联（verhaftet）。当债务不被履行时，债权人可取得对该客体的控制权力，并可以从中获得债权的满足。[②] 也就是说，责任与加诸特定客体之上的约束相关，“责任”乃他物之“替代”，“承担责任”就替代了原本负担的法律义务：只有经由义务之履行，“负担责任”的客体所受约束才能被解除。[③]

值得注意的是，承担义务的永远只能是人，而作为责任之对象的“客体”则既可能是人，也可能是物，并且，和现代法上责任的请求效果（Forderung）不同，早期日耳曼法允许债权人对受责任约束之人或物直接加以处置。[④] 此外，受责任约束的人或物无须是债务人自己或其所有之物，且这种物与债务所指向的客体（如土地债务或欠款）本身可能没有直接关系，受责任约束的对象（客体）与债务之主体或对象由此得到分离，尽管从概念上讲，责任始终以债务的存在为前提。[⑤]

在日耳曼法的早期阶段，法律义务最初表现为不法行为之后果的形式，即不法行为人需就不法行为支付罚金。若不予支付，债权人或法庭并无强制债务人履行的权力，而只能将义务人从族群驱逐并没收其财产，受害人有权就相应财产获得补偿。在这个意义上，违法行为人对受害人就以其人身和财产而“承担责任”。随着私法的发展，债权人与债务人通过约定创设的责任逐渐替代了针对不法行为的法定后果。既然没有人对一种没有担保的义务感兴趣，创设债务的约定（债务协议）和创设责任的约定（责任协议）通常就结为一体，同时发生。不过，尽管这种做法使区分债务与责任变得更加困

① Rudolf Huebner, *A History of Gremanic Private Law*, translated by Francis S. Philbrick, Baston: Little, Brown, and Company, 1918, pp. 468 - 469.

② Ibid., p. 469.

③ Ibid., p. 470.

④ Ibid..

⑤ Ibid., p. 471.

难，但并没有改变它们各自的含义。因为，对于既已存在的义务创设具有担保效果的“责任”总是可能的。[①]

责任要么是针对特定人的，要么是针对特定物的，前者包括针对人身的责任（corporal liability），以及针对责任人财产的责任（property liability）。[②] 针对特定人的责任最先以人质为表现形态，要对人质本身进行扣押。人质由自由人担当，当义务或债务不被履行时，人质可以被债权人杀死或致残或者收为奴隶。[③] 不过，伴随财产性责任价值的提升，人身性责任的重要性逐渐降低，人质也不必立即就被债权人扣押，而是在发生债务不履行后，受责任约束之人被剥夺了法律保护之后才能发生普通人质的效果（自由保证），从而表现出“以扣押换履行”的担保形态。再后来，在受责任约束之人未被剥夺自由人资格的前提下，债权人也可以选择只占有其部分财产以补偿未被清偿的债权。在发生债务不履行的情况下，责任人甚至不会当然被扣押为人质，事后的履行仍然可以解除其责任约束。此外，责任协议将第三人引入到债之关系中，且担保人承担的责任也从自身为单独的责任主体形式（primary liability）发展为附属于债务人的责任形式（secondary liability），即只有在债权人对债务人的诉求无果的情况下才承担责任。更为重要的是，担保人不再被认为仅仅是对他人债务承担责任，而他自己也是债务人，担保人要么履行债务、要么作出赔偿的观念得到了发展，从而与罗马法趋于一致。[④]

针对特定物的责任与针对特定人的责任一样，都具有以责任替代债务的效果，即在责任之外不再残存债务的履行问题（这一点需要特别关注）。针对物的责任最初也表现为质物的形式。动产质在发生债务不履行前，债权人只有扣留的权利而无处置或收益的权利。当发生债务不履行时，早期的效果

---

① Rudolf Huebner，*A History of Germanic Private Law*，translated by Francis S. Philbrick，Boston：little，Brown，and Company，1918，pp. 471 - 473.

② Ibid.，pp. 473 - 474.

③ Ibid.，p. 476.

④ Ibid.，pp. 475 - 481. 不过，当事人仍然可以约定人身约束性的责任形式。

是债权人取得对质物的完全所有权（forfeiture-pledge），后来转化为债权人的出卖权（sale-pledge）。无论如何，债权人只能就质物本身获得满足，若质物价值不足或者毁损，债权人并无其他请求权可资救济。在这个意义上，虽然债务的履行能够解除质物上的约束，但出质人本身不负担履行债务的义务，故而有权放弃质物以替代债务履行（这在债务人出质时有其特别的意义）。不动产质的出现晚于动产质，但其重要性逐渐增强。最初的不动产质使债权人取得附条件所有权（bedingtes Eigentum，Eigentumspfand），后来发展为无须占有的土地担保，从而其权利实现需要借助司法行为。但是，这种权利可以对抗任何后来取得土地的第三人，具有某种现代不动产担保物权的特征。[①]

从日耳曼法的上述概要情况可以看出，如果不考虑早期法律发展中常见的人身性责任，日耳曼法上债务与责任区分的最重要特征在于：债务本身并没有强制实现的效力，责任具有完全替代债务本身的效果，这与现代私法上的债权担保具有类似性。但不同的是，在债务不履行时，债权人只能诉诸责任而无法要求债务人履行或补充履行来保障自己的利益。此外，在日耳曼法发展早期，不论是人身性责任还是附带的财产性后果都与债务内含的财产性利益的满足没有直接关系，二者在内容上经历了从完全分离到逐步关联的发展过程。之所以发生这种情况，乃是因为，早期的日耳曼法是以义务或债务的履行为重心，把债务不履行看作是对秩序的破坏而非对债权人利益的侵害。因此，随着秩序维护观念向私权保护观念的重心转移，责任服务于债权人利益满足的目标，与债务履行为债权实现之手段，二者就共同引致了责任与债务的融合。这种融合反映了现代民法以权利为中心的特征，债权在正面通过债务之履行而实现，在反面通过责任之承担而受保障。

尽管日耳曼法上债务与责任的区分为“责任乃债务之担保”的观念提供了基础，但是，恰如前述，这种担保观念与现代担保法中债务人始终是最终

① Rodolf Huebner, *A History of Germanic Private Law*, translated by Francis S. Philbrick, Boston: Little, Brown, and Company, 1918, pp. 474 - 475.

的责任承担者的观念是根本不同的。在现代法上，债务相对于责任的基础性不仅体现在债权人利益的保障上（如发生担保效果不足时债务人有补充责任），而且表现在第三人担保时债务人与担保人的关系上，即债务人始终是债务不履行所生效果的终局承担者，纵有债权担保，债权人仍然可以舍担保人而向债务人求偿。责任派生于、甚至依附于原初的债务关系，虽其同样被视为替代原义务或者债务的法律约束形式，但在内容或效果上始终取决于原债务，并不具有独立于债务的价值。从这个意义上讲，同样是“替代”效果，现代法上的民事责任与日耳曼法上的“责任”仍然存在本质差异。我们甚至可以认为，现代法上民事责任不是外在于原级义务或债务的担保形式，而是内生于原级义务或债务之效果。①

不过，承认责任相对于义务或债务的从属性或依附性，并不意味着二者就是二而一的完全融合关系。有学者认为，日耳曼法上债务与责任分离的观念即使是在现代法上，仍然可见其反映，无责任之债务或自然债务与无债务之责任即为二者分离之现代形式。②

对于自然债务，理论上向来多有争议，其内涵与外延迄无定论。③ 若以自然债务指称无诉权保护之债务④，如朋友间相约出游、父母对未成年子女所作奖励允诺等，则其本属道德层面或社会交往层面之行为，不产生法律上的约束关系，自无“法律义务”，亦无与之对称的债权可言，“债务”之名无有其实。虽然在此等场合下，法律上认为接受给付者仍有“受领权”或保有给付效果的权利，但并无在受领权外叠床架屋地建构某种“自然债务”的必要。

---

① 当然，现代民法依据私法自治原则，允许当事人在法律允许的范围内约定不履行义务或债务的后果（责任协议），在这种情况下，约定责任优先于法定责任而适用，从而具有与日耳曼法上责任协议的相同效果。

② Rudolf Huebner, *A History of Germanic Private Law*, translated by Francis S. Philbrick, Boston: Little, Brown, and Company, 1918, pp. 487 - 489.

③ 王泽鉴先生认为：自然债务的概念具有多义性，有时用于不能依诉请求的给付义务（如消灭时效的债务）；有时指基于道德上义务而生的“债务”；有时指因不法援用而生的债务；有时更不加区别，兼指诸此各种情形而言。用语分歧，殊失原义，实不宜再为使用。王泽鉴．债法原理．北京：北京大学出版社，2013：72.

④ 林诚二．民法债编总论：体系化解说．北京：中国人民大学出版社，2003：223.

对于那些丧失强制执行力的“不完全债权”（如诉讼时效届满的债权），其意义亦在于为债权人保有债务人自愿给付之效果提供解释依据，同样没有创设“无责任之债务”概念的必要。因此，在承认给付受领权而非给付义务为债权之重点的现代观念下①，对“自然债务”或“无责任之债务”观念应予放弃。

但是，一旦承认债权的重点是给付受领权而非给付义务，那么，责任主体与债务主体就可以分离，从而产生“无债务之责任”的现象，这以第三人担保为其典型。由于担保相对于主债务而有从属性，因此，担保合同就与日耳曼法上的“责任协议”具有类似效果。对保证而言，虽保证人系直接依保证合同而向债权人承担保证责任，保证责任实际上与保证债务同其含义，故无所谓债务与责任之分离的问题。但是，保证人所承担的责任乃因主债务不履行所生，从最终归责的意义上，保证责任实际上与主债务人所承担的“责任”具有同一性。因原则上只有债务主体才是责任主体，故责任主体与债务主体的分离为保证人的追偿权提供了基础，保证人作为非债务人的责任人，对债务人享有追偿权，从而存在“无债务之责任”的问题。② 在第三人提供物的担保情形，因债权人与第三人间并无债之关系存在，故与保证不同，第三人所承担的物的担保责任就被理解为“无债务之责任”的典型。但是，这其实只是一种表象。人的担保（保证）和物的担保（物保）之差异，主要在于担保人所承担责任的财产是否限定而已（担保权之优先受偿效力系另一问题），都需以担保合同或法定的担保原因作为承担担保责任的基础，故而，二者在解释上应当保持一致。据此，担保责任皆可视为“无债务之责任”形态。③

此外，当责任与债务在范围上并不一致（如最高限额责任），或者责任财产范围受限时（如股东或有限合伙人的有限责任），债务与责任的分离现象也值得关注。不过，即使是在这种场合，责任本身作为义务或与其相对之

---

① 林诚二．民法债编总论：体系化解说．北京：中国人民大学出版社，2003：221.

② 相反看法，参见林诚二．民法债编总论：体系化解说．北京：中国人民大学出版社，2003：223. 崔建远．民法总则应如何涉及民事责任制度．法学杂志，2016（11）：29。

③ 不过，这里的责任因以担保人与债权人之间的担保关系（通常为担保合同）为前提，所以实际上与义务同其意义，与通常所称责任有所不同，仍需注意。故而，将这种情形称为“无债务之责任”实际上是不够准确的。

权利的法律上之力的表现形式，责任的内容或范围仍然受制于原级义务或债务，因此不过是一种有条件的分离。

最后还需指出的是，尽管义务不履行为责任发生之前提，但是，因责任之目的不（仅）在义务而在权利，所以，义务不履行并非责任发生之必要条件。在第三人提供物的担保情形，担保人并无履行债务的义务，仅债务人有履行义务。更为典型者，在责任发生不以义务不履行为前提的特殊侵权责任场合，责任与义务违反也没有关联。[①]

二、民事责任与民事制裁

尽管民事责任在我国民法理论上有时被认为是对责任人的一种制裁，但是，这里所说的“民事制裁”则另有所指。原《民法通则》第134条第3款规定，人民法院在适用同条第1款规定的民事责任外，还可以“予以训诫、责令具结悔过，收缴进行非法活动的财物和非法所得，并可以依照法律规定处以罚款、拘留”。最高人民法院《关于贯彻执行〈中华人民共和国民法通则〉若干问题的意见（试行）》（以下简称《民通意见》，2021年1月1日已被废止）第61～63、131、151、163～164条对其适用作出了进一步的具体规定，在有关商标、专利、版权、存单、期货等纠纷的司法解释中，也存在类似规定。[②] 这些措施以惩罚违法行为为目标，理论上通常称其为民事制裁措施，有别于以救济受侵害之民事权益为直接目的的民事责任。

从现行法的规定看，民事制裁措施主要存在于三种情形下：一是对实施有原《民法通则》第49条规定之行为的企业法人的法定代表人予以罚款或拘留（原《民通意见》第61～63条）。二是对因侵害他人权益而获得的非法所得予以收缴（原《民通意见》第131、151条）。三是对诉讼中发现的其他违法行为（如买卖假冒伪劣产品或违禁品牟取利益的行为）予以制裁。从实

---

① 详见本章第一节之“二”部分所论。

② 例如最高人民法院《关于审理商标民事纠纷案件适用法律若干问题的解释》第21条、最高人民法院《关于审理存单纠纷案件的若干规定》第9条、最高人民法院《关于审理期货纠纷案件座谈会纪要》第7条。

践情况来看，民事制裁措施的运用有以下特点。

一是民事制裁措施由法院依职权决定。与民事责任须以当事人提出请求为前提不同，民事制裁由法院依职权作出。但是，民事制裁措施只能针对诉讼中发现的、与待处理案件有关的违法行为而作出。如果当事人未提起民事诉讼，或者有关违法行为与案件无关，法院即使知道存在相关的应受制裁的民事违法行为，也不得主动作出制裁决定。

二是民事制裁以存在应予制裁的违法行为为足，是否存在民事权益被侵害之事实则非所问。虽然民事制裁决定与民事责任的裁决发生于同一民事诉讼程序中，但是，民事制裁并不以发生民事权益侵害事实为必要，因此，纵然原告要求被告承担民事责任的诉讼请求不被支持，也不会影响法院对已发现的违法行为处以民事制裁。

三是民事制裁措施原则上仅适用于故意违法行为。民事制裁是否以故意为必要，现行法未有明确规定。司法实践一般认为，民事制裁措施因其惩罚性，应仅适用于故意违法行为。[①] 考虑到民事制裁本身的严重性（主要是收缴、罚款和拘留）和惩罚性，作这种限制是有必要的。此外，罚款和拘留仅能适用于法律有明确规定的情形，相对于收缴等其他民事制裁措施，其适用范围受到更加严格的限制。

四是法院应当依程序作出制裁决定。通常而言，训诫与责令具结悔过适用于较为轻微的违法行为，收缴、罚款和拘留则适用于更为严重的行为，因此，对前两种制裁措施并无严格的程序要求，而后三种制裁措施则反之，其不仅需要经承审案件的法院院长批准，而且需要制作民事制裁决定书，并允许被制裁人在对决定不服时，在裁决作出 10 日内向上一级人民法院申请一次复议，复议期间，决定暂不执行。对普通公民（自然人）的罚款不超过 500 元，对法定代表人的罚款不超过 2 000 元；拘留则均为 15 日以下。

不难看出，收缴、罚款与拘留等民事制裁措施与《行政处罚法》所规定

---

① 辛尚民．从违法的特征谈民事制裁的适用．法律适用，1993（3）．蔡明清．浅谈民事制裁的适用问题．现代法学，1994（3）．李志毅，王东坤．民事制裁原则初探．山东审判，1996（11）．

的没收、罚款与行政拘留，在制裁内容、违法行为的严重性、处罚原则以及处理程序等方面通常都相同或相似，差异仅在于民事制裁决定由人民法院作出，而行政处罚则由相关行政机关作出。正是由于这种一致性，针对同一违法行为，民事制裁和行政处罚不应同时适用。在涉及商标权、专利权与著作权纠纷案件的场合，最高人民法院有明确的司法解释规定[①]，而对其他情形则无明确规定，为避免“一事二罚”的重复处罚问题，这应当是一项具有普遍性的原则。

如果特定违法行为既应受民事制裁，又应受行政处罚，此时，是否应当在民法规范体系中规定这种行政处罚作为民事制裁措施，就引发质疑。毕竟，今天我国法律体系已经较为完善，与原《民法通则》制定时所面临的社会背景及法制状况相比有了根本性的变化。在原《民法通则》制定时，我国尚处于有计划商品经济体制下，国家对社会的干预需求较强，加上行政法制度供给不足，因此，原《民法通则》等民事法律中就需要纳入更多的管理性规定。[②] 而在今天，随着《行政处罚法》及相关管理规范的颁行，行政机关尤其是经济行政管理机关已经足以担负管理或监管相关个人与组织经济活动的职责。在这种情况下，对于在民事案件审理中发现的应受制裁的违法行为，无须人民法院直接加以处理，只需要将相关违法线索告知相关行政机关，或以作出司法建议书的方式建议相关行政机关作出行政处置即可。在民事法律中纳入没收（收缴）、罚款与拘留等措施，不仅与民法作为“私法”之规范属性抵触[③]，而且也与人民法院依《宪法》规定作为“审判机关”的定位不符，容易产生与行政机关的职权交叉或重叠的问题，不利于国家机关职权的合理配置。

此外，还必须看到，不仅原《民法通则》确认的某些民事制裁，已经在

---

① 最高人民法院《关于审理商标民事纠纷案件适用法律若干问题的解释》第 21 条第 2 款。

② 有法院在诉讼中直接采取民事制裁的做法实际上在原《民法通则》颁行前即已存在。如最高人民法院在 1984 年发布的《关于贯彻执行〈经济合同法〉若干问题的意见》（已失效）就对追缴、罚款等“经济制裁”予以确认。因此，这种民事制裁也可以被视为是一种计划经济体制的“残留物”。

③ 学者认为，原《民法通则》中的民事制裁规定，“混淆私法公法关系，与民法性质抵触”，应予废除。李宇．民法总则要义：规范释论与判解集注．北京：法律出版社，2017：864.

后来的法律中发生了改变，比如，对于原《民法通则》第 49 条规定的涉及企业法人的违法行为，法定代表人已不再是企业法人实施民事违法行为时唯一可能遭受制裁的对象，公司董事、股东等都可能同样受到制裁，更为重要的是，这些法律规定的制裁对象需要接受的是行政而非民事制裁，且处罚金额及幅度（罚款）也比原《民通意见》第 131 条规定的幅度更大或更高，从而导致原《民法通则》第 49 条之规定事实上被废止。①

同时，就原《民通意见》第 131、151 条规定的民事制裁适用情形来看，其妥当性也大可质疑。因为，就利用不当得利所取得的其他利益而言，被利用的“不当得利”显然是指不当得利返还权利人享有的民事权益，因此，返还义务人利用该权益取得的利益，要么属于原本权益的产出物或替代物，如出租他人之物取得租金，或者利用他人资金存取利息；要么属于得利人的正当行为所得，如使用他人资金购买股票获得超额收益，或者属于纯粹机会收益，如用他人资金买彩票而中奖。这些情形虽然都属于“利用不当得利取得的其他利益”，但并没有充分理由将这些利益收归国有。必须看到，民事制裁因其惩罚性，不仅原则上应仅适用于严重的违法行为，而且应当服务于社会整体利益的维护，即不借助这种制裁将不足以威慑相关违法行为。因此，若需要通过剥夺不法得利而制裁不法行为人，将得利归于被侵权人，无论是从行为激励还是从预防侵权的角度看，都更为合理且可行。②

综上，因训诫和责令具结悔过等措施本来只适用于轻微的民事违法行为，主要发挥教育、警示的目的，通过确认侵权或违法、判处损害赔偿、赔礼道歉等民事责任已经可以达到相同目的，故其没有继续存在的必要。这与刑法上基于刑罚谦抑性原则的考虑，对于因情节轻微不需要判处刑罚的犯罪人，予以训诫与具结悔过有所不同。③ 对于收缴、罚款与拘留等民事制裁措

① 如《公司法》第 204 条第 2 款、第 206 条第 2 款，均规定由公司登记机关处以罚款。

② 关于侵权得利的剥夺问题，请参见张家勇．基于得利的侵权赔偿之规范再造．法学，2019（2）。

③ 应当承认，由于这两种民事制裁措施所发挥的规范功能很难通过行政处罚的方式发挥出来，其更多具有教育功能而非管制功能，跟民法基本属性的冲突相对较小，所以，在民法体系中继续加以承认亦非不可。但因其适用机会的有限性，法律上有意“留白”，将其交由司法实践处理也是可以的。

施来说，其主要目的在于维护整体社会秩序和公共利益，将其纳入行政处罚法的调整范围，应当说是可行且必要的。从我国司法实践来看，作为民事制裁措施的罚款、拘留措施更多适用于诉讼中的程序性违法行为。[①] 对于在诉讼中发现的需要处以没收、罚款与拘留的实体违法行为，人民法院可以利用司法建议书方式告知相关机关处理，并无直接加以处理的必要。将这些民事制裁措施从民法体系中移除，有助于纯化民法规范的私法属性，《民法典》不再规定民事制裁，诚属妥当。

不过，也应当看到，尽管原《民法通则》所规定的民事制裁措施被废弃，但这不意味着现行法上不再存在实质意义上的其他形式的“民事制裁措施”，最为典型者当属惩罚性赔偿。惩罚性赔偿虽有“赔偿”之名，但其不以补偿民事权益受侵害者所受损害为目标，而意在惩罚或威慑特定类型的严重的，尤其是故意的违法行为，如消费欺诈行为、严重违反产品或食品安全的行为等。[②] 对受制裁者而言，其支付惩罚性赔偿金与缴纳行政罚款一样，都体现为一种经济上的不利益，所不同者在于，惩罚性赔偿金是支付给受侵害的民事主体，而行政罚款所得则收归国家。正是由于这种归属方向的差异，民法上惩罚性赔偿责任的承担并不当然排除行政制裁，从而可能造成双重惩罚之危险。在这里，我们无须关注惩罚性赔偿责任在民法上的正当性问题[③]，只需要指出：惩罚性赔偿并非服务于民事权益救济的直接目标，故而，不能将其完全排除于民事责任制度，而应将其视为例外。

由于民事责任的惩罚性以受害人是否实际遭受侵害，且以其所获法律救济是否超出其在若无加害事件时本应处于之状态为判断基准，因此，某些混合了补偿与制裁效果的民事责任，如不以实际损失为基础的违约金请求权、公司法上公司的归入请求权以及侵权法上的得利剥夺请求权等，都具有模糊补偿与制裁界限的效果。在这些情形下，因惩罚性要素具有背离民事责任之

① 《民事诉讼法》第 113～120、252 条。

② 《消费者权益保护法》第 55 条、《食品安全法》第 148 条第 2 款、《民法典》第 1207 条。

③ 从中国法视角对惩罚性赔偿制度作较为全面的讨论，参见朱广新．惩罚性赔偿制度的演进与适用．中国社会科学，2014 (3)。

根本属性的效果，在适用要件上应当更为严格，尤其是应以法律有明确规定的情形，或者以故意侵权行为为限。同时，为了避免过度惩罚，应遵守过罚相当的比例原则。[①]

三、民事责任与民事救济

民事责任直接服务于权益救济的目标，在这个意义上，民事责任就是权利人享有的以救济性请求权为表现形式的具体救济措施。但是，民事责任作为权利人与责任人之间的特殊债之关系，并不能反映权益救济的所有方面。例如，权利人请求宣告合同无效或要求确认所有权等，权利人因对方违约而解除合同或针对不法侵害进行自助或自卫，权利人要求行政机关变更登记等，虽然也是权利救济方式，但无论如何不能被视作民事责任。大陆法传统采取责任法的进路，以救济性请求权的方式建构“责任人—权利人”之间的关系模式；而英美法传统则采取救济法的进路，以权利人能够在权益遭受侵害后获得的救济措施构建致害事实涉及的双方关系。

（一）英美的救济法进路

尽管英美法早先存在所谓“救济先于权利”的传统，但对于救济（remedy）的严格分析却并不多见，学者在谈及救济时的所指彼此间或有差异。[②]较为一致的认识是，救济是指一个人在权益遭受侵害时能够从法院获得的司法救济（judicial relief）。[③] 因此，救济问题就与司法程序发生关联。[④] 不过，在英美法上，救济问题既非实体法（substantive law）的问题也非程序法（procedural law）的问题。是否存在获得救济的侵权行为或者违约行为的前提性事实，要依据侵权法或合同法等实体法决定；而由实体法确认的权利转

① 朱广新．惩罚性赔偿制度的演进与适用．中国社会科学，2014（3）．

② Andrew Burrows, *Remedies for Torts and Breach of Contract*, 3rd edn., Oxford University Press, 2004, p. 1.

③ Dan B. Dobbs, Caprice L. Roberts, *Law of Remedies: Damages, Equity, Restitution*, 3rd edn., West Academic Publishing, 2018, p. 1.

④ 不过，将救济与司法程序相关联，只是理论文献在讨论救济问题时提出的，非司法性救济如自力救济、行政救济等救济形式的存在表明，实现救济的程序并非法律救济的规范性要素。Ibid., p. 8.

向能够获得具体法律救济的程序问题，则由程序法解决。因此，只有在原告依实体法享有的权利被侵害，并因此而享有法律上的请求权或者诉因时，才发生救济问题。救济法解决的问题主要有二：一是可用的法律救济有哪些，最适宜的救济措施是什么？二是救济的范围如何？[①]

1. 救济的类型

救济的类型区分有助于对各种救济措施提供整体概观，并为相关专题的讨论提供便利。美国著名救济法专家丹·B. 多布斯（Dan B. Dobbs）教授按照救济方式的功能差异，将最重要的司法救济区分为四种类型：（1）赔偿性救济（damages remedies），即旨在补偿原告损失的金钱救济，其通常以原告损失发生时的市场价格计算，也可以依原告遭受损害后可能需要做出的花费予以估算，如修理费的支出与收入的减少等。不过，损失的计算是常规性的（conventional），如对于迟延偿还的金钱必须赔偿利息损失，而不管权利人是否会因为更早获得付款而取得利息收入或因为迟延付款而遭受利息支出。惩罚性赔偿虽非补偿性的，但依循传统仍被归入损害赔偿类型中。（2）返还性救济（restitutionary remedies），即要求被告返还其从原告处不当获得的利益，也就是返还不当得利。因此，此种救济以被告所获利益而非原告所受损失为标准。当得利与损失相当时，补偿性的损害赔偿与返还救济区分的意义不大，但当得利超过损失时，返还对于权利人就更为有利，此时，“恢复原状”就包含有剥夺超额得利的特殊意义。另外，返还不必以金钱形式，而是常以得利原状或同类物返还，如返还原物（权利）或其替代物。（3）强制性救济（coercive remedies），主要是通过强制令（injunction）的方式要求被告以特定方式作为或不作为，被告故意不遵守指令将可能遭受“藐视法庭罪”的处罚。这种保障执行的措施是该种救济的典型特征，为损害赔偿等其他救济形式所无。特定履行（specific performance）的强制令专门针对合同义务，而其他强制令则没有专门名称。在传统上，强制令仅适用于其他救济

① Dan B. Dobbs，Caprice L. Roberts，*Law of Remedies*：*Damages*，*Equity*，*Restitution*，3rd edn.，West Academic Publishing，2018，p. 20.

不充分时，在现代该原则有所放松，但仍受强调，可能发生无法修复之损害乃发布强制令的充分理由。（4）宣告性救济（declaratory remedies），即对当事人的权利作出权威性的可靠宣告。它可以在进行其他救济时作为附属宣告，但不以其他救济为前提。获得此种救济须遵循可诉性规则，即法院不提供咨询性意见，不对无定论或不成熟的案件作出裁决，不对不存在争议的案件加以处理。[①]

这种基于功能区分的分类方式也被英国的安德鲁·伯罗斯（Andrew Burrows）教授所采纳，但后者将惩罚性赔偿从损害赔偿中分离出来，单独作为发挥惩罚功能的救济类型，从而使损害赔偿更为纯粹，仅限于补偿性赔偿。与"强制性救济"相当的救济类型则被细分为三种次类型，即对积极义务的强制履行（compelling performance），包括特定履行、偿付约定款项、命令实施指定行为（mandatory injunction）以及指定接管人（appointment of a receiver）等具体措施；预防不法行为的救济，如禁止侵权行为之继续或重复的强制令（prohibitory injunction）、命令交出或销毁侵权产品等；强制除去不法状态的救济（compelling the undoing of wrong），包括命令恢复原状及交还被侵占的物品（delivery up of goods）等。[②]

既然权利救济是为恢复被侵害权利之应有状态，因此，依救济所发挥的功能对其加以归类就满足合目的性的要求。但是，各种功能之间并非排斥关系，如损害赔偿除具有补偿受害人损失的功能外，也有防止不法行为或确认权利的效果。并且，不同的救济形式之间甚至存在功能替代的效果，如特定履行与履行利益的损害赔偿、返还原物的返还性救济与命令交还被侵占物品的强制令就存在功能替代或重叠的情况。在这种情况下，具有功能替代的救济措施不能同时适用。若多项救济措施不存在功能替代则可以并用，如原物返还之外的其他损失赔偿，补偿性损害赔偿与惩罚性赔偿等即属

---

① Andrew Burrows, *Remedies for Torts and Breach of Contract*, 3rd edn., Oxford University Press, 2004, pp. 3-8.

② Ibid., p. 10.

之。这一方面表明，救济措施的功能区分取决于救济方式的作用形式；另一方面这也表明，在具体情形下选择救济措施，应当关注不同措施之间的功能交叠关系。[①]

除司法救济外，作为公力救济的方式还有行政救济，而与公力救济相对的则是私力救济，它们在性质上也都属于救济法的内容。因此，应特别留意的是，尽管救济问题可能需要在某种程序中展开，但其既不依附于特定的救济程序，也不受制于救济措施实现的方式，而仅以受保护权益遭受了应受救济的侵害为前提。

2. 救济的原则

尽管实体权利与救济问题有别，但救济作为实体权利的实现方式，应遵循“救济与权利一致”的原则，即救济应当尽可能准确地反映权利的内容或其背后的基础性政策或原则（policy）。[②] 例如：只有对权利实现负有义务的人才能成为救济关系中的责任人；只有法律认可的权利内容才可能获得法律救济，如货物买受人的债权之中不包含受法律保护的精神利益，因此，纵然出卖人迟延交货的违约行为事实上造成了买受人的焦虑、不安或痛苦等，买受人也无法就其所受精神损害获得赔偿。

依据前述原则，要确定适当的救济就必须了解受侵害权益的性质和范围，以及权益背后的基础性法律政策。反之，通过了解相关权利所获得的救济也有助于理解权利本身。当法律救济被否定时，这意味着权利或者权利的某种内容也被否定。例如，根据美国法，法院对货物买卖合同通常不支持特定履行的救济，由此就可以合理推论，原告原则上没有阻止被告违约的权利，而被告则有违约的权利，尽管其要因为违约而承担损害赔偿责任。[③]

不过，仍然有可能存在救济与权利不一致的情况。比如，司法资源的不

---

① Andrew Burrows, *Remedies for Torts and Breach of Contract*, 3rd edn., Oxford University Press, 2004, pp. 14 - 15.

② Dan B. Dobbs, Caprice L. Roberts, *Law of Remedies: Damages, Equity, Restitution*, 3rd edn., West Academic Publishing, 2018, p. 21.

③ Ibid., p. 22.

足或司法角色的限制，证据获取困难，以及救济方式的常规性或标准化等都有可能造成这种不一致，使权利人实际获得的救济要多于或者少于其权利本身所反映的价值。[①] 从多数情况来看，不完全赔偿的情况要比赔偿过度的情况更为常见。

（二）大陆法传统的责任法进路

与英美法权利救济主要着眼于司法救济不同，大陆法传统中的责任法并不强调救济的程序特征（或司法救济特征），并且，责任法属于实体法即债法的当然组成部分，而非外在于实体法的独立法律领域。不过，在大陆法的传统中，“责任”问题基本上是在不同私法领域分别加以讨论的，主要是债务不履行责任（或合同责任）与侵权责任，而较少关注一般意义上的“责任法”。在德国法及斯堪的纳维亚法律传统中，“责任法”（Haftungsrecht）基本上与“侵权责任法”同义，其他大陆法分支中的情况也基本与之相似。大陆法上的民事责任以损害赔偿最为重要，一些国家的民法典甚至专门设置了损害赔偿的一般规定，不论是违约赔偿还是侵权赔偿或其他责任基础下的赔偿，都适用统一的赔偿规范。[②] 其他民事责任形式，如惩罚性赔偿，则一直颇受争议，即使是在承认这种民事责任的立法中，其也只是作为个别例外，远远无法像其在美国法中那样获得一般性的承认，将其作为一种责任形式虽非不可，但其重要性则远逊于损害赔偿责任。

不过，将大陆法上的损害赔偿责任与英美救济法上的“损害赔偿”相提并论也可能是引人误导的。英美法上的“损害赔偿”主要是对权利人所受损害的金钱补偿，与我国法上通常理解的损害赔偿较为相似。但是，在大陆法上，如德国法，其所称的损害赔偿的内涵要丰富得多。在德国法中，损害赔

① Dan B. Dobbs，Caprice L. Roberts，*Law of Remedies*：*Damages*，*Equity*，*Restitution*，3rd edn.，West Academic Publishing，2018，p. 24.

② 如《德国民法典》第 249 条以下、《荷兰民法典》第 95～110 条、《葡萄牙民法典》第 562～572 条等。《统一国际航空运输某些规则的公约》（“华沙公约”）、《2002 年海上旅客及其行李运输雅典公约》等国际公约更是超越责任基础的区分而统一法律适用。此外，瑞士、法国等国在债法修订中也出现了统一民事责任的构想，如法国的“卡特拉草案”。张家勇．合同法与侵权法中间领域调整模式研究：以制度互动的实证分析为中心．北京：北京大学出版社，2016：502.

偿包括两种方式：一是恢复原状的损害赔偿，二是价值赔偿。前者旨在恢复若无致害事件，受害人本应处于之状态，其关注的是受害人具体权益遭受的事实上的破坏，或为保障其完整利益，修复、返还、重置、治疗、强制缔约或取消合同等都属于“恢复原状的损害赔偿”之具体方式；而后者则在保障受害人抽象的价值利益，也就是赔偿若无致害事件其本来应有之状态与现实状态之间的“假设差额”①。由此可见，仅在价值赔偿或偿还恢复原状之费用的情形下，德国法上的损害赔偿与英美救济法所称的赔偿救济才大体一致，恢复原状之损害赔偿的其他形式，如返还、修复、排除妨害等，在英美救济法上则属于返还救济或者强制性救济等其他责任形式的规范内容。

从比较法的角度看，不同法律制度或法律文化使用不同规范概念是再正常不过的一件事了。不过，如果我们进一步考察这种概念差异引发的相关问题，事情可能就不像一开始看上去那么简单。在大陆法国家民法典中，侵权行为产生的后果都是“损害赔偿”②，在违约或其他债务不履行情形也基本如此。这种单一责任形式的状况造成的一个后果是：在不同责任基础下可以采取统一的责任标准，如过错（含过错推定）与危险（无过错），而无须进一步顾及不同责任类型下可能存在的差异，如作为“恢复原则”的返还形式是否必须采取过错归责，就通过其他责任基础——如原物返还请求权或者不当得利返还请求权等——而被回避了。在这些责任基础之下，“返还”不再是“损害赔偿”的具体表现形式，而是一种独立的义务（救济义务）类型。但是，它们是不是仍然应当被称为“责任”，便成为次要的、甚至是根本没有必要讨论的问题了。由此可以发现，责任内容欠缺独立的意义，其服从于具体的责任基础。因此，它是一种原因驱动的制度模式。在这种模式下，同样的救济形式如返还，是基于合同还是侵权抑或不当得利的法律基础，其效果是否相同就不无疑虑。反过来也可能存在同样的问题，如果只是救济方式问题，如何认定有返还的义务呢？这个问题显然只能依责任基础确定。这种

---

① 李承亮．损害赔偿与民事责任．法学研究，2009（3）：140－142.

② 《法国民法典》第1240、1241条（原第1382、1383条），《德国民法典》第823条等。

从救济方式着手的制度建构模式可称之为结果模式。在英美法构建其债法的第三大领域即返还法（law of restitution）时，“结果模式”引发了一个很大的问题：如何区分作为救济方式的返还与作为救济基础的返还呢？

当我们再一次回到的责任法框架下来考虑问题时，我们还看到：在大陆法上，责任的效果与责任基础在法律规范上或至少在理论上是被分开处理的。责任的成立被分散规定在民法典的不同部分，如合同法、侵权法等；责任效果也就是责任的内容及其范围问题则要么被规定在各相应的责任基础规范之后，要么被规定在债法总则中的一般规定中（如债编中“损害赔偿之债”部分）。

至此我们可以看出：大陆法上的“责任法”是被统一处理的“实体法”问题，而英美法中，救济权利的确认（相当于大陆法上的责任成立规范部分）被保留在所谓的“实体法”中，“救济法”仅仅是对已被确认的“救济权利”的内容填充（在功能上与大陆法上的责任承担规范部分相当）。因此，大陆法（一般意义上的）“责任法”所处理的“责任效果”与英美“救济法”处理的“救济类型”之差异就不在制度构成或定位上，而在其规范内容上：“责任效果”与“救济类型”处理的问题有何差异？

（三）责任与救济的区分

有权利即有救济，有救济才有权利，缺乏保障和救济的权利，几近于无权利。有学者认为，民事责任是对救济义务的强制执行，① 但这种认识是不正确的。责任法解决的只是权益受侵害者是否受保护以及能够受到何种保护的问题，而对于其是否实际上能够通过强制执行等获得事实上的保护则不在责任法的考虑之列。因此，责任法和其他法律一样，解决的只是规范层面的问题，并不涉及事实层面的权利（法）的实现。例如，权利人依法享有的救济权利因为已过诉讼时效，义务人行使抗辩权，或者义务人因为并无可强制执行的财产而无法实际执行时，都会导致被认可的救济权利落空，但不能因此就认为受害人不受法律保护，或者责任人不应承担责任。

① 杨振山．民事救济权制度简论．法学研究，1993（3）：24.

民事责任是民事权益被侵害或有受侵害之现实危险（以下统称“权益侵害”）时所获得的法律保护效力，确立了责任人与受害人之间的特殊债之关系：从责任人角度观察，民事责任乃其承担的不利后果（不论责任是否由其自身的不法行为所引发）；从受害人角度观察，民事责任代表着受害人所能得到的法律救济，表现为其对责任人的救济性请求权。因此，我们也可以认为，民事责任与相应的救济性请求权实为一体两面，都表现为民事主体之间因权益侵害而产生的请求为或不为特定行为的关系。

按照上述理解，所有因权益侵害而产生的救济效果都能够被纳入“责任”范畴。因此，无论是基于侵权行为还是违约行为而产生的停止侵害、返还、赔偿、恢复原状甚至实际履行请求权，都可以被归入“责任法”的框架之下。这种归类与责任实现与是利用国家公权力还是私人力量没有关系，也就是说，公力救济与私力救济只是救济的实现方式，本身并非责任法的问题，尽管绝大多数体现为民事责任的权利救济，都需要利用公权力或至少有利用公权力实现的潜在可能性。

此外，民事责任的“请求效力”或“救济性请求权”的定位表明，尽管某些法律措施也具有保障受侵害民事权益的功能，但无法被归入到“民事责任”的框架下。比如，抗辩权、撤销权或解除权、债权人代位权等权利的行使，在广义上也是一种权益救济的方式。但是，它们一方面并不当然以权益侵害为取得和行使的前提（如非因违约的合同解除或者履行抗辩权）；另一方面它们也不表现为某种给付效果（尽管可能因其使责任人无法如其所愿地实现其利益而暗含制裁的效果），故不应被视为“民事责任”。

就确认法律行为无效/有效或权利内容或范围的救济请求而言，虽然其发生需以存在相关法律争议为出发点①，但是，因其“请求”的相对方是有权确认的机构（主要是法院和仲裁机构），属于一种程序法上的请求，与实体法上的“请求权”具有根本不同的含义。因此，它们虽然可以被视为法律

① 《民法典》第234条规定，权利人确认请求的条件是“因物权的归属、内容发生争议”，就表达了这样的规范要求。这是一个对确认请求来说在法律上未被一般化但应当被一般化的要求。

救济的形式，但无论如何不能被视为民事责任。[①]

由于民事责任具有“民事主体之间针对实体利益的请求权关系”的属性，因此，不能把服务于总体救济目标但本身不含有这种利益的纯粹技术性救济措施作为民事责任对待。简言之，民事责任只是民事救济的部分内容。

第三节 民事责任的规范功能

如果把法律制度看作是人类为了达成特定目标而建构的事业，那么，要理解法律制度就必须理解其服务的目标或功能。这种理解法律制度的方式被称为功能主义（Functionalism）。[②] 在反对者看来，功能主义者关注的只是案件结果是否增加了完全独立于制度本身的假定目的，而忽视由法律概念、特殊的制度设定以及由特定的推理模式所形成的法律内在结构的独特之处，因而是不完全的。[③] 这种反对论的说服力必然基于如下认识，即法律制度的功能设定与其本身的结构无关，如将对被告施予损害赔偿责任与对原告授予损害赔偿权利的目标彼此割裂。[④] 如果真的存在这样的理解方式，功能论的认识就的确值得反思。但是，这只是功能论的可能存在形式之一，而在功能与制度之间更为可能的关系模式则是，制度的功能设定取决于拟议中的制度所调整的社会关系或需解决的问题，通过社会关系的中介，很难想象制度的功能设定会完全跟制度的结构无关。[⑤] 可以说，拟调整社会关系的“问题定位”决定了制度的功能设定，可能的制度设计或结构安排因为要服务于这种社会关系的“问题解决”，故必然反映其功能设定。简单来说，功能设定是

---

① 附带指出，因形成权的行使而提起的“形成之诉”，由于不涉及权益侵害，所以，与民事责任无关。如果形成之诉的请求以权益侵害为前提，如违约解除，基于前面提到的理由，也不能将解除本身理解为民事责任。

② ［加］欧内斯特·J. 温里布．私法的理念．徐爱国，译．北京：北京大学出版社，2007：3.

③ 同①5.

④ Ernest J. Weinrib, *The Idea of Private Law*, Oxford University Press, 2012, p. 11.

⑤ 前文有关日耳曼法上民事责任制度的发展史的概观反映出，将被告的责任与原告的权利在结构上分别对待，不过是早期的历史现象，在现代民法上，这种割裂就不再被认可了。

制度目标的抽象价值反映，而制度结构及其规范设计则是这种抽象价值的具体化。功能设定与其说外在于制度本身，不如说是借助问题解决的具体制度结构而被反映出来。因此，对制度的功能化理解，也就是确定具体制度结构或规范构造对解决问题的手段适当性的评判标准。[①]

理论上对于民事责任的规范功能存在不同的理解，而且，在不同历史时期或不同法律领域也可能存在不同的民事责任功能设定。举例来说，有学者将侵权法的功能区分为内在功能与外在功能、直接功能与间接功能。内在功能是保护有价值的人类利益，或者制裁不受欢迎的人类行为；直接外在功能涉及的是在特定案件中所判处的救济直接服务的目的，而间接外在功能则涉及个案判决可促成的更广泛的社会或经济目标（或政策）。[②] 如果说侵权法的基本内容是侵权责任的认定与承担（当然从相反的角度也包括不承担侵权责任的情况），那么，前述有关侵权法的功能描述也可以被看作是对于侵权责任的功能说明。既然侵权责任总是与受害人可用的救济措施直接相关，则侵权责任的内在功能和间接外在功能就不过是从更为抽象的层面对侵权责任作用的不同理解而已，彼此难免发生交叉或重叠。例如，赔偿损失当然具有保护有价值的人类利益的作用，但也可以强化合同效力或维护竞争，甚至分散损失。这样来看，前述关于侵权法的功能说明虽然不无道理，但的确也产生了某种不必要的干扰，不利于对侵权责任制度的清晰理解。

有鉴于此，对于民事责任功能的解说，一方面须有助于为特定救济措施提供正当性理由（抽象层面），另一方面又需反映其特定的制度或规范目的（具象层面）。就前者而言，为了避免发生功能主义分析中的割裂问题，相关功能就必须纳入私法关系的相关性中加以理解，也就是要特别关注责任人与权利人/受害人之间直接相关的特征。[③] 就后者而言，为避免因同一概念的不同使用而引发功能误认，就需要进一步区分具体救济措施在不同规范场景

---

① 类似的说法是，法律制度是通过其对理想的人类或社会目的的促进程度而被正当化的。[澳] 彼得·凯恩．侵权法解剖．汪志刚，译．北京：北京大学出版社，2010：236－237.

② 同①231.

③ [加] 欧内斯特·J. 温里布．私法的理念．徐爱国，译．北京：北京大学出版社，2007：11.

中的具体内容，从而评估其与私法正当结构的符合度。但是，就私法正当结构本身，存在认识分歧也可能是难以避免的。在一些人看来，私法必须具有单一的正当化结构；而在另一些人看来，私法并没有当然的正当结构，其不过是基于特定历史传统而形成的某种具有复杂性的法律领域或系统。前一种认识更多源自一种对法哲学的应然理解①，而后者则出于对现实私法的一种直观描述。② 因此，有关民事责任功能定位的讨论也不可避免地要面对这种认识视角差异引发的难题，尽管在这里无须就此作出确定性的理解。

为此，我们依照民事责任是否直接服务于对权利人利益的保护或满足，将其功能区分为矫正功能和制裁功能，并以前者为原则，后者为例外。

一、民事责任的矫正功能

民事责任直接服务的目的是对被侵害或有受侵害之现实危险的民事权益提供救济，因此，其首先指向的是特定受保护权益，并表现为具体的责任形式，如补偿性损害赔偿、返还被侵占的财产、防止对具体权益享有或行使的干扰等。这些责任形式一方面具有恢复受侵害权益之应有状态的效果，另一方面也对加害行为表达了非难甚至是制裁（也就是令其无所收益，甚至更有损失）。在传统理论上，这两个方面被分别称为补偿功能与威慑/预防功能。但是，这种表述方式会将统一的分析结构以表面独立的方式呈现出来，无法反映正当理由的连贯性。换言之，如果补偿和威慑各自都是正当的，那就必须说明它们何以能够结为一个可证明为正当的统一整体。③ 毕竟，补偿是相对于受害人/权利人一方的，而威慑则是相对于加害人（包括潜在加害人）

---

① 例如，温里布教授试图以亚里士多德的矫正正义和康德的权利概念将私法构建为一个具有内在可理解性的连贯的规范整体（[加] 欧内斯特·J. 温里布. 私法的理念. 徐爱国，译. 北京：北京大学出版社，2007：20）；戈德雷教授则认为私法整体上乃是以亚里士多德哲学传统所确立的基本原则为基础的（[美] 詹姆斯·戈德雷. 私法的基础：财产、侵权、合同和不当得利. 张家勇，译. 北京：法律出版社，2007：47）。

② Robert A. Hillman, *The Richness of Contract Law*, Kluwer Academic Publishers, 1997, pp. 267 - 271. R. Zakrzewski, *Remedies Reclassified*, Oxford University Press, 2005, p. 223.

③ [加] 欧内斯特·J. 温里布. 私法的理念. 徐爱国，译. 北京：北京大学出版社，2007：34 - 35.

的，彼此需要有连接的纽带。矫正功能就试图将这两个不同的方面结为一体进行观察，把威慑看作是补偿的附属结果。

补偿的基础性地位取决于矫正正义的结构：责任人以不被允许的方式造成了对权利人受保护权益的侵害，民事责任就是受侵害民事权益的另一种表达形式。如此来看，责任的补偿效果就不是单从权利人一方的角度确认的，其本身也指示了加害人承担责任的原因：承担责任就意味着加害人必定实施了不被法律允许的行为，且构成权利人受害的法律上的充分原因。由此可见，确立责任时所需的相关性正当理由，是由受保护权益本身的相关性提供的。因此，具体民事责任因贯彻了“责任与权利一致”的原则，故满足矫正正义的要求。

例如，就侵权损害赔偿而言，只有那些由加害人的不当行为或其应为之负责的事件所造成的损失，才是应由其赔偿的损害；就违约损害赔偿而言，只有那些债务人所承接风险范围内的债务违反所造成的损失，才是违约方应予赔偿的损失，完全赔偿原则、可预见性规则、与有过失规则等都反映了损害赔偿的补偿性定位。可以看出，与民事责任确定相关的所有规范，无论是有关责任成立的基础规范，还是有关责任内容或范围的辅助性规范，以及与责任成立或实现相关的防御性规范，作为一个整体都反映了权利救济的前述原则。除补偿性赔偿之外，返还性救济（返还被侵占之财产）或者预防性救济（停止侵害或排除妨害）等，也都能够通过这些责任形式所涉及的受保护权益加以说明。

由此也可以看出，认为对补偿功能的强调会与私法相关性的正当结构冲突的观点，只不过是将受保护权益看作是一种对单纯利益的归属确认，而未能认识到其对“权利人—义务人”之行为方式或边界的关系性确认。单纯归属确认的认识会造成“有侵害必有救济”的误解，但关系性视角则会将其修正为“不被允许的侵害才产生救济”的正确认识。因此，从责任目的来看，补偿性或恢复性功能是优先于所谓威慑或预防功能的。民事责任的现在性决定了，只有在已经现实发生致害事件时才启动民事责任或权益救济机制，威慑或预防则是着眼于未来可能发生的、潜在侵害危险的。因此，补偿是直接的、现在的，而威慑或预防是间接的、未来的。在这个意义上，我们也可以认为，预防功能是附属于补偿功能的。

既然基于补偿的矫正涉及的只是直接关联的受害人/权利人与加害人/责任人之间的关系，在判定责任是否成立时，裁判者最多只能经由对加害人“不被允许的行为方式”的考量（最主要的是其通过行动自由所体现的“对抗性利益”的评估），来达成对存在关联之冲突利益的平衡。但是，也有不同观点认为，更加广泛的社会利益或公共利益作为消极保护的对象，也同样发挥着划定责任边界的作用。[①] 如果仅仅将社会利益或公共利益作为责任的限制性因素，则其通过发挥限制受保护权益的边界的作用，或者扩张行为人行动自由的范围，就仍然能够被正当化，因为其本身能够为权益救济所容纳。不过，将社会利益或公共利益引入到责任关系的结构中，可能对责任关系内在理解的连贯性提出新的问题，尤其是在不当地将这种利益由限制责任的消极面转为确认责任的积极面时，就有可能改变民事责任的矫正性而转向其分配性。

所谓民事责任的矫正性，是指民事责任通过将致害行为或事件所引发的不利后果由受害人转嫁给加害人，从而恢复被破坏的权益归属关系。责任的分配性，则是指通过确定责任，裁判者将不明确的利益确定给一方，或者让与损害发生无关的人分担损失。据此，将矫正性的民事责任改变为分配性的，实际上就改变了受保护民事权益的内容或效果，从而将不满足相关性正当结构的致害后果强制性地转嫁给责任人。

从责任确认的正当性来看，只有因自己行为或自己应为其负责的他人行为所引发的损害，才具有责任承担的正当性。如果立法者基于所谓分散损害的“公平考虑”，让其他人承担责任，就可能造成不当施责。例如，我国《民法典》第 1254 条规定，建筑物抛坠物致害而难以确定致害人的，若不能证明自己不是侵权人，则可能加害的建筑物使用人应当给予补偿。这种责任服务于分散损失的“社会政策目标”，不仅会发挥责任限制的效果，而且会

① ［澳］彼得·凯恩．侵权法解剖．汪志刚，译．北京：北京大学出版社，2010：76，103－104．

反向作为责任确认的因素，无法为既有的权益归属关系所容纳，造成相关责任将本属明确的受保护权益的内容或范围重新配置，从而明显违反私法关系的正当结构。

与前述情形不同，在某些致害因果关系不明的情形中，如环境致害或者共同危险行为等特殊情形，法律通过因果关系的推定而确认责任。[①] 尽管同样无法确定因果关系，但因为在这些情形下，责任人所实施的行为的确有造成受害人损害的现实危险，其本身属于一种不被法律秩序所允许的危险行为。在这样的前提下，推定其危险行为与具体损害之间成立法律上的因果关系，不过是将特殊的抽象致害危险确定为法律上的责任原因，通过减轻受害人因果关系的证明负担而强化其保护，虽然有偏离事实的可能，但尚处于可被容许的范围内，具有抽象致害危险的人因从事了不被允许的致害危险，因此，相比于受害人其更不值得法律保护，这符合法律整体秩序价值而非个别权益的要求。相反，在致害人不明的抛坠物致害情形中，根本不存在“责任人”招致的任何致害危险，哪怕是抽象的致害危险也不存在。

综上可知，民事责任的矫正功能一方面为民事责任的确定提供了标准，即只有责任人实施了与受保护权益相关的不法行为时，责任的承担才满足私法关系的正当结构。另一方面，矫正功能也反映了民事责任的本质，即对受保护权益的救济。在矫正的意义上，民事责任可以看作是对受保护权益的另一种表达方式，通过民事责任的矫正使其恢复本应处于之状态。矫正性虽然也指向对不当行为的否定，从而具有预防未来类似不法行为的作用，但这并非民事责任的直接效果，不过是其副产品而已。

二、民事责任的制裁功能

从法律构造技术的角度来看，民事责任既然反映了“加害—救济”的两极关系，相关责任制度就既可以从结果矫正的角度进行建构，也可以从致害原因的防免角度进行建构。典型的民事责任规则采纳的是结果矫正的构造模

① 《民法典》第1170条后段、第1230条。

式，其结合致害原因的不当性和受害人损害救济的必要性，确立了责任人和权利人之间的相关性，因此，能够满足私法关系正当结构（相关性）的要求。相反，防免致害原因的构造模式由于指向的是未来可能发生权益侵害的抽象危险，不将责任相对方的特定受害权益作为确定责任内容的考虑因素，最多只将其作为责任构成的事实要件，因此，在内容方面就存在偏离私法关系正当结构的问题。

但是，作为社会控制工具的法律制度必须应对社会关系本身的复杂性，而单一价值逻辑的贯彻无法满足这样的需求。举例而言，“责任与救济一致”的原则要求权利人从责任人处的所得应当与其因加害行为或事件而遭受的所失保持一致，即在质和量上均应彼此相合。但是，从责任制度的实际运作来看，由于通过民事责任达成的“恢复原状”通常只是价值上的恢复，而非其对本来应有状态之质的恢复，因此，责任内容首先会发生与受保护权益之本来应有状态之质的偏离。其次，在从受保护权益的原本形态（如标的物或权利本身、本应处于的收入状态等）向价值形态转换的过程中，基于制度效率价值以及其他实践方面的原因，也常常引发责任内容与受保护权益之本来应有价值之量的偏离（通常是缩减）：一方面，法定损害赔偿额以法律所认可的标准计算，也就是说，基于操作便捷性的考虑，计量通常是“常规性的”（conventional），典型如财产损害按照损失发生时的市场价格计算①，残疾赔偿金与死亡赔偿金采取标准化赔偿等②，这都会造成实际上遭受更为严重损害者无法获得完全赔偿。另一方面，基于法律政策方面的考虑，某些实际发生的损害也不具有赔偿能力，不被认为是可赔偿的损害，例如，超出法定情形的精神损害（如一般违约情形的精神损害）、诉讼中支付的律师费用、应对侵害所耗费的精力甚至某些防御成本的支出等。此外，由于损害证明困难、诉讼成本与收益不成比例等原因，受害人可能不愿或不能向加害人主张赔偿。因此，无论是从单个致害事件中的权利救济，还是从权利救济的整体

---

① 《民法典》第1184条。

② 最高人民法院《关于审理人身损害赔偿案件适用法律若干问题的解释》第12条、第15条。

效果来看，补偿性或恢复性救济都存在不足。

当然，首先必须承认，补偿性救济不足的某些情况是责任制度运作方面而非其本身固有的原因所致，如基于效率原因实行常规性或标准化赔偿、考虑执行成本而不支持特定履行的请求等。但是对其中的某些情形，如因单个损害较小致受害人不愿提起诉讼，从而使责任人可能逃脱责任的制裁，或者侵权行为涉及对特定类型私人权益的故意侵害，如果拘泥于单个诉讼解决的思路，或者将责任制度的重心完全放在事后救济上，就难以发挥责任制度的预防功能。[①] 从致害原因防免的角度考虑，在补偿性民事责任外引入惩罚性赔偿、得利剥夺等制裁性民事责任形式，就成为民事责任制度构造中的备选方案。[②]

尽管惩罚性赔偿在一些司法管辖区以及法律领域得到运用，但其在私法中存在的正当性始终饱受争议。[③] 支持者认为，由于行政或刑事制裁不足，通过私法责任制度的制裁可能弥补其在预防加害行为方面存在的不足，从而能够服务于公共利益，对受害人获得超出其所失的赔偿予以正当化。反对者则认为，惩罚本身与私法的属性抵牾，亦可能扰乱补偿性民事责任内在结构的融洽性。此外，惩罚性赔偿并不当然以提起诉讼的特定原告所受损害为量定赔偿额的基础，而是以可能因被诉加害行为而受害的所有受害人为基础，如此一来，当存在多数受害人时，惩罚性赔偿金如何在受害人之间进行分配就将成为难题。再者，惩罚性赔偿过于宽泛的裁量权也可能违反某些刑法原则，如罪刑法定原则。

上述争议点中有些可能只是技术性的，如多数受害人分别起诉且都主张

---

① 简单来说，私法通过补偿性的民事责任实现对潜在加害行为的预防，行政法和刑法通过惩罚性的行政或刑事责任实现对潜在加害行为的预防。

② 强化行政或刑事制裁，或者增加如集团诉讼、公益诉讼等新的诉讼形式，都可以被看作是从不同法律部门防免致害发生的举措。

③ 有关于此的较为完整的讨论，请参见［德］格哈德·瓦格纳．损害赔偿法的未来：商业化、惩罚性赔偿、集体性损害．王程芳，译．北京：中国法制出版社，2012：124。Helmut Koziol，Vanessa Wilcox eds.，*Punitive Damages*：*Common Law and Civil Law Perspectives*，Springer-Verlag Wien New York，2009，pp. 293ff.

惩罚性赔偿时，如何确定惩罚性赔偿额或其分配问题；违反刑法原则的问题（涉及体系价值违反的问题）；以及在存在可资利用的行政或刑事制裁措施的情况下，再承认私法制裁是否会造成重复处罚的问题等。对上述问题通过立法技术的调整，似乎都并非不可解决。比如，通过立法明确惩罚性赔偿的适用情形与赔偿额的裁量幅度，规定惩罚性赔偿以相同行为未受行政或刑事处罚为必要前提等。但是，有些争点则不是单纯的法律技术问题，其中最重要的是，部分起诉之受害人获得超出其实际损害部分的惩罚性赔偿金作为"奖励金"的正当性基础何在？这个问题，对于那些主张以"预防性赔偿"（preventive damages）替代"惩罚性赔偿"的学者来说[1]，也是同样需要应对的难题。

就此，瓦格纳（Gerhard Wagner）教授提出两项理由：一是通过超额赔偿威慑利用他人法益营利的行为；二是弥补因受害人未完全行使损害赔偿请求权所造成的补偿漏洞。[2] 这两项理由仍然只是一种功利性的价值论证，并没有解决为何特定原告可以获得超出其损害的赔偿金，因此无法消解反对者质疑的合理性。但是，在这个问题上，恰恰是功利性而非内在价值的考量发挥了决定性的作用。在某些采纳制裁性民事责任（无论是惩罚性赔偿还是得利剥夺责任）的情形下，加害行为可能同时属于应受行政或刑事责任制裁之行为，此时，在禁止重复制裁的前提下，若实际发生了行政或刑事责任的承担，民事制裁就无从实施。这样，真正引发问题的就只是，惩罚性赔偿等制裁性民事责任的承担，是否具有排除行政或刑事责任的追究可能？解释上应当以否定为当，因为法律制裁原则上应服务于公益，民事制裁作为例外就只能从属于行政或刑事制裁。此时唯一需要处理的是，在进行行政或刑事制裁时，是否或如何考虑行为人已经承担的制裁性民事责任。在这样的前提下，我们也可以看出，通过制裁性民事责任的"奖励性激励"，在行政或刑事制

---

① Helmut Koziol，Vanessa Wilcox eds.，*Punitive Damages*：*Common Law and Civil Law Perspectives*，Springer-Verlag Wien New York，2009，p. 289.

② ［德］格哈德·瓦格纳．损害赔偿法的未来：商业化、惩罚性赔偿、集体性损害．王程芳，译．北京：中国法制出版社，2012：137.

裁未被有效启动的情况下，制裁性民事责任将发挥补充性的预防功能。因此，对制裁性民事责任的质疑更多应被作为某种提示或警示，要求立法者或法律适用者注意避免惩罚性赔偿被泛化或滥用，而引致对私法责任制度的根本性破坏。换言之，作为一种既定的制度事实，惩罚性赔偿的功利价值只要没有引致严重的问题，就不应从一般性价值立场出发，去否定其特殊的制度价值。

总体来说，惩罚性赔偿或其他不以补偿为目标的民事责任，由于有助于对潜在加害行为发挥威慑效果，从而有助于从致害行为防免角度间接发挥民事权益的保护功能，所以，只要作为例外被限制在适当的范围内，其发挥的积极制度价值就能够被肯定。

第四节 本章小结

民事责任是民事法律关系的基本要素，权利、义务为法律关系的内容，而责任为权利、义务实现的保障。[①] 在这种结构之下，责任可以分别与权利、义务结合，形成“权利—责任”“义务—责任”的关系。界定民事责任概念的“担保说”“制裁说”正是对这种结构关系的阐释。不过，这些理论认识在确立其合理性的同时，也反映出固有的局限性。这种局限性不仅有其法制源流的原因，而且也受到私法制度目标日益多元的现代发展的影响。但更为重要的是，前述结构没能充分反映出民事责任的内容特征，直言之，与日耳曼法传统不同，现代私法中的民事责任不仅强调民事责任对民事义务的履行保障，而且在内容上使民事责任取决于所保护的民事权益，以贯彻民事关系的两极性正当结构。当然，现代私法的目标具有多元性，民事责任规范的具体设置也可能反映出对两极性正当结构的偏离，但其尚未在整体上改变私法的基本规定性。界定民事责任概念，不仅是为了服务学理探究的目标，而且甚至更多要服务于规范构造的目标。同时，民事责任作为规范性法律概

① 梁慧星．民法总论．北京：法律出版社，2017：84.

念，其内涵确定与功能预设是展开具体理论阐释与制度构建的前提性问题。

作为具有特殊规范价值的法律概念，民事责任以受保护民事权益被侵害或有被侵害之现实危险为发生前提，在内容上主要表现为对该受害民事权益的恢复，对加害行为的制裁则属例外。据此，民事责任是民事权益救济的基本形式，尽管其本身也表现为法律义务，但不同于不以救济为目标或发生基础的其他民事义务形态。同时，因民事责任以主体间的请求权关系为外在表现形式，故而，并非所有的民事权益救济都以民事责任的形式予以表现。

民事责任制度就其内容而言，包含两个基本部分：一是民事责任的基础规范，其解决救济性请求权，也就是民事责任的发生问题；二是民事责任的承担规范，其确定民事责任的内容与范围。在大陆法传统中，虽然因相同责任形式（如损害赔偿）的规范可能与具体的责任基础规范分离而被集中规定，但其在理论上仍被视为具体责任基础规范不可分割的部分。在英美法传统上，理论上将责任成立的规范问题作为实体法问题，而将责任承担作为救济法的问题加以专门处理。尽管存在这种制度构成和理论结构的差异，但是，就民事责任制度整体而言，两个部分既相互独立又彼此关联则是被共同认可的。因此，只有在理论上对二者之关系形式作出深入剖析，才有可能明了制度构建的基本内容与方向。

第二章

统一民事责任的理论基础

自近代以来，尽管私法理论已经发掘出民事责任的独特意义，但是，民事责任的体系价值并未获得充分认识，在立法例上对其作统一规定者也罕有其例。大陆法传统中的责任法基本限于侵权责任法，唯有损害赔偿法超越了具体责任类型而具有责任法一般规范的属性，并且在一些国家的民法典中被规定在债编总则部分。英美法通过救济法的理论发展，实现了对民事责任形式与内容的理论化，不过，有关责任成立的规范内容仍保留给实体法，同样存在统一规范缺失的问题。因此，不论是采用责任法还是采用救济法来处理民事权益的保护问题，两大法系在总体上都没有将民事责任所涉及的基本问题——责任基础与责任形式——加以整体概观，人们只能对具体类型的责任基础及责任形式作个别认知，无以窥知民事责任的规范全貌。不同类型的责任基础以及不同责任基础对相同责任形式的运用，彼此间是否存在某种一般性或共同之处？区别对待的理由何在？就此亦未形成足够清晰的认识。

主要继受大陆法传统的我国民法理论，也固守合同与侵权的二分观念，无论是在理论上还是在制度上都将违约责任与侵权责任分别处理，并在责任竞合时采请求权竞合模式，进一步强化了这种区分的效果，阻碍了对责任法之统一性的认知。由此产生的后果是，即使在我国原《民法通则》开创了设置统一民事责任制度之先河，并且《民法典》承继了该传统的情况下，由于对这种统一性认识的欠缺，制度建构也反映出令人遗憾的缺失。

因此，本章将从类型化民事责任的历史发展和制度现实出发，辨识其价值与不足，进而探究构建统一民事责任的必要性和可行性。

第一节　民事责任类型区分的价值

在大陆法传统中，民法理论与范式民法典皆以违约责任和侵权责任的二分为基础来构建民事责任体系，违约责任和侵权责任成为民事责任制度的两根支柱。英美法传统的情况亦与之类似，各种民事救济也主要围绕合同法与侵权法展开。可以说，民事责任的类型区分而非统一构建是两大法系的共同特征。这里主要以违约责任和侵权责任的类型区分为中心，考察责任类型区分的价值。

一、责任类型区分的缘起

从历史发展的角度看，“有救济方有权利”（*ubi remedium*，*ibi ius*），责任问题相比于债务概念具有更为悠久的历史。侵权责任为最古老的责任类型，仅当受害人的复仇权利变得可以赎买，并且逐渐由偶然或自由的金钱赎买转向间接强制性的金钱补偿时，近代意义上以损害赔偿为基本内容的侵权责任才初见端倪。[①] 合同债务也从这种可赎买的责任方式中破土而生，但仅当有关责任承担约定的约束力而非责任的人身性成为法律的关注点时，实质意义上的合同之债才可能存在。[②] 我们可以说，合同债务源自有关责任承担的特殊约定。因此，侵权责任及由责任担保逐渐衍生的合同责任，无论是在罗马法[③]上还是在日耳曼法[④]上，其历史都要早于体系化的债法理论。换言之，对不法行为或不履行义务行为的结果矫正（责任）要先于体系性的债务概念而被提出。但是，在债的概念被提出后，因其结果的包容性，责任的重

---

① Reinhard Zimmermann，*The Law of Obligations*：*Roman Foundations of the Civilian Tradition*，Oxford University Press，1996，p. 3.

② Ibid.，pp. 5 - 6.

③ Ibid.，pp. 1 - 10.

④ 第一章第二节之“一”。

要性则减弱了，责任的效果被纳入债务的概念之中。恰如所见，在罗马法上广为人知的是以“法锁”著称的债之概念，责任，尤其是合同责任问题并不引人注目。因此，对侵权责任与合同责任区分的历史，恰恰不能从其自身的起源历史考察，而是要从更为抽象的债之概念史入手。

盖尤士在《法学阶梯》中提出，债有两个基本的类型：或者产生于契约，或者产生于私犯。[①] 其中的契约之债，不仅包括约定之债，也包括违约引发的债；私犯是指侵害私人的财产或人身，对公共秩序影响不大的行为，行为人一般仅负损害赔偿责任。[②] 后来，盖尤士在契约与私犯之外增加了一种新的债因，即归类在“法律规定的其他原因”下的剩余类型。[③] 由此，债因的分类就由两分变为三分。很明显，这种大杂烩式的剩余类型对于开始注重体系思考的东罗马法学家来说，不是很满意的。因此，在优士丁尼法典编纂时，这个剩余类型被按照合同—侵权二分的模式作了进一步划分，结果产生了四分框架：契约和准契约、私犯和准私犯。[④] 相应地，债之类型被分为契约之债、私犯之债、准契约之债、准私犯之债。无因管理、不当得利等构成准契约之债的发生原因，其与契约同属准合法行为的范畴，和准私犯与私犯同属不法行为恰成对照。[⑤] 因而，这个债因结构也可以被看作由合法行为和不法行为组成的二元结构。

不难看出，无论是盖尤士的三分法还是优士丁尼的四分法，都是以合同—侵权的二分为基础的，体现了以合同之债和侵权之债为母体的思想。相比于这两种债因，其他债因根本无法相提并论，无法改变合同与侵权在债法体系中的基础性地位，以至于即使在现代私法中，合同法与侵权法也总是被视为债法最重要的组成部分。

---

① ［古罗马］盖尤士．法学阶梯．黄风，译．北京：中国政法大学出版社，1996：226．据说，侵权之债和合同之债的区分可能是出于对亚里士多德关于自愿和不自愿交易分类的系统运用的考虑。Reinhard Zimmermann，*The Law of Obligations*：*Roman Foundations of the Civilian Tradition*，Oxford University Press，1996，pp. 10－11.

② 周枏．罗马法原论：下册．北京：商务印书馆，2014：855.

③ 费安玲．罗马私法学．北京：法律出版社，2020：217.

④ Reinhard Zimmermann，*The Law of Obligations*：*Roman Foundations of the Civilian Tradition*，Oxford University Press，1996，p. 14. Also I. 3，13，2.

⑤ 费安玲．罗马私法学．北京：法律出版社，2020：217.

从历史发展来看，在债务概念形成之后，侵权之债自始就与侵权责任具有相同含义，理论上有关侵权之债的讨论也是从责任成立及其效果入手的，无论是侵权还是准侵权都是如此。与之不同，合同责任则被看作不履行合同债务的后果，即使在责任与债务融合的罗马法上，原级合同债务与不履行该债务所生的合同责任（次级债务）也被认为产生于不同的法律事实。不过，不履行合同债务的后果被视为合同债务的转换形式，因而属于合同之债本身具有的效果。“罗马法契约责任也泛指一切违反适法行为之债规定的义务所应承担的责任，包括契约责任和准契约责任”[①]。这表明，罗马法一方面将合同责任的发生原因与合同之债的发生原因作为不同的法律事实，另一方面将二者合并在合同之债的效果之中。正是通过后一程序的转化，合同之债与侵权之债处于同一层面，违约责任以合同之债为发生前提，存在债务—责任—债务的逻辑演化关系，这与侵权责任仅存在责任—债务的逻辑演化关系明显不同。在债务的功能抽象之下，合同之债中隐藏的“合法—不法”的双重债因被完全遮蔽了。合同之债中原级债务和次级债务的差异只有在关注权益救济的意义上才能被揭示出来，这种意义对于侵权之债本属再自然不过的事情。也就是说，责任概念的规范内涵要比债务概念更加丰富，只有在债务发生原因的意义上，不同债因之间的差异才得到确立。

英美法上并无形式意义上的债法（Law of obligation）规范或逻辑体系，其实质债法由合同法、侵权法和返还法（恢复原状法）三部分构成，合同法与侵权法是其中最为稳定和成熟的法律领域。在英国法中，侵权之债与合同之债也是被认可的两种主要债务类型。允诺人有履行允诺的义务，如果不履行，就产生违反允诺的诉因。与之相似，侵权法上行为人负担的义务是不得对他人实施不当行为的义务，若违反该义务，即产生受害人的侵权诉因。[②] 虽然传统的“程式诉讼制度”在19世纪中期被废除，但侵权责任仍因曾经对应于诉讼方式的

① 丁玫. 罗马法契约责任. 北京：中国政法大学出版社，1998：1.

② Andrew Burrows, *Remedies for Torts and Breach of Contract*, 3rd edn., Oxford University Press, 2004, p.4.

种类而被讨论。[①] 在这个过程中，大陆法的民事责任的分类对普通法产生了很大的影响[②]，到了19世纪后期，英国法官就开始了从程序机制的方法向罗马法中对民事责任的分类的转变，学者更直接按照合同之债（contractual obligation，含合同债务之不履行）与非合同之债（non-contractual obligation，含返还法与侵权法）的结构阐释英国债法。[③] 在美国法上，合同法重述中的违约救济规则包含了实质意义上的违约责任内容，即违约赔偿、实际履行与恢复原状（返还财产）等救济形式[④]；侵权救济则更聚集于实质责任法的内容。在某种意义上，如下的说法反映了英美法的真实情况：尽管英美法没有大陆法意义上的债法，但仍然存在“责任法”（Law of Liability）或“救济法”（Law of Remedies）。[⑤]

可见，无论是大陆法还是英美法，都接受了合同责任与侵权责任的二分思想，并将其作为整个民事责任体系构建的基础。大陆法更以法典的形式确认了这种区分观念，为其提供制度支持。

二、大陆法国家民法典中的区分立法

从规范逻辑看，民事权利必须结合民事责任才具有“法律上之力”，因此，无论是否在法典中设置形式上的“民事责任”专门制度，各国民法典中都不可能没有民事责任的实质规则。范式民法典基本上将民事责任规范作为特殊的债法规范对待，以之为债法的组成部分，并且，在规范结构上，将民事责任与损害赔偿之债等同，并按照发生原因将其区分为不履行债务的损害赔偿和侵权行为的损害赔偿。[⑥] 尽管民事责任作为民事权利的保障手段，在概念逻辑上能够取得民法一般规范的地位，但是，不论是《法国民法典》还

① ［日］望月礼二郎．英美法．郭建，王仲涛，译．北京：商务印书馆，2005：125．

② 王少禹．侵权与合同竞合问题之展开：以英美法为视角．北京：北京大学出版社，2010：16．

③ Geoffrey Samuel，*Law of Obligations and Legal Remedies*，Gavendish Publishing Limited，2001，pp. 249f.

④ *Restatement of Contracts*，*Second*，“Chapter 16-Remedies”．

⑤ 同③252－253．

⑥ 郭明瑞，房绍坤，於向平．民事责任论．北京：中国社会科学出版社，1991：19．

是《德国民法典》，或参照两国民法典制定的其他民法典，都没有将民事责任纳入民法总则或者设置民事责任一般规范，民事责任作为义务违反或权益侵害的法律后果被分散规定在法典的各相关部分。我们可以从以下几部范式民法典的相关制度设置出发，考察侵权—合同二分思想在民法典上的具体贯彻。

《法国民法典》在第三卷“取得财产的各种方式”原第三编“契约或约定之债的一般规定”中，规定了“因不履行债务而引起的损害赔偿”，原第1147条为债务不履行责任的一般规则：“债务人凡是不能证明其不履行债务系由于不能归咎其本人的外来原因时，即使其本人方面并无任何恶意，如有必要，均因债务不履行或者延迟履行而被判支付损害赔偿。”尽管该条使用了“债务不履行”这种一般化的表达，但结合该编标题显示的规范内容来看，其实际上应当被认为属于违约责任的特别规则。[①] 2016年经过修订后，该条被改写为第1231—1条，其规定：“债务人在债务不履行或者迟延履行的情况下需要承担违约损害赔偿金，除非他能证明其违约系不可抗力所致”，从而更直接彰显了违约赔偿在债务不履行责任中的基础性地位。此外，该法典在同卷第四编第二章“侵权行为与准侵权行为”中规定了侵权责任，原第1382条（现第1240条）规定，“人的任何行为给他人造成损害时，因其过错致该行为发生之人应当赔偿损害”；原第1383条（现第1241条）规定，“任何人不仅因其行为造成的损害负赔偿责任，而且还因其懈怠或疏忽大意造成的损害负赔偿责任”。这样，在《法国民法典》的体例结构下，违约责任和侵权责任作为两种对立的责任类型就在法典形式上被确认下来。并且，经2016年债法修订后的第1231—2条至第1231—7条整合了原第1149～1155条，集中处理违约赔偿的相关问题，而在侵权责任部分则没有类似的专门规定。这种仅对违约责任作更为细致规定的情况，与《法国民法典》对违约责任和侵权责任的特殊制度编制有关。其侵权责任基础规范涵盖范围极广，以致违约责任都可以被视为侵权责任的特殊形态，于是，在违约责任与侵权责任不竞合的总体

① 张民安. 法国民法. 北京：清华大学出版社，2015：358.

原则下，违约责任基于其特殊性应优先于侵权责任被考虑。在这样的考虑下，仅对违约责任的承担规则（如赔偿内容规则、可预见规则以及有关违约金的限定规则等）作出特别规定即可，剩余的“赔偿规范”当然应当统一，只不过民法典将这个任务交给司法和学理去完成。此外，对比《德国民法典》的规定来看，《法国民法典》并没有规定更具抽象意义的“债务不履行责任”，就此而言，其在责任一般化的抽象程度上与罗马法的传统做法具有更多相似性。

与之不同，《德国民法典》将违约责任纳入第二编“债务关系法”第一章“债务关系的内容”中，作为债务不履行的特殊情形。从责任成立来看，其第 276 条关于归责标准的规定以及第 280 条以下就债务不履行的损害赔偿责任的规定，可适用于各种原因引发的债务不履行情形，包括作为侵权后果的侵权之债的不履行问题。不过，就侵权责任而言，其以违反针对所有人的一般法律义务为前提，这种义务并不属于特别结合性质的债务关系，所以，侵权责任本身当然不属于这里所称的债务不履行责任。对于侵权责任而言，对其成立问题应依据该编第八章第二十七节，即由第 823 条第 1、2 款以及第 826 条组成的三个小的侵权责任一般条款。加以判定。只有在侵权责任被认定之后，也就是到了侵权之债的履行阶段，才会发生侵权债务不履行问题。由此可见，对于因不履行合同以及其他法定债务（如由无因管理引发的债务，也即传统的准合同之债）所生责任而言，应当然适用第 276 条及第 280 条以下的规定。由此可见，在有关责任成立的法律调整方面，违约责任与侵权责任存在明显差别。不仅在责任基础规范上违约责任与侵权责任有别，而且因合同债务不履行引发的债务被置于与基于其他原因发生之债务（包括侵权之债）相同的地位，只能作为债务不履行的特殊形式而存在，也因此丧失了被独立规定的价值。在这种结构之下，很容易产生侵权责任与债务不履行责任而非违约责任形成对立关系的认识，但这是不正确的，因为，这里有关侵权责任的规定更多是从责任或债务发生的角度加以规定的，也就是说，侵权责任作为规范对象被分解为成立与履行两个不同部分：在前者，有独立的侵权责任专门规定调整；在后者，侵权责任以侵权之债的形式与合同债务一样由债务（不）履行规则调整，从而会发生适用第 280 条以下规定的情况。因此，在《德国民法典》的结构下，违约责任和侵权责任的对立是隐藏在债务不履行责任的统一规范下的，作为合同之债与侵权之债的对立关系的延续形式。同样，与《法国民法典》不同，《德国民法典》对于责任内容或范围，不再强调债因的区别，将损害赔偿作为一般责任形式，同时适用于债务不履行责任和侵权责任。因而，《德国民法典》第 249 条以下就损害赔偿内容与范围的规定，就成为侵权责任与违约责任的共同规则。如此一来，债务不履行责任因其超越违约责任与侵权责任而成为更为一般的责任形式，其调整规则当然取得了债法一般规范的地位，并且与调整损害赔偿内容与范围的规则一道，构成债法总则的规范。

相比于前两部民法典，《瑞士债法典》在整体上与《德国民法典》更为接近。单从体系视角看，《瑞士债法典》将《德国民法典》并未完全揭示的内在结构直接在法典形式上呈现出来。其第一编“总则”首先在“债之发生”（第一章）下，将“合同之债”（第一节）与“侵权之债”（第二节）作为典型的债之原因加以规定，然后在“债之效力”（第二章）下规定“债务不履行的后果”（第二节）。在这样的结构编排下，可以明显看出，侵权责任被认定后，其作为侵权之债与合同之债一起，被纳入“债务不履行的后果”规则调整范围。因此，违约责任只是债务不履行责任的特殊形式，其本身并不具有独立的规范地位；侵权责任与侵权之债在不同的规范意义上被对待，侵权行为的统一后果实际上被分拆为侵权责任和侵权之债两个层次加以处理。就此而论，《瑞士债法典》与《德国民法典》的处理模式完全一致。不过，与《法国民法典》仅在合同责任部分设置确定赔偿内容的规范，以及《德国民法典》就违约责任与侵权责任设置统一的赔偿规范不同，《瑞士债法典》将基本的赔偿规范置于侵权责任部分，并依据第 99 条第 3 款的“准用规则”而将其扩展适用于合同责任；同时，它亦规定了确定损害赔偿范围的一般规则。这种立法方式颇具特色。有关侵权赔偿责任的规定属于与固有权益侵害有关的一般规定，将其置于侵权责任部分，显然与侵权责任主要保护固有权益的定位相符，通过“准用”也可以将其适用于在违约行为“例外”造成固有权益损害的违约赔偿责任情形，因而较好地适应了一般与特殊的规范需求。相反，对于责任减轻、免责事由、辅助人员致害、债务人迟延等不会因债因的不同而在法律适用上有明显差异的情形，则直接将其作为违约责任与侵权责任的共同规则处理。此外，将合同解除作为不履行合同债务的特殊后果，也适应了合同责任作为特殊的债务不履行责任的定位。

总体而言，晚出的民法典基本反映了前面提及的范式民法典的体系结构。《荷兰民法典》采取了类似于《德国民法典》的做法：在第六编“债法总则”第一章“债的一般规定”中规定“债务不履行的效力”（第九节），从而将违约责任作为债务不履行责任的特殊形式纳入其中；对侵权责任亦单独规定（同编第三章“侵权行为”）。同样，该法典也将“损害赔偿的法定义务”作为一般责任形式予以统一规定（同编第一章第十节）。因此，《荷兰民法典》基本反映了《德国民法典》所确立的抽象规范结构。《意大利民法典》《西班牙民法典》与之也大体相似；《葡萄牙民法典》则接近于《瑞士民法典》的整体框架；《魁北克民法典》明显受到《法国民法典》的影响；《日本民法典》也与《法国民法典》相似，将债务不履行责任置于债之发生原因之前规定，实际上主要适用于合同之债，从而使之与侵权责任形成对立关系；我国《民法典》基本沿袭了此前分别规定合同责任与侵权责任的做法，在规范体例上与《法国民法典》更为相似。比较特殊的是《奥地利普通民法典》，其试图将违约责任和侵权责任纳入统一的规范之下（第 1295 条），但实际上，其仍然遵循对违约责任和侵权责任区别处理，尤其是在举证负担（第 1296、1298 条）、替代责任（第 1313a、1315 条）以及纯经济利益的保护等问题上，违约责任与侵权责任的区分被认为是非常重要的。[①] 所以，表面上的一体规定仍然无改于其区分逻辑的贯彻。

综观各国民法典的立法体例可以发现，在违约责任与侵权责任的对立关系上，基本存在两种立法模式，不同立法基本上是在这两种立法模式基础上

---

① ［奥］H. 考茨欧. 侵权法的统一：违法性. 张家勇，译. 北京：法律出版社，2009：30.

的修正或调整：一是针对违约责任与侵权责任分别设置独立的责任成立规范与责任承担规范（主要是损害赔偿规范），这两种责任共同的承担规范通常未被明确规定。这种模式以《法国民法典》为代表，并为我国《民法典》所采纳。二是将违约责任纳入更为抽象的债务不履行责任规范之下，表面上表现出“债务不履行责任—侵权责任”的二元结构，但实际上侵权责任作为侵权之债成为更加抽象的债务不履行责任的发生基础，违约责任与侵权责任真实对立的二元结构则被隐去；在责任承担上，侵权责任与债务不履行责任又适用统一的责任承担规范。这种模式以《德国民法典》和《瑞士民法典》为典型。但是，即使是采纳第二种立法模式，因违约责任乃债务不履行责任最重要的类型，也仍然反映出区分违约责任与侵权责任的思想。

三、责任类型区分的正当基础及价值

（一）责任类型区分的正当基础

民事责任制度以合同责任和侵权责任（或合同外责任）为两大主线不断发展和完善，比较合同责任和侵权责任的各种规范形式，我们可以发现：二者从责任的发生和构成，到保护的对象和后果，再到责任的方式和范围等方面都存在诸多差异。这种差异的存在，为合同责任与侵权责任的区分奠定了规范基础。

首先，从保护对象看，合同责任保护的主要是合同本身所创设的权益，也就是给付利益。给付利益是没有合同就不可能发生的利益，以有效合同关系的存在为前提。并且，对于合同而言，其具有相对性，与这种给付利益相对的合同义务原则上只能由合同对方当事人履行，只有该方当事人会因为不履行而承担违反合同的责任。由此，合同责任不仅有限定的保护对象，也有限定的责任主体。相反，侵权责任所保护的权益则是受害人已经享有的固有权益，这种权益通常具有对世的排他性的效力（绝对权），除权利人之外的其他所有人都负有对这种权益归属予以尊重并不得妨碍或侵害的义务，这种义务是一般性的法律义务，并不以当事人之间存在特别约束关系为前提。尽管现代私法为保护债权人的利益，例外地承认债权也是侵权法所保护的对象，但是，侵权法之所以保护债权，是因为债务人之外的侵权人以不当方式侵害或妨碍了相关债权的归属效果，而不是因为侵权人违反了促进权益实现的义务（债务）：后一种义务即使是在以保护为目的的合同关系场合，也是合同当事人承担合同责任的基础所在；前一种义务则在基本属性上与侵害绝对权情形下的一般法律义务一致。

其次，从所违反义务的类型看，合同责任和侵权责任也存在差异。在合同关系中，给付义务服务于给付目的或给付利益的实现，附随义务或保护义务则服务于固有利益之保护。合同义务以给付义务为其核心，附随义务或保护义务只在合同所设定的关系框架内被纳入合同法调整范围，其在多数情形下表现为法律调整领域的转移现象，即原本由侵权法调整的对象转由合同法调整。但是，与以保护为目的的合同一样，合同关系的存在为合同当事人一方保护另一方的利益提供了前提，当事人通过合同关系改变了在没有这种关系时的关系状态，也就是强化或减弱了侵权法上的一般注意义务。侵权责任不以当事人之间事先存在特别关系为必要，仅仅是因为权益归属秩序的确立而在权利人与不特定的当事人之间建立法律关系。这是一种抽象的、消极的关系，以其他人不妨碍、不侵害这种权益归属为已足，其他人并不负担促成权利人实现其权利或者避免其权益损害的积极义务。与之不同，合同中对固有利益的保护，要么与给付无关（通常情形下的保护义务），要么本身与给付重叠（以保护为目的的合同）。后者通过对侵权法上一般义务的强化而增强了特定当事人之间的关联性，合同上的义务在目的上吸收了侵权法上注意义务；前者则既可能强化也可能弱化在给付过程中所产生的固有利益损害的防免义务。由此我们也可以发现，对于那些单纯与合同关联而发生的固有利益损害，如果合同关系的存在并没有改变当事人之间既有的注意义务的性质，对合同责任与侵权责任就无法作出清楚的区分。这种模糊状况，恰恰反映出合同责任与侵权责任的区分所无法解决的问题。

再次，从归责标准来看，两种责任类型在归责标准的择取与贯彻上也存在不同。违约责任的核心是当事人承担义务的性质或内容，在合同义务是当事人自我设定的义务前提下，违反义务的行为被推定为可归责，除非义务方能够证明有免责事由存在。所以，在传统大陆法上，过错推定是违约责任的一般归责标准，在英美法上则奉行严格责任。但是，这种表面的差异其实更多与对合同义务内容的确定有关，二者之间的差异并没有表面看起来那么大。对于侵权责任来说，尽管存在规范模式的差异，即大陆法民法典通常采取一般条款的模式规范一般侵权行为，而英美法则更多通过类型侵权的模式调整各种侵权行为，其中过失侵权（negligence）事实上发挥了大陆法侵权法一般条款的功能。由此，过错都是侵权法平衡权益救济和行动自由之冲突的基本工具。这表明，即使同样是以过错责任为一般归责标准，违约责任与侵权责任也存在根本性的差异：违约责任通过过错推定的方式使归责更加严格。除此之外，两种责任类型在严格责任或无过错责任的方面也存在差异：对违约责任来说，除法律规定的严格责任适用情形外，当事人还可以通过约定将手段性义务提高为结果性义务，从而使归责标准由过错标准提高为严格责任标准。就侵权责任而言，通过约定而提高归责标准的做法是不存在的（具有类似效果的做法是事先约定免责事由的方式），这与侵权责任通常存在于事先并无关联的陌生人之间有关，因此，侵权法上的严格责任或者无过错责任都必须以法律有明文规定为原则。质言之，违约责任的严格化能够以约定为基础，但侵权责任的严格化则只能实行法定原则。

最后，从责任内容与范围看，典型的违约责任与侵权责任也有差异。如果违约责任不过是合同权利的转换形式，且合同权利以给付利益为典型利益形态，那么，违约责任的对象就是当事人依合同而享有的期待利益，以及与这种利益相关的迟延损害或费用支出。而对固有利益的保护是侵权责任的主要任务，合同中即使涉及对固有利益的保护，它也只能是偶然与例外。这种对象上的差异决定了两种责任在责任范围上的差异：对违约责任来说，与违约责任相关的期待利益是依合同创设的利益，其与相对方的合同义务相关，在合同义务乃自我设定之义务的前提下，给付利益就只能是债务人愿意授予债权人的利益。因此，可预见性规则构成违约赔偿的一般限制标准：守约方能够获得的赔偿只能是违约方在订立合同时能够预见到的因违约给对方造成的损失。由此也可以发现，既然可预见性规则针对的是期待利益的赔偿，对于违约损害赔偿中涉及的其他利益，尤其是与给付无关的固有利益的损害赔偿，就不受该规则的限制。此外，当事人还可以事先约定违约金或损害赔偿的计算方法，这体现了违约损害赔偿的意定特征。而对于侵权责任来说，对固有利益的赔偿受制于该利益本身的内容与范围，对于可赔偿的固有利益之范围，通过因果关系规则（如相当因果关系或近因原则）加以限制；而且，侵权赔偿的范围由法律加以规定，具有明显的法定特征。

此外，两种责任类型的差异还被认为表现在事务所属人责任方面。一般来说，对于违约责任，债务人需要为履行辅助人在债务履行中所造成的一切损失负责。其原因在于，债务人使用他人为其利益服务，自应承担由此所生的不利后果。与之不同，就侵权责任而言，其奉行自己责任原则，只有事务所属人在对辅助人的选任或监督上存有过失，从而“助成”其致害行为时，才应对后者由此造成的损害负责。这是因为，尽管都存在使用他人服务于自己利益的情况，但在合同关系中，辅助人是为履行债务而行为；而在侵权关系中，辅助人只是因为致害行为与其职责关联而“意外”造成他人权益侵害。不过，这种认识在强调受害人保护的视角下招致了质疑：既然权益侵害都与辅助人服务于事务所属人利益的行为存在内在关联，那么辅助人是为事务所属人在履行债务过程中，还是在为其利益而实施其他行为过程中造成他人损害，这种差异能够成为区别对待的坚实理由吗？实际上，我们可以发现，尽管存在质疑的声音①，但越来越多的法律制度仍然将侵权中辅助人的过错都归责于事务所属人，表现出统一对待违约和侵权情形下辅助人责任的倾向。②

除前述差异外，违约责任和侵权责任在诉讼时效以及诉讼管辖方面也存在不同。③

---

① ［奥］赫尔穆特·考茨欧．侵权法中事务的所属人和行为人责任．张家勇，周奥杰，译．环球法律评论，2015（4）：8.

② 同①7－8.

③ 张家勇．合同法与侵权法中间领域调整模式研究：以制度互动的实证分析为中心．北京：北京大学出版社，2016：307－309.

（二）责任类型区分的价值

首先，违约责任与侵权责任的区分有助于法律适用。合同是当事人对未来行为的预先安排（合同的计划功能），并据此分配目标实现过程中的相关风险（风险分配功能），因此，违约责任是以有效合同为前提的责任形式。违约责任保护当事人依约定所创设的合同权利或期待利益，这是违约责任的首要目的，也依此违约责任与非合同责任形成区分。从这个意义上讲，合同法规则首先是构成性的，然后才是保护性的，且保护性规则应当服务于依构成性规则所创设的权益。即使涉及固有利益，合同也通过改变侵权法上的注意义务的方式而形成自身的特色，即其在法律允许的范围内强化或减轻法定注意义务，典型的就是对合同当事人施加保护对方固有利益的作为义务，对不作为施加严格责任或过失责任。有学者认为，合同法相比于侵权法最显著的特征在于，“合同法具有更强的对不作为施加严格责任或过失责任的意愿”[①]。可见，即使是针对相同的受保护对象，合同保护也改变了侵权法保护的条件或效果。侵权责任以保护固有利益为目标，即使在涉及债权保护时，其保护的基础也和保护其他权益一样，在于侵权行为侵害或妨碍了与债权相应的利益归属秩序，而非侵权人未能通过积极行为促成债权利益的实现。从逻辑来讲，违约责任的保护对象与效果均决定于合同本身确定的框架，且该框架提供的保护效果优于侵权法保护的效果，侵权责任只是在不存在合同关系时承担对既有权益的保护任务。[②] 这样，基于前述逻辑违约责任与侵权责任在法律构成上就形成了效果差异。这种在预设前提下的效果差异与现实状况的符合程度决定了责任类型区分的实践价值：违约责任越是旨在维护期待利益，侵权责任越是旨在维护固有权益，二者的区分价值就越是明显。从实际经验来看，现实中发生的违约与侵权事件，绝大多数都与前述预设相符。因此，违约责任与侵权责任的区分就极大地方便了相关法律适用。

其次，违约责任和侵权责任的区分也有利于民事责任的具体制度建构。

① ［澳］彼得·凯恩．侵权法解剖．汪志刚，译．北京：北京大学出版社，2010：209.

② 应当注意的是，实证法规则的具体构造可能因为历史与现实原因，并不支持这样的逻辑结论。

民事责任是对权益侵害的法律救济，但是，不同的侵害对象与侵害形态反映了不同的利益冲突与救济需求。如前所述，违约责任规范作为保护性规范，首先服务于与创设性合同规范相关的功能衔接目标，其保护对象与范围受制于合同框架本身。在私法自治的原则下，违约责任遵守最低干预的原则，即当事人在法律允许的框架内所作的安排应受尊重，“合同法基本上是消极性的……当事人自愿同意了什么，法院就执行什么”[①]。因此，违约责任规范要比侵权责任规范更为纯粹，其构成上的复杂性更弱，规范内在的统一性也更强。相反，侵权责任规范作为保护性规范，仅受制于由既定权益归属秩序所设定的边界，也就是处理与这种权益归属相关的利益冲突。侵权责任始终需要在具体的场景下作个别权衡。因此，侵权责任法由一般侵权规范与涉及类型侵权的特别规范组成，是针对法定效果的规范体系。侵权责任即使在一般侵权这样的抽象统一的框架下，其具体适用也更为复杂。总体而言，与违约责任法侧重于责任承担规范不同，侵权责任法更加强调责任构成规范。有鉴于此，区分违约责任和侵权责任而设置不同责任规范，在制度构造上也顺理成章。

不过，还是应当看到，违约责任与侵权责任的区分不过是理论阐释所建构的产物。对于理论而言，简化与逻辑一贯是衡量理论价值的主要标尺，在单一前提预设下的理论建构将有助于满足这样的目标。对于民事责任这种实用性知识体系来说，相关理论始终需要服务并服从于实践的需求，在区分思想制度化的过程中，基于实践需要而对这两种法律工具加以调整时，不同于奠定这种类型区分的因素被引入这两种类型，无论是合同中法定义务的引入与保护目的的承认，还是侵权保护对象与侵权类型的扩张，都在相当程度上改变了类型区分的基础。这种基础改变导致在以预定逻辑分析这些扩张领域时，会面临价值冲突，难以适应妥当法律调整的目标，从而，合同责任与侵权责任的区分就呈现出越来越明显的局限性，需要对其区分价值重新作出评价。

---

① L. Friedman, *A History of American Law*, 2nd edn., New York, 1985, 532－533//［美］詹姆斯·戈德雷. 现代合同理论的哲学起源. 张家勇，译. 北京：法律出版社，2006：305.

第二节　责任类型区分的局限性

在特定的前提设定下，违约责任与侵权责任的区分不仅能够发挥阐释不同责任机理的说明功能，更能够方便法律适用，发挥依相关类型赋予相应法律效果的处置功能。但是，当面向实践需要而将新的事实关系纳入既定类型加以调整时，责任类型区分的预设前提就被改变了，其内在一贯性也因此而被扰乱，此时，如果依照既有责任类型区分去赋予新的事实关系以相应法律效果，就会产生价值背离或冲突，由此反映出责任类型区分的局限性。

一、债法外责任规范的发展

如前所述，民事责任是以救济受侵害民事权益为目标而形成的特殊债之关系。由此推论，任何满足这一规范特征的救济关系都应被界定为民事责任。但是，在德国法传统中，责任法基本等同于合同外责任或侵权责任，责任内容限于损害赔偿[①]，民事责任规范也因此被认为属于债法范畴。同样具有权益救济属性的物权请求权，则被归入物权法的领域，作为物权的特殊保护手段。伴随物权请求权适用范围的扩张，其逐渐发展成更具一般性的绝对权请求权，可以适用于知识产权、人格权等其他绝对权的保护情形。我国《民法典》沿袭原《物权法》的做法，在物权编规定物权与占有的保护请求权（第233～239、459～462条）；此外，人格权编也规定了“停止侵害、排除妨碍、消除危险”等保护请求权（第995条）。在知识产权保护理论与立法中，也存在停止侵害、妨害预防、收缴侵权工具或销毁侵权产品等救济性请求权，其在性质上与物权保护中的不作为或保全请求权类似。[②] 同时，《民法典》侵权责任编还规定了一般性的防御请求权（第1167条），从而形成了物权法、人格权法、知识产权法等

① ［德］迪特尔·施瓦布．民法导论．郑冲，译．北京：法律出版社，2006：168.

② 张广良．知识产权侵权民事救济．北京：北京大学出版社，2003：122. 杨明．知识产权请求权研究：兼以反不正当竞争为考察对象．北京：北京大学出版社，2005：117.

领域法与侵权法的双层保护结构。尽管物权请求权与人格权保护请求权、知识产权保护请求权的内容（如返还原物、排除妨害、消除危险等）同样属于《民法典》总则编规定的民事责任形式（第179条），但物权请求权、人格权保护请求权与侵权防御请求权的关系，仍属有待澄清的问题。以下主要以物权请求权与侵权请求权的关系为例加以说明。

在我国进行原《物权法》与《侵权责任法》立法时，对于是否应当承认独立的"物权请求权"，理论界就存在不同看法，主要分歧是：要不要将排除妨碍、消除危险、返还原物等德国法传统中的物权请求权合并为侵权责任的相应责任形式。[①] 立法最终采纳的做法是，同时规定物权请求权与侵权请求权，这种立法选择在《民法典》中得到维持。有学者认为，立法上作出此种选择，一方面是为了强调物权请求权和债权请求权的对立而非从属关系；另一方面也是为了强调物权请求权对物权的附属性与目的性特征，与债权的独立性相对。[②] 也就是说，物权请求权所规定的不是一般的对人关系，而是物权人或占有人与义务人之间的关系。[③] 物权请求权与物权或占有紧密结合，旨在恢复物权人或占有人对物支配的圆满性，或"恢复物权的圆满状态"。这样，物权请求权与作为债权的侵权请求权虽然都具有救济民事权益的效果，但前者与后者具有不同的特征，且后者并非为前者所包含，而是与之并列。

实际上，利用物权请求权的附属性或目的性与债权请求权的独立性的对比，并借此说明物权请求权不是债权请求权，其论证逻辑并不成立。理由有如下几个方面。

债权请求权包括原级请求权和次级请求权（或救济性请求权）。由于物权请求权以物权受侵害或妨害，或者有受妨害之危险为成立前提，故而，其性质上为救济性请求权。在这个意义上，其当然与基于合同所生的原级请求

① 魏振瀛．民事责任与债分离研究．北京：北京大学出版社，2013：93－94．崔建远．论物权救济模式的选择及其依据．清华大学学报（哲学社会科学版），2007（3）．

② 孙宪忠．中国物权法总论．北京：法律出版社，2014：431，433．

③ ［德］曼弗雷德·沃尔夫．物权法．吴越，李大雪，译．北京：法律出版社，2002：144．

权（债权）不同。二者本就不处于同一层面，彼此不同自属当然。违反原级债务所生债务不履行责任，以及侵害包括物权在内的绝对权所生侵权责任，都体现为受害人对责任承担者的救济性请求权。两种救济性请求权都表现为特定人之间请求为或不为特定行为的关系，属于一种特别约束关系，大陆法传统理论将侵权赔偿请求权归类为债权，自非无据。当然，是不是将这种关系称为“债权”，也只关乎术语选择问题，法律调整的实质效果并不会因为命名或归类而有不同。既然物权请求权和侵权请求权都服务于民事权益救济的目标，且都表现责任承担人对权利人的给付，所以，没有理由不将这种效果看作是“民事责任”。于是，除非能够说明物权请求权在实质效果上与侵权请求权根本不同，否则就不足以将物权请求权看作是不同的救济性请求权。

在传统大陆法国家，侵权责任也就是侵权损害赔偿责任。但是，作为侵权责任形式的“损害赔偿”具有极为丰富的内涵，不限于我国法上所指的金钱赔偿，存在恢复原状的损害赔偿和价值赔偿两种形式或赔偿标准。“恢复原状的损害赔偿”包括移除、减少或补偿所受损害的所有可能措施，停止侵害、返还财产、排除妨害等都属于“恢复原状的损害赔偿”形式，受害人具体权益所遭受的事实上的破坏有多少种形式，就有多少种恢复原状形式。① 这里的“恢复原状”既具有“赔偿内容”的限定性，即通过排除妨害、返还原物等恢复受侵害权利的应有状态，也具有金钱赔偿标准的限定性，即令责任人支付恢复原状的金钱（如修理费或者治疗费等）。就内容来看，基于侵权提出的“恢复原状的损害赔偿”请求权，其适用条件和救济效果与物权请求权不会有实质差异。具体表现为以下几点。

首先，遵从“救济与权利一致”的原则，认为侵权请求权总是具有独立性的认识是不成立的。物权请求权的附属性源自该种救济形式的功能定位，即恢复权利人对物支配的圆满性。这样，物权请求权就不可能是物权的转换形式，而只能是物权支配性的作用方式，物权请求权因此不得与所救济之物

① 李承亮．损害赔偿与民事责任．法学研究，2009（3）：140－141．

权本体分割，需要随物权转移而转移。在依侵权法救济受侵害的物权时，如果赔偿是以金钱给付为内容的，则不论赔偿标准是恢复原状还是价值赔偿，金钱给付都具有物权利益的替代效果，从而具有独立性，即赔偿替代了侵害。但是，在以返还原物、排除妨碍、消除危险等方式救济被侵害的物权时，受害人仍享有物权，这些侵权责任形式同样只是以恢复受侵害物权的支配效果为目标，故而，也必定依附于所救济的物权。很难想象，仅仅因为其被归类为"损害赔偿请求权"，而不是被称为物权请求权，这些责任形式就能够由非物权人或者占有人的其他人主张，并且能够与其救济的物权分割转让。就此来看，所谓债权请求权必定具有独立性的说法，忽略了债权具体类型的特征差异，尤其是将恢复原状的损害赔偿责任的各种具体形式完全等视同观，实属误解。不关注具体责任形式内在的差异，抽象地讨论救济效果，就可能脱离真实世界的复杂性而流于过度简化。

其次，认为物权请求权因不适用诉讼时效，从而与侵权请求权有别的观点[①]，也是不能成立的。如果将侵权责任限定于金钱赔偿，前述看法尚有其合理性。但是，从侵权责任形式多元化，或者从功能性民事责任的角度观察，这个结论就有问题了。例如，对于停止侵害这种不作为请求权而言，其以侵害行为持续存在或可能再次发生为前提。只要该前提事实存在，诉讼时效期间自侵害事实首次发生时起算的做法，就将极大减损该种责任形式的救济效果，无法预防迫近的侵害可能造成的损害，并使侵害造成的权利妨害后果因诉讼时效的适用而被维持，进而与妨害排除与妨害防止请求权不受诉讼时效限制的规范意旨相违。换言之，停止侵害与妨害防止请求权存在功能重叠的情况，我国法律将停止侵害、排除妨碍、消除危险一并规定，有其合理性，尤应注意，我国《民法典》第 196 条关于不适用诉讼时效的请求权的规定是以请求权的内容，而非其保护的权利类型为标准的。除返还财产的请求权主体在文义上限于物权人外（第 197 条第 2 项），"请求停止侵害、排除妨碍、消除危险"的请求权主体都并未被限定为物权人。这表明，至少从法律

① 孙宪忠．中国物权法总论．北京：法律出版社，2014：434．

解释的立场看，我国《民法典》第1167条规定的绝对权请求权也不应适用诉讼时效。[①] 而且，并非所有的物权请求权都不适用诉讼时效，未经登记的动产物权人请求返还财产就要受诉讼时效的限制。因此，以是否适用诉讼时效说明物权请求权不同于侵权请求权显然说服力不足。

再次，物权请求权在实现上很难与侵权请求权"脱钩"。就原物返还请求权与保全请求权的实现而言，始终存在支配复原与费用分担的问题。返还原物和排除妨害或防止妨害，不仅涉及对义务人恢复权利人对物支配的行为要求（支配复原），而且涉及复原费用的分担问题。很明显，这两个问题不能总是按照一体化的标准处理。比如，甲的林木因管护不当而倾倒至邻居院落中，甲对乙有原物返还请求权[②]，乙对甲有妨害排除请求权。不论是取回林木还是移除林木，都涉及基本相同的取回或移除费用（因为取回林木也就移除妨害了）。就此，在法律适用上宜认为，费用负担应依照"责任"原理确定。[③] 在本例中，乙应容忍甲进入其庭院取回林木，并承担取回费用；若甲不自行取回，则乙可以移除林木并请求甲补偿费用。相反，若林木系因不可抗力而倾倒，则费用应由甲、乙分担为妥。[④] 正是由于物权请求权的实现始终包括费用负担问题，且费用负担与恢复支配圆满具有不同的构成要件，因此，单纯强调物权请求权的特殊性而否定其与侵权请求权应遵循相似的法律构成，是不切实际的，会造成人为的割裂。

最后，认为将物权请求权作为债权或准债权，会破坏对物权人优先保护的效果的观点[⑤]也难以成立。在债务人或义务人破产时，债权人可以依法行使取回权，从而使物权人能够优先于其他债权人获得保护。不过，物权人所受优先保护的基础是权利人的物权而非其返还原物请求权，救济性请求权保

---

① 王利明. 中国民法典评注：侵权责任编. 北京：人民法院出版社，2021：39.

② 甲对乙的返还请求权以乙对林木有占有意思为必要，否则，其不得作为占有人而被请求返还。但是，若不赋予甲对乙的返还请求权，甲将欠缺从乙取回林木的法律依据，故而，这种占有意思应当可以被推定。

③ ［日］田山辉明．物权法．增订本．陆庆胜，译．北京：法律出版社，2001：23－25.

④ 同③25.

⑤ 崔建远. 绝对权请求权抑或侵权责任方式. 法学，2022（11）：41.

护效果的差异并不源自救济权，而是源自其所救济的原权利。这与救济权的手段性特征相符：作为对原权利的救济，原权利所没有的属性，救济权也不可能享有。但是，救济权能够享有原权利所没有的特性。例如，尽管动产所有权具有永续性，但动产返还请求权仍应承受诉讼时效的时间限制。正是由于救济权的手段性，其能够超越其保护的原权利类型而具有不同且更高的抽象性。

综上，虽然我国现行法同时规定物权请求权与防御性侵权请求权，但不能据此认为二者具有不同性质。将物权保全请求权（《民法典》第236条）视为防御性侵权请求权（《民法典》第1167条）的特殊形式，与将二者作为竞存的独立请求权类型，都不会产生适用要件与法律效果的实质差异。直言之，对于停止侵害、排除妨碍、消除危险等责任形式，不论是依据物权请求权规定，还是依据侵权请求权规定，都应予以相同的法律评价或规范构造。

不过，值得注意的是，我国《民法典》在物权编有原物返还请求权的规定（第235条），但是，与保全请求权不同，侵权责任编对原物返还却没有明确、直接的规定。加之《民法典》删除了原《侵权责任法》第15条关于侵权责任形式的规定，这导致了返还原物或返还财产是否仍属侵权责任，以及在予以肯定时，其归责标准该如何确定的问题。理论上有观点认为，可以将“返还原物或返还财产”纳入《民法典》第1167条规定的“等侵权责任”文义范围内[①]，从而既可贯彻无过错归责标准，也能够与该条防御请求权规定协调一致。在《民法典》物权编并未明确否定“物权请求权”的侵权请求权属性情况下，这种解释方案应当说是自然而顺畅的。[②]

与《民法典》物权编以完全法条规定“物权请求权”不同，人格权编并未直接规定人格权保护请求权的一般规范基础，而仅在《民法典》第995条规定受害人为保护人格权，行使的停止侵害、排除妨碍等请求权不适用诉讼

① 邹海林，朱广新．民法典评注：侵权责任编：第1册．北京：中国法制出版社，2020：31.

② 最高人民法院侵权责任法研究小组．《中华人民共和国侵权责任法》条文理解与适用．北京：人民法院出版社，2010：122．朱虎．物权请求权的独立与合并：以返还原物请求权为中心．环球法律评论，2013（6）：33.

时效的规定，并且，结合该条第1句，可以明确将这类请求权定性为“民事责任”，从而属于侵权请求权，而非采纳一些学者提出的与侵权请求权分离的人格权请求权观点。[①] 虽然同样属于绝对权，但知识产权相关专门法明显将知识产权侵权作为侵权责任法的范围，仅仅规定了停止侵害与损害赔偿的责任形式（如《专利法》第65条），但理论界也同样主张将知识产权请求权与侵权赔偿请求权分离。[②]

可以看出，学理上主张将绝对权请求权与侵权赔偿请求权分离，主要是认为，绝对权请求权在构成要件（主要是归责标准）以及是否适用诉讼时效规定等方面，与侵权赔偿请求权不同。这种观点在对侵权赔偿请求权采狭义解释，尤其是将其限于金钱赔偿责任时，有其合理性。但是，在侵权责任法已经发展出多元责任形式，甚至在我国《民法典》侵权责任编明确规定了与绝对权请求权内容完全相容的防御性责任（甚至包括返还性责任）的情况下，前述主张就脱离具体实证法背景而流为泛泛之论。如果从物权、人格权及知识产权等绝对权的保护需要中，能够演绎出独立的物权请求权、人格权请求权及知识产权请求权，那么，基于它们的共性形成更为一般性的“绝对权请求权”就顺理成章，仅仅因为将绝对权作为侵权责任会改变对民事责任的理解，就否定侵权责任这种制度发展的合理性，不仅是一种固化的侵权责任认识，而且也反映出责任基础类型化思维的明显局限。

二、债法内责任类型的增设

实际上，不仅债法外的法律领域会衍生出新的责任规范或类型，并产生与既有的责任法规范的协调问题，在债法内部，因为既有责任类型的局限

① 主张采纳分离论观点的代表观点参见马俊驹．民法上配权与请求权的不同逻辑构成：兼论人格权 请求权之独立性．法学研究，2007（3）；王利明．论人格权请求权与侵权损害赔偿请求权的分离．中国法学，2019（1）；李永军．论《民法典》人格权编的请求权基础规范：能否以及如何区别于侵权责任规范?．当代法学，2022（2）。相反观点参见吴香香．请求权基础视角下《民法典》人格权的规范体系．中国高校社会科学．2021（4）。

② 杨明．知识产权请求权研究：兼以反不正当竞争为考察对象．北京：北京大学出版社，2005：127－134．

性，其也会产生增设新的责任类型的规范需求。这方面，最为典型的是缔约过失责任与信赖责任或保护责任理论之提出与发展。

（一）缔约过失责任之“发现”

缔约过失责任在德国被誉为是“法学上的发现”，为德国法制上的特色制度，对其他法域亦有重要影响。① 其处理的基本问题是，在合同不成立或无效情形之下，缔约一方当事人因其过失致对方损失时，应依合同原则向对方承担赔偿责任。② 对于德国法这一特色制度，现有的研究已经相当充分了，本书无意再作重述。这里我们所关注的是：缔约过失何以成为德国私法传统的一项特色制度？

我们简单回顾一下耶林的论证：尽管凭借“正确的实践感”可以承认，有过失的缔约方应当赔偿对方因此所受损失，但只有找到依合同之诉或侵权之诉提出赔偿请求的有说服力的依据，前述结论才是令人信服的。若依合同之诉要求损害赔偿须以合同有效为前提，则受害人因合同不成立或无效而遭受损失时，就不得提起合同之诉主张赔偿，唯有以备选的侵权之诉要求赔偿。不过，依罗马法以及当时的德国法律实践，侵权之诉只能以故意之诉或阿奎利亚之诉主张。在缔约当事人并无故意行为，或者其过失行为并非导致相对方所有权侵害时，依侵权要求赔偿非合同性损害就根本行不通。③ 于是，问题又回转到提出合同之诉的可能性上。在耶林看来，“根据罗马和现代的用语方式，合同‘无效’这个表述仅表明（合同）不存在履行这个效果，而不是根本不存在任何效果”④。从表面来看，合同缔结中的过失是非合同性过失，其与合同的联系是一种外在联系，但事实上，缔约中的过失恰好就是合同中承认的过失，从而过失与合同的联系就属于一种内在联系，即通过理论上将缔约外的消极义务转化为缔约中的积极义务，就确立了这种义

① 王泽鉴．民法学说与判例研究．重排合订本．北京：北京大学出版社，2015：434－436.

② ［德］鲁道夫·冯·耶林．论缔约过失．沈建峰，译．北京：商务印书馆，2016：69－70.

③ 同②34.

④ 同②45.

务对合同利益实现的“担保”效果，构成担保性的目的合同，缔约过失由此就被转换为合同过失。[①]

尽管后来德国帝国法院的判例将耶林所称的担保性合同改造为“默示的责任契约”，但其仍被学理批判为纯属拟制，欠缺说服力。[②] 就实践而言，如果当事人就缔约失败所致损失的分担有明确合意，存在“责任契约”的事实，就不能被指责为是不切实际的法律拟制，当事人提起合同之诉自属无碍。不过，这并非交易常态，将“责任契约”作为解决缔约过失所致损害的一般基础，的确就失之虚构。不过，如果转而将缔约过失责任的基础建立在所谓法律规定或者习惯法之上[③]，也不过是指出了责任的法源基础，而并未指明其真实的责任基础，因为，若所有的责任都可以按照这种方式归类为“法定责任”，归类也就失去了规范意义。

必须承认，任何责任都应当有其责任法上的规范基础。如果合同之诉必须以有效合同为必要，则缔约过失之诉就不可能被归类为合同之诉。在“违约责任—侵权责任”二分的逻辑下，缔约过失责任本来只能考虑依侵权之诉主张。由此提出的问题就是：侵权责任是否真的不能解决缔约过失赔偿问题?

我们已经知道，不同法域对这个问题的回答是不同的。[④] 德国法之所以承认缔约过失并最终将其入典成制，主要是因为其特殊的侵权结构：缔约中损害主要以纯粹经济损失为常态，难以满足侵权责任成立时更加严苛的条件；并且，雇主责任情形的免责规定对缔约过失责任的受害人也不够友好。[⑤] 就此来看，缔约过失责任在德国法上之所以成为特色，并非因为其本当如此，而是与其特殊的侵权法规范构造有关。在没有这种制度背景的法国

---

① ［德］鲁道夫·冯·耶林．论缔约过失．沈建峰，译．北京：商务印书馆，2016：37，57－58.

② 王泽鉴．民法学说与判例研究．重排合订本．北京：北京大学出版社，2015：437.

③ 同②.

④ ［德］克里斯蒂安·冯·巴尔．欧洲比较侵权行为法：上卷．张新宝，译．北京：法律出版社，2001：575－581.

⑤ Siehe Dirk Looschelders，*Schuldrecht*：*Allgemeiner Teil*，16. Auflage，München，2018，S. 59.

法以及英美法中，同样的问题就被纳入侵权法加以处理。[①] 因为，一旦扩张侵权过失的保护范围，至少在具有特殊关系的主体之间，承认过失引发的纯粹经济损失也可以依侵权法主张救济时，就没有理由通过改变合同责任的规范前提以实现特定的保护目的。

不过，结论似乎并不总是那么明确。即使不考虑侵权法规范构造对缔约过失责任可能产生的影响，在损害发生前，当事人因缔约接触而存在的特殊关系，对于责任成立的影响是更接近合同责任还是侵权责任，也会影响对归类问题的回答。关于这个问题，我们在保护义务理论中也会看到。无论在理论界还是实界，对这个问题的回答也都存在不同认识。无论如何，就法律适用而言，只要确立了缔约过失责任的具体规范，其归类的意义都将大大减小。例如，《国际商事合同通则》（Principles of International Commercial Contracts，PICC）这类软法中所规定的缔约过失责任中，或者更中性地称之为前合同责任中，就看不出归类的实践意义何在，尽管该通则在性质上的确属于合同法的领域。

值得注意的是，一旦缔约过失责任的类型被建构起来，其适用范围就可能因为实际的考虑而扩张。比如，在德语国家法律中，缔约中违反保护义务造成人身或财产损失时，司法实践也利用合同责任为受害人提供更优的保护，“商场案例”及“试驾案例”等即属此类。这种情况甚至出现在法国和美国的一些案例中，存在明显的责任领域的转移现象。[②] 正是这种责任领域的转移现象，反映出依特定规范逻辑确定的责任类型，在面对丰富而复杂的实践需要时，就会显露出明显的局限性。

（二）信赖责任或保护义务之创设

德国理论建构的特色在信赖责任问题上得到再一次展现。对于缔约过失责任而言，当事人之间因缔约接触而产生相互照顾的特别约束关系，这种关系以信赖为基础，并借助这种信赖而扩张责任范围，不仅因为缔约关系，在

---

① ［德］克里斯蒂安·冯·巴尔．欧洲比较侵权行为法：上卷．张新宝，译．北京：法律出版社，2001：577－578．

② 张家勇．合同法与侵权法中间领域调整模式研究：以制度互动的实证分析为中心．北京：北京大学出版社，2016：121－122．

缔约准备阶段都足以形成特别关系；责任主体范围也随之扩大，意欲成为合同当事人的人，以及非意欲成为合同当事人的第三人（如居间人、代理人以及其他磋商辅助人）等都可能成为缔约过失责任的主体。[①] 在这种情况下，确立责任的基础不是合同，而是当事人之间的特别信赖关系：引致信赖者对他人因信赖所受损失应当承担赔偿责任。

很明显，一旦将责任建立在信赖基础上，合同作为当事人之间最强的信赖形式，就为丰富当事人之间合同关系的内容提供了舞台，合同中的保护义务亦由此而生。于是，不仅以当事人合意为基础的义务，而且基于诚信原则或法律规定而服务于当事人固有利益的保护义务，都属于真正的合同义务。在这样的前提下，积极侵害债权或加害给付行为一开始就被作为合同问题而得到考虑。但是，与合意基础上的合同义务不同，合同中的这类保护义务只是与给付相关，其本身并非给付内容（以保护为目的的合同属于例外），所以不以合同效力为前提，从而能够在性质上与合同不成立或无效情形的保护义务取得一致。但是，这种保护义务仍然要基于合同关系的信赖这种事实基础，因此，它与无须这种信赖背景的侵权法交往安全义务不同。[②] 一旦脱离这种信赖基础，保护义务就仅仅留存其“保护之名”。国内有学者主张将侵权法上的安全保障义务也纳入所谓统一保护义务的理论框架下，甚至认为其仍然属于一种特别结合关系[③]，这系将侵权法上一般法律义务视为债务关系性质的特别约束关系，应属误解。

依前述逻辑进一步推论，如果保护义务仅以当事人之间存在的特殊信赖关系为基础，那么，缔约关系或合同关系就不过是这种关系的事实背景，其法律属性对这种义务不产生影响。如此一来，不仅缔约当事人或者合同当事人之间可以存在保护义务，而且与这种关系有特殊关联的人与前者之间也可

---

① 张家勇．合同法与侵权法中间领域调整模式研究：以制度互动的实证分析为中心．北京：北京大学出版社，2016：467.

② 李昊．交易安全义务论：德国侵权行为法结构变迁的一种解读．北京：北京大学出版社，2008：167.

③ 邱雪梅．民事责任体系重构．北京：法律出版社，2009：229.

能因特殊信赖而产生保护义务。比如，“附保护第三人作用的合同”理论就主张，若合同外的第三人处于“近于给付的地位”，甚至对债务人存在特殊的信赖，则其与债务人之间就存在“无原给付义务的债之关系”，从而能够产生保护义务。①

应当看到，信赖责任或保护义务理论与缔约过失责任的理论构造，在德国法下存在基本相似之处，即通过强调责任关系发生前，当事人之间因特殊的事实状态（缔约接触或近于给付的关系），被认为处于一种特别约束关系之下，并能够因信赖而产生彼此照顾或保护的义务。不过，“信赖”实际上存在程度差异，其形成基础也复杂多样。在前述情形下可以认为存在信赖，而任何基于法律制度的社会交往中也都存在最低限度的信赖基础。在某种意义上可以说，无信赖就不可能有社会交往。认为特殊的信赖“提升”或“强化”了当事人之间注意义务的程度没有问题，但认为信赖程度的差异改变了注意义务的性质则缺乏令人信服的理由。② 在信赖责任或保护义务理论中，我们再次看到该种理论建构的德国法制度背景，即为了规避其特殊的侵权法制度构造而进行的调整领域的转移。在完成这种领域转移后，“合同—侵权”不仅被工具化了，而且它们之间的区分界限也随之模糊不清了。

（三）不当得利返还责任属性的确立

不当得利返还在罗马法传统上被视为准合同，这表明其更近于合同的属性，我国《民法典》也明确承继了这一传统。但是，与无因管理属于真正的债务法领域不同，不当得利返还则更多责任法而非（原级）债务法的属性。

不当得利表现为以他人为代价获取财产利益。《美国返还法第三次重述》第1条规定：“以他人为代价而得利之人负担返还责任。”“以他人为代价”在表面上反映为一种利益僭取状态，即得利人不当地占有了本该归属于他人的利益。尽管“返还”依其字面含义，是指恢复权利人本就享有的利益，但

① 张家勇．合同法与侵权法中间领域调整模式研究：以制度互动的实证分析为中心．北京：北京大学出版社，2016：471.

② 同①475－476.

是，因返还不以权利人实际受损为必要，故返还实际上还发挥着单纯得利剥夺的效果，使权利人获得其未曾享有过的利益。① 在德国法中，“以他人为代价”则被认为仅局限于非给付型不当得利情形，且只为强调得利源自他人权利，并不包含他人实际遭受不利益的意涵；相反，给付型不当得利系因给付欠缺法律原因，旨在消除因给付所生的利益变动。② 由于返还得利并不以返还义务人违反在先法律义务为前提，与一般侵权责任以违反一般法律义务的情况不同，返还得利的义务在理论上被认为属于一种原级义务，且不产生不履行的损害赔偿责任。③

认为不当得利返还义务是一种原级义务，可能是源于将其与侵权行为进行的不当比较。的确，不当得利返还与侵权赔偿存在明显的不同：首先，责任内容的确定标准存在差异，即一个是以义务人的得利为限，另一个是以权利人所受损害为限，各执一端。尽管事实上得利与损失可能偶然关联，但规范构造上对此完全不予考虑。其次，一般侵权行为以行为人违反一般法律义务（一般不作为义务或特定情形下的作为义务）为必要，而不当得利返还根本不考虑得利人是否违反对失利人的义务。正是基于这一点，不当得利返还被认为属于原义务形式。

不过，不当得利法的基本功能在于：矫正欠缺法律原因的财货移转，以及保护财货归属④，反映的是矫正正义的基本思想。⑤ 因此，没有争议的看法是，不当得利返还义务属于救济性义务。⑥ 这是因为，既然财货转移欠缺

① Restatement (Third) of Restitution and Unjust Enrichment，§1，2011.

② ［德］汉斯·约瑟夫·威灵. 德国不当得利法. 薛启明，译. 北京：中国法制出版社，2021：2-3.

③ Stephen A. Smith，Unjust enrichment：nearer to tort tahan contract，in Robert Chambers，Charles Mitchell，& James Penner (eds.)，*Philosophical Foundations of the Law of Unjust enrichment*，Oxford University Press，2009，p. 183.

④ 王泽鉴. 不当得利. 北京：北京大学出版社，2009：3.

⑤ Ernest J. Weinrib，The Normative Structure of Unjust Enrichment，in Charles Rickett and Ross Grantham (eds.)，*Structure and Justification in Private Law：Essays for Peter Birks*，Oxford and Portland，Oregon，2008，pp. 43-44.

⑥ 同③188-190.

法律原因，转移的效果自然不被承认，从而有必要通过返还予以恢复；同时，僭取本应归属于他人的利益，也产生矫正的需要。如其概念所示，得利的不当性，以及得利源自他人的权利，决定了返还的正当性。简单来说，不当得利返还的目的不在于防止不当得利的发生，而在于矫正不当得利的结果。就财产归属秩序而言，任何源自他人权利的得利，在无相反法律原因的情况下，都应当归属于权利人。因此，即使权利人并没有事实上的“失利”，其被僭取了本该属于自己的利益，仍应被评价为“规范性损失”。法律规范在不当得利情形中将权利人称为“受损失的人”，仅要求得利系以其利益为代价，其纵未受损害赔偿意义上的损失，甚至反有获利，都不妨碍其作为“受损失的人”[①]。得利源自失利人，自当归还失利人。返还义务的基础不在于引发得利的行为或事实，而在于得利人继续保持得利的行为不当，因其违反法秩序所要求的权利人外的其他人承认与尊重他人权利的命令（义务）。在这个意义上，不返还得利的行为在广义上就仍然属于一种义务违反的行为，返还义务也因此属于次级义务。与之相应，权利人依返还法享有的是救济权而非原权利。返还义务人与权利人之间以救济为目的，成立以给付为内容的法律关系，从而，返还义务在性质上也属于民事责任。

通过对比返还责任与其他类似责任类型，这个结论能够得到进一步的深化。

首先，不当得利返还请求权与物权返还请求权具有功能上的相似性。物权返还请求权以侵占为前提，也就是无权占有人没有正当根据地剥夺了物权人对物的占有，通过原物返还而实现权利人对物支配的圆满性。由于占有的取得构成一种事实上的财产利益，使占有人享有事实上的用益可能性，因此，无权占有之上也能成立不当得利返还。[②] 这时，对不当得利返还和物权返还实际上很难在效果上严格区分。不过，在物权已经发生转移，如因履行

① 谢鸿飞，朱广新. 民法典评注：合同编：第 4 册. 北京：中国法制出版社，2020：628.

② ［德］汉斯·约瑟夫·威灵. 德国不当得利法. 薛启明，译. 北京：中国法制出版社，2021：8. 王泽鉴. 不当得利. 北京：北京大学出版社，2009：269.

无效合同而转移物权时，以及在贯彻物权变动无因性原则时，返还物权就只属于不当得利返还责任的领域，物权返还请求权并无用武之地。要是在前述情形中采纳有因的物权变动原则，就只会发生前述原物返还与不当得利返还同时成立的情况。不难看出，在前述情形下，不当得利返还请求权与物权返还请求权具有替代甚或等值的救济效果。[①] 既然承认物权请求权的救济性，就没有理由否认不当得利返还请求权的救济性。在承认无权占有下的不当得利返还的情况下，物权返还请求权与不当得利返还请求权的区分几乎没有实质意义。尽管在返还义务人破产时，物权返还请求权被认为优于不当得利返还请求权，但这不过是表象。纵然是在物债二分的观念下，原物返还的效力也只取决于其所救济的原权利（物权抑或债权），而非当然取决于请求权本身。只有在救济性请求权本身替代了原权利，如所有权返还请求权或者损害赔偿请求权时，请求权的物权、债权性质才具有规范意义，而原物返还请求权则恰恰不属于这种情况。

其次，不当得利返还请求权与合同返还请求权也具有相似性。一般来说，合同返还请求权的基础以有效合同为前提，合同约定或效力是返还请求权的基础，约定的有效性决定了返还请求权的正当性。在这个意义上，合同返还请求权与不当得利返还请求权明显有别。不过，在合同当事人违反约定不履行合同返还义务时，债权人有权请求实际履行，此时的履行请求权为救济权形式，从而与不当得利返还请求权的救济权相似，尤其是在承认无权占有下的不当得利返还的情况下，单纯占有的返还与合同返还义务的强制实际履行，都不以权利人对返还标的享有归属意义上的利益为必要，都属于一种救济性的权利，其实质效果必须依赖其他法律关系才能确定，即与权利人占有相关的权利类型，如所有权或者租赁权。对返还请求权的类型归类除逻辑的理由外，并无实质意义。

最后，不当得利返还请求权与侵权请求权具有最为显著的相似性。不当

① 实际效果如此。但是，因不当得利返还请求权仅具有债权效果，所以，与直接的物权地位仍然有别。

得利返还以保持得利后果具有不当性为必要，这与一般侵权要求不法性或违法性具有相似性。差异仅仅在于：侵权行为的违法性有行为不法和结果不法之分，而不当得利的不当性只能是结果不当，即保持得利构成对他人权益归属的侵害，因而是不正当的。[①] 但是，侵权行为本身在结果上也是不正当的，即其造成了权益侵害。因此，在具体情形中，侵权赔偿责任和不当得利返还责任可以同时成立。虽然权益侵害型不当得利的存在并不意味着侵权责任的成立，但这种情况恰恰显示了侵权赔偿与不当得利返还的内在相似性。从得利人对得利不当性的认知会影响返还责任的承担角度看，其与过错的规范效果也颇为相似，比如，恶意的得利人不仅要返还其所取得利益，而且还要对权利人所受损失承担赔偿责任（如我国《民法典》第 987 条，《法国民法典》第 1352—2 条第 2 款）。恶意得利人责任的加重符合责任法的基本价值取向：可归责的责任人应当对他人所受损害承担赔偿责任。不当得利返还法与侵权责任法的这种衔接关系，既可以看作是两个法律领域的规范合并效果，也可以看作是返还法对责任法规范的引入。引入的基本逻辑恰恰表明了返还法与责任法之间的一致性。在无过失责任或危险责任情形下，违法性与过错都不再是侵权责任的成立要件，此时，侵权责任的权益救济与不当得利返还的救济，除责任内容的差异外，也都体现了单纯对权益侵害后果的矫正思路。此外，在将侵权人得利作为确定损害赔偿额的考虑因素，尤其是在直接以侵权人的得利作为损害赔偿额的确定标准（如我国《民法典》第 1182 条第一分句第二种情形），以及以返还财产形式进行恢复原状的损害赔偿时（如《德国民法典》第 249 条第 1 款），侵权损害赔偿和不当得利返还之间的差异就几乎被祛除掉了。

在不区分债务与责任的逻辑下，尤其是在借助债之关系的抽象性而将责任成立仅仅作为一种债务发生原因的情况下，不当得利返还义务的责任法属性被忽视了。这不仅漠视了返还法的救济法属性，而且难以阐释返还法与其他救济法领域的关联性。在不同责任类型的适用领域发生交叉时，这种情况

① 王泽鉴．不当得利．北京：北京大学出版社，2009：114－115.

就可能引发进一步的规范问题。

三、多种责任类型适用领域的交错

当同一生活事实同时满足多个责任规范的适用条件，且多个责任规范的救济效果因存在重叠而不能同时实现时，这种规范现象在我国民法理论上就被称为“责任竞合”或“请求权竞合”。责任竞合主要存在三种典型情形，即违约责任与侵权责任的竞合，物权返还请求权与不当得利返还请求权的竞合，以及侵权赔偿责任与不当得利返还责任的竞合，分别涉及损害赔偿责任之间、返还责任之间及赔偿责任与返还责任之间的竞合关系。除此之外，责任竞合还包括缔约过失责任与侵权责任的竞合，以及在承认绝对权请求权独立性的前提下，物权等绝对权请求权与侵权请求权的竞合①等。不过，我们这里不对责任竞合作整体的考察，仅欲借助其法律调整所面临的特殊问题，揭示责任类型区分的局限性。因此，以下仅就典型的责任竞合类型作简要考察。

（一）违约赔偿责任与侵权赔偿责任的竞合

违约责任和侵权责任作为最为典型的责任竞合形式，其处理的问题是：同一致害事实所引发的损害后果，是否应当按照违约行为与侵权行为所属的不同责任规范来确定救济效果？

就违约责任与侵权责任竞合的成立问题，理论上存在不同认识，主要区分为两种观点：一种观点认为，固有利益尤其是人身权益是侵权法固有的保护领域，而合同法则以合同创设的履行利益或期待利益为对象，因此，在违约行为单纯造成相对人固有利益侵害的情形，尤其是涉及相对人人身损害的情形，应当否定责任竞合，将它们作为侵权责任的专属领域。② 另一种观点认为，责任竞合的关键是同一致害原因事实引发了范围重叠的民事权益侵

① 依本书作者所见，绝对权请求权应被视为特殊的侵权请求权类型，故对这种竞合类型实际上应予否定。

② 相关理论的介绍，参见谢鸿飞．合同法学的新发展．北京：中国社会科学出版社，2014：532。

害，因此，只要同一致害原因在事实上满足多个责任规范要件，且在侵害对象上存在交错，即当然成立责任竞合。[①]

就我国《民法典》第 186 条的规定看，其关于违约责任与侵权责任竞合的成立条件是，一方违约行为“损害对方人身、财产权益”，原则上，仅在第三人侵害债权时，因合同创设的履行利益或期待利益才能成为侵权责任的保护对象[②]，所以，在期待利益与固有利益相对的意义上，该条所称的“人身、财产利益”只能限于固有利益。[③] 并且，既然该条规定违约行为可能造成人身损害，《民法典》第 996 条也明确规定违约行为损害人格权的，可以依违约责任予以救济，即显然承认人身权益亦属违约责任的保护对象。据此，前述限制违约责任与侵权责任竞合的观点，既与理论上的主流见解有违，也与《民法典》的规定不合，不予赞同。就更为广泛的法域来看，情况也大体如此。

因此，作为一个规范适用问题，没有理由按照保护对象范围而对违约责任和侵权责任加以区分。[④] 如此一来，责任竞合始终与违约责任和侵权责任的类型区分相伴而生，如影随形。在这种情况下，要么采取责任非竞合的进路，依立法者规定的责任类型确定责任（法条竞合模式）；要么承认责任竞合，并坚持责任类型的区分逻辑，按照权利人选定的责任基础确定责任（请求权竞合模式），或者无视责任类型的区分，统合不同责任类型的救济效果

---

① 张家勇. 中国法民事责任竞合的解释论. 交大法学，2018（1）：7－8.

② 应当说明的，我国《民法典》第 1165 条规定，“因过错侵害他人民事权益造成损害的”，即可成立侵权赔偿责任。由于该条文义上并未限定“民事权益”的具体范围，债权本身亦属其类。但是，如果不加限制，合同当事人的过错违约行为所致任何损害都同时满足侵权责任的成立要件，这会严重扰乱违约责任和侵权责任的界分，因此应排除该种情形成立侵权责任的可能性。最高人民法院民法典贯彻实施工作领导小组. 中华人民共和国民法典侵权责任编理解与适用. 北京：人民法院出版社，2020：17.

③ 严格而言，合同上的利益涉及固有利益、信赖利益与期待利益三种形态。信赖利益仅关涉当事人在缔约或履行中的纯粹经济利益，其不以合同有效为前提（而是以之为排除保护的条件），与固有利益有类似之处，但通常所称固有利益仅指与人身权、财产权相关的完整利益，对此应予明确。在违约行为致害情形下，若合同并未解除，将不发生信赖利益的损害赔偿问题。在合同解除的情况下，若违约行为未同时侵害相对人完整利益，承认竞合的意义不大，故本书不考虑这种情况。

④ 张家勇. 合同法与侵权法中间领域调整模式研究：以制度互动的实证分析为中心. 北京：北京大学出版社，2016：11.

（请求权规范竞合模式），或者同时统合不同责任成立与责任效果（全规范统合模式）。[①]

不论采纳何种处理模式，责任类型的区分都可能会提出特殊的实践应对需求。就法条竞合模式来说，其以立法的方式排除本来存在的责任竞合，避免宽泛的侵权请求权将违约责任的救济效果也包含进去。但是，只要违约责任和侵权责任的救济效果存在差异，基于特殊的政策考量，这种立法选择就有可能需要调整。比如，审议中的法国《民事责任改革法建议草案》（Avant-project de loi réforme de la responsabilite civile）第1233条就规定，在不履行合同义务的情形下，债权人和债务人都不得回避合同责任的特别规定，转而选择适用合同外责任的规定，但是，因不履行合同义务而遭受身体伤害的合同相对人，仍可依合同外责任的特别规定主张赔偿。[②] 这表明，基于更好保护遭受人身伤害的受害人的特殊政策考虑，该立法建议稿提议在责任非竞合的一般原则下，例外地承认责任竞合。这样看来，允许责任竞合似乎可能实现更优的政策目标。也就是说，在坚持各责任类型独立性的情况下，请求权竞合模式通过赋予权利人选择权，使其能够根据其救济需要，选择最为有利的责任类型而主张权利，从而有利于达成权利救济目标。但是，纵然无须就违反民事关系两极性的正当要求，而为优待受害人提供正当性说明，单就责任规范的相对优势而言，它也是有条件的，即可能存在这样的情况：在责任成立要件上有利，可能在责任效果上却不利，或者相反。例如，相对于依侵权责任规定（需要过错且采一般过错形式）主张救济，可能因为合同存在免责条款，违约责任成立上的优势地位——不要过错或推定过错——就可能遭到削弱，甚至发生优势反转；反之，合同责任范围上的不利（如对赔偿范围的约定），也可能因诉讼时效的有利规定（如我国对国际货物买卖合同与技术进出口合同有更长时效规定[③]）而获得“补偿”，使依合同主张救济更为有

---

① 关于不同模式更加详细的说明，参见张家勇．合同法与侵权法中间领域调整模式研究：以制度互动的实证分析为中心．北京：北京大学出版社，2016：294。

② Réforme de la responsabilité civile，at https：//www. senat. fr/leg/ppl19-678. html，2022 - 03 - 30.

③ 《民法典》第594条。

利。这意味着，在面对损害事实时，受害人只能根据不同责任基础在权益救济方面的“相对优势”进行选择，并且不得不放弃其本来应该得到的保护。例如，在我国《民法典》颁行前，司法实践中原则上不允许依合同主张精神损害赔偿，当事人不得不放弃在其他方面可能更为有利的违约之诉，转而依侵权之诉主张权利。尽管这个限制已被消除，但违约责任与侵权责任在赔偿效果上的差异仍可能存在。[①] 更为重要的是，权利人的自由选择可能带来法律体系上不可接受的“法律规避”效果，造成法律特别规定的目的无法得到贯彻。[②] 比如，特别时效规则或特殊的责任优待或限制规定（如关于赠与人的责任优待规定[③]），就可能因维持责任类型的分离而无法得到贯彻。

因此，为了回应制度上和实践上提出的问题，必须放弃或至少限制责任类型区分的逻辑贯彻，承认不同请求权规范相互影响的可能性。首先，侵权责任规定对合同责任规定可能产生影响，而合同责任规定例外地对竞合情形下的侵权责任也应产生影响，否则，“维持这种区分（将违约责任和侵权责任规范作为完全独立的规范看待——引者注），将会使有关注意标准、时效以及证明责任的合同特别规定实质上失去意义”[④]。侵权责任以陌生人之间的意外损害为典型的致害情形，且保护对象主要为人身、财产等固有利益，因此，侵权责任的相关规定当然适用于合同责任，可以说是顺理成章的事情。由此，在违约责任与侵权责任竞合，并涉及固有利益的救济问题上，请求权相互影响的效果，实际就是以侵权责任为基础，并结合合同责任的特别规定确定加害人的责任。也可以说，是在合同责任规定的基础上，引入侵权责任的规定来确定责任效果，学者称之为“统合法律效果，强化对受害人利益的保护”的解释构造取向。[⑤]

---

① 这是因为，《民法典》第 996 条仅规定违约损害人格权致严重精神损害时的精神损害赔偿，但第 1183 条第 2 款规定侵害自然人具有人身意义的特定物致严重精神损害的，也可以主张精神损害赔偿，从而在违约致具有人身意义的特定损害情形下，就可能存在违约赔偿和侵权赔偿在范围上的不一致。

② 李宇．民法总则要义：规范释论与判例集注．北京：法律出版社，2017：879.

③ 《民法典》第 662 条第 2 款。

④ Vgl. MüKoBGB/Bachmann，8. Aufl.，2019，BGB § 241 Rn. 43.

⑤ 朱庆育．中国民法典评注：条文选注：第 1 册．北京：中国民主法制出版社，2021：222.

“请求权规范竞合模式”在效果上与此相类，而“全规范统合模式”则将统合的范围从责任承担领域进一步推进到责任成立的规范领域。

综上可见，责任竞合将责任类型的区分置于法律体系与权益救济的总体目标下，使区分的形式意义不得不屈从于实质救济效果的需要，从而揭示了责任法的统一需求。

（二）不同原物返还请求权的竞合

原物返还主要发生在物权返还请求权或占有返还请求权与不当得利返还请求权行使的情形下，合同期满后占有人被请求返还原物的情形在返还效果上也与之相同[①]，作为恢复原状损害赔偿形式的返还原物亦属侵权责任的内容。在前述这些情形下，均可以成立以原物返还为责任形式的多种责任基础的竞合关系。

必须注意的是，不同责任类型下原物返还的规范目的存在差异。物权人的原物返还请求权是为了实现物权人对物支配的圆满性；占有返还请求权是为了恢复原占有人因不法侵夺而丧失的对占有物的支配；不当得利基础上的原物返还在于回复被僭取的物上占有利益；侵权责任中的原物返还在于救济因侵权行为造成的不利益。正是由于存在相异的返还目的，不同责任基础在成立要件上就不完全相同。例如，物权原物返还请求权以请求权人系具有占有权能的物权人为必要，占有物返还则只需具有权利人对物在先占有的事实即可，并且，物权人的原物返还请求权受任何更优权利的限制，如物上具有合法占有权能的其他物权或债权对所有权的限制等，都具有占有权能的债权对其他物权的限制等，都能够阻止物权人提出的原物返还请求权，但通说认为，侵夺人占有本权（无论物权还是债权）并非占有返还之诉的有效抗辩。[②] 稍微不同的是，因占有为一种受保护的法律地位，故僭取这种地位构成不当得利；与之类似，因侵权行为或事实而取得占有，并不改变权益归

---

① 正是在这个意义上，能否将基于合同的返还请求权看作民事责任是存在争议的。也就是说，债务人返还义务不是因为侵害了债权人的权益（尽管通常如此），而是因为合同效力有这样的要求。基于这种考虑，因本书主题限定，下文有关原物返还的讨论不包括这种情形。

② 朱庆育．中国民法典评注：条文选注：第1册．北京：中国民主法制出版社，2021：379-380.

属，同样只是对权利人受保护地位的侵害。这样一来，在成立占有返还之诉的情况下，几乎总是可以同时成立不当得利返还；在占有返还义务人有过错时，也必定成立侵权时的原物返还责任。[①] 由此，在原物返还情形之中，不同责任类型发生竞合的概率极高。

不难发现，在前述四种原物返还请求权中，在成立要件上，占有保护情形下的原物返还与不当得利情形下的原物返还限制最少。不当得利返还与占有返还具有高度一致性，但占有返还下除斥期间所带来的不利，在不当得利返还情形中则并不存在。同时，不当得利返还请求权不以权利人享有占有本权或过错为必要，因此，在成立物权返还请求权或侵权返还请求权的情况下，也总是可以成立不当得利返还请求权。如此一来，占有不当得利返还请求权就足以成为原物返还的一般请求权基础，甚至具有“架空”其他返还请求权的效果。当然，鉴于物权的返还请求权享有诉讼时效上的优势（《民法典》第 196 条第 2 项)，不当得利返还请求权未必总是能够替代物权返还请求权的规范效果。

同样，如果不考虑除斥期间所引致的不利，在恢复物权人对物的支配上，占有返还请求权也与物权返还请求权和侵权返还请求权具有规范功能上的替代效果。占有因其事实性，返还请求权的“技术性”特征更为明显。也就是说，占有返还请求权通过对事实关系的维护而间接维护了占有背后的实质利益。其实，占有不当得利返还请求权的承认也具有类似效果，即这种不当得利返还类型已经改变了不当得利对实质归属利益的确认效果。也即返还利益真实归属于返还请求权人，而占有返还则不具有这种规范效果，从而增加了其“技术性”特征；从单纯返还效果来看，侵权返还也同样如此。

---

① 尽管我国原《侵权责任法》明确将“返还财产、恢复原状”作为侵权责任形式，但《民法典》删除该条后，并未在侵权责任编相关规范的文义上为“原物返还”提供指引。既然改变业已区分了侵权损害赔偿请求权与侵权防御请求权，仍然参照传统大陆法的做法将原物返还作为“恢复原状的损害赔偿”，就不仅混淆了“占有侵害”与“损害”，与《民法典》第 179 条规定有违；而且，在救济效果上，原物返还请求权与侵权防御请求权在救济效果上应当一体评价，因为它们都属于理论上所谓“绝对权请求权”的范畴。崔建远. 绝对权请求权抑或侵权责任方式. 法学，2002 (11)：40. 如此一来，侵权返还与占有返还、不当得利返还也必将发生重叠。

这样一来，“原物返还”的形式意义就被凸显出来，责任基础的细分就更多流于某种逻辑推演，责任竞合的形式意义大于其实质意义。唯一被保留的实质意义是相关请求权的时间限制规则。直言之，影响返还效果的关键不在具体类型的返还基础，而在返还请求权人是否享有“不动产物权或登记的动产物权”。不过，这一规范要素不仅能够被纳入物权返还请求权中，也可以作为不当得利返还或侵权返还的附加考虑要素。因为，它并非返还义务的一般规范要素，只是限制返还的规范要素，不足以成为责任类型区分的基本考虑要素。

不过，还存在通过引入其他实质规范要素来证明类型区分合理性的可能性。在涉及原物返还问题时，无论是在理论上还是在实践中，相关责任基础的效果都并不单纯限于“原物返还”这个内容，其实际上还纳入了更多的规范效果，如孳息的返还、返还费用的承担、费用补偿，甚至是损害赔偿问题。将这些“关联问题”也纳入前述返还基础规范的效果中，就能够极大减弱单纯“原物返还”的形式意义。孳息本为原物之产出物，故当然遵循与原物返还相同的规范逻辑。就返还费用或费用补偿而言，恰如前文关于物权请求权复原费用的负担时所论，它们应遵循与原物返还不同的规范标准以确定其效果，不能混为一体。[①] 就与返还原物关联的损害赔偿而言，亦是如此。无论是物权返还、占有返还还是占有不当得利返还，其实都不包含该内容，而属于独立的规范问题。[②] 例如，在不当得利返还情形中，恶意得利人除返还原物外，尚需在返还之外另行承担损害赔偿责任（《民法典》第 987 条）。该种损害赔偿非属侵权损害赔偿，而系不当得利法上特殊问题。[③] 尽管如此，但这种责任因其并非“返还”效果，而系通过无过失赔偿责任的施加，确保权利人返还利益的实现，在性质上属于“补偿”而非“返还”范畴，鉴此，意图通过引入其他实质关联要素来证成原物返还上不同责任基础类型的细分，理由并不充分。

（三）不当得利返还与侵权赔偿的责任竞合

从比较法的角度看，在对待不当得利返还请求权和侵权赔偿请求权的关

---

① 参见本章本节之“一”的相关论述。

② 《民法典》第 238 条、第 462 条第 1 款第三分句。

③ 黄薇．中华人民共和国民法典合同编解读：下册．北京：中国法制出版社，2020：1594.

系上，存在两种相反观点：一是强调不当得利请求权的辅助性或补充性，只有在不存在合同或侵权等其他请求权时才能适用[①]；二是允许不当得利请求权与侵权请求权或其他请求权同时适用。[②] 我国《民法典》明确肯定了违约责任与侵权责任的竞合，但未规定其他责任竞合问题。因不当得利返还请求权与侵权请求权依循不同的规范逻辑，并无否定责任竞合的充分理由。鉴此，我们赞同责任竞合说。不过，因前文对原物返还情形下的不当得利返还和侵权返还的关系已有讨论，且在能够返还原物时原则上应排除损害赔偿，故以下仅就价值形态的不当得利返还与侵权损害赔偿（金钱赔偿）的竞合关系加以考察。

在侵权行为同时造成被侵权人遭受损害与侵权人得利，且满足侵权责任的成立要件时，原则上会引发侵权赔偿责任与不当得利返还责任的竞合。这是因为，得利既然源自侵权，原则上就可以认为遭受侵害的权益转化为侵权收益，至少是其侵权收益的基础，或者具有商业价值转化的可能性。就前者而言，如无权出售或出租他人财产而获得价款或租金，或者不法利用他人财物或知识产权而获得不当使用利益。就后者而言，被侵权人并不当然遭受自然意义上的损失，尤其是在其本无利用财产之计划，而他人使用亦未减损财产价值的情况下，其只能基于权益归属秩序而确认其规范性损失（财产或权利使用遭侵害所受不利益，相当于财产或权利使用费之丧失），并相应地确认侵权人的规范性得利（财产或权利使用费之节省）。在前述情形下，侵权人的得利均为被侵权人受保护权益之转换利益，当然满足不当得利返还责任的成立要件。但是，在受保护民事权益为非财产权益时，侵权人的得利仅以该等受保护权益为基础，而非其转换形态，故不当得利难以同时成立。例如，在侵害他人人身权益而获益时，除去本身具有商业利用可能性的肖像、

---

① 王泽鉴. 不当得利. 北京：北京大学出版社，2009：8. 另外《意大利民法典》第 2042 条规定："当受害人可以行使其他诉权而获得损失赔偿时，不得行使不当得利的诉权。"《澳门民法典》第 468 条规定："如法律给予受损人其他获得损害赔偿或返还之途径、法律否定返还请求权，又或法律对得利订出其他效果者，不得以不当得利要求返还。"

② 例如，《欧洲示范民法典草案》第Ⅶ—7：102 条第 1 款规定："若失利人（a）得据本卷请求返还不当得利；并（b）（i）得（对得利人或者第三人）请求损害赔偿；或者（ii）因前项之不当得利事实，得据其他私法规则请求返还，则一旦某项权利实现，其他权利于同等数额内为之缩减。"

姓名等人格要素外（如《民法典》第1022～1023条），侵权获利就不能被认为是受保护人身权益的转换形态。此时，应否定责任竞合的存在。

正是由于侵权得利存在受侵害民事权益之转换形态的可能性，不当得利返还原理和侵权责任原理就存在交错，既可能使侵权责任中引入不当得利法的要素，也可能在不当得利返还责任中纳入侵权责任法的要素。[①] 这种责任原理的交错的直接后果是：在可以明确确认侵权得利为受侵害民事权益的转换形态时，以侵权得利作为损害赔偿即为当然，或者在不满足侵权责任成立要件时，通过不当得利返还予以救济（承认权益侵害型不当得利）；在侵权得利以受侵害民事权益为基础而非其转换形态时，依特别规定将侵权得利作为侵权赔偿额的认定标准（如《民法典》第1182条第一分句第二种情形）。[②]

于是，在不当得利返还责任和侵权赔偿责任竞合的情形中，只要能够确立侵权得利系属受侵害民事权益的转换形态，在得利超过被侵权人实际损失的情况下，侵权损失的计算即可依侵权得利为标准予以确定，因其同时满足不当得利返还责任之适用条件，两种责任类型在责任效果上就完全一致。在这种情形下，权益侵害型不当得利也弥补了侵权救济的不足（如因损害或过错要件的限制而无法主张侵权赔偿）。这种责任原理的交错或互补的情况，本身表明了责任类型区分的阐释而非处置价值：规范构造服务于救济需要。

（四）中间结论

责任竞合现象最典型地反映了责任类型区分的局限性。每种责任类型都具有其确立责任的基本假定或基础。但是，在确立责任类型的适用领域时，基于实践的需要，单一价值贯彻并不可行，各种责任类型实际上贯彻了多元价值，且具有不同的保护对象，它们之间也并非总能取得协调一致。在发生责任竞合，这种责任类型区分引致的规范效果对立状况，应当依循权益救济的实践需要而作出相应调整，请求权相互影响说揭示了调整的原因，而请求

① ［德］克里斯蒂安·冯·巴尔. 欧洲比较侵权行为法：上卷. 张新宝，译. 北京：法律出版社，2001：639-646.

② 更为详细的讨论，参见张家勇. 基于侵权得利的损害赔偿之规范再造. 法学，2019：2。

权规范竞合说则展示了调整的效果。鉴于这种情况，我们在现代法律中看到了一种与传统做法不同的责任规范构造模式，即依照引发责任的事务领域而规定专门的责任规范，这在一定范围内超越了传统责任类型区分的规范逻辑：无论当事人之间是否存在合同关系，责任制度都是一样的，例如，适用于交通事故、缺陷产品、消费者权益损害、工作事故和医疗损害等情形的侵权规则。相对于损害赔偿责任而言，防御性责任、返还性责任等更多受制于权益侵害形态的责任形式，具有更强的超越责任类型区分的实践需求。

第三节 统一民事责任制度构建的可行性

民事责任以权益救济为目标，如果责任类型并不决定受害人所获具体法律救济，统一民事责任就能够超越具体责任类型，从救济效果入手对责任法的传统构造作出改良。实际上，无论从理论上还是比较法的立法经验上看，统一民事责任的制度建构都是可行的。

一、统一民事责任价值基础的追寻

“法律秩序不能简单等同于强迫”[①]，立法者必须遵守立法的基本程序和法律所遵循的正义理念，虽然任何一种实在法都会建立在某种价值之上，但如果法律违反正义且已达到令人不能容忍的程度，那么该法律不仅仅是“不法的法”，而且本质上就缺乏法的性质。[②] 在早期社会，由于法律与道德难以有效界分，这导致二者共享一套共通的伦理基础。从本质上看，不仅仅是法律，人类社会一切形式的社会规范，在本质上都属于道德范畴。[③] 从对早期摩西法律、罗马法以及日耳曼法等法的考察可发现，“为现代法所知道的

---

① H. L. A. Hart, Positivism and the Separation of Law and Morals, *Harvard Law Review* 71, 1958, pp. 593 - 629.

② 该检验规则即为著名的“拉德布鲁赫公式”。[德] 古斯塔夫·拉德布鲁赫. 法律的不法与超法律的法. 舒国滢，译//雷磊. 拉德布鲁赫公式. 北京：中国政法大学出版社，2015：10.

③ 李寿初. 道德与法律的关系类型辨析. 文史哲，2011 (4)：154.

多种责任形式均起源于复仇这一共同基础”[1]，即便是早期的违约责任，也保留着多个共同债权人将破产债务人的人身切成几个片段，或单独债权人把债务人处死的同仇敌忾规定。[2] 早期责任形式的共同道德基础所导致的结果是：现代法律既保留了道德术语，也在某种意义上依然依据道德标准来衡量法律责任。[3] 例如，对故意杀人者判处死刑，要求欠债不还者承担违约责任便与“杀人偿命、欠债还钱”的朴素道德观念相契合。尽管法律持续地将道德标准转换为外在的、客观的标准，以至于难以完全排除当事人的实际过失，但那种将道德和法律彻底分开或者将道德和法律完全等同的做法均已被坚决反对。[4] 同时，与道德完全相悖的法律的价值基础也会被质疑，难以获得正当性。

就此，传统的民事责任建立在两种价值基础之上。其一，为惩治权益侵害行为。法谚有言，违反正义法则之行为，均属违法行为（*quicquid est contra normam recti est injuria*），这要求加害人赔偿受害人所受损失，不因年代与地域范围而有不同。违反正义的法律会因欠缺伦理基础和实践基础而丧失存在的合理性和实施的可行性。恶法非法，正义与法的安定性需同时存在，法律从来都不是立法者的肆意妄为，它必须遵循社会所需要的和崇尚的道德和价值，如果实在法与正义的矛盾达到了不可容忍的程度，那么所谓的实在法就会面临正当性危机。其二，为救济受害人。“有权利就有救济”（*ubi jus*，*ibi remedium*）的理念，作为普遍性规则，在各个时代、各个国家、各种政治制度中均不同程度地显示其踪迹。因权益受到侵害而生的损害究竟应由被害人自己承担，还是使加害人负损害赔偿责任[5]，这不仅是侵权法所要面临的基本问题，所有涉及民事责任的法律规范都同样如此。

弥补道德原则的不足及调和不同道德之间的分歧，这两项功能是一般意

---

① O. W. Holmes，*Common Law*，Little，Brown Company and Company，1923，p. 37.

② Aul. Gell. Noctes Attici，20. 1.

③ 同①38.

④ ［美］罗斯科·庞德. 法律与道德. 陈林林，译. 北京：中国政法大学出版社，2003：106.

⑤ 王泽鉴. 侵权行为. 北京：北京大学出版社，2009：11.

义上的法律和具体意义上的侵权法的中心社会作用，这同样适用于解决“何种情况下因何种行为而使被告向原告承担责任”的民事责任规范问题。[①] 相较而言，早期责任依据的伦理基础，既体现为严格惩治加害人的复仇理念，也同时彰显权利人救济的正义理念。为此，在原告的权利与被告的义务之间，借由亚里士多德所言的“将状态恢复到所得和损失的中间”[②] 的矫正正义，而重新归于公正。

同时，矫正正义虽能提供正当化责任的哲学基础，但在具体责任类型的成立上，仍需求助于具体的要件思维方法。罗马法早期并未发展出一般的侵权责任理论，但要件构成的一些理念，诸如过错、因果关系、损害等却被发展出来。[③] 随后，民法学家发现，过错的使用不仅与主流的道德观念相符，而且能在行为自由和所致损害之间发挥平衡的作用。[④] 鉴于过错要件对权衡权益保护与行为自由的巨大作用，在 19 世纪重视个人自由和理性的时代背景下，过错责任被奉为“金科玉律”[⑤]，过错责任也成了民事责任中最为主要的责任类型。

不过，“过错”的概念本身并不确定。其根源在于，制定法并未给出过错的明确定义，而是将它交由学说和判例来解释。但是，一方面，学说对于过错的认定并不一致。就过错中的故意和过失，有学者认为：故意是行为人预见（vorstellt）到了其行为结果，并在知晓（Kenntnis）行为之违反义务后，仍愿意（Willen）从事该行为，所以故意是对违法后果的知晓与意愿（Willen und Wollen）[⑥]；过失在《德国民法典》第 276 条第 2 款中有明确定义，所谓的过失是指未尽交往上的必要注意，这更倾向一种客观的认定标准[⑦]，违法后果的可预见性（Vorsichtbarkeit）与可避免性（Vermeidbarkeit）

---

① ［澳］彼得·凯恩. 侵权法解剖. 汪志刚，译. 北京：北京大学出版社，2010：29.

② ［古希腊］亚里士多德. 尼克马科伦理学//苗力田. 亚里士多德全集：第 8 卷. 北京：中国人民大学出版社，1991：102。

③ Geoffrey Samuel，*Law of Obligations and Legal Remedies*，Cavendish Publishing Limited，2001，p. 8.

④ Reinhard Zimmermann，*The Law of Obligations*：*Roman Foundations of the Civilian Tradition*，Oxford University Press，1996，pp. 1031 - 1032.

⑤ 王泽鉴. 侵权行为. 北京：北京大学出版社，2009：12 - 13.

⑥ Fikentscher/Heinemann，Schuldrecht，11. Aufl.，2017，S. 387.

⑦ Kötz/Wagner，Deliktsrecht，12. Aufl.，2013，S. 54.

被特别强调。[①] 过错内部的故意与过失之间并非截然分立，重大过失、一般过失、轻过失的划分使过错的评价更具弹性空间。[②] 另一方面，如何界定过错，我国司法裁判中也存在着较大的裁量自由。在实践中，行为人的作为表现，是判断其有无故意的标准；而受害人在证明行为人是否具有过失时，需要分析特定行为人在对其行为或后果进行理解、判断、控制、认识等的能力，判断行为人能否预见损害的发生。但若受害人需如此证明行为人的过失，负担略重。因此，作为我国主流学说的客观标准说认为，判断过失应考察行为人是否违反法律、法规明确规定的义务，或者行为人是否违反善良管理人、理性人的注意义务。[③] 以"水管破裂致损"案件为例，在致害原因不明的情形下，在"有损害，就有救济"的朴素正义观念的指引下，原告请求损害赔偿的主张均获得了法院的支持。[④] 裁判者的救济本位倾向与有责判断倾向十分明显，过错原则的规范意义和价值目标不可避免地被损害分摊的思想取而代之。即便过错的客观化进程曾使过错的判断标准趋向稳定，但"具体问题具体分析"的认定方式又将裁判的尺度交回给了法官。正如有学者所言，过错原则以及判断过错的标准只为法官指出一个方向，让其朝着这个方向去裁判，至于在这个方向上法官到底可以走多远，则让法官自己去判断。[⑤]

随着社会的发展，对法律规范的设计也融入了更多的价值考量，责任所立基的正义理念受到了不断的冲击。一战之后，新兴的社会法与经济法打破了私法独擅胜场的统一性，并逐步解消私法内在的统一性，社会法的脱离最终标志着私法内在统一性的瓦解。[⑥] 在平衡当事人的法律地位以及行为自由

---

① 李昊. 交往安全义务论：德国侵权行为法结构变迁的一种解读. 北京：北京大学出版社，2008：294.

② ［澳］彼得·凯恩. 阿蒂亚论事故、赔偿及法律：第6版. 王仰光，朱呈义，等译. 北京：中国人民大学出版社，2008：30-31. 叶名怡. 重大过失理论的构建. 法学研究，2009（6）.

③ 最高人民法院（2000）民终字第128号民事判决书，北京市海淀区人民法院（2007）海民初字第1174号民事判决书。

④ 周奥杰. 水管破裂致损案件实证分析. 民商法争鸣，2016（9）.

⑤ 梁慧星. 民法解释学. 北京：法律出版社，2015：294.

⑥ ［德］弗朗茨·维尔亚克. 近代私法史：以德意志的发展为观察重点. 陈爱娥，黄建辉，译. 上海：上海三联书店，2004：523-525.

时，过错原则曾在行为自由的基本价值观上加重了砝码[①]，不过，风险的增加却使受害人的地位被重新考量。最终，被奉为圭臬的过错原则，因难以胜任人们对社会安全的持续增长需求，损害赔偿法的原则亦由承担过错向补偿损失逐步转移。[②] 与之相反，发挥计划以及风险分配功能的合同法自始就未适用单一的归责标准，无偿委托、无偿保管合同中特殊归责原则的出现，把尝试统一合同责任归责标准的雄心壮志剪切得支离破碎。合同法本身的内容如此丰富，以至于任何高度抽象的单一核心理论均不能解释合同法的全部主题。[③]

正如学者所言，近代损害赔偿法以故意侵权责任、过失侵权责任以及风险社会责任作为支柱，而未来损害赔偿法的新范式则转变为对技术风险、企业责任以及保险的应对。欧洲和北美洲国家可预见的形势表明，在从自然法的现代模式朝风险控制的后现代模式转变的过程中，责任法正面临着一种不能克服的内在冲突。[④] 早期同仇敌忾的道德责任属性曾逊色于保护行为自由的过错责任，而作为例外的无过错责任，基于对受害人（被告）权益的保护，又突兀地横亘于私法体系中，充斥着不同价值的私法制度似乎很难找到单一、连贯的伦理基础，作为权利保护最后防线的民事责任，能够在何种程度上实现统一？

二、统一民事责任的制度基础

民事责任的统一性蕴含在民事责任的内在目的中。不同责任类型的共同目的在于救济受侵害的民事权益，使民事权益侵害的致害原因的类型归类，但

---

① Maximilian Fuchs, Werner Pauker, Alex Baumgärtner, Delickts-und Schadensersatzrecht, 9. Aufl., Berlin Heidelberg, 2017, SS. 2 - 3.

② Ibid., 4.

③ Robert A. Hillman, *The Richness of Contract Law: An Analysis and Critique of Contemporary Theories of Contract Law*, Springer Science & Business Media, 1997, pp. 272 - 273.

④ Gert Brüggemeier, *Haftungsrecht: Struktur, Prinzipien, Schutzbereich*, Springer Verlag, 2006, S. 2.

其只为救济指示了实证法上的形式理由，并未反映侵害事实与权益救济关联的全部实质。只有从法律体系的整体视角，才能揭示民事责任统一的内在理由。

（一）民事责任的目的共同性

如前所述，民事责任以救济受侵害或有受侵害危险的民事权益为目标，内容上表现为责任人承担与受侵害民事权益相关的不利后果。[①] 民事责任这种目的设定既指示了责任人承担责任的原因，即所有民事责任必须以受保护民事权益受侵害或有受侵害之危险为必要条件，又限定了民事责任的范围，即责任人仅在其行为影响所及的范围内对受保护权益所受侵害承担救济义务。在后者的意义上，民事责任的承担效果被确定为恢复被侵害之权益在未受侵害时的应有状态。

受保护民事权益作为民事责任的保护客体或对象，界定了受害人/权利人与加害人/责任人之间的连接方式：受保护权益作为权利人利益归属和享有的形式，同时设定了其他人的行为边界，即通常所说的"权利—义务"联结方式。在民事责任制度中，民事义务的概念占据着重要地位。民事义务的违反，往往意味着民事权利受到损害，反之，民事权利受到损害，一般也意味着对民事义务的违反。但是，在现代风险社会下，基于应对致害风险的广泛性与规模化所引致的权益保护问题，法律一方面基于风险行为的社会价值允许其存在，另一方面对其所致损害施加更加严格的责任，这使因风险所致损害的赔偿责任不再以义务违反为必要，权益救济才是法律关注的对象。尽管如此，一些学者还是认为，通常被认为属于严格责任的某些责任类型要么是过错责任的严格化，要么是按照矫正正义规制财产使用的方式而已。[②] 例如，高度危险活动的"超常的风险使它带有义务尽到超常的注意义务。风险的发生被认为是决定性地显示了被告没有尽到那个义务"，从而，其只是扩展而非否定了过失责任。[③] 但是，既然是"超常的注意义务"，而不考虑一

① 参见第一章第一节之"二"论述。

② ［澳］彼得·凯恩．侵权法解剖．汪志刚，译．北京：北京大学出版社，2010：182.

③ 同②201.

般人是否尽到该种义务的可能性，这种责任就不只是对与过失相关的注意义务的强化，而是根本性地取消了该要求，完全从一种外在价值评判的角度施于责任人以民事责任。这样，通过取消过失要件，严格责任或无过失责任就反映出民事责任的另一种连接方式，即“权利—责任”的直接关联方式。

实际上，尽管连接方式不同，但我们不能据此认为，后一种方式就当然背离了民事关系两极性的正当原则。原因在于：严格责任或无过失责任的正当性不在其“严格”“无过失”的一面，责任的正当性需要另行他求。例如，危险责任之正当基础在于对不幸损害的合理分配，使无辜者不因他人危险活动而独自承受损害，令责任人“预见并预算其所负担之危险责任范围，依其经济能力，经由保险或价格机制分散风险”[①]，这实际体现的仍是风险引致者承担风险、风险与利益一致的原理。也就是说，权益归属决定了权利人不应为使他人获益而遭受损害，其他人甚至社会的正当利益并非让特定人承受损害的充分理由，需要在法律框架内维持既有权益归属秩序，对行为人责任的施予不过是改变了保护方式，即从“禁止侵害”到“允许但赔偿”的弱化模式[②]，所以，其仍然处于民事关系两极性正当结构的框架之内。

可见，从整体上观之，民事责任关注的重心不在于致害原因的具体归类，而在其特殊的致害方式。如果权益侵害无法归属与其内容相关的义务违反，就需要有其他正当理由，风险与利益一致的原则就是这种理由之一。有时候，这种情况发生于有特殊社会价值的致害活动场合，如有高度致害危险的生产或经营活动；有时候，其可能表现为技术性而非实质性的利益平衡方式，如对异议登记不当所致损失的赔偿责任（《民法典》第 220 条第 2 款第三句）。无论是哪种致害方式，由此引发的民事责任都反映了救济被侵害民事权益的共同目标。

---

① 王泽鉴. 民法学说与判例研究. 重排合订本. 北京：北京大学出版社，2015：1315.

② ［美］吉多·卡拉布雷西，A. 道格拉斯·梅拉米德. 财产规则、责任规则与不可让与性：一个权威的视角. 明辉，译//徐爱国. 哈佛法律评论：侵权法学精粹. 北京：法律出版社，2005：295.

（二）致害原因评价的整体性

责任类型区分的实践价值在于，其针对典型的致害情形，将评价要素具体化，因而能够极大便利责任的认定。例如，违约责任以救济有效合同所创设的期待利益为目标，权益本身与债务人所承担的合同债务相关，因此，界定了合同债务的内容也就确定了合同债权的内容。侵权责任以救济在侵害行为或事件未发生前的权益归属为目标，故其不以当事人之间事先存在特定关系为必要。

这种基于典型事态的规范假定，在面对真实的社会事实时可能会出现偏离。在合同关系中，为实现合同创设的权益，当事人需要根据合同目的而承担与之相应的从给付义务与附随义务，以及涉及合同当事人固有权益的保护义务。这些义务中仅给付义务与给付利益的实现相关，而保护义务则指向与给付无关的债权人固有利益，其既可能与合同本身的目的有关（以保护为目的的合同），也可能只与合同履行过程或履行结果相关（如租赁物危及承租人安全或健康，在旅客运输中发病的旅客需要救助等）。在给付义务与附随义务违反时，违约行为通常都只侵害债权人的给付利益，例外地可能导致固有利益之侵害（如提供有致害瑕疵的商品）。但是，违反保护义务则仅导致债权人固有利益的侵害。在预定范围内的债权利益（履行利益）侵害，将优先依合同分配风险与损害；对于预定范围外的固有利益侵害，当事人之间的合同背景则无法提供直接的风险分配基础，而这与完全陌生人之间的损害分担相似。因此，当事人之间存在合同关系并非分担损害的全部考虑因素，确定待分担的损害是否处于合同预定的框架范围内则更为重要。不过，在将责任类型的归类作为确定责任前提的情况下，当事人之间是否存在合同关系的事实则可能具有决定意义，以至于所有被纳入合同关系调整的损害都被视为具有统一的属性，而不论其是否处于合同预定的框架范围内。如此一来，那些本来与合同创设的权益，无关的固有权益，也被迫按照合同创设的权益作统一处理。

为了避免前述问题，在按照责任类型确定责任的情形下，可供选择的处理方式是将致害事件涉及的不同权益按照不同的责任类型分别处理，最为典型的做法是将所有涉及人身损害的后果都一体纳入侵权法中。[①] 但这样做的问题在于：其一，同样是与给付无关的固有利益，为何对财产利益要作不同于人身权益的对待？其二，如果人身权益本身是合同保护的对象，为何在发生侵害时仍然将其纳入侵权法中予以处理？当事人之间事先作出的特殊合同安排，在确定侵权责任时能够发挥规范作用吗？其三，由于合同中涉及固有利益的义务并不决定固有利益的内容（这是保护义务与给付义务的核心区别之一），在需要对违反这种义务所致损害承担法律责任时，侵权责任和违约责任是否应有不同？如果不同，其理由何在？如果仍然要维持责任类型的严格区分并相应赋予不同的法律效果，这些问题就无法获得圆满解决。

因此，通过分割被侵害权益的方式区分责任类型并非适当的解决问题之道。更为重要的是，从法律体系的角度看，评价权益救济应当将相关致害事件置于法律体系的整体关照之下，也就是说，在评估责任时，不能将一个完整的致害事实按照责任类型的需要进行切割，并将其不同面相分别纳入不同的责任类型下。很明显，切割方式所导致的问题是，被舍弃的致害事实面相可能恰恰是对责任判定有重要影响的因素。比如，即使按照侵权处理，当事人之间事实上存在的合同关系是否会对注意义务的内容及强度产生影响？在认定侵权责任时，裁判者真的能够不顾事实上的影响，只把当事人当作完全没有这种关系的陌生人对待吗？在因情谊关系致害的情形中，我们发现，漠视这种关系的实际影响要么是不公正的，要么是做不到的。[②]

“中间领域”的法律调整也清楚地反映出整体视角的意义。如果维持责任类型区分而采取请求权竞合模式，“请求权自由竞合说”最彻底地贯彻了

---

① Saul Litvinoff，Contract，delict，morals，and law，45 *Loyola Law Review*，1999，p. 47. 法国司法部《民事责任改革法建议草案》第 1233 条第 2 款规定：“但是，对身体损害的补救（应）以非合同责任规则为基础，即使该损害系合同不履行所导致的，亦然。”不过，这种将人身损害赔偿划为非合同责任的排他性调整领域的做法遭到了学者的批评，参见［法］热娜维耶芙·威内. 民事责任法再法典化的希望. 吕琳华，译. 苏州大学学报（法学版），2018（2）：103。

② Vgl. Medicus，Petersen，*Allgemeiner Teil des BGB*，11. Aufl.，C. F. Müller，2016，S. 91. Eugen Klunzinger，*Einführung in das Bürgerliche Recht：Grundkurs für Studierende der Rechts- und Wirtschaftswissenschaften*，Verlag Franz Vahlen，München，2013，S. 77.

责任类型区分的效果，也集中反映了该种模式所存在的问题，即相同的损害在不同的责任类型下被不同对待。“请求权相互影响说”以及“请求权规范竞合说”作为修正该模式的理论，打破了不同责任规则之间的对立关系，彼此限制又相互补充，通过司法裁判重建立法上未明确肯定的救济效果。但是，完全做到从整体评价致害事件并确定救济效果的竞合模式是“全规范统合说”，在责任竞合的情形下，由于没有对应的直接可用的责任规范，故而，具体民事责任的构成要件和法律效果都需要经由裁判者的重新决断。① 尽管这样做在一定程度上会影响到法律适用结果的确定性与可预期性，但是，如果不是从法律适用而是从立法选择的角度看，其所反映的体系价值是值得肯定的。同样，面对具体责任类型调整的边界案例情形，如涉及情谊关系中的损害赔偿问题，在确定侵权责任时考虑引入特定形式违约责任规范的合理因素，不仅体现了对典型侵权责任规范适用的必要调整，而且也从侧面反映了体系视角的规范价值，同样为民事责任的统一提供了启示。

三、统一民事责任的规范进路

在传统民法理论上，民事责任主要表现为损害赔偿责任。有学者指出，当法律要求做出某些事实的人或某活动的受益人负责弥补因该事实或活动给他人造成的损害时，民事责任就将发挥作用，以通过损害赔偿使受害人处于未受损害时本应置身之状态。② 但即使返还性责任也具有恢复原状的效果，从而可将其看作损害赔偿形式（也就是恢复原状的损害赔偿），也无法在任何意义上将防御性责任同样作为损害赔偿对待。就我国现行立法而言，由于返还责任本身与损害赔偿责任并置，故损害赔偿只能被限定为以金钱补偿为典型方式的狭义损害赔偿。于是，如何将功能不同的责任形式予以统一，或者说如何确定统一的限度，就是讨论民事责任统一时必须解决的问题。

---

① 详细阐述请参见张家勇．合同法与侵权法中间领域调整模式研究：以制度互动的实证分析为中心．北京：北京大学出版社，2016：295－296。

② ［葡］Carlos Alberto da Mota Pinto．民法总论．林炳辉，刘因之，欧阳琦，冯瑞国，译．澳门：澳门法律翻译办公室，澳门大学，1999：56.

（一）统一民事责任的制度尝试

法国债法改革法“卡塔拉草案”尝试重新确定侵权与合同之关系，试图建立二者之间的联系，毕竟违约行为本身也是一种违法行为，而侵权责任和违约责任都意图为受害人提供损害赔偿的法律救济，因此，它们在“可赔偿损失”“因果关系”“抗辩事由”以及赔偿原则等方面具有共性。[①] 前三者涉及合同构成方面，对于责任效果，则完全采纳统一规定的做法。[②] 2016 年法国司法部公布的《民事责任改革法建议草案》在民事责任规范方面几乎全盘接受了“卡塔拉草案”的方案，只是在具体条文表述和编排上有所变动。该建议案将合同责任与非合同责任集中规定，但在构成要件上的共同规定较少，只涉及“可赔偿损失”与“因果关系”两项，然后就合同责任和非合同责任的具体构成分别进行规定，与“卡塔拉草案”的做法大体一致。但是，法国司法部的建议案将“卡塔拉草案”的“抗辩”规定移至两种责任类型的具体规定之后，并分拆为责任免除和排除事由进行规定。对于两种责任的共同效果规定，法国司法部建议草案虽然在体例上与“卡塔拉草案”保持一致，但在具体规定上仍有不同。其首先规定了法律救济的一般原则，即“补救应旨在尽可能使受害人重新置于致害行为未曾发生的情况下其所处的状态，既不使其有所损失，也不使其有所获利”（第 1258 条）。除规定“实际补救”“损害赔偿”与“多数人责任人的特殊情形”外，其增加规定了“停止不法行为”（第 1266 条）和“民事罚金”的法律救济形式（第 1266—1 条）。[③] 由此可见，两部草案均淡化合同责任与侵权责任统一构成要件的规定，更偏重对统一民事责任效果的规定。

---

① Paula Giliker，The Role of la faute in the Avant-projet de réforme，in *Reforming the French law of obligations*，edited by John Cartwright，Stefan Vogenauer and Simon Whittaker，Oxford and Portland，Oregon，2009，p. 291.

② 有关“卡塔拉草案”的详细介绍，请参见张家勇．合同法与侵权法中间领域调整模式研究：以制度互动的实证分析为中心．北京：北京大学出版社，2016：508－509。

③ 相关具体内容，see Projet de reforme de la responsabilite civile Mars 2017，at http：//www.textes.justice.gouv.fr/textes-oumis-a-concertation-10179/projet-de-reforme-du-droit-de-la-responsabilite-civile-29782.html。

阐释对不同种类民事类型作统一规定的做法也见于其他国家的一些民法典中。例如，《奥地利普通民法典》第1295条就对不同过错所致损害的赔偿责任作统一规定，可谓是最低限度的要件统一，因为在实际责任的确定上，仍然需要区分合同与侵权而分别加以判断。因此，真正的统一更多表现在责任效果，尤其是有关损害赔偿责任的效果统一上。经过债法修订后的《德国民法典》第249条以下诸条乃是关于损害赔偿责任的一般规范，其统一适用于合同责任和侵权责任，同时也消除了两种责任在时效方面的差异。《阿根廷民法典》虽然没有设置统一的损害赔偿规则，但是在具体规定上仍然使合同责任与侵权责任在效果上趋于统一。我国自原《民法通则》开始，尝试以专章规定民事责任，此传统亦在新颁行的《民法典》中得到保留，但是，其更多关注民事责任的具体形式、承担方式（连带责任）与抗辩事由等，对民事责任法之核心构成部分的责任成立与责任承担的一般问题则欠缺规定，极大减弱了《民法典》总则编“民事责任”章“提取公因式”目标的达成度。

基于以上简要观察可知，将相同效果作统一规定能够更好地彰显不同法律原因在结果上的共同性，有助于精简规范数量，与成文法在立法上惯常采用的“总—分”结构与抽象技术相适应。在不设置共同规范的民法典而言，尽管失去了前述立法技术上的优势，但通过具体责任规范效果的一致性，保障不同法律原因的相同效果不因分别规定而有失，也反映了立法者对民事责任规范统一性的清醒认识。

（二）统一民事责任制度建构的基本模式

制度实践的经验显示，民事责任的统一制度建构实际上存在多种可能性，大致可以有以下几种。

（1）大统一模式。这种模式建立在对传统债法的两大基本功能，即权益创设与权益保护的区分基础上。民事责任法作为实现权益保护功能的法律工具，其将与民事权益确认与创设规范形成对称关系，所有涉及受法律保护的民事权益救济问题将被归入民事责任法调整。在这种模式下，以合同法为例，合同无效或合同解除情形以及违约情形的权益救济都将被剥离于合同法，而与侵权责任法等典型的救济规范组成统一的民事权益救济法。这种模式的优势在于：将民事权益确认/创设规范与保护规范明确区分，有助于凸显民事责任的统一性。而其引致的不利在于：其一方面将造成权益确认/创设规范与权益救济规范的远隔，割裂合同法规范或物权法的内在统一性，在法律理解与适用上造成不便。[①] 更为困难的是，如果只是规范在体系位置上的集中，其实际效果就不会比依责任原因分别设定责任规范在责任统一效果上做得更好。因此，问题的关键还是更具实质意义的责任规范的统一。

（2）设置责任法一般规范的模式。这种模式与大统一模式的差异在于：其并不意图将所有关于民事责任的规范进行集中规定，其只是集中规定民事责任的一般规范。因此，问题的核心就不在于通过这种规范彰显民事权益在确认/创设与保护上的对称关系，而在于确定实质统一的民事责任规范。

一般而言，民事责任制度可以区分为责任成立规范、责任内容/范围规范以及抗辩规范。因此，设置民事责任一般规范也主要可以从这样三个方面着眼，即责任成立的一般规范、责任承担的一般规范以及一般抗辩规范。由于抗辩规范系以责任成立规范所包含的价值判断为基础，因此，责任成立规范的一般化程度决定了抗辩规范一般化的程度。举例而言，我国《民法典》在总则编“民事责任”章将不可抗力、正当防卫、紧急避险等规定为民事责任的抗辩事由，其似乎应属民事责任一般规范。但是，不可抗力并非所有民事责任的抗辩事由，对某些高度危险责任或物件致害责任，如核设施或核材料致害、航空器致害等，不可抗力就不能作为不承担责任的理由。[②] 同样，正当防卫和紧急避险作为侵权责任的抗辩事由，也仅适用于不法行为致害的情形，而不适用于其他情形。从这个意义上讲，与民事责任相关的抗辩规范的一般性相对较弱，只在某些特定类型的民事责任层面才具有一定程度的共同性。

（3）设置特定类型民事责任一般规范的模式。从比较法的经验来看，这

① 张家勇. 论统一民事责任制度的建构. 中国社会科学. 2015（8）：102.

② 《民法典》第1238、1239条。

种模式主要存在于损害赔偿责任的一般规范上，其主要涉及损害赔偿的一般方式、赔偿内容或范围、损害的确认与限制等。①

第四节 本章小结

违约责任和侵权责任是民事责任的两根支柱，围绕它们又发展出其他的责任类型。这些责任类型的形成既有其特殊的历史渊源，也受制于特殊的法制背景或法律传统，但都服务于民事权益救济的共同目标。责任类型区分的价值，显著表现在待处理纠纷属于相关责任类型预定的典型争议形态时。但是，类型与概念最大的差异乃在于：与概念不同，类型所指涉的对象并不取决于其特征要素的全部满足，即使欠缺某些特征要素，相关对象仍然可以归入既定类型。比如，合同是当事人基于合意而形成的交易类型，合同义务因而属于约定义务。但是，既然约定义务的效力本身依赖于法律的承认，在既已形成的合同关系中纳入法定义务，就不会改变当事人关系的合同性质。当然，异质因素引入的多少或程度仍然可能影响类型的归列。例如，事实性合同关系是否可以被作为"合同"对待，关键在于，这种关系的"事实性"在多大程度上取代了合同的"约定性"，也就是说，事实性合同关系是否完全背离了"合意"这个决定性的合同基础，或至少保留了当事人意思作为合同关系"触发机制"的地位。

违约责任的基本假定是，其拟予保护的权益源自该合同关系本身的创设，即使是以保护为目的之合同，保护义务的承担也以当事人自愿为必要。由于违约责任保护的债权与债务人违反的债务具有相关性，故而，义务违反成为认定责任的核心问题。债务的内容不仅界定了拟予保护的债权，而且债务本身也指明了责任人/相对人的行为义务，暗含了行为标准的要求，因此，违约责任实行严格归责即属自然（英美法传统）；即使违约责任的构成和侵权责任一样实行过错归责（大陆法传统），过错的法律适用也是采取推定的

① 王泽鉴．损害赔偿．北京：北京大学出版社，2017：60－78，112－272，283－408．

方式。与之不同，侵权责任则是以权益归属的侵害为出发点，其预定的保护对象主要是所有权及其他物权、知识产权等绝对财产权益，以及生命、身体、健康等人身绝对法益。权益归属对行为人义务内容指示越明确，加害行为的违法性特征就越明显，其过错成立的可能性也越高。与归属秩序相关的相对人行为义务通常是不妨碍或不侵害的不作为义务，因此，加害行为（通常为作为）既是造成受害人损害的致害原因，也是加害人行动自由的实现方式，为避免对行为人行动自由的过度干涉，过错推定就只能属于归责的例外而非一般形式。

尽管如此，民事责任既然是以权益保护为目标，则不论是何种责任类型，在民事关系两极性正当原则的约束下，都必然具有共同的法律结构：只有在被告或应由其负责之人的加害行为造成原告权益侵害时，被告才应对原告承担民事责任。不同责任类型下的加害行为与受侵害权益的结合方式之间的差异，并不构成赋予不同救济效果的决定性理由，我们甚至可以说，典型违约责任和侵权责任之间的差异，相比于一般侵权和特别侵权之间的差异可能会更小。例如：从比较法的经验来看，因违约行为致人身权益遭受严重侵害的，受害人都可以依违约或侵权责任而主张精神损害赔偿；但是，在高度危险致害的侵权事件中，侵权赔偿一般不包括精神损害赔偿[①]，即使在涉及严重人身损害时亦然。这表明，责任类型的归类并非确定救济效果的决定性因素，引发责任的具体情形对于责任确定可能具有更加重要的意义。实际上，这种具体化需求几乎是所有民事责任的共同特征。

这就说明，若因不同责任原因引发相同权益损害，则救济效果就不当然受制于特定的责任类型。在涉及财产损害时，对因违反以保护为目的的合同债务造成的相对人固有权益之损害，与因违反侵权法上注意义务所致固有权益之损害，如果同时满足违约责任或侵权责任的构成要件，很难想象受害人所获得的救济效果会因责任类型的选择而有所不同。即使在涉及第三人侵害债权这种特殊情形中，由于第三人侵权责任保护的对象正是债权人/受害人

---

① 王泽鉴. 民法学说与判例研究. 重排合订本. 北京：北京大学出版社，2015：1320.

因第三人侵权行为所未能实现的债权利益（其他附带损失在第三人侵害债权的责任中分量很小），所以，债务人所承担的债务不履行责任与第三人承担的侵权责任在内容上就基本一致。这个道理并不复杂：如果救济权利与应当保护的权益一致，在肯定救济权利时，救济内容就只取决于被侵害的民事权益的具体受害情形，而与致害原因的法律归类无关。

因此，民事责任的统一并非单纯的逻辑推演，而在于民事责任制度所服务的实践需求。当现实的救济需求无法在既有的制度框架下获得满足时，新型责任类型的确立或者责任领域的转移就会改变了既有责任类型，扩展其适用范围，同时因纳入不同的规范目标，而在一种责任类型中呈现出其他相关责任类型的规范因素，责任原理的交错性由此显现。在这种情况下，责任成立和责任承担的规范都反映出统一的趋势。在统一的法律体系下，对特定规范事实应当给予统一评价，不应因特定法律领域的规范选择不同而引致矛盾的评价。一方面，责任类型的区分反映了法律技术的精致性与实用性，另一方面，责任类型的区分又具有局限性，甚至在某种意义上违反法律调整的统一性，损害法律体系的协调性。因此，在区分逻辑下寻求统一性，在统一体系下保留区分的合理性，这就是法律理论所面临的双重任务。

第三章

统一民事责任构成论

放眼以观，在形式上采取单独民事责任的立法模式，并非我国民事立法所特有。伴随债法改革的推进，法国司法部起草的《民事责任改革法建议草案》在 2016 年 4 月 19 日公布。该草案延续了 2005 年“卡塔拉草案”关于民事责任改革的思路，设立民事责任的一般规定，意欲在效果上统一合同责任与非合同责任。[①] 统一合同责任与非合同责任的思想在 2020 年 7 月的《民事责任改革法建议草案》中被继续坚持。[②] 关于单独设立民事责任法的做法纷争不断，但草案中的权利救济意蕴无可非议。[③] 第二分编“民事责任”（Sous-Titre Ⅱ-La Responsabilité Civile）规定的立法改革，也为民事责任的再法典化开启了通道。[④] 无独有偶，英美法国家即便不热衷于法典化运动，却也通过救济法的学说理论，构建了对权利人（受害人）的权益保护体系。[⑤] 因而，无论是损害赔偿、返还抑或衡平法上的救济方式，均能与具体

① Avant-project de loi réforme de la responsabilité civile，2016，Article 1231－1299.

② 关于送审稿官方正式文本的具体网址见 https：//www. senat. fr/leg/ppl19－678. html。

③ 有关介绍参见李世刚.《法国民事责任改革法草案》解析与启示. 交大法学，2017（2）。

④ ［法］热娜维耶芙・威内. 民事责任法再法典化的希望. 吕琳华，译. 苏州大学学报（法学版），2018（2）。

⑤ Dan B. Dobbs，Caprice Roberts，*Law of Remedies*：*Damages*，*Equity*，*Restitution*，West Academic Publishing，2018. Geoffrey Samuel，*Law of Obligation and Legal Remedies*，Cavendish Publishing Limited，2001. E. Allan Farnsworth，Legal Remedies for Breach of Contract，*Columbia Law Review*，Vol. 70，No. 7（Nov.，1970），pp. 1145－1216.

的民事责任类型一一对应，继而与大陆法的责任法制度在实质内容上相当。统一的责任（救济）制度在形式上既已开其端绪，在完成法典化任务之后，如何在实质意义上发挥民事责任概念的总领作用，以阐释性的“伞形范畴”理念[①]疏通不同责任类型的经络？统一民事责任理论或可提供必要启示。

反观国内，无论是学者主张的“民事责任与债分离”[②]，还是主张采纳统一保护义务开辟的“第三条道路”[③]，均是弥补传统“合同—侵权”二分法罅隙的理论尝试，其目的在于弥合不同责任制度间的冲突、抵牾。如同欧盟一体化（harmonisation）过程中所采取的进路一样，不同制度间的整合需要共同的“法律知识”，这种法律知识是不同制度之间共享的客体[④]，否则，肆意的类型罗列将致使制度间缺乏有效的衔接，这在部门法领域中已被充分证实：如若不将侵权法视为一套关于个人行为和伦理规则的集合[⑤]，任由异化的、充满了其他伦理价值观的责任制度侵袭，那么，发生外在体系和内在体系分崩离析的危机或将择日而临。职是之故，发掘民事责任制度的内涵，使之融贯于不同的法律部门，而非任其沦为碎片化、巴尔干式的责任制度，将是责任法研究的重点。

第一节　民事责任的基础构成要素

结构决定功能的观点在自然科学中曾得到广泛印证，它同样适用于民事

---

① 凯恩曾将人身利益、财产利益、合同权利和合同期待利益、货币型财富等四种不同的利益类型放置在“伞形范畴”下的侵权法范围之下。［澳］彼得·凯恩．侵权法解剖．汪志刚，译．北京：北京大学出版社，2010：226.

② 魏振瀛．民事责任与债分离研究．北京：北京大学出版社，2013：36－37.

③ 卡纳里斯的第三条道路源于信赖责任的原理，就信赖责任的构成，see Claus-Wilhelm Canaris, *Die Vertrauenshaftung im Deutschen Privatrecht*, C. H. Beck, München, 1971, S. 4；瑞士学者 Loser 同样主张第三条道路，认为信赖责任虽类似合同责任，但本质上更倾向于侵权责任，see Peter Loser, *Die Vertrauenshaftung im schweizerischen Schuldrecht*, Stämpfli Verlag, 2006, SS. 693－694；国内采此种方法研究的学者的观点，参见邱雪梅．民事责任体系重构．北京：法律出版社，2009：20。

④ Geoffrey Samuel, *Law of Obligation and Legal Remedies*, Cavendish Publishing Limited, 2001, pp. 557－559.

⑤ ［澳］彼得·凯恩．侵权法解剖．汪志刚，译．北京：北京大学出版社，2010：230－265.

责任的分析。结构是功能的内在依据，其变化也制约着系统整体的发展变化。[①] 结构的功能如此重要，以至于它具有超越法律的意义。为此，作为私权确认与保障最后防线的民事责任制度需要回答，其伦理基础是动态的还是静态的？是具有满足内在连贯性的单一结构，还是充斥着多元价值构成的混合结构？

一、最大公约数的责任构成要件

既然并非所有的民事责任都以义务违反作为其发生前提，那么以义务违反为中心构建统一的民事责任制度就不可行，在构成要件上采取提取公因式的方法来构造不同责任类型的共同构成规范就值得探讨。有疑问的是：不同的责任类型意指何物？当抽象的一般概念或其逻辑体系不足以掌握生活现象或意义脉络的多样表现形态时，“类型”是首先被想到的补助思考形式。[②] 民事责任类型因划分标准不同，也反映着不同的外在体系。依责任发生依据，民事责任可分为契约责任、侵权责任与法定责任[③]；依可归责性之方法，民事责任可分为过失责任及危险责任（国内理论更多使用无过错责任或严格责任概念）；依民事责任承担之方法，民事责任可分为排除侵害及损害赔偿。[④] 在上述三类民事责任类型划分中，采可归责性标准的划分方法在逻辑上无法扩及不当得利返还责任，对在防御性责任中是否引入可归责性也存在巨大争议[⑤]；排除侵害及损害赔偿的民事责任划分虽以对受害人的救济为

---

① 吕永波．系统工程．修订版．北京：清华大学出版社，2003：21－22.

② Karl Larenz, *Methodenlehre der Rechtswissenschaft*, Springer-Verlag Berlin Heidelberg GmbH, 1992, S. 290.

③ 大陆法更习惯按债因将责任分为合同之债与法定之债（包括侵权之债、不当得利之债以及无因管理之债），英美法的分类则更倾向于区分合同责任与非合同责任（包括侵权责任、衡平责任），此种划分也反映着不同法律体系的构造。Geoffrey Samuel, *Law of Obligation and Legal Remedies*, Cavendish Publishing Limited, 2001, p. 249.

④ 曾世雄．损害赔偿法原理．北京：中国政法大学出版社，2001：4.

⑤ 朱广新．合同法总则．2版．北京：中国人民大学出版社，2012：539－541. 崔建远．债权：借鉴与发展．修订版．北京：中国人民大学出版社，2014：686－706.

视角，但在现有的多元责任模式下同样难以涵盖全部的责任类型。由此可见，能够最大限度描述全部责任类型的就只剩下基于债因的责任划分方式。

债因的划分对后世债法体系的构建影响深远，责任体系的发展与之形影相随。基于债因的划分能最大限度涵盖内容冗杂的责任类型；此外，责任引致原因的确立也与请求权基础的检讨思维深切贴合。[①] 如果说，债之发生原因搭建了债法体系，我国《民法典》总则编中的民事责任规则显然走得更远，因为，债务与责任的形式分离致使责任类型（大部分责任类型，如返还财产、赔偿损失）有时能与债之发生原因相匹配，有时仅指涉债务发生效果（如继续履行），它们无可避免地在构造上存在着结构性错位。

无论如何，在基于债因的分类的基础上，尝试提取不同责任的共同要件仍将是一种富有意义的尝试。在提取方式上，对责任类型一一检讨并非不可行，但是，鉴于每一种责任类型的精雕细琢均耗时费力，巨细无遗的概述并无意义。退一步而言，无论是要件式思维，还是抽取各要素进行权衡的动态系统论[②]，均需要首先提供可供比对的分析对象。关于分析对象的选择，最为简便可行的做法是，在责任构成上首先找到一种规范构造最为复杂的责任类型，它如同"百宝箱"一样，为其他责任类型提供应有尽有的责任构成要件；随后，再找到一种规范构造上最为简单的责任类型，它如同"木桶的短板"一样，决定了构成要件的最低限度。完成上面两步之后，只需"以短度长"，确立责任的共同构成要件，再通过其他责任类型进行验证即可。

---

① 就请求权基础的检讨顺序来看，除无因管理和物上请求权之外，均可纳入责任法的范围。就无因管理中管理人产生的费用，谓之费用返还请求或费用补偿请求均可，故也可类比返还责任或补偿责任予以救济；物上请求权与侵权责任的竞合理论多有争议，此不赘述。Vgl. Diter Medicus，*Grundwissen zum Bürgerlichen Recht*：*ein Basisbuch zu den Anspruchsgrundlagen*，Carl Heymanns Verlag，2008，SS. 12 - 13.

② 动态系统论发源于维尔伯格，并由其弟子进行发扬。Vgl. Wilburg，*Entwicklung eines beweglichen Systems im bürgerlichen Recht*，Graz：Verlag Jos. A. Kienreich，1950. 中文介绍，参见［奥］威尔伯格．私法领域内动态体系的发展．李昊，译．苏州大学学报（法学版），2015（4）；［奥］海尔穆特·库齐奥．动态系统论导论．张玉东，译．甘肃政法学院学报，2013（7）。

就构成要件的复杂性而言，基于过错的一般侵权责任当属最佳选择。梅迪库斯（Medicus）曾言，过错责任在构成要件上极为严格，以至于其构成规范都与刑法规范极为相似，对二者可采取类似的要件考察方法。[①]同时，以侵权责任法为基础构建独立的合同外责任法既非罕见[②]，将侵权责任法作为救济之基础而构造一般责任法的呼声亦属有之[③]，故将一般侵权责任作为“百宝箱”式的责任类型问题不大。关于一般侵权责任的构成要件，德国法在责任构造上采事实构成、违法性与过错三阶层构成要件，事实构成为责任雏形，对违法性与过错发挥征引作用，具体包含致害行为、因果关系以及损害三个要素。[④] 与之不同，以判例主导的英国侵权法的核心要素为损害、行为与可归责性三个要素，但损害与可归责性并非不可缺少，这意味着对义务违反的行为是侵权行为概念的唯一必要要素。[⑤] 鉴于英国侵权法实为众多不同诉因的集合，诉因的赋予实则确定了受保护的利益，故其一般侵权责任构成仍具有借鉴意义。我国《侵权责任法》与《民法典》侵权责任编中的条文中并无违法性概念，同时，在解释上也可基于“过错吸收违法性”的思路而将违法性纳入其中，故关于一般侵权责任的成立大致可从致害行为、致害结果（损害）、因果关系、过错等四个方面予以考虑。[⑥]

---

① Diter Medicus，*Grundwissen zum Bürgerlichen Recht：ein Basisbuch zu den Anspruchsgrundlagen*，Carl Heymanns Verlag，2008，S. 164.

② Erwin Deutsch，*Allemeines Haftungsrecht*，Carl Heymanns Verlag，1996，SS. 2－13.

③ 王利明．我国侵权责任法的体系构建：以救济法为中心的思考．中国法学，2008（4）．张家勇．论统一民事责任制度的构建：基于责任融合的“后果模式”．中国社会科学，2015（8）．

④ ［德］埃尔温·多伊奇，汉斯-于尔根·阿伦斯．德国侵权法：侵权行为、损害赔偿及痛苦抚慰金：第5版．叶名怡，温大军，译．北京：中国人民大学出版社，2016：8－9. Diter Medicus，*Grundwissen zum Bürgerlichen Recht：ein Basisbuch zu den Anspruchsgrundlagen*，Carl Heymanns Verlag，2008，S. 164.

⑤ ［美］戴维·G. 欧文．侵权法的哲学基础．张金海，等译．北京：北京大学出版社，2016：55.

⑥ 这种构成在实践中也被广泛接受，例如在“安某平、孙某诉盘山县陈家镇人民政府侵权责任纠纷案”［辽宁省盘山县人民法院（2018）辽1122民初2154号民事判决书］中，法院认为，“在过错责任原则下，需要行为人有过错；在无过错责任原则下，则不考虑行为人是否存在过错。无论在哪种归责原则下，都需要有行为、损害事实以及二者之间的因果关系这三个构成要件”。在“雷某兰与黄某颜生命权、健康权、身体权纠纷案”［广东省阳江市阳东区人民法院（2017）粤1704民初1245号民事判决书］中，法院认为，“侵权责任的构成要件有四个，即过错、违法行为、因果关系和损害事实”。

在将一般侵权责任构成作为参考依据后，尚需确定构成要件上最为简单的责任类型。为此，需在前提上明晰一般责任构成的结构。鉴于责任本身具有连接原告与被告的锁链功能，原告权益圆满状态受损与被告相关的两极性构造，当属责任的一般规范结构。① 彼得·凯恩（P. cane）曾依受保护权益、受制裁行为及制裁措施对侵权法进行重组，从而使合同利益、纯粹经济损失等利益均被纳入该结构之下②，可谓对享有受保护权益的原告、实施受制裁行为的被告以及以责任为表现形式的制裁措施这三者的关系作出了较好的诠释。

然而，在将不当得利纳入责任类型之后，这种“多元”责任构造的共通要件还可被进一步简化。由于不当得利制度的目的在于“除去欠缺法律上原因而保有的利益”，所以其并不以被告的不当行为为构成要件。维尔伯格（Wilburg）首先意识到，在给付型不当得利外，还存在其他的不当得利类型，忽视它们将导致请求权基础解释的模糊。为此，他将不当得利二分为给付型不当得利与非给付型不当得利。③ 由于不当得利制度关注的重点在于无法律原因的利益变动，因而，无论是给付型不当得利，还是非给付型不当得利，引致得利的行为均非关注重点：在给付型不当得利中，债务人因债权人缺乏法律原因或丧失法律原因的给付（给付需符合其给付意思及具有给付目的）而获得利益，故需返还④，至于返还类型为错债清偿返还（*condictio indebiti*）、原因消灭后的财产返还（*condictio ob causam finita*）还是给付目的不达的返还请求（*condictio ob rem*），均对行为之可归责性在所不问；而在非给付型不当得利中，由于法律规定、自然事件导致受益人利益增加的，便可引致返还请求，更无行为要件可言。⑤ 因而，在不当得利返还责任的构

① 就此而言，合同责任、基于信赖的缔约过失责任、一般侵权责任均满足该要件。两极性构造，参见［加］欧内斯特·J. 温里布．私法的理念．徐爱国，译．北京：北京大学出版社，2007：11。

② ［澳］彼得·凯恩．侵权法解剖．汪志刚，译．北京：北京大学出版社，2010：29.

③ Walter Wilburg，*Die Lehre von der ungerechtfertigten Bereicherung nach österreichischem und deutschem Recht*：*Kritik und Aufbau*，Graz，1934，SS. 7－12.

④ Medicus/Lorenz，*Schuldrecht* Ⅱ *Besonder Teil*，17. Aufl.，C. H. Beck，2014，S. 416.

⑤ 王泽鉴．不当得利．北京：北京大学出版社，2009：112.

成中，不要求存在受制裁行为及得利人的过错，请求权的确立完全独立于得利人（债务人）行为的可归责性。①

关于是否要求损害后果，可从《德国民法典》中不当得利制度的规范演变中一窥究竟：判例与学说肢解了《德国民法典》第 812 条的统一性，创造了一个“权益侵害型不当得利”（Eingriffskondiktion）的特殊事实构成，并去掉了“损害”（Aufkosten）的概念。②

我国司法实践中常常以原《民法通则》第 92 条（《民法典》第 122 条）作为不当得利的规范基础，不当得利的构成要件在实践中也经常被总结为四个方面，分别为：一方取得财产利益；一方受有损失；取得利益与所受损失间有因果关系；没有法律上的根据。③ 从中可以看出，不当得利返还责任并不以失利人遭受损害为前提，也不要求存在对行为义务的违反，其“仅仅取决于法律对法益的归属划分及构成要件该当性”④。由此看来，在不当得利返还责任的构成要件中，过错、致害行为、致害后果均可能被排除。⑤

同样，停止侵害、排除妨碍和消除危险的民事责任，不要求存在现实的损害及行为人的过错，也没有必要认定行为人具有违反义务的行为，只要行为威胁到他人受法律保护的权益领域，即可满足构成要件该当性，并且，面向将来潜在损害的介入机制体现出该类责任的防御（预防）功能。⑥ 因而，只要受保护权益正在遭受侵害、受有妨害或面临危险，停止侵害、排除妨碍和消除危险的民事责任就可被引入。

---

① Larenz/Canaris, *Lehrbuch des Schuldrecht*, Bd. 2, C. H. Beck, 1994, S. 128.

② ［德］罗尔夫·克尼佩尔．法律与历史：论《德国民法典》的形成与变迁．朱岩，译．北京：法律出版社，2003：165.

③ “伍某叶、鹰潭市亨得利金属材料股份有限公司不当得利纠纷案”，江西省鹰潭市中级人民法院（2019）赣 06 民终 178 号民事判决书；“良运集团有限公司与大连泰达钢铁有限公司、潘某琪不当得利纠纷案”，辽宁省大连市甘井子区人民法院（2017）辽 0211 民初 3475 号民事判决书。

④ Helmut Koziol, *Grundfragen des Schadenersatzrechts*, Jan Sramek Verlag, 2010, S. 35.

⑤ 就不当得利请求权中需存在着得利与受损之间的因果关系，以此限制不当得利请求权人的范围，至于负有请求权的特定主体是依财产的直接变动标准来确定，还是承认间接给付时的财产变动也能产生不当得利请求权，理论上则有争议。Vgl. Staudinger/Stephan, BGB § 812, Rn. 4, 2007. 王泽鉴．不当得利．北京：北京大学出版社，2009：37-43.

⑥ Helmut Koziol, *Grundfragen des Schadenersatzrechts*, Jan Sramek Verlag, 2010, SS. 22, 27.

如前所述，比照一般侵权责任的成立要件，对民事责任的一般构成要件需从致害行为、损害、因果关系以及过错等方面进行考虑。鉴于"损害"并非返还责任、排除妨碍和消除危险等责任类型的必要构成要件，不当得利中的"损失"与侵权行为中的"损害"差别较大，在民事责任构成要件中需引入更具一般性的要件来统合不同类型的责任。"受保护权益"为责任机制的逻辑起点，无论是"损害""损失"还是"侵害""妨害""危险"，指向的客体均为受保护权益。秉持权益救济思想，"受保护权益"是否处于遭受损害、受有损失或有侵害之虞的状态，也即"受保护权益"的圆满状态是否受到干扰，就能够发挥更为一般性的作用。准此，损害、损失、侵害、妨碍、危险等要素，均可被当事人维持其"受保护权益的圆满状态"所替代，从而可将"受保护权益"作为不同责任的适用前提。同时，为体现损害赔偿责任在民事责任制度中的一般性，仍可将"损害"列为责任构成的参考要素。至此，基于债因划分的不同责任类型的构成要件，可粗略地通过表 3-1 予以显示。

表 3-1 要件式的责任构成思维（"√"表示要求，"×"表示不要求，"○"表示不确定）

责任类型	构成要件				
	受保护权益	致害行为	损害后果	因果关系	过错
一般侵权责任	√	√	√	√	√
无过错责任	√	√	√	√	×
违约责任	√	√	√	√	○
缔约过失责任	√	√	√	√	√
不当得利返还责任	√	○	○	√	○
防御性责任	√	○	○	√	×

在表 3-1 中，之所以并未引入违法性要件，是因为它与"侵害受法律保护的利益"系同语反复，后者已经被"受保护利益"与"受制裁行为（致害行为）"所包含。从结果来看，依债因分类的责任类型所能提取的最大公约数要件为"受保护权益"与"因果关系"，过错、致害行为、损害后果在部分责任类型中均可被忽略。依凯恩的责任构成观点，在剔除了"致害行

为”要件之后，责任构成要素中便只剩下了“受保护权益”与“因果关系”。因此，“受保护权益”决定了责任机制的触发点，“因果关系”既在最低限度内决定引致责任的具体行为，也在一定限度内决定利益保护范围与责任后果之间的关系。

在侵权责任成立所需要的共同要件中，有学者抽象出两个构成要件：对民事权益的侵害及责任成立中的因果关系。[①] 只是在引入不当得利返还责任和排除妨碍等预防性责任形式后，“对民事权益的侵害”在非损害赔偿责任中也可被简化。此时，只需存在规范上的受保护权益，也即受保护权益的圆满状态即可。通过这种对责任构成要件的抽象提取，可尽可能地褪去无谓的要件而凸显民事责任的核心构成。同时它还预示着，基于债因分类而描述责任共同构成要件的努力宣告失败，因为，仅仅“受保护利益”“因果关系”这两项要素，显然无法担负起确立民事责任构成要件及其内容的重任，它们无从体现不同责任类型的特定考量因素。依据“受保护权益”“因果关系”，仅能确定的是，民事责任应该被引入。至于引入何种类型的责任，被抽象出的这两项责任要素无能为力。层层剥离后虽然确定了所有责任类型所依据的共同根基，但是，若要再次搭建责任法的体系，还需引入其他考量因素。

二、一般侵权责任构成的借鉴价值

民事责任类型的多样性导致其一般构成要件仅能抽象出少数共同要素，如前所述，在构成事实上，一般侵权责任的构成要件最为丰富，为此，不妨在逻辑上仍参照一般侵权责任的构成方式进行检讨。依据一般侵权责任三阶层的构成[②]，民事责任的成立也可分为逻辑上递进的三个判断阶段而加以检视，其分别为：对事实该当性的判断、对行为可归责性的判断和对责任是否成立的最终判断。

① 朱岩．侵权责任法通论：总论：上册．北京：法律出版社，2011：1.

② ［德］埃尔温·多伊奇，汉斯-于尔根·阿伦斯．德国侵权法：侵权行为、损害赔偿及痛苦抚慰金：第5版．叶名怡，温大军，译．北京：中国人民大学出版社，2016：8-9.

首先，事实该当性主要涉及的是对事实层面的判断，即是否存在引发受害人权益损害的事实。事实可归责性的关键在于，确立侵害受保护权益与诱发责任事实之间的因果关系，这在上述所有的责任构成中均必不可少。事实行为并不限于被告的不当行为，因为，因自然事件导致的不当得利也可以纳入现有的返还责任之中。[①] 鉴于不当得利的目的在于矫正无法律基础的利益变动，所以与其称不当得利中的自然事件为事实行为可归责性，不如称之为结果不当性。这可在排除妨碍的责任类型（请求权）中得到确认：对于原告而言，妨害若完全因自然事件或土地之自然性质而产生，就不能适用排除妨碍请求权，此时的所有权人负有容忍受危害人排除危险的义务。[②] 可见，事实该当性已经具有了确定受保护权益受损与事实之间是否具有因果关系的功能。

其次，行为可归责性主要涉及的是对行为层面的判断，即造成他人权益损害的行为是否具有法律上的可责难性。这涉及可归责行为在民事责任成立中的地位。有学者认为，民事责任归责问题可分为民事责任的归责基础和民事责任的归责要素两类，归责基础指不法行为对他人权益的损害，归责要素则包含行为、损害、过错、因果关系和主体的特殊性等不同内容。[③] 所谓的归责基础即是对事实该当性的判断，它是引发法律责任的逻辑根源，关系到是否会产生民事责任的基础构成问题。归责要素的罗列则将事实该当性、行为违法性以及有责性问题混在了一起，这导致既要在归责基础上审查不法行为与权益损害要件的存在，又要在归责要素上重新审查前述要件，由于归责要素在很大程度上已经吸收归责基础的内容，故这种归责基础与归责要素的区分并无层次性，很难看到其实益所在。对行为人可归责性的判断主要与行为人是否具有过错、是否违反了所负的行为义务相关，所考察的是，对行为人引发损害的行为依据相应的归责原则是否具有可归责性，即是否存在一项

① 例如，暴雨将甲鱼塘里的鱼冲到了乙的鱼塘而无法区分，此时甲对乙就享有不当得利返还请求权；类似的例子还存在于添附、加工等事实行为之中。

② Baur/Stürner, *Sachenrecht*, 18. Aufl., 2009, § 12 Rn. 18.

③ 罗大钧，杨峰．民事责任归责问题的理论思考．学术交流，2004（1）：30.

不当的行为。引发损害的行为虽然与损害的发生具有因果关系，但这并不意味着该行为一定具有可归责性，当下社会对风险的分配导致正常的生产、生活也可能与他人的损害相关。典型者为《道路交通安全法》第 76 条第 1 款第 2 项中规定的机动车一方没有过错的，仍承担不超过 10%的赔偿责任。一般认为，该 10%的责任为基于政策考量的法定赔偿责任，继而与一般民事责任存在差异。事实上，即便是在侵权责任中也存在着内部的割裂，遭受具有法律相关性损害之人可要求的赔偿对象为故意、过失造成损害之人或因其他事由对该损害发生负有责任的人。[①] 可见，行为可归责性在多元化的责任类型之下并非必不可少，“不当行为”仅成为归责体系下的一种特殊情形[②]，尝试以统一的归责模式建立责任体系，存在困难。

最后，对责任是否成立的最终判断，还涉及对违法阻却事由与责任能力的判断。依据侵权责任三阶层的构成要件，违法阻却事由是对责任成立的抗辩，此等防御性规范主要在消极层面阻止民事责任的成立，具体包括：不可抗力（《民法典》第 180 条）、正当防卫（《民法典》第 181 条）、紧急避险（《民法典》第 182 条）、第三人的介入（《民法典》第 1175 条）、自甘风险（《民法典》第 1176 条）、自力救济（《民法典》第 1177 条）、医疗行为上的知情同意（《民法典》第 1219 条）等。同样，责任能力也属责任成立阶段需考虑的抗辩事由，这是主观可归责性的考虑范畴。[③] 依《民法典》第 1188 条的规定：无民事行为能力人或限制民事行为能力人造成他人损害的，由其监护人承担侵权责任；侵害人有财产的，先从其财产中支付赔偿费用。这种趋向于严格责任的规定实则消解了责任能力制度的适用空间，无责任能力者仍需承担一定程度的自己责任。需注意的是，前述违法阻却事由是自始导致责任的不成立，而非在责任成立后再加以免除，故违法阻却事由的介入，导致行为人本身不具可归责性。由此可见，阻止责任成立的消极考量因素同样存

① 《欧洲示范民法典草案》第Ⅵ-1：101 条。

② Vgl. Nils Jansen，*Die Struktur des Haftungsrechts*，Mohr Siebeck，2003，S. 561.

③ 王泽鉴．侵权行为．北京：北京大学出版社，2009：256.

在于民事责任的构成要件中，在诉讼策略上它更多是以违法阻却抗辩与责任能力抗辩的形式出现。

整体上看，责任的事实可归责性对应的是责任构成要件中的行为和因果关系，其目的在于确定受保护的利益。而且，与一般侵权责任构成要件中要求存在损害不同，事实可归责性并不必然要求损害的存在。[①] 从功能上看，事实可归责性更类似于归责事由（Zurechnungskriterium）的概念。[②] 对行为可归责性的判断，对应的是责任构成要件中的义务违反及过错，其更多的适用于过错责任的情形。对责任是否成立的最终判断，对应的是责任成立的最后一个环节，即是否存在免责事由，它是被告对责任成立进行的一项抗辩（Einwendung），由被告承担举证责任[③]，适用于所有的责任类型。不过，鉴于违法阻却事由需要具体到某一事由类型，如正当防卫、紧急避险等，因此，它更多的是作为责任最终成立的排除性规定，而不具有正面确立民事责任一般规范的作用。

虽然不同的责任类型可按照上述检讨顺序，从而形成环环相扣、逐步递进的三阶层式思考模式。然而，如前所述，在统一的民事责任构成中，行为可归责性及免责事由的确立均不具有一般责任构成规范的功能。事实上，在确定了受保护利益之后，只要存在最低限度的事实构成，责任就可能被引入，从这个意义上讲，该当性事实构成就具有确立一般责任构成规范的功能。

该理念在制度上并非无据可依。《民法典》第 176 条规定，民事主体依照法律规定或者按照当事人约定，履行民事义务，承担民事责任。不同于原《侵权责任法》第 2 条，该条并未要求权益遭侵害才引致责任，而是尝试从更概括的权利、义务内容来确定民事责任的一般构成规范。因为在

① 损害构成了连接原告与被告之间的纽带，但这种两极性关系在责任构成中并非唯一，受保护利益的确定则更多地偏向于从原告的角度出发进行救济，原告的利益因此处于较为重要的位置。

② ［瑞士］雷伊．瑞士侵权责任法．贺栩栩，译．北京：中国政法大学出版社，2015：16.

③ ［德］埃尔温·多伊奇，汉斯-于尔根·阿伦斯．德国侵权法：侵权行为、损害赔偿及痛苦抚慰金：第 5 版．叶名怡，温大军，译．北京：中国人民大学出版社，2016：45.

返还责任、预防性责任中，有时候并不要求存在义务违反的可归责行为。最终，历次草案中“民事主体不履行或者不完全履行民事义务的，应当依法承担民事责任”的立法规定，因违反责任体系的统一性而遭摒弃。在多元化的责任类型中，以要件式思维确立不同责任的共同构成要件并无太大的实践意义；相反，如果更关注责任的救济属性，那一般民事责任构成规范足以实现对抽象的法益保护，其指示意义大于实践意义。从这个角度看，既然受保护权益能够触发责任救济机制，那么，只要民事主体依照法律规定或当事人约定，享有相应的民事权益，他就可获得民事责任的救济。准此解释，《民法典》第 176 条已然具有了一般民事责任构成规范的功能。

从责任制度史来看，其中充斥着不同价值的民事责任制度，似乎很难找到单一连贯的伦理基础，同时，责任制度的多元性及各种次级责任的划分也致使民事责任的统一构成困难重重。在对不同责任类型的构成要件提取最大公约数后，可以发现，唯有原告受保护的利益和因果关系能成为不同责任的共同基础。在确认责任成立的阶层化检讨顺序后，只要民事主体享有法律规定或当事人约定的受保护利益，且存在最低限度的可归责事实行为，该民事主体就可主张民事责任救济，据此，《民法典》第 176 条就具有了民事责任的共同抽象规范属性。因而，在具体的责任类型不能发挥救济作用时，它可作为一般的责任规范被引入，既可以作为抽象的责任裁判依据，也可为未来民事责任的类型丰富提供兜底性空间。[①] 不过，这种抽象的构成仅具有引入民事责任的应然判断价值，并不能引入具体的民事责任类型，否则，它将导致民事责任的泛化与过度抽象。为此，在民事责任的进一步构成上需引入其他参照标准。

---

① 司法实践中已经有法院将原《民法总则》第 176 条当作唯一的实体法判决依据，这充分体现了民事责任基于后果的救济思想。案例具体参见“黄某华与佛山汇之美装饰设计有限公司劳务合同纠纷案”，广东省佛山市三水区人民法院（2018）粤 0607 民初 4776 号民事判决书；“叶某辉与罗某傲、龙某清劳务合同纠纷案”，贵州省习水县人民法院 2019 黔 0330 民初 276 号民事判决书；“原告沈某某与被告张某某、张某某买卖合同纠纷案”，江苏省常州市钟楼区人民法院（2018）苏 0404 民初 376 号民事判决书。

第二节 民事责任功能定位对构成要件的指引

就目前而言，受保护权益决定了民事责任的调整范围，因果关系则决定了引致责任的基本事实构成。致害行为（受制裁行为）之所以未成为责任的基本构成，是因为在采取混合的民事责任形式后，致害行为在某些责任类型中可以被省略。因而，在确定责任的基本构成后，就如何在受保护利益遭受侵害，面临侵害之虞或需要保护时，以受保护利益为中心，发挥责任的救济作用，当属责任法下一步要关注的问题。

一、从原因模式到功能导向模式

（一）“原因模式”的问题

在确定基本的事实构成后，判断是否引入民事责任时，传统的做法是：以受保护利益为民事责任的起点，依“原因模式”的路径对不同的受保护利益予以救济。① 其思维方式是，该受保护利益受何种请求权基础保护，从而溯及责任发生的原因，继而以模块化的规则对本领域所保护的利益进行独立的保护。依此种模式确立诉讼请求所引发的后果是，原告需首先在诉讼请求中确定具体的请求权基础，即引发民事责任的“致害原因”②。这种回溯诉因（请求权）的方法所带来的典型弊端就是：诉因选择的多样性不仅徒增多种请求权竞合的抉择难题，而且，独立且对立的请求权基础有时会导致对当事人利益的保护存在实质性差异。③

在历史上，基于债因区分私法的历史并不久远，特别是“侵权与合同的区分是相对较新的，并且该分离是刚刚缓慢发展起来的”，事实上，“侵权行

---

① 张家勇．论统一民事责任制度的构建：基于责任融合的“后果模式”．中国社会科学，2015（8）．

② 同①．

③ 关于请求权竞合实益的反思以及消除竞合的方法，参见王利明．侵权责任法与合同法的界分：以侵权责任法的扩张为视野．中国法学，2011（3）；谢鸿飞．违约责任与侵权责任竞合理论的再构成．环球法律评论，2014（6）；叶名怡．违约与侵权竞合实益之反思．法学家，2015（3）；［日］田山辉明．合同责任与侵权责任．法学家，2001（5）。

为以及其他的法定债之关系都被理解为自我决定和私人自治的表现方式，所有的意志行为在学说汇纂学派看来都是‘法律上的事实’”[①]。历史上合同与侵权的二分总是被反对的，因为“侵权与合同不是对立的存在，而是其中之一缓慢地从其中一个之中演化而来”[②]。那种认为合同是违反当事人之间特殊法律关系的约定的行为，侵权是违反第三人绝对义务的看法太过狭隘，视二者为对立关系的结果是：某些权益救济措施被勉强地归入合同或侵权的边界内，救济的效果也因诉因的不同而被任意裁剪。[③] 若将权益救济作为民事责任的最终目标，诉因（请求权基础）的选择就只能成为实现目标的手段。现在的趋势似乎是：人们更关注诉因的选择而使请求权的选择成为一种隔绝于权益救济的“智力游戏”，变手段为目的了。

（二）“后果模式”的引入

相反，如果更关注对民事权益的救济，那么，对于发起责任机制的原告来说，责任效果才是最为重要的：他只关注赔偿数额的多少、是否应排除妨碍以及拿回本属于自己的权益。因而，若视民事责任为实现这种目标的手段，同一行为所引致的责任效果不应因诉因的选择而有实质性差异。事实上，那种认为侵权不赔偿期待利益[④]，合同损害不赔偿精神损害赔偿[⑤]的区别对待思维，业已受到普遍质疑。故而，除依受保护权益种类而选择不同诉因所引致的责任类型外，还可依如何实现权益救济的效果（后果）而选择适用不同的责任类型，以保护当事人的实质利益，诉因只具有工具性作用。而且，上述诉讼模式引发的后果是：原告需首先在诉讼请求中确定具体的请求

---

① ［德］罗尔夫·克尼佩尔．法律与历史：论《德国民法典》的形成与变迁．朱岩，译．北京：法律出版社，2003：142.

② 同①143.

③ Helmut Koziol，*Grundfragen des Schadenersatzrechts*，Jan Sramek Verlag，2010，S. 93.

④ 在英国，法院已经承认过失违反允诺是一项侵权行为，允许原告进行损害恢复以实现允诺人所承诺的全部利益，即便该违反是由第三人造成的，同样如此。Andrew Burrows，*Remedies for Torts and Breach of Contract*，3rd edn.，Oxford University Press，2004，pp. 7 - 8.

⑤ 崔建远．精神损害赔偿绝非侵权法所独有．法学杂志，2012（8）．许中缘，崔雪炜．论合同中的人格利益损害赔偿．法律科学，2018（3）.

权基础，也即确定引发民事责任的“原因”①。因受保护利益的重叠和交错，引致民事责任的“原因”和民事责任的承担方式并非一一对应，“原因模式”不仅在形式上引发了众多的责任竞合现象，有时还会导致原告权益发生实质性变化（举证责任的不同、时效利益的差别以及诉讼管辖的变化等），最终使案由的选择成为法律共同体内乐此不疲的思维训练工具。因诉因不同而影响当事人实质利益的程式诉讼在罗马法时期就已式微，同样，当下借助“原因模式”而确定民事责任的复古做法就需要被重新定位。

与依债因确立责任的“原因模式”不同，一般责任构成规范更加强调具体责任承担的方式，它构成我国责任法的特殊“后果模式”②。就此，原告在寻求救济上既可依原因进路而确定承担责任的方式，也可依责任承担的后果寻求责任引致原因。相比于“原因模式”，以“后果模式”为基准的统一模式能够消除责任竞合所带来的制度疏漏与评价矛盾。它以逆向的思考方式避免过度教义化所引致的烦琐及重叠，继而消除制度冲突及抵牾，实现实质正义。

事实上，在《德国民法典》形成的过程中，学界曾对立法者提出系统化要求，由此将需要立法解决的问题分门别类加以处理。然而，在今天的司法实践和法典中，因特殊的部门法和价值考量，这种系统化的思维特征却不断遭到削减。部门法被无尽地消耗，以满足个别或偶发的问题。在意大利学者伊尔蒂（Irti）看来，这并非逻辑上的体系建构问题，而更多的是现象学上的问题。③ 这种背离，本质上包含了一个内在的教条的争论文化。学界的困境与争论持久的原因在于，“人们在方法上忘记了所有的请求权的效力基础在于实证法，而不在于合同，不在于侵权”④。亦有学者指出，“因合同与侵权的区分原则而造成的断裂不是学说汇纂与《德国民法典》薄弱的象征，而是 20 世纪后法典意识形态结构混乱加以修正的征兆”⑤。如今需要正视这种

① 张家勇．论统一民事责任制度的构建：基于责任融合的“后果模式”．中国社会科学，2015（8）．

② 同①．

③ Natalino Irti，L'età della decodificazione，Quarta eddizione，Giuffrè，1999，pp. 1－2．

④ ［德］罗尔夫·克尼佩尔．法律与历史：论《德国民法典》的形成与变迁．朱岩，译．北京：法律出版社，2003：232．

⑤ 同④143．

差异，弥补债因区分所导致的制度罅隙，整合法典内容。在责任规范已有制度基础的前提下，暂时撇下债因思维方式所引起的问题，从功能上统合现有的民事责任规范，将是一种富有意义的尝试。

（三）对“后果模式”的澄清

首先，对“后果模式”的反对可能来自尝试以单一模式构建民事责任制度的学者。因为，私法本身具有内部的可理解性，借由矫正正义和康德的权利保护观念，原告、被告之间形成富有相关性的结构构造，这被学者温里布（E. J. Weinrib）称之为私法的两极性。在他看来，功能主义者的观点并不能阐明责任法，因为其探究的那些目标可以分别被对待，隔离了当事人之间的关系，而典型的责任法的主要特征在于特定原告和被告之间直接的关系，而不是那些孤立的社会目标。[①] 作为私法制度的民事责任，应同样遵循两极性构造。这种追求私法纯粹性的理念殊值赞同，但是，如前所述，由于我国民事责任本身就存在规范错位、属性重叠，那种尝试以单一思维构建民事责任的想法并不可取，它夹杂着作为原级义务的责任类型和作为次级义务的责任类型，以义务违反来统一民事责任并不可行。事实上，通过两极性构造的检验可以发现，现有的责任类型并非均为两极性构造的产物，对于温里布那种绝对性的两极理念，即便他的初衷能够被理解，但也很难在我国民事责任的构建中被自始至终地加以支持。[②]

其次，“后果模式”并非对“有权利即有救济”的价值重申。前已说明，虽然《民法典》第 176 条发挥着民事责任的一般规范功能，但鉴于该条的规定过于抽象，不同的责任类型只能提取出启动责任保护机制的最低事实构成，难以达到实际的救济效果。为达到实际救济效果，需在一般责任构成范围之外需求解决办法。若依循此种方法确立民事责任，在确定原告的利益在满足基本事实构成条件下值得保护后，剩下的问题就是选择何种方式对其进

① ［加］欧内斯特·J. 温里布．私法的理念．徐爱国，译．北京：北京大学出版社，2007：11.

② Ken Oliphant, *Basic Questions of Tort Law from the Perspective of England and the Commonwealth*, in Helmut Koziol (eds.), *Basic Questions of Tort Law from a Comparative Perspective*, Jan Sramek Verlag, 2015, pp. 376 - 377.

行救济。正如丹·B. 多布斯所言，在寻求具体的救济方式时，“我是否享有救济”不再是救济法关注的内容，“我享有何种救济以及救济的措施和范围”才是其需要解决的问题。[①]

再次，具体的责任承担形式并不能与抽象的责任构成规范形成一一对应的关系。除《民法典》第 176 条的一般责任构成规范外，我国《民法典》第 179 条还从效果上规定了 12 种不同的责任承担方式。[②] 然而，在受保护权益受到侵害或具有受侵害之虞时，即满足《民法典》第 176 条中的一般责任构成要件时，并不能直接导致《民法典》第 179 条具体责任形式的实际引入。举例而言，在财产利益或人格利益遭受侵害时，是适用恢复原状、赔偿损失还是消除影响、恢复名誉，仅凭《民法典》第 176 条和《民法典》第 179 条并不能得到答案，二者无法形成一一映射的关系。[③] “后果模式”的目的在于确定需保持受保护权益的完满状态，但在抽象的民事责任构成规范与具体的民事责任承担方式之间仍需引入其他参考因素，即需要中间的连接因素使二者形成有效连接。因此，统一民事责任构成的意义就在于整合现有的民事责任类型，使其因不同目标而呈现出结构化区分。

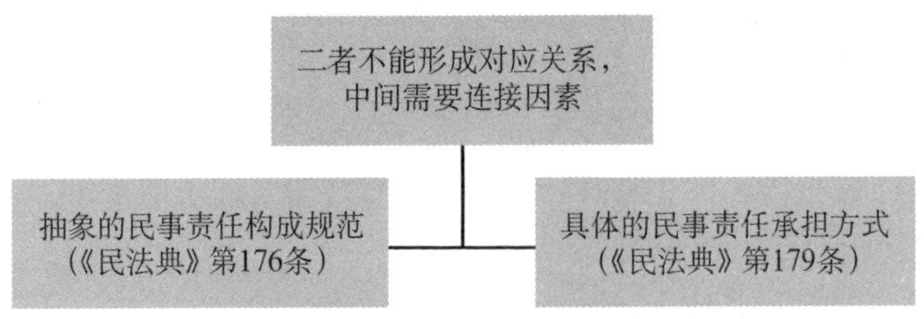

图 3-1 《民法典》第 176 条与《民法典》第 179 条之间关系

① Dan B. Dobbs, Caprice Roberts, *Law of Remedies: Damages, Equity, Restitution*, West Academic Publishing, 2018, p. 20.

② 其具体包括（1）停止侵害；（2）排除妨碍；（3）消除危险；（4）返还财产；（5）恢复原状；（6）修理、重做、更换；（7）继续履行；（8）赔偿损失；（9）支付违约金；（10）消除影响、恢复名誉；（11）赔礼道歉。除此之外，该条第 2 款还规定，法律规定惩罚性赔偿的，依照其规定予以惩罚性赔偿这被视为第 12 种责任承担方式。

③ 关于对《民法典》设立“民事责任”章必要性的质疑，参见李永军．对我国《民法典》上“民事责任”的体系化考察．当代法学，2020（5）。

最后，需澄清的是，“后果模式”的民事责任构建立基于认知论的阐释方法，所以对于那些基于“原因模式”的划分而遗留的竞合问题，“后果模式”亦无能为力。例如，在责任竞合时因侵权责任或违约责任的选择不同，会产生不同的法院的诉讼管辖权[①]，这样的问题无论如何也无法由基于“后果模式”的统一民事责任制度予以解决。“后果模式”并非要完全取代“原因模式”，在现有的规范设置下，“原因模式”仍占据着不可撼动的地位。因而，基于“后果模式”统一民事责任构成的目的就在于：一方面在智识上以“救济”为导向，增添一种理解认识民事责任内涵的思维方式；另一方面，基于“后果模式”的民事责任构成还发挥着“替补选手”的作用，它时刻警惕着“原因模式”所带来的弊病，在“原因模式”因过度专注于逻辑推演而深陷于程式泥淖时，以实质主义为导向予以必要介入，从而实现私法领域的正义与公平。

二、功能性民事责任的证成

在经历了上述思维方式的转变后，在抽象的责任构成要件上，我国的民事责任法将转化为权益救济法。不过，与具体的实体法与程序法不同，统一民事责任构成并非纯粹理论性的构建，而更多是一种理念阐释以及对现有责任类型的整合。民事责任介入的基础要求是存在受保护的民事权益以及最低限度的可归责事实。正如拉伦茨（Larenz）所言，当抽象的一般概念或其逻辑体系不足以掌握生活现象或意义脉络的多样表现形态时，“类型”作为补助思考形式就首先被想到。[②]《民法典》第179条确定了12种不同的责任形式，但并非每一种责任形式都会引发不同债因的竞合。例如，修理、重作、更换以及继续履行都属于典型的违约救济方式，其他债因引起的责任并不会

① 例如，在“中国联合网络通信有限公司西平县分公司、无锡广畅光电股份有限公司买卖合同纠纷案”中，当事人选择合同损害赔偿或侵权损害赔偿就可能导致或合同履行地的法院，或侵权行为发生地的法院的诉讼管辖权。最高人民法院（2016）最高法民再365号再审民事裁定书。

② Karl Larenz, *Methodenlehre der Rechtswissenschaft*, Springer-Verlag Berlin Heidelberg GmbH, 1992, S. 290.

过多涉及这些责任形式；消除影响、恢复名誉、赔礼道歉等责任形式主要适用于人格权侵害，它们很难与其他主要涉及财产侵害的情形发生竞合。因而，更为直接的问题是，不同形式的民事责任在何种程度上可以统一？

（一）比较法视野下功能性民事责任的划分

如前所述，既然民事责任规范的作用在于矫正因不同诉因所导致的实质权益效果差异，那么，研究不同债因所导致的相似责任类型的构成要件是否统一，就发挥着重要作用。为此，有必要对不同的责任类型进行分类。因标准选择的差异，区分的类型也存在着差别。责任本身既可以与引致责任的原因相连：如合同责任、侵权责任、不当得利返还责任；也可被赋予不同的功能与效果：威慑（诅吓）、赔偿、返还与预防。如何在具体的责任承担方式与抽象的民事责任之间达成平衡，就需要确立新的、具有阐释力的、中间层次的民事责任类型。

在英美法下，救济方式虽与权益相互对应，但因救济概念的宽泛使用，不同学者对救济类型的分类也不同。[①] 据学者扎克泽夫斯基（Zakrzewski）总结说，现有英美法中的救济分类标准主要有三种：第一种分类是依据救济的目的（goal）进行的分类，具体包括补偿、返还、惩罚和其他类型（具体可包括特定履行、禁令、宣告）；第二种是依据救济的措施可否被强制执行而进行的分类，具体包括可强制执行的救济和不可强制执行的救济；第三种是依据当事人所享有的实质权利类型而进行的分类，具体包括复制式救济（replicative remedies）和转化式救济（transformative remedies）。[②] 事实上，第三种分类标准的本质在于，原告是依据原权利向法院请求后而在判决中重申该权利（如特定物返还、履行请求权），还是先前的权利已通过判决被转化为其他的救济方式（如损害赔偿），其分类灵感源于凯尔森对原生义务与次生义务的划分。

---

① 英美法上关于救济的分类参见，Rafal Zakrzewski，*Remedies Reclassified*，Oxford University Press，2009，pp. 23 - 42。

② 同①78 - 79.

整体而言，更多的英美学者倾向依功能或目的对救济进行分类，即扎克泽夫斯基所言的第一种分类方式。例如，伯罗斯依据救济的功能（function）对侵权和违反合同的救济方式进行了相当复杂的分类，从而使二者形成一一对应的关系。在他看来，补偿性功能的实现方式是补偿性损害赔偿，返还功能的实现方式是返还性损害赔偿、利息清算及金钱赔偿，惩罚性功能的实现方式是惩罚性赔偿，积极义务的强制履行对应的救济方式是特定履行、赔偿约定数额、强制执行禁止令、指定接收人，预防不法行为对应的救济方式是禁止性禁令救济，强制禁止不法行为的救济方式是强制恢复性禁令，权利宣告对应的救济方式是宣告、名义性损害赔偿和蔑视性损害赔偿。① 澳大利亚学者蒂尔伯里（Tilbury）也以救济的目的对救济类型进行了分类，只不过在救济法的体系下，他区分了补偿、返还、惩罚、强制、临时与紧急性救济、宣告性救济等六种方式。② 多布斯将救济方式进行了简化，他将救济的类型区分为损害赔偿救济、返还救济、强制性救济以及宣告性救济。③

皮特·博克斯（Peter Birks）极具慧眼地意识到，一项诉讼上的权利可产生于合意之表示、不法行为、不当得利和其他原因事件，这是基于对事件的分类；同时，在对权利救济时允许原告实现赔偿、返还、惩罚或者其他目的，则是基于对回应的分类，这需要回答权利的实现要达到何种目的。④ 如同下表，每一个交错的表格都可能产生具体的规范内容，但并不是每一个交错的空格都具有意义。博克斯举例说，例如惩罚与不当得利交错的“11”空格，就不具有意义。⑤

---

① Andrew Burrows, *Remedies for Torts and Breach of Contract*, 3rd edn., Oxford University Press, 2004, pp. 9 - 12.

② M. J. Tilbury, *Civil Remedies Vol Ⅱ Remedies in Particular Contexts*, Butterwords, 1993, pp. v - ix.

③ Dan B. Dobbs, Caprice Roberts, *Law of Remedies*: *Damages*, *Equity*, *Restitution*, West Academic Publishing, 2018, p. 1.

④ ［英］皮特·博克斯．不当得利．刘桥，译．北京：清华大学出版社，2012：27.

⑤ 若承认惩罚性得利剥夺属不当得利的范畴，空格“11”可能也具有意义。上述观点参见［英］皮特·博克斯．不当得利．刘桥，译．北京：清华大学出版社，2012：28。

表 3-2 原因及回应类型的交错

	合意表示	不法行为	不当得利	其他杂项事件
返还	1	5	9	13
赔偿	2	6	10	14
惩罚	3	7	11	15
其他目的	4	8	12	16

大陆法系学者对此亦有类似的认识。法国学者奥利弗·默雷多（Oliver Moréteau）主张，不应该按照合同、侵权、返还的三分方式构建债法体系，受信赖理论的影响，他提出，应该在原来三分理论的基础上，新增信赖或禁反言作为第四种形式，因为信赖原理具有独特的义务违反原因。广义的债法体系可参见下表内容，此时，每一板块的内容亦基本反映了该区域的规制功能。①

表 3-3 广义债法体系的构建

债法的分支领域	具体内容
合同法	与履行义务相关
侵权法	与赔偿义务相关
返还法	与返还义务相关
禁反言（失权）	与不可否认的义务有关

上述的这种分类更能说明，传统救济研究过于关注引致责任的具体事件原因，而忽略了救济目的对不同责任发生原因的嵌入。与之相同，我国民事责任中的返还财产、恢复原状、赔偿损失等责任形式更是贯穿各种债因之中，并因此产生众多难以避免的责任竞合现象，这很大程度上是因为，依债因确定责任的单向进程导致了结构重叠。因为，各种债因的分类标准本身在逻辑上就不闭合。事实上，某些责任类型并不会和其他债因事件发生交错，例如，继续履行原则上只发生于合同领域，不会在其他责任类型中出现。为

① Oliver Moréteau, Basic Questions of Tort Law from a French Perspective, in Helmut Koziol (eds.), *Basic Questions of Tort Law from a Comparative Perspective*, Jan Sramek Verlag, 2015, no. 1/76-77.

调和债因分类与受保护权益之间的竞合和重复，依责任后果进行的分类就能够避免这种错位。就此，基于特定后果或目标的责任形态不仅能确定责任的主要功能，而且能够对不同债因引发的责任类型进行融会贯通。

（二）我国功能性民事责任的构建

若依功能对民事责任进行阐释意义上的建构，需确定我国民事责任的基准功能。其一，作为权益救济的民事责任以损害赔偿责任为主，这在比较法下已成共识，并构成了侵权责任与违约责任的核心。只要受保护的权利或权益遭受损害，那么，因不履行、不当履行、不法行为等导致的初始请求权仍然继续存在的权益存续思想（Rechtsfortsetzungsgedanke）就能在补偿性责任中体现①，这也是补偿的损害填平效果。从比较法来看，即便英美侵权法包含众多的侵权行为类型，但规定补偿性赔偿的侵权法部分仍与欧洲大陆损害赔偿法相当②，因而，补偿作为民事责任的基础功能应无异议。

其二，“返还”作为20世纪以来学界努力尝试予以教义化的部门法领域，已经涵盖了多种多样的返还类型，因而从返还的视角对各种不同的返还请求权进行探究，具有一定的现实意义。事实上，1937年《美国返还法第一次重述》（The Restatement of Restitution）曾将准合同及拟制信托的一些原则拼凑在其中，这种尝试通过“返还法”的称谓来涵盖一些毫不相干的案件，继而填补其他法律部门空隙的做法，被有些学者认为毫无益处③，但与此同时，“返还法”的称谓却获得了巨大的普及。在之后20世纪的七八十年代，伴随着救济法课程的普及，《美国返还法第二次重述》贯彻了这样一种观点：返还不仅仅是一种救济的类型，除侵权、合同外，它也构成产生民事责任的实质原理部分④，这种思想一直持续到《美国返还法第三次重述》。

---

① Vgl. Larenz，*Lehrbuch des Schuldrechts Bd.* 1 *Allgemeiner Teil*，14.，Aufl.，München：Beck，1987，S. 423.

② Helmut Koziol（eds.），*Basic Questions of Tort Law from a Comparative Perspective*，Jan Sramek Verlag，2015，Rn. 8/153.

③ ［美］詹姆斯·戈德雷．私法的基础：财产、侵权、合同和不当得利．张家勇，译．北京：法律出版社，2007：685-686.

④ Mc Camus，John D，The Restatement（Third）of Restitution and Unjust Enrichment，*Canadian Bar Review*，2011，p. 443.

正如侵权（torts）与损害赔偿（damages）的关系一样，不当得利（unjust enrichment）与返还（restitution）的关系也是规范性的而非逻辑性的，返还义务在这种意义上更类似于损害赔偿义务[①]，继而返还功能与损害赔偿功能可以并列。

其三，在我国原《侵权责任法》第15条将停止侵害、排除妨碍、消除危险纳入侵权责任之中后，关于防御性责任与物权请求权之间的关系引发了无数的争议。防御性责任在构成要件上明显不同于损害赔偿责任，它的功能在于预防，而非补偿，故无论是依据构成要件，还是功能区分，均应将其独立出来。此外，值得探究的是，若将预防性责任作为基本的功能性责任，可否将其适用于其他非物权的受保护权益，从而作为一般性规范，发挥民事责任的预防功能。

其四，惩罚性责任可否独立，最具争议。惩罚作为独立于赔偿、返还、防御的功能，在各种不同的债因中均有其身影，例如，惩罚性违约金[②]、惩罚性赔偿责任、惩罚性得利剥夺规则等均为惩罚与其他功能性民事责任结合的产物。然而，由于惩罚的威慑观念主要由公法贯彻，私法中的惩罚性规定亦以法律明确规定为准，并不具有主导地位。抽象提取惩罚性责任的共同归责要素，既违反公、私法界分的目的，在技术上也难以抽象出共通的原则。[③] 惩罚性责任虽为功能性责任的一种，但从抽象的责任构成上对其探究，难度巨大，意义不大，收效甚微。对于其他非属以上基本功能的责任类型，适用范围往往较为单一，在“非均质化”的民事责任领域，宜通过个别研究予以规范。

---

① Stephen A. Smith, Unjust Enrichment: Nearer to Tort than Contract, in Ronert Chambers, Charles Mitchell, & James Penner (eds.), *Philosophical Foundations of the Law of Unjust Enrichment*, Oxford University Press, 2009, p. 181.

② 惩罚性违约金的概念本身即存在争议，因为既然违约金已经事前被约定，其以当事人双方合意为基础，具有可预见性，那么合意所具有的私法自治效力显然具有优先效力。

③ 惩罚性属公法的功能，其不能适用与有过失原则，其属公法规范，并不是民事责任范围的基础。Vgl Larenz, *Lehrbuch des Schuldrechts Bd.1 Allgemeiner Teil*, 14. Aufl., München: Beck, 1987, S. 423.

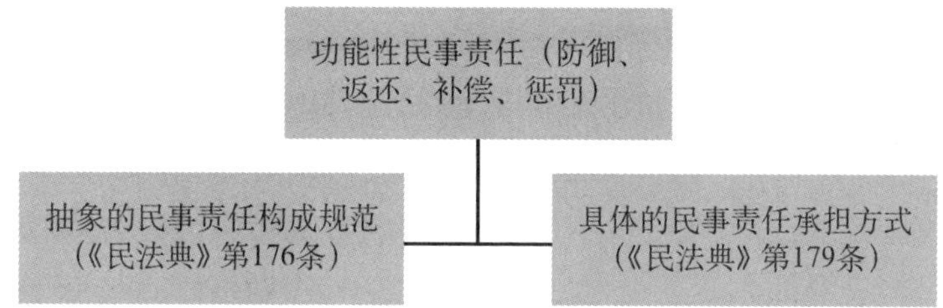

图 3－2　功能性民事责任的连接作用

可见，在确立了抽象的民事责任构成规范之后，功能性民事责任具有指引具体民事责任承担方式的作用。也即，当受保护权益的完满状态遭破坏时，原告基于某种民事责任功能可直接在民事责任的承担方式中寻求具体的救济。例如：防御性功能对应着停止侵害、排除妨碍、消除危险与继续履行[①]；返还性责任对应返还财产[②]；而补偿性责任对应着恢复原状、赔偿损失、支付违约金、消除影响、恢复名誉、赔礼道歉与修理、重作、更换；惩罚性责任对应着惩罚性赔偿。

因此，基于以上比较法的经验与我国民事责任的规定，基本的功能性民事责任类型可分为防御性责任、返还性责任、补偿性责任与惩罚性责任。值得说明的是，功能性民事责任并不是在定义新概念，而是在以类型的观点重新归纳民事责任，在此意义上，功能性民事责任并非概念分离式的形式逻辑思维，而是一种以“较高或较少的程度，将具体事实归类于类型之下，使产生对应”的类型思维。[③]

三、基准功能的区分与功能交错

功能性民事责任的类型构造削弱了致害原因的区分在责任法上的基础地位，并为以责任形式为中心的责任制度构造提供了更为具体的思路。但在功

① 关于继续履行属于防御性责任的界定，见下文的防御性责任。

② 返还责任中的价值返还无法通过原《民法总则》第 179 条的具体责任承担方式予以呈现。

③ Arthur Kaufmann，*Analogie und „hNatut der Sache“：Zugleich ein Beitrag zur Lehre vom Typus*，R. v. Decker & C. F. Müller Heidelberg，1982，S. 48.

能性责任的适用过程中，也可能会发生不同责任类型的聚合、交错现象。

其一，在责任适用的过程中，对原告进行救济时并非只允许一种形式的救济措施，而是存在着不同民事责任类型的聚合，其本质为不同功能性责任的同时并用。具体表现为，功能性责任类型既可单独适用，也可以并用，只要在救济效果上彼此不相冲突即可。之所以允许不同民事责任的适用，是因为一方面，在制定法层面，我国《民法典》第 179 条第 3 款允许同时适用不同形式的责任类型，这为不同功能的并用留下了空间；另一方面，即便是某一类型的功能责任也可能因为满足其他功能性责任的构成要件，而在结果上表现多种功能的聚合使用。但个案的可用性要取决于案件的具体情况。比如，在原则上对于正在侵害权益的不法行为，当然可以适用停止侵害的防御性责任，且不排斥补偿性责任对受损害权益的救济，但对虽发生但已停止的侵害行为，停止侵害的责任就不再可用；即使侵害行为或活动仍然存在，但由于造成侵害的活动本身是被允许的，如涉及环境污染或高度危险的生产活动，防御性责任也可能要受限制，权利人通常只能要求损害赔偿。

在发生功能聚合时，有时候其他基本功能亦具有覆盖其他责任功能的作用。这种类型的典型表现是：惩罚性责任对补偿性责任当然具有覆盖作用。在我国现阶段的惩罚性民事责任中，惩罚的效果远比补偿责任更为严厉，无论是依损失计算的倍数式惩罚，还是得利过程中的剥夺性惩罚，只要引入惩罚性的威慑或制裁目的，补偿性的损失在司法实践中一般就不再适用。例如，在以惩罚为目的的得利剥夺中，对故意营利行为的得利剥夺与权利人是否遭受损失并不相关①，即便“失利人”在客观上存在着不利益，对不利益的补偿业已通过惩罚性赔偿而被覆盖，因而，在同为金钱价值的赔偿方式之下，惩罚功能就具有覆盖补偿功能的作用。可见，在功能聚合时不仅会出现责任并用，也可能会发生功能吸收的效果。只不过惩罚性民事责任已经溢出了民事责任的基本功能，亦不在本文的重点讨论之中，故此处仅作简要说明。

---

① ［德］格哈德·瓦格纳．损害赔偿法的未来：商业化、惩罚性赔偿、集体性损害．王程芳，译．北京：中国法制出版社，2012：146－147.

其二，不同功能性责任在适用过程中有可能出现不同功能的交错，这是因为：在单一功能责任适用的过程中，因加入其他责任类型的构成要素，而使最终的责任形式表现多种功能性责任的并用。这主要存在于防御性责任、返还性责任与补偿性责任的交错领域。例如，在不当得利返还责任中，可能会引入一般补偿性责任的归责思想。若返还过程中因返还人的过错导致返还物价值减损，此时仍需借助过错责任的补偿功能对当事人进行救济[①]，此时即发生返还功能与补偿功能的交错。排除妨碍与消除危险等防御性责任亦可能因“排除”行为或“消除”行为不当，继而发生防御性责任与补偿性责任交错而统一评价的后果。

功能性责任发生交错的另外一个原因在于，功能性区分是趋向于实用主义的类型划分，这种划分途径旨在提升对不同责任类型最终救济效果的认知，但在功能划分的基础上本身就可能存在重叠，特别是，作为特殊类型的返还（Restitution），有时它会作为一种准合同，与合同、侵权一起位列于基于债因的分类[②]，有时又会与赔偿、衡平一起位于功能性责任的分类中。在因义务违反，如违反合同或侵权，导致的不法行为返还过程中，若无法返还原物而进行价值返还，那么此时对返还性责任与补偿性责任就很难在类型上进行区分，伯罗斯称此为返还性赔偿（Restitutionary Damages）[③]，正说明了返还与补偿功能之间的交错。这种功能定位的交错在德国法中同样存在，例如，在法定债务与意定债务的分类中，不当得利、侵权行为、无因管理、占有保护以及所有权人与占有人之间的请求关系均属于法定债务的调整范围，就法定债务的功能，德国学者马可·斯塔克（Marco Staake）直言道，法定债务关系亦具有补偿功能（Ausgleichsfunktion）。[④] 可见，返还与补偿功能的交错自始就存在于责任类型划分中。

---

① Siehe Medicus/Lorenz，*Schuldrecht II Besonder Teil*，17. Aufl.，C. H. Beck，2014，S. 429.

② 例如，罗马法上存在着合同、侵权与准合同的债因分类，返还属于准合同下的分类类型。

③ Andrew Burrows，*Remedies for Torts and Breach of Contract*，3rd edn.，Oxford University Press，2004，p. 372.

④ Marco Staake，*Gesetzliche Schuldverhältnisse*，Springer，2014，S. 5.

此外，在法国学者奥利弗·默雷多看来，信赖责任不仅是介于合同法与侵权法之间的“第三条道路”或者“核心领域”，它与返还法也存在交叉关系。例如，在经典的 Avon Conty v. Howlett[①] 案中，一位教师因身体原因而被停职两年，雇主错误地支付了他一笔款项，让他以为该款项是停职补助。经过确认，雇主发放该笔款项是合适的，因而雇主请求返还（Restitution）的主张系对雇员构成禁反言而被成功挫败。此时信赖以及禁反言的失权救济显然就比返还救济要令人满意的多。[②]

事实上，在合同法、侵权法、返还法与禁反言（失权）的四分领域下，每一个分支都会对其他三个分支造成干扰，因而在文献和术语使用上，有时会存在严重的混淆。[③] 整体上，既然以受保护利益的救济为出发点，发生功能交错就无法避免。但是，过度关注于功能交错并无意义，否则将面临与原因模式下责任竞合类似的局面。前已说明，功能性责任的建构具有弥补请求权竞合而寻求救济统一性的阐释目标，功能性民事责任的目的在于对当事人的权益进行救济，基础责任功能应简洁明了，尽量建立起单一功能与单一受保护利益之间一一映射的关系。

作为连接原告与被告之间的纽带，所有类型的民事责任都可以表述为“原告基于何种理由向被告主张何种民事责任”。抽象的受保护权益及因果关系虽可在最低限度内满足民事责任构成的基本要求，但其远远达不到对受害人进行救济的目标。不仅如此，抽象的受保护利益的建构引发了不同责任类型的竞合，这导致受害人享受实际救济后果的差异。为此，在确定受保护权益及因果关系之后，有必要结合救济目标对受害人进行区分保护。它与基于债因思维的共同点是：都主张寻求保护受害人的权益；但区别点在于，债因

① ［1983］1 *Weekly Law Reports*（*W. L. R.*）605.

② Oliver Moréteau，Revisiting the Grey Zone between Contract and Tort：The Role of Estoppel and Reliance in Mapping out the Law of Obligations，in Koziol/Steininger（eds.），*European Tort Law*，2004，pp. 76 - 77.

③ Oliver Moréteau，Basic Questions of Tort Law from a French Perspective，in Helmut Koziol（eds.），*Basic Questions of Tort Law from a Comparative Perspective*，Jan Sramek Verlag，2015，no. 1/78.

的逻辑区分是工具性而非目的性的，统一模式则是基于实用主义立场，将责任的功能视为目的。为此，在责任构成方式上就不能仅仅将抽象的受保护权益及因果关系作为一般的责任构成，而需要针对不同的救济功能在责任成立上添加其他要件，从而在中间层次上实现责任要件的满足。就此，基于债因的民事责任与功能性民事责任在此发生分离。

第三节　功能性民事责任构成要件的统一

将民事责任定位于权益救济法，它不仅牵涉从被告到原告视角的转变，更牵涉民事责任对民事权益的保障作用。在一般侵权责任构成要件中，致害行为、过错均是基于被告的角度而被观察的，而损害（权益侵害后果）则是从原告的角度出发，通过因果关系将二者连接起来，其重要性不言而喻。一般的侵权责任构成需要满足过错的构成要件，但在无过错责任以及防御性责任中，原告不需要证明被告具有过错，因而是关注责任人的过错，还是更关注对受害人的救济，牵涉路径选择问题。如前所述，本书尝试从权益救济的角度重新审视民事责任制度。救济法（Law of Remedy）的思想虽源自英美法，但与英美法在多重意义上使用救济概念不同，在我国，作为权益救济法的民事责任法具有现实的制度支撑，从而避免了使救济内容陷于泛化的危机。[①] 就此而言，被告的不法行为不再是责任机制的关注重点，原告是否享有受保护权益才是引入责任机制的关键考量因素。权利旨在使个人获得对财产的自决权，以救济为中心的责任解读在于确定权利在私法建构中具有决定性意义。[②] 因而，受保护权益作为民事责任的启动机制，处于民事责任的核心

---

① 据皮特·博克斯总结，英美法上的救济至少具有五种含义，具体为：作为诉讼、诉因或对原告叙述可控诉性之法律构造（law's configuration of the actionability of claimant's story）意义上的救济，因不法行为而所生权利的救济，因不平或非正义所生权利的救济，因法庭指令或判决所生权利的救济，以及因法庭基于自由裁量而签发禁令所生权利的救济。Peter Birks，Rights，Wrongs and Remedies，*Oxford Journal of Legal Studies*，Vol. 20，No. 1，2000，pp. 1-37.

② Hans Brox，Wolf-Dietrich Walker，*Allgemeiner Teil des BGB*，39. Aufl.，Verlag Franz Vahlen，München，2015，SS. 268-269.

区域。本着救济与权益相统一的原则，只要受保护权益存在侵害，就可引致以损害赔偿为主要形式的民事责任救济。同样，基于对受保护权益的保护，即便不存在权益致害行为，只要权益有遭受被侵害的危险，民事责任也可以作为预防的手段提前介入对民事权益的保护中。此外，若个人的受保护权益因其他原因而发生不当变动，返还责任亦可以确保个人对受保护权益的正当享有。如前所述，因果关系是所有责任的共同要件，无论是权益侵害行为，还是权益有遭受侵害的危险或者权益的不当变动，其均需与受保护权益之间存在最低事实构成层面的因果关系。

就“民事责任”的指称而言，它直接指向的是被告；原告要求被告承担民事责任，也就是主张法律所承认的原告对被告的救济权利。从这个意义上讲，“责任”与“救济”只是观察角度不同而已。在功能性民事责任的建构思路下，“责任”的目标已经确定，而接下来需要解决的问题是原告为何享有该项救济。正如彼得·凯恩所言，整个侵权法的救济措施都被视为“受害人的受保护利益和侵权行为人受制裁行为之间的紧张关系的体现，同时又是法律在二者之间所达成的复杂平衡”[①]。这同样适用于对民事责任法的分析。确定受保护利益与受制裁行为之间的关系，并据此选择适用不同的功能性民事责任，就是本节尝试在民事责任构成要件上进行统一的基本内容。

民事责任具有保护公民、法人民事权利不受侵犯的作用，通过迫使违反义务的民事主体负担一定的法律后果，确保被侵害的权利得到恢复，并警示民事主体不能从违反义务的行为中获得利益，具有补偿、惩罚和预防功能。[②] 不同债因所引致的责任效果往往并不统一，甚至存在明显的矛盾，功能性民事责任则致力于消除不当的请求权竞合效果，在结果上确保权益救济目标的充分实现。《民法典》第 176 条虽具有统合各种不同类型民事责任的一般规范功能，但仅仅依据基本的归责事实和受保护利益的类型，并不能实现责任效果的统一，也不具有可操作性。因而，统一民事责任构成要件的可

① ［澳］彼得·凯恩．侵权法解剖．汪志刚，译．北京：北京大学出版社，2010：138.

② 潘劲松．论民事责任对民事权利的保障．法学杂志，2004（2）：58.

行方式是：在确立基本责任规范的基础上，依民事责任的功能类型对不同民事责任作中间层次要件的统一，以实现“相同责任—相似效果”的实质正义要求。

一、受保护权益的确认

（一）受保护权益的种类

有权利就有救济，所有民事权利均受法律保护，权利为权利人提供意思决定的空间，满足权利人的利益需求[①]，责任为这种自由提供保障。民事责任是一种权益保障机制，主要（并非全部）因权益受到侵害而产生。作为民事责任哲学基础的矫正正义的两极结构，就代表了一种权利和义务相关的制度，亚里士多德笔下的平等失调（disturbance of equality），便是由于被告对原告权利的不当侵犯。[②] 但除此之外，在权益遭受侵害之虞或者发生不当的权益变动时，民事责任亦可介入，以维护当事人受保护权益的完整性和可支配性。

以受保护权益为责任机制的触发点，任何侵害受保护利益的行为均有可能成为责任规制的对象，进而导致民事责任的产生。从这个意义讲，侵权责任法就具有一般责任法的规范属性。不过，若考虑到非侵害行为，这种分析可能就会有疏漏。因为，一方面，法律允许受害人在权益受侵害前寻求预防性救济，这导致防御性责任的产生；另一方面，返还责任的产生不以侵害行为为必要要件，权益侵害型不当得利只是返还法的一个分支。故而，责任法的内容就远比“侵权责任法”要丰富得多。此时无论是期待利益、信赖利益还是返还利益，均有可能成立相应的民事责任。

就受保护权益的种类而言，因标准不同而有不同的分类。从价值位阶及受保护程度来看，受保护权益既包括权利，也包括利益。就权益内容而看，

---

① Hans Brox，Wolf-Dietrich Walker，*Allgemeiner Teil des BGB*，39. Aufl.，München：Verlag Franz Vahlen，2015，S. 268.

② Ernest J. Weinrib，*The Idea of Private Law*，Oxford University Press，2012，p. 58.

它既包括财产权益，也包括人身权益。我国原《侵权责任法》第 2 条（《民法典》侵权责任编已删去该条）列举了 18 种受保护的民事权益种类，就其内容来看，其保护客体主要为绝对权，其他未被法律确定为权利但有予以保护之必要的利益，则涵盖在具有兜底性、开放性的“等人身、财产权益”之中。

被具体列举的各项权利是已经得到确认和类型化的受保护权益。但是，并非所有的受保护权利都受同等程度的保护，要件的统一并不排斥在法律救济时针对具体权利类型作区别对待，具体做法就是基于不同受保护权益的内在特性差异而作“区分保护”[①]。如生命权、健康权与所有权或支配性物权受最全面的最高程度的保护，名誉权、肖像权等则受广泛保护，纯粹经济利益仅在限定条件下受有限保护。《民法典》第 994 条规定的死者人格上的利益、第 1183 条规定的具有人身意义的特定物等，均属于民事权益的保护范畴。一些学者也指出，在对被遗忘权[②]、荣誉权[③]等权益进行救济时，违法性程度、过错要件等往往对其发挥重要作用。

除绝对权外，因合同创设的利益亦属于民法责任保护的对象。相比于固有利益，合同责任主要保护的是履行利益。从权利的效力来看，债权作为相对权，属于仅能对特定人主张的权利。[④] 萨维尼从对人之诉（*in personam actio*）与对物之诉（*in rem actio*）的区分出发，认为绝对权与相对权的区分主要在于，权利的相对人是不特定的还是特定的。[⑤] 在绝对权与相对权的划分基础上，最终形成了民法理论上物权与债权的二分体系。因特定债权人得向特定债务人请求给付，该属性被称为相对性[⑥]，该相对性也是债权的主要特征。与之不同，绝对权具有对世效力，可以对抗不特定的人。例如，物权

① 张家勇．权益保护与规范指引．四川大学学报（哲学社会科学版），2017（1）.

② 蔡培如．被遗忘权制度的反思与再建构．清华法学，2019（5）.

③ 满洪杰．荣誉权：一个巴别塔式的谬误?：“Right to Honor”的比较法考察．法律科学，2012（4）．满洪杰．荣誉权作为独立人格利益之质疑：基于案例的实证分析．法商研究，2012（5）．赞成观点，参见王歌雅．荣誉权的价值阐释与规制思考．环球法律评论，2013（3）。

④ 梁慧星．民法总论．北京：法律出版社，2017：75.

⑤ Friedrich Carl von Savigny，*System des heutigen römischen Rechts*，Berlin：Erster Band，1840，S. 373.

⑥ 王泽鉴．民法学说与判例研究：第 4 册．北京：北京大学出版社，2009：76.

具有绝对性，该绝对效力就体现为物权的优先权利与追及权利[①]，故债权区别于绝对权的地方在于：其客体不是诸如人身、财物、名誉之类的标的，而是债务人应为或不为之一定行为（给付），它调整的是人与人之间的法律关系。对债权可因发生原因的不同而作不同的分类，合同债权是其中重要的一种。作为相对权，合同债权包含的是一种建立在有效合同之上的期待利益，即当合同被履行时当事人可以获得的利益。当相关利益受损时，当事人便可获得基于合同的责任救济。合同责任救济的利益范围比较宽泛，除期待利益外，还包括信赖利益。信赖利益损失主要指当事人因信赖法律行为的有效性而遭受的损害，它既包括积极损害，如因履行而支出的订约费、履约费用（所受损害），也包括消极损害，如放弃的机会等。[②] 对于合同而言，虽然信赖和期待密切联系，但将对期待利益的保护建立在信赖保护之上，并不比意志理论对允诺本身的强调更有说服力。[③] 所以，富勒（Fuller）提出信赖利益，不是要将整个合同损害赔偿的基础建立在信赖之上，而是将这种先前未受充分关注的信赖利益予以明确的肯定。[④] 应注意的是，合同具有创设权益功能，违约责任即是对侵害合同创设权益的救济。这导致违约赔偿原则上以创设的期待利益为赔偿标准，在期待利益无法证明、难以计算等情形时才适用信赖利益的赔偿。[⑤]

只要权益受法律保护，对该权益的侵害就都构成致害行为，无论该权益为权利抑或利益。有观点认为，合同与侵权存在保护客体上的区分：违约责任

---

① ［葡］安图内斯·瓦雷拉．债法总论：第1卷．唐晓晴，译．北京：社会科学文献出版社，2020：105.

② 韩世远．合同法总论．北京：法律出版社，2018：784. 王泽鉴．损害赔偿．北京：北京大学出版社，2017：77.

③ Michael Kelly, The phantom reliance interest in contract damages, *Wisconsin Law Review*, 1992, p. 1762.

④ Todd D. Rakoff, Fuller and Perdue's The Reliance Interest as a work of legal scholarship, *Wisconsin Law Review*, 1991, p. 215；国内学者的介绍参见于韫珩．违约责任中的信赖利益赔偿．环球法律评论，2015（3）：37。

⑤ 王利明．违约中的信赖利益赔偿．法律科学，2019（6）：123－129. 于韫珩．违约责任中的信赖利益赔偿．环球法律评论，2015（3）：37.

所保护的是基于合同而产生的利益（履行利益或给付利益）；侵权责任保护的是法律所承认的基于社会生活关系所享有的权利。[①] 主张违约责任保护履行利益的观点没有问题，但认为侵权责任保护的客体只能是权利却存在问题。违约责任保护的客体是基于合同产生的利益，该利益本身就包含在债权之中，乃债权实现后的当然结果，所以，也可以说违约责任保护的客体是债权；侵权责任法不仅保护权利，也保护相应的利益。就权利的本质而言，“利益说”认为权利的本质是法律所保护的利益，凡依法律归属于个人生活之利益（精神的或物质的）即为权利。[②] 权利与利益的区分，并不是决定是否救济的适当基础。

因而，对利益的侵害同样能够构成应当担责的致害行为。关于第三人侵害他人债权能否构成侵权行为，或者说，债权能否成为侵权法保护的客体，理论上一直存在争议。德国通说认为，债权不属于《德国民法典》第 823 条第 1 款所称“其他权利”，但仍属第 826 条悖俗侵权的保护对象。[③] 我国学者则认为，侵害他人债权的侵权行为不以故意悖俗为必要，过失情形亦可成立。[④] 这表明债权也可以是侵权行为的保护对象。首先，反对将债权纳入侵权法保护范围的理由是，从债权的性质上看，债权不具有社会公开性。[⑤] 债权的相对性特点也导致有些合同关系难以为外界知晓，动辄让不知情的第三人承担侵害债权的责任，特别是在过失侵害他人债权的场合，更难以保障个人行为自由。例如，甲故意伤害将要赴约的艺人乙，导致其无法履行与丙公司约定的演出合同，这不仅侵害了丙公司的债权，而且也侵害了观众购买门票观看演出的债权。这样追索下去，会使权益损害的范围无边无际。为防止该情形出现，应在构成要件上严格限制第三人侵害债权的适用，如要求第三人需主观上明知债权的存在而故意加以侵害，避免导致侵权人的赔偿范围被

---

① 陈忠五．论契约责任与侵权责任的保护客体：“权利”与“利益”区别正当性的再反省．台大法律评论，2007（3）：63.

② 郑玉波．民法总则．北京：中国政法大学出版社，2003：61.

③ Medicus/Petersen，Bürgerliches Recht，Vahlen，2019，S. 314，Rn. 610.

④ 王泽鉴．民法学说与判例研究：第 5 册．北京：北京大学出版社，2009：137.

⑤ Vgl. Fritz Fabricius，*Zur Dogmatik des„ hsonstigen Rechts“* gemäβ §823 Abs. I BGB，AcP 160，1961，S. 284ff.

无限放大。第二个反对观点是，从社会效果上看，宽泛地引入第三人侵害债权，将有害于正常的经济活动和市场竞争机制。从交易机制来看，一个交易的成功往往意味着对另一个交易的挫败，若将这种造成他们交易失败的其他交易行为都评价为侵权行为，必然妨碍正常的市场交易和竞争秩序。例如，就常见的"一物二卖"（"双重买卖"）现象来说，甲明知乙已经将商品卖给丙，却以更高的价格抢购，并先于丙支付价款而取得所有权，由于丙取得的仅是一项交付请求权，基于价高者得的市场规则，甲无须对丙承担损害赔偿责任①，否则，若甲因此需要对丙承担侵权责任，这将有违债权平等原则，也不利于资源的合理配置，妨碍自由竞争，且阻遏可能对整个社会更有效益的交易活动。因此，即便承认第三人侵害债权的存在，也需要考察行为人的主观状态以及债权行为的具体样态，不能一概认定。

（二）受保护权益与功能性民事责任的对应关系

功能性民事责任的目的在于对受保护权益进行救济，不过，其特殊性在于，救济方式与救济后果形成对应。从行为是否不法（wrong）的角度出发，只要侵害受保护权益的行为违反了相应的义务，权利人就能够获得补偿性责任的救济；若行为并无不法性，而只是发生权益归属的不当变动，则返还性责任就可以介入。② 同时，鉴于防御性责任的功能在于使受保护权益免遭侵害，预防/防止的功能定位可使民事救济提前介入，从而保护静态的人身或财产权益。因而，从后果来看，防御性责任的目的在于，保护静态的利益归属和避免可能的侵害，使原告的权益价值不会或不再减损；返还性责任的目的在于，矫正不正当的权益变动，使本属原告的利益重归原告的支配范围；补偿性责任的目的在于，填平原告业已遭受的权益损害，使原告恢复到若未遭受致害行为时的应有状态；惩罚性责任除考虑受保护权益外，更将加害人应受谴责的

① 当然，本案例中的商品为一般动产，若商品属于采登记对抗的特殊动产或其他物权，在丙已经登记的情况下，结论会有所不同。具体参见［日］吉村良一．日本侵权行为法：第4版．张挺，译．北京：中国人民大学出版社，2013：37-40。

② Peter Birks, Rights, Wrongs and Remedies, *Oxford Journal of Legal Studies*, Vol. 20, No. 1, 2000, pp. 1-37.

行为纳入责任成立的考量范围，它是对补偿性责任的强化。自此，这四种主要的救济机制致使原告的受保护权益得到全方位的立体保护。

首先，就防御性责任而言，其功能在于预防，救济目标指向未来。因而，其不问损害是否已经发生，停止侵害、排除妨碍、消除危险的责任类型均在于使权利人的状态继续保持圆满，在受保护利益遭受危险或有受侵害之虞时进行救济。相反，就侵害所造成的实际损害进行填补，则属于补偿性责任的规制范围。

其次，就返还性责任而言，其目的在于取回本属于原告的权利或利益。返还责任的权利根基在于拟予保护的原权利。其基本构造方式更倾向"义务—责任"或"权利—责任"结构。这种权利根基既可能来自不当得利所生之债权，也可能来自物权。因而，返还性责任的表现形式主要是原物返还或价值返还。在返还效果上，原物返还与价值返还存在区别：原物返还具有物权基础（"物权取回权"），而价值返还在原则上仅具有债权效果（"返还性赔偿"）[①]，因此，返还性责任的实质考量因素在于，为充分维护权利人的利益，在原物返还与价值返还之间进行妥当权衡。

最后，就补偿性责任而言，其目的在于弥补不法行为所导致的损失。若以损害填补为目标，补偿性责任可对一切致害行为造成的损害进行救济，与此相关的利益可称为补偿利益。此补偿利益并非对原权利的享有，而是因不法侵害行为所引发的次级救济权利。以受保护权益为责任机制的触发点，任何侵害受保护利益的行为均有可能成为责任规制的对象，进而导致民事责任的产生。秉持权益创设、权益救济的区分思想，在权益救济阶段，违约责任实为另一种形式的"侵权"责任。从这个意义讲，作为权益救济的侵权责任法，就具有一般责任法的规范属性，无论侵害的是固有利益，还是期待利益，其均可成立补偿性责任。因此，补偿性责任就处于民事责任的核心位置。

---

① 涉及金钱的不当得利返还，性质较为复杂。原则上，除非金钱可予特定化，否则，其应属价值返还范畴。但是，关于如何理解金钱特定化问题，可能存在不同认识，比如向他人账户中转入资金，是否总是依债权性不当得利要求返还，实值讨论。朱晓喆．存款货币的权利归属于返还请求权：反思民法上货币"占有即所有"法则的司法运用．法学研究，2018（2）．

需说明的是，惩罚性责任作为私法中的非常态责任类型，在功能性民事责任的分类下也需特别关注。惩罚性责任的功能主要在于对恶劣的加害行为予以惩罚，兼而达到补偿受害人损失的目的。由于惩罚性责任往往要求责任人支付超出受害人实际损失的赔偿数额，这导致民事责任被告所得与原告所失需具有相关性的一般性结构被打破。事实上，成立惩罚性责任的加害行为均为补偿性责任的规制对象，只不过惩罚性责任除具有权益救济的目标外，更强调对加害行为的惩罚。因此，作为私法民事责任之例外，惩罚性责任的构成要件可在参照补偿性责任构成的基础上，同时加入特别考量要素。至此，惩罚性责任虽然也以受保护权益类型为责任立基点，但二者之间的联系取决于立法者是否通过超额赔偿的法定方式对该受保护权益进行强化保护。

整体而言，受保护利益因所采分类标准不同而可以有不同类型区分。富勒曾将合同损害中的利益分为返还利益、信赖利益与期待利益。[①] 物质性利益与非物质性利益的划分也有助于揭示权益的本质。物债二分体系更为权利的类型化提供了基础。无论如何，没有对受保护民事权益的侵害、妨碍，就没有民事法意义上的可规制行为（只可能存在会被施加行政或刑事制裁的行为），也没有必要引入民事责任。受保护权益构成了民事责任制度的基础，“正态面下之权利（或法益），乃原权利（或原法益），反态面下之权利，乃救济权”[②]。

二、防御性责任构成要件的统一

民事责任除对受保护权益进行救济外，还在受保护权益遭受损害或有遭受侵害的危险时予以介入，以避免损害发生或扩大。

（一）比较法视野下的防御性责任

防御性责任最早可追溯到罗马法中的所有权保护制度。据学者考察，罗马法中的所有权保护方式包括拟制诉讼、预防或制裁侵害所有权的诉讼和令

① ［美］L. 富勒，小威廉 R. 帕杜. 合同损害赔偿中的信赖利益. 韩世远，译. 北京：中国法制出版社，2004：5－6.

② 曾世雄. 损害赔偿法原理. 北京：中国政法大学出版社，2001：1.

状，或对行为人处以罚金或责令赔偿损失等，在这所有的保护措施中，最常见的措施有三种，分别为物件返还诉（vei vindicatio）、所有权保全诉（actio negatoria）以及普布利西亚那诉（actio publiciana），其中的所有权保全诉又被称之为禁止妨害或排除侵害诉。[①] 所有权保全诉主要在他人对不动产主张役权时采用，随后被扩张到物权。除此之外，在罗马法中还有一种“谨防损害发生之诉”（cautio damni infecti），即允许潜在的受害人对尚未现实化的损害采取预防措施。[②] 以所有权保全诉为原型，大陆法系、普通法系就此发展出了两套名称不同，但功能相似的防御性制度。德国法从所有权保全诉中发展出来了物权请求权，早先的物权请求权主要适用于以所有权为主的绝对权，其立基的理念是所有权的自由保护，随着判例的发展，防御性责任才逐渐向知识产权与人格权拓展。《德国民法典》第 12 条、第 862 条和第 1004 条就物权与人格权方面规定了权利人针对妨害和侵害的防御性措施，民事单行法中（主要是知识产权方面的法律）则扩展了防御型民事责任的适用情形。[③] 在前述法律规定的基础上，侵权法上的排除妨碍请求权和不作为请求权在司法实践中被发展出来。通说认为，当《德国民法典》第 823 条所保护的绝对权利、权益或者在其他法律上受保护的利益被侵害或者有受侵害之虞时，被侵害人得当然提起侵权法上的防御之诉。[④] 可以说，物权请求权是《德国民法典》首创的制度，受此影响，荷兰、瑞士、奥地利与法国也都明确或事实上适用了该制度。[⑤]

---

① 周枏．罗马法原论：上册．北京：商务印书馆，2014：385－403.

② H. Stoll，Consequences of Liability? Remedies，in *International encyclopedia of Comparative Law*，Volume Ⅸ，Chapter 8，Martinus Nijhoff Publishers，1983，p. 150.

③ 德国自 19 世纪开始在知识产权逐步承认防御性请求权，现阶段的单行法有《德国商法典》第 37 条第 2 款，《德国商标法》第 14 条第 5 款、第 15 条第 4 款，《德国实用新型法》第 24 条第 1 款，《德国模型著作权法》第 139 条第 1 款，《德国专利法》第 97 条第 1 款，《德国著作权法》第 97 条第 1 款等。相关介绍参见叶名怡．论侵权预防责任对传统侵权法的挑战．法律科学（西北政法大学学报），2013（2）：122。

④ Siehe Hohloch，Die negatorischen Ansprüche und ihre Beziehungen zum Schadensersatzrecht，1975，S. 49.

⑤ Eduard Picker，Der „hdingliche“ Anspruch，in Helmut Koziol，Peter Rummel（Hrsg.），FS für Bydlinski zum 70，Geburtstag，Springer，2002，S. 270.

与之不同，英美法主要通过禁令（injunction）制度替代德国法下的物权请求权，作为对侵权和违约的衡平法救济手段，禁令同样可被拓展于其他权利保护情形。[①] 在英美法中，无论是以强制性禁令强制被告履行某些特定行为，还是以禁止性禁令禁止被告从事某些特定行为，其救济的目标均在于防止侵害继续存在，阻止将要发生或再次发生的危险。[②] 按照扎克泽夫斯基的分类方法，强制性禁令和禁止性禁令救济属于法院对权利人原生权利的复制（Replicating Primary Rights）。[③] 作为衡平法的重要救济措施，在适用领域上，禁令可以阻止被告侵扰原告，终止反复的非法入侵（trespass）以及终止构成滋扰的行为（nuisance）。此外，禁令还可适用于对原告经济性机会的侵扰，阻止对商标权的侵害和合同的履行。[④] 不过，需注意的是，禁令救济并非一概会被法院准许，它是由法院酌情决定的救济措施，不能仅仅因为已经或者将要发生侵权行为，权利人就当然享有该种救济[⑤]，特别是，因为强制性禁令施加了积极义务，通常在效果上也比禁止性禁令更加严厉，故作出该种判决的裁判权应被"有节制且谨慎地行使"[⑥]。可见，英美法的禁令救济实际上发挥着防御性责任的功能，但该种禁令由法院以令状的形式颁发，何时启动该项救济措施具有较大不确定性，在适用范围、受保护权益种类上都存在着较大的自由裁量空间。

需注意的是，法国侵权法中的防御性责任也主要源自司法判例的发展。[⑦]

---

① Andrew Burrows, *Remedies for Torts and Breach of Contract*, 3rd edn., Oxford University Press, 2004, p. 510.

② Ken Oliphant, Basic Questions of Tort Law from the Perspective of England and the Commonwealth, in Helmut Koziol (eds.), *Basic Questions of Tort Law from a Comparative Perspective*, Jan Sramek Verlag, 2015, pp. 372－373.

③ Rafal Zakrzewski, *Remedies Reclassified*, Oxford University Press, 2009, pp. 121－133.

④ Dan B. Dobbs, Caprice Roberts, *Law of Remedies: Damages, Equity, Restitution*, West Academic Publishing, 2018, p. 50.

⑤ Armstrong v. Sheppard & Short Ltd. [1959] 2 QB 384, 396 per Lord Evershed MR.

⑥ Ken Oliphant, Basic Questions of Tort Law from the Perspective of England and the Commonwealth, in Helmut Koziol (eds), *Basic Questions of Tort Law from a Comparative Perspective*, Jan Sramek Verlag, 2015, no 5/41.

⑦ 叶名怡．论侵权预防责任对传统侵权法的挑战．法律科学（西北政法大学学报），2013（2）：122.

事实上对防御性责任，法国法通常以预防性强制令的方式对遭受物质损害或非物质损害的当事人进行程序性救济[①]，其救济范围通常涉及知识产权、姓名权、肖像权及隐私权等，与德国法不同的是，该救济并未形成物权法上的防御请求权。[②] 依法国最新《民事责任改革法建议草案》第 1268 条的规定，无须对所受的任何损害进行赔偿，法院可以通过规定合理的措施来防止损害或制止原告遭受的非法干扰。该规定再次将预防性救济措施纳入“民事责任法”之中，从而确立了包括防御、补偿等多重功能的民事责任体系。

（二）预防功能对防御性责任构成要件的影响

通常认为，侵权责任是指侵权人因实施侵害或损害他人民事权益的行为而应承担的法律后果[③]，故损害是民事责任必需的构成要件，损害赔偿责任由此构成民事责任的核心内容。[④] 不过，民事责任救济的是业已发生的损害后果，主要是针对损害赔偿责任而言。当受保护的权益遭受侵害或者遭受现实威胁时，除损害赔偿责任外，法律还提供了一系列完全不同的救济方式[⑤]，这其中就包括防御性责任。随着权益保护理念的更新和发展，更普遍的观点是，使他人遭受人身损害风险或者降低其避免遭受不利人身损害后果的机会本身，也属于应予赔偿的损害的一种。[⑥] 这种解释方案通过扩展“损害”概念的方式，将预防性措施纳入了民事责任法的调整范围，但究其根源，则在于民事责任法的预防性功能。如果侵权行为尚未给侵权人造成损害，而只是造成了权利行使的妨碍或引发损害的危险，被侵权人应被赋予防止该损害或侵害发生的救济措施。从本质上看，预防功能也是对权利人权益状态的维护，作为预防功能之体现的防御性责任只不过提供了一种“事先

---

① 具体法条见《法国民事诉讼法》第 808 条、第 809 条。[奥] 海尔穆特·库奇奥．侵权责任法基本问题：第 2 卷·比较法的视角．张家勇，等译．北京：北京大学出版社，2020：9.

② 有学者认为很大的原因是在《法国民法典》颁行之时，在学理上所有权保护之学说尚未勃兴。王洪亮．论侵权法中的防御请求权．北方法学，2010（1）：50.

③ 王利明．侵权责任法研究：上卷．2 版．北京：中国人民大学出版社，2016：19.

④ 王利明．侵权行为法研究：上卷．北京：中国人民大学出版社，2004：349.

⑤ [奥] 海尔穆特·库奇奥．侵权责任法基本问题：第 1 卷·德语国家视角．朱岩，译．北京：北京大学出版社，2017：18.

⑥ [美] 戴维·G. 欧文．侵权法的哲学基础．张金海，等译．北京：北京大学出版社，2016：332.

的”保护方式[1]，它在本质上与补偿性责任一样，是实现社会控制的方式，为人们提供权利保护机制。[2] 虽然预防功能经常被认为是相比于赔偿功能的“次要功能”[3]，但相比于亡羊补牢，防患于未然从经济成本和社会效益的角度来看显然更胜一筹。因为，法律仅赋予公民赔偿请求权而不使其有机会制止即将发生的损害，往往是不可以接受的，而一个国家若不授予法院在“损害尚未发生期间”基于当事人的申请而提供法律保护措施的职权，就没有尽到法律保护的义务。[4]

防御性责任的目的在于取消、减轻对受保护权益的侵害或损害危险，或者移除受保护权益的妨害源。其功能在于预防侵权行为，避免权益遭受损害、侵扰或防止侵害的进一步扩大，具体表现形式为停止侵害、排除妨碍和消除危险。防御性责任不以损害的实际存在为必要条件，即便在停止侵害中，其关注点也在于对正在发生或可能发生的侵害行为予以停止或请求行为人不作为（Unterlassungsansprüche），因侵害导致的终局性损害填补则属于损害赔偿法的任务。[5] 防御性责任的称呼亦显示了其“消极”一面，这是完全的所有权自由的社会意义的体现，后者旨在通过禁令，排除所有其他“法律主体”对所有权客体的侵犯。[6] 鉴于这种消极特性，不作为请求权、妨碍排除请求权很大程度上都被视为侵权法之外的程序法救济措施，从而有时在侵权法中涉及较少。[7] 因此，防御性责任的目标就在于以一种事前控制的手段防止侵害、妨碍与危险的继续发生。

---

① 程啸．侵权责任法．3 版．北京：法律出版社，2021：745.

② ［奥］海尔穆特·库奇奥．侵权责任法基本问题：第 2 卷·比较法的视角．张家勇，等译．北京：北京大学出版社，2020：346.

③ Larenz，*Lehrbuch des Schuldrechts Bd. 1 Allgemeiner Teil*，14. Aufl.，München：Beck，1987，S. 423.

④ ［德］克里斯蒂安·冯·巴尔．欧洲比较侵权行为法：下卷．焦美华，译．北京：法律出版社，2004：159.

⑤ 孙宪忠．德国当代物权法．北京：法律出版社，1997：97.

⑥ ［德］罗尔夫·克尼佩尔．法律与历史：论《德国民法典》的形成与变迁．朱岩，译．北京：法律出版社，2003：251.

⑦ 例如，在法国，不作为请求权和妨碍排除请求权均以法院审理的简易程序作出，属诉讼法的问题。Oliver Moréteau，Basic Questions of Tort Law from a French Perspective，in Helmut Koziol (eds.)，*Basic Questions of Tort Law from a Comparative Perspective*，Jan Sramek Verlag，2015，Rn. 1/26，1/32.

为此，防御性责任同补偿性责任具有明显的不同之处。因防御性责任的目的在于预防未来所发生的致害风险或者避免损害的进一步扩大，致害行为有时候都不在其关注范围之内，隶属于“有责性”判断的过错要件当然就更无必要在防御性责任的构成要件中被考虑，这在理论上已经成为共识。具体来看：停止侵害意在停止正在发生的致害行为，它以不作为的形式要求责任人承担该项责任，至于侵害行为本身是否可归责于侵害人，在所不问；排除妨碍针对的是现存的妨碍，它既可针对引致妨碍的不当行为，也可针对妨碍状态的不当维持；消除危险则针对的是未来遭致损害的危险状态[①]，它们是以作为的形式排除、消除权利人可能遭受权益致害的妨碍、危险，同样不需要致害行为的存在。因而，从后果来看，防御性责任的构成要件存在着一定的简化和异化：简化体现在不考虑或没有必要考虑被告的过错、致害行为；异化则体现为致害后果并不要求为损害，只需存在侵害、妨碍和侵害状态的持续即可，而因果关系则转化为一种面向未来的前瞻性因果关系。[②]

可以看出，防御性责任对权益保护的提前介入，导致致害行为并非责任的必要构成要件。“预防”之目的也说明该类责任针对的不是对既有损失的填补，而是一种面向未来的事前防控。不过，因排除妨碍在于使受干扰的权益恢复圆满状态，这在效果上同恢复原状的责任效果相同，有学者认为其应隶属于损害赔偿责任。[③] 应当看到，不应过度泛化恢复原状的范围，否则，这将使所有的责任类型都能归入到恢复原状的范围之内。作为防御性责任的排除妨碍与作为补偿性责任的恢复原状，在责任构成要件上并不相同，就前者而言，只需存在现实的受保护权益遭受侵害或受保护权益有遭受侵害之危险，防御性责任就可以介入。

（三）防御性责任的适用条件

由上可以看出，防御性责任的核心构成要件是受法律保护的权益遭到侵

① Baur/Stürner，*Sachenrecht*，18. Aufl.，2009，§12 Rn. 2.

② 叶名怡．论侵权预防责任对传统侵权法的挑战．法律科学，2013（2）.

③ 王泽鉴．损害赔偿．北京：北京大学出版社，2017：18.

害或有遭受侵害的现实危险。如何界定受保护权益的范围以及如何评价权益遭受侵害和侵害危险状态之事实的违法性，是适用防御性责任的关键。由于防御性责任不以损害为必要要件，过度施加防御性责任在很大程度上会对行为自由造成冲击，因而，如何在受保护利益的提前保护和被防御人的行为自由之间进行权衡，是引入一般性防御性责任的核心考虑因素。

就保护范围来看，防御性责任最开始源于以所有权为代表的绝对权保护。例如，我国原《物权法》第35条（《民法典》第236条）明确规定了对妨害物权或者可能妨害物权的行为或状态，权利人可以请求排除妨碍或者消除危险。事实上，在保护以所有权为代表的绝对权的过程中，不需要行为具有过错。例如，在停止侵害的责任形式中，“行为人的行为只是在最为抽象的层面上具有可责难性，但其程度非常轻微，换言之，事实构成该当性就足以引发不作为请求权”[①]。这种严格保护的救济方式对人格权的保护同样适用。只不过危及人格权行为的违法性有时是被推定的，并被宽泛地加以理解。也即，它是对法律规定或“社会生活原则”的一种违反。[②] 除此之外，防御性责任还可能被用于著作权保护、专利权保护、反不正当竞争法或消费者保护法等特别法领域。

因受保护权益的类型不同，另外一种可行的方法是通过违法性程度对防御性责任进行限制。在防御性责任中，虽然它不以行为人有过错为必要，但侵害、妨碍与危险的存在是否需满足违法性要件，理论界一直存有争议。[③] 少数观点认为，“妨碍须为违法”[④]；但大多数观点倾向认为，“只要出现不

---

① Helmut Koziol, *Grundfragen des Schadenersatzrechts*, Jan Sramek Verlag, 2010, SS. 27－28.

② Katarzyna Ludwichowska-Redo, Basic Questions of Tort Law from a Polish Perspective, in Helmut Koziol (eds), *Basic Questions of Tort Law from a Comparative Perspective*, Jan Sramek Verlag, 2015, no. 3/17.

③ 就我国的学者，其观点也存在着争议：肯定观点如王洪亮．论侵权法中的防御请求权．北方法学，2010（4）；否定观点如叶名怡．论侵权预防责任对传统侵权法的挑战．法律科学，2013（2）。

④ MünchKomm/Baldus, *BGB* §1004 Rn. 192, 2013. Baur/Stürner, Sachenrecht, 18. Aufl., 2009, §12 Rn. 8, MüKoBGB/Wagner, 8. Aufl., 2020, BGB §823 Rn. 16.

当妨碍他人法益的结果即可”，无须违法性的存在。[①] 这种分歧的核心在于，若权益受法律所保护，那么防御性责任可否扩充于全部的权益类型。

换句话说，受保护权益的位阶能否在违法性判断上发挥作用，是解决上述争议的关键。日本法中同样存在着类似的问题。由于日本民法中并无对妨害排除请求权与妨害防止请求权的明确规定，关于该类请求权的性质产生了权利排他效力说、侵权行为说、不法侵害说以及上述学说相互结合的双重基础说等各种学说，但这些学说并没有真正解释，为何某些权利能够享有该种保护的特权。[②] 妨害排除请求权与妨害防止（预防）请求权一开始只适用于对所有权及其他物权的保护，特别是前者，主要适用对象为不动产所有权的保护。[③] 不过，随着理论的发展，妨害排除请求权与妨害防止请求权也逐渐被适用到对其他基本权利的保护中，这就是目前较为流行的“基本权利保护说”。按照这种学说，国家具有保护基本权利的义务，在基本权利（不仅仅为物权、知识产权或人格权）已经遭受侵害或者有遭受侵害之虞时，法院依宪法有义务对受保护的权利实行此种救济。[④] 按照该观点，防御性责任对不法行为人的权利限制越多，这种限制所需实质理由也就越强；对受害人权利保护的必要性越大，就此所需理由也可能就越多。为此，在防御性责任的适用过程中需考虑以下两种因素[⑤]：一是受保护权益的位阶。不动产所有权和人格权处于被保护程度较高的位置，无论是将占有视为一种权益，还是一种事实，依我国《民法典》第 462 条之规定，占有均受防御性责任的保护，而

---

① Helmut Koziol, *Grundfragen des Schadenersatzrechts*, Jan Sramek Verlag, 2010, SS. 27 - 28. 叶名怡．论侵权预防责任对传统侵权法的挑战．法律科学，2013（2）.

② Keizö Yamamoto, Basic Questions of Tort Law from a Japan Perspective, in Helmut Koziol (eds), *Basic Questions of Tort Law from a Comparative Perspective*, Jan Sramek Verlag, 2015, no. 7/12 - 18.

③ ［日］我妻荣．新订物权法．［日］有泉亨，补订．罗丽，译．北京：中国法制出版社，2008：277 - 279.

④ Keizö Yamamoto, Basic Questions of Tort Law from a Japan Perspective, in Helmut Koziol (eds), *Basic Questions of Tort Law from a Comparative Perspective*, Jan Sramek Verlag, 2015, no. 7/25 - 28.

⑤ Ibid..

对其他人格利益类型，防御性责任的施予就需要满足更为严苛的条件。二是侵害行为的严重性。即便是所有权、人格权遭受侵害，如果侵害行为轻微，就没有必要适用防御性责任；相反，如果是其他权益，仅在侵害是实质性的，且除了妨害排除或妨害防止外，没有其他有效可用的救济措施时，这种救济方式才应得到认可。在防御性责任从所有权向人格权益的扩张适用中可以发现，违法性程度存在层次性要求。

因而，若承认防御性责任的基准功能性民事责任地位，其适用的受保护范围将会不可避免地扩张。传统上认为防御性责任仅适用于绝对权（如物权、人格权以及知识产权）的观点需被改变。只要任何受法律保护的权利或利益在具有遭受侵害或具有受侵害可能之虞，均有适用停止侵害、排除妨碍或消除危险等救济的可能。[①] 由于防御性责任既不以过错作为构成要件，也不以损害填补为救济目标，防御性责任的适用可能会因受保护权益的扩张趋于泛化。也即，若无损害、过错等要件限制责任的适用范围，个人的行为自由会遭到预防功能的侵蚀。为此，绝对权与一般财产利益适用防御性请求权的构成要件可能会存在差异。也即，防御性责任对不法行为人的权利限制越多，对受害人权利保护的必要性越大，这种限制所需实质理由也就越强，因而受保护权益的位阶与侵害行为的严重性均为在认定防御性责任时需考虑的因素。[②]

防御性责任作为对原权利的提前救济，如何在构成要件与法律效果之间保持相称，是适用该类责任时首先需要考量的因素。在防御性责任中，虽然符合构成要件的该当性即可适用该类民事责任，但是，相比于对绝对权、人格权与知识产权的绝对保护，缺乏相应公示性的利益在适用防御性责任时，如请求停止侵害时，需满足更为严格的适用条件[③]，以避免防御性责任对行为自由产生过度冲击。有司法案例表明，在被告故意阻止原告进场施工时，排除妨碍亦可适用于对这种妨碍继续施工的合同利益保护，此时《民法典》

① Vgl. MüKoBGB/Wagner，8. Aufl.，2020，BGB §823 Rn. 18.

② Keizö Yamamoto，Basic Questions of Tort Law from a Japan Perspective，in Helmut Koziol (eds)，*Basic Questions of Tort Law from a Comparative Perspective*，Jan Sramek Verlag，2015，no. 7/25-28.

③ MünchKomm/ Wagner，BGB §823 Rn. 15，2007.

第 179 条第 1 款第 2 项的责任规定作为判决依据被引用。① 可见，防御性责任一方面可作为一般责任被扩张到其他受保护权益领域；另一方面，针对其他受保护权益，在适用防御性责任时可能需满足更为严格的适用要件。

不过，这种动态考量的观念致使在构成要件上统一防御性责任变得困难。作为消极行为的停止侵害与作为积极作为的排除妨碍、消除危险存在着差别，并不能将二者等量齐观。例如，在波兰，有反对者认为，那些在特定领域适用的"限定性的"请求权，并没有形成一贯性的制度，这本身已经挫败了想要重构共同适用于所有这些情形的一般规则的企图。② 至此，统一防御性责任构成要件的意义就在于，在民事责任中贯彻预防性功能，并基于此而提取针对受保护权益将有遭受侵害之虞的抽象责任要素。由于无论是排除妨碍、消除危险，还是停止侵害，均不要求有过错，只需存在侵害行为即可，因此，防御性责任的适用条件可以被抽象概括为：(1) 受法律保护的权利或利益受到侵害或有遭受侵害的现实危险，而且该种状态仍继续存在③；(2) 被请求人是造成侵害或侵害危险的人，或者侵害或侵害危险处于其控制范围内；(3) 抗辩事由：侵害或侵害危险如未超出容忍限度，则被请求人不承担责任。

（四）防御性责任的具体表现

在适用范围上，防御性责任主要存在于侵权领域，在合同领域预防损害发生的解除权、抗辩权等防御性权利并非防御性责任类型。正如有些学者所指出的，防御性责任代表了当代侵权法的最新发展趋势，也对传统侵权法的体系提出了挑战。④ 事实上，防御性责任的目标旨在防止受保护权益遭受侵

---

① "陕西省安康兴达路桥集团有限公司诉黎某俊排除妨碍纠纷案"，陕西省宁陕县人民法院（2018）陕 0923 民初 137 号民事判决书。

② Katarzyna Ludwichowska-Redo, Basic Questions of Tort Law from a Polish Perspective, in Helmut Koziol (eds), *Basic Questions of Tort Law from a Comparative Perspective*, Jan Sramek Verlag, 2015, no. 3/17, 3/22.

③ 这里的"侵害"具有较为广泛的含义，包括狭义的侵害（单纯进入他人权利领域）、妨害或妨碍以及造成妨害或损害之危险等情形。

④ 叶名怡．论侵权预防责任对传统侵权法的挑战．法律科学（西北政法大学学报），2013（2）：121.

害或侵害的危险，避免将要发生的损害，故而，凡属支配性的权利（物权、人格权、知识产权以及环境领域的权利）均有防御性责任的救济需要，对其他非公示性的受保护权益在满足更为严格的要件时也有适用防御性责任的可能。在功能上，合同法上的“实际履行请求权”与物权法上的“不作为请求权”具有相似的效果，其目的都在于使受保护权益依其本来的方式加以实现，仅前者通常是要求责任人实施积极的履行债务的行为，而后者通常是停止积极的加害行为。故而，也可以将违约责任中的“实际履行”视为一种特殊的防御性责任。[①]

1. 传统的防御性责任

防御性责任的目的在于，防止继续发生侵害或消除权益遭受侵害的风险。损害填补并非防御性责任的功能，因而，防御性责任表现出维持现有“静态”利益的特点。防御性责任是基于原权利所享有的救济措施，其意义就在于维护权利人对其所享有权益的完整性。若义务人以作为或不作为的形式危害权利人的利益，当事人就可以请求行使该项救济措施。它与补偿性责任的不同在于对介入时机的控制。不过，前已说明，防御性责任本身存在着作为和不作为责任类型的分化；而且，即便是在积极作为的排除妨碍、消除危险责任中，那种非归因于被告的由自然事件引起的妨碍或危险状态，因被告不存在不法行为，而不负有积极的排除或消除义务。[②] 为此，尝试在构成要件上检讨不同的防御性责任类型，仍具有现实意义。

停止侵害在于以不作为的形式结束权益正在遭受的侵害，其目的在于防止损害后果的扩大，而就侵害所造成的后果，则需借助补偿性责任进行规制。因而，停止侵害的防御性责任可与补偿性责任共用，二者并非排斥关系。例如，在“莱州市金海种业有限公司诉张掖市富凯农业科技有限责任公

---

① 张家勇．合同法与侵权法中间领域调整模式研究：以制度互动的实证分析为中心．北京：北京大学出版社，2016：519.

② Katarzyna Ludwichowska-Redo, Basic Questions of Tort Law from a Polish Perspective, in Helmut Koziol (eds), *Basic Questions of Tort Law from a Comparative Perspective*, Jan Sramek Verlag, 2015, no. 3/17, 3/22.

司侵犯植物新品种权纠纷案”中，被告未经权利人许可，基于商业目的而生产并销售了被授权品种的繁殖材料，进而侵犯了原告的植物新品种权，法院在判决责令停止侵害的同时，也判予损害赔偿责任。①

排除妨碍和消除危险旨在通过积极的作为形式除去权利正在遭受的或可能遭受的妨碍或危险。排除妨碍和消除危险的对象可以是物权请求权、相邻关系或者占有本权，也可扩及其他受保护权益，特别是在现代社会中，排除妨碍责任的引入为频繁的人际接触提供了边界指引，它为人们的安宁生活提供了保障。例如，在“姜某波与荆某噪声污染责任纠纷案”中，原告与被告仅有一墙之隔，被告从事钢制品的装卸及加工，其制造的噪声超出了“一般公众普遍可忍受的程度”，故为维护原告安宁生活的权益，法院判决被告停止侵害、排除妨碍并赔偿精神损失。②

在排除妨碍的责任中，妨碍（害）的产生既可来源于妨碍人的行为，谓之妨碍人的行为妨害；亦可产生于妨碍受保护权益的状态，谓之状态妨害。③ 状态妨害通过妨碍人具有决定性的意思得以持续，其排除也取决于妨碍人的意思。④ 排除妨碍并不要求妨碍人具有过错，只要妨碍来源于妨碍人的行为、意思或者其所拥有的设施时，就可产生排除妨碍的请求权，因此通说认为，排除妨碍是一种纯粹的原因责任（eine reine Kausalhaftung）或结果责任（Erfolgshaftung）。⑤ 就我国司法实践而言，排除妨碍源于妨碍人的行为居多。例如，被告因危害相邻关系，擅自修建铁桩与铁栅栏，最终被法院判决排除妨碍。⑥ 有时候，因当事人在先行为产生了妨碍状态，并故意使

① 指导案例 92 号“莱州市金海种业有限公司诉张掖市富凯农业科技有限责任公司侵犯植物新品种权纠纷案”，甘肃省高级人民法院（2013）甘民三终字第 63 号民事判决书。

② 最高人民法院公布的九起环境资源审判典型案例之七：姜某波与荆某噪声污染责任纠纷案．最高人民法院公报，2014（11）.

③ Staudinger/ Karl-Heinz Gursky，BGB § 1004，Rn. 93－95，2012. Baur/Stürner，Sachenrecht，18. Aufl.，2009，§ 12，Rn. 12－14，S. 142.

④ Staudinger/ Karl-Heinz Gursky，BGB § 1004，Rn. 94，2012.

⑤ Ibid.，Rn. 97.

⑥ “张某梅与李某志等排除妨碍纠纷上诉案”，吉林省通化市中级人民法院（2018）吉 05 民终 403 号民事判决书。

妨碍状态持续存在，在这种情况下，区分行为妨害与状态妨害可能就并无实益。例如，在“陕西省安康兴达路桥集团有限公司诉黎某俊排除妨碍纠纷案”[①] 中，在原告与被告之间的建设施工合同无效后，被告既不复工，也不退场且阻止原告进场施工的做法构成对原告权利的妨碍，法院据此按照《民法典》第 179 条第 1 款第 2 项之规定，要求被告承担排除妨碍的责任。

消除危险针对的是即将发生的损害危险，行为人因而应以积极的行为予以消除。危险的存在应当在可预见范围内，否则，以积极行为改变现有的财产秩序状态就会产生不公。例如，被告院落里的树木是否能够威胁到原告的房屋安全，需以树木的根系及树枝能否对房屋造成可预见的损害为标准，若超出一般的预见范围，则不应施予被告消除危险的责任。[②] 为此，危险应是“现实存在的、虽尚未实际发生但将来必然会发生的妨害，且危险可能造成严重后果”，危险的存在及其与未来可能发生的损害之间的因果关系须由权利人负证明责任。[③]

2. 特殊的防御性责任

继续履行是否属于防御性责任，争议最大。继续履行原属合同效力维持的表现形式，选择继续履行抑或损害赔偿，主要取决于合同标的可否被强制履行。依合同能否继续履行，意大利法将不履行的类型分为“相对不履行”（inadempimento relativo）、“绝对不履行”（inadempimento assoluto）和“不完全履行”（adempimento inesatto）。[④] 在英美法中，“特定履行”（specific performance）属于禁令救济的问题，在违约损害赔偿之外，法官还可通过颁发强制令强制被告履行合同承诺内容。[⑤] 只不过，作为特定履行的强制

---

① 陕西省宁陕县人民法院（2018）陕 0923 民初 137 号民事判决书。

② “张某才与张某顺消除危险纠纷上诉案”，河南省安阳市中级人民法院（2018）豫 05 民终 966 号民事判决书。

③ “陈某 1 等与北京骏洋时代置业有限公司消除危险纠纷上诉案”，北京市第一中级人民法院（2018）京 01 民终 808 号民事判决书；“崔某法等与毕某伦消除危险暨财产损害赔偿纠纷上诉案”，江苏省盐城市中级人民法院（2017）苏 09 民终 4036 号民事判决书。

④ Alessio Zaccaria，*Obligatio est iuris vinculum：lineamenti di diritto delle obbligazione*，G. Giappichelli Editore-Torino，2005，p. 52.

⑤ Dan B. Dobbs，Caprice Roberts，*Law of Remedies：Damages，Equity，Restitution*，West Academic Publishing，2018，pp. 98－99.

令，并不具有优先于损害赔偿的地位。[①]

关于继续履行的类型划分，我国《民法典》合同编区分了金钱债务的继续履行和非金钱债务的继续履行两种情形。金钱债务因不存在无法继续履行的情形，当事人原则上均可主张继续履行。[②] 在实践中，对金钱债务能否请求继续履行，关键在于合同本身是否存在效力瑕疵[③]，或者是否与解除权的行使产生抵触。[④] 依《欧洲合同法原则》（Principles of European Contract Law，PECL）的规定，若债务人本可以不太费力或不太费钱地从事一项合理的替代交易，或者在该具体情事中继续履行不合理[⑤]，则金钱债务的继续履行请求也可能不被允许。

不履行非金钱债务或履行不符合约定的，债权人有权请求继续履行。履行请求权作为合同债权的保护方式，被赋予了重要地位。原则上，非金钱债务只要具有履行可能性，就应当继续履行。[⑥] 但是，对于非金钱债务来说，除须审查合同效力及其与合同解除之间的关系外[⑦]，若债务特性具有不可强制性，则履行请求也可能被否定。《欧洲合同法原则》规定了如下不可强制

---

① Andrew Burrows, *Remedies for Torts and Breach of Contract*, 3rd edn., Oxford University Press, 2004, p. 456.

② 类似的规定也可参见 PICC Article 7.2.1。

③ 例如，在“杨某启诉翁某麟、温某西解除合同行为无效请求判令其继续履行房地产转让合同纠纷案”中，法院已经认定双方当事人签订的合同为有效，不存在无效的情形，那么履行请求权就会基于私法自治被当然赋予。具体参见江苏省高级人民法院（2011）苏民终字第 0025 号民事判决书。

④ 例如，在“陆某芳诉中国人寿保险股份有限公司太仓支公司中断履行保费缴纳通知义务要求继续履行保险合同纠纷案”［江苏省苏州市中级人民法院（2013）苏中商终字第 0067 号民事判决书］中，法院认定，被告保险公司的解除权不成就，原告继续履行原保险合同，得以继续分期缴费，并享有保险利益。

⑤ PECL Article 9.101-Monetary Obligations.

⑥ 例如，在“潘某翠与吴某清等继续履行合同纠纷上诉案”中，上诉人与被上诉人签订了房屋互换协议，当上诉人阻止被上诉人履行合同时，法院认定房屋调换协议有效，应继续履行协议。参见湖北省恩施土家族苗族自治州中级人民法院（2004）恩中民终字第 151 号民事判决书。

⑦ 例如，在“王某南与王某建等继续履行合伙协议纠纷上诉案”［湖北省恩施土家族苗族自治州中级人民法院（2004）恩中民终字第 107 号民事判决书］中，原、被告之间签订的“合伙协议”因损害国家利益而被认定无效，原告的履行请求权被法院拒绝。在“国泰世华商业银行股份有限公司与盈达电子商务软件系统（上海）有限公司合同解除权纠纷上诉案”［上海市第一中级人民法院（2010）沪一中民四（商）终字第 1509 号民事判决书］中，法院认定，原告解除权成就后又要求对方继续履行的，应视为放弃合同解除权。

履行的情形：(1) 履行属不法或者不能；或者 (2) 履行将会导致债务人不合理的努力或花费；或者 (3) 履行属于具有个人特征或取决于个人关系的工作或服务约定；或者 (4) 受害方当事人能够合理地通过其他途径获取的履行。[①] 而《国际商事合同通则》则规定了五种履行请求权被消灭的情形，分别为：履行在法律上或事实上不能；履行或相关的强制执行具有不合理的负担和费用；享有履行请求权的当事人能合理地从他人处获得履行；履行具有排他性的个人特征；自知道或应当知道不履行之日起，有履行请求权之人在合理时间内未要求履行。[②] 为此，针对不能履行的具体情况，我国《民法典》第 580 条第 1 款在借鉴国际条约的基础上，也规定了三种不能请求强制履行的情形。主要包括：(1) 法律上或事实上不能履行；(2) 债务的标的不适于强制履行或履行费用较高；(3) 债权人在合理期限内未要求履行。[③]

从内容上看，因合同具有权益创设功能，依诚信原则履行义务乃属实现履行利益的过程。原则上只要发生不履行，且履行可能，债权人均可主张继续履行，换言之，只有在原则上发生客观不能的情形下，才能免除当事人的给付义务。[④] 继续履行具有防止损害继续发生的效果，它本身属合同约束力的维持表现，其成立或存在不受违约方主观状态或客观违约行为的限制，也不存在归责性的要求[⑤]，故而在责任属性上与防御性责任更加相似。例如，在“新宇公司诉冯某梅商铺买卖合同纠纷案”[⑥] 中，法院认为，“继续履行是令违约方承担责任的首选方式”，“继续履行比采取补救措施、赔偿损失或者支付违约金，更有利于实现合同目的”。在功能上，合同法上的“实际履行请求权”与物权法上的“不作为请求权”具有相似效果，其目的都在于使受保护权益依其本来

① PECL Article 9：102：Non-Monetary Obligations.

② PICC Article 7.2.2.

③ 原《合同法》第 110 条。

④ Alessio Zaccaria，*Obligatio est iuris vinculum*：*lineamenti di diritto delle obbligazione*，G. Giappichelli Editore-Torino，2005，p. 63.

⑤ 朱广新．违约责任归责原则探究．政法论坛，2008 (4)：77－79.

⑥ 新宇公司诉冯某梅商铺买卖合同纠纷案．最高人民法院公报，2006 (6).

的方式加以实现，仅后者的内容通常是要求责任人实施积极的行为而已。[①] 在英美法上，“特定履行”作为一种强制性救济，实为法官对原权利、义务的复制，从而与作为义务违反的补偿性责任不同。[②] 故此，也可以将违约责任中的“实际履行”视为一种“特殊的防御性责任”。

3. 小结

相比一般侵权责任的复杂构成要件，防御性责任只需要在受法律保护的权利或利益受到侵害或有遭受侵害的现实危险，且该种状态仍继续存在之时，即可成立。作为避免他人干涉自己权益的民事权益救济机制，只要满足最低限度的事实构成，相应的权益保护机制即可被触发。准此，我国《民法典》中的“继续履行”亦属于对合同设立履行利益的维护，鉴于其与损害赔偿责任的差异，其在本质上更倾向是一种维护受保护利益圆满状态的特殊防御性责任。因而在责任承担形式上，防御性责任包括停止侵害、排除妨碍、消除危险与继续履行。

三、返还性责任构成要件的统一

返还性责任的目的在于矫正不当利益的转移，只要是确定属于原告的权益[③]，均可通过返还责任的形式进行救济。事实上，返还性责任曾经被当作侵权责任的一种类型，因为侵权法应当被宽泛地看作是对几乎所有侵害行为的适当回应，包含不正当获利的返还。[④] 从英美返还法的发展来看，返还法的内容一开始并非私法中独立的板块。1893 年，返还法的部分，即作为准合同的部分内容，被肯纳（Kenner）发现并描述。随后，1937 年《美国返还法第一次重述》不过是把两个不同的法律板块，主要是准合同（quasi-contract）和拟制信托（constructive trust）的一些原则，串联（patched）在一起，并赋予其一个名称，其目的在于揭示两种实体法的原则在边界划分

① ［德］冯·巴尔．欧洲比较侵权行为法：下卷．焦美华，译．北京．法律出版社，2005：159.

② Rafal Zakrzewski, *Remedies Reclassified*, Oxford University Press, 2009, p. 10.

③ 是否确定为属于原告的权益并非确定所有权的归属效果，例如，因租赁合同而向第三人主张返还时，确定了租赁物的占有、使用权能应归属于承租人，并不能确认租赁物归承租人所有。

④ ［英］皮特·博克斯．不当得利．刘桥，译．北京：清华大学出版社，2012：19.

上日趋模糊的现象，但是，这种处理结果并不被人们充分理解与接受。[①] 直到1978年，乔治·帕尔默（George Palmer）才在《返还法》（*Law of Restitution*）专著中赋予返还法一个综合的、内在统一的解释。[②] 与之相比，德国的不当得利法基于维尔伯格中关于给付型和非给付型的类型建构开始高度教义化。[③] 从请求权检讨的顺序中可以看出，不当得利请求权具有候补特征，其通常是在其他制度无法发挥作用或作用不完整时，才发挥矫正不正当利益变动的漏洞补充功能。[④] 不过，返还义务的发生并不以不当行为为前提，它也不受可归责性的影响。

（一）返还责任的本质

对返还性责任而言，不当行为并非必要，因为，在基于事件的不当得利中，承担返还责任的被告并无可归责的行为可言，被告纵无不当行为但有获利时，其仍然可能需要承担返还责任。

其一，从救济措施的权利属性来看，返还性责任并非先前权利的转化，而是属于对原权利的复制。[⑤] 返还义务的目的在于治愈、恢复不正当的结果，同时，与继续履行、毋害他人等消极义务不同，返还义务通常不会导致权利人除返还标的之外的其他人身、财产利益的损失，即违反返还义务的责任范围被限制在救济目标的范围内。[⑥] 因而，从语义来看，“返还”（restitution）本身既描述了责任的发生原因，也从后果上描述了救济的内容[⑦]，从

---

① Mc Camus，John D，The Restatement（Third）of Restitution and Unjust Enrichment，*Canadian Bar Review*，2011，p. 442.

② John P. Dawson，Restitution without Enrichment，*Baston U. L. R*，1981，p. 3.

③ Siehe Walter Wilburg，*Die Lehre von der ungerechtfertigten Bereicherung nach österreichischem und deutschem Recht*：*Kritik und Aufbau*，Graz，1934，SS. 7－12.

④ Vgl. Diter Medicus，*Grundwissen zum Bürgerlichen Recht*：*ein Basisbuch zu den Anspruchsgrundlagen*，Carl Heymanns Verlag，2008，SS. 12－13. 黄茂荣. 无因管理与不当得利. 厦门：厦门大学出版社，2014：39.

⑤ Rafal Zakerzewski，*Remedies Reclassified*，Oxford University Press，2009，p. 82.

⑥ Stephen A. Smith，Unjust Enrichment：Nearer to Tort than Contract，in Ronert Chambers，Charles Mitchell，& James Penner（eds.），*Philosophical Foundations of the Law of Unjust Enrichment*，Oxford University Press，2009，pp. 182－183.

⑦ Restatement（Third）of Restitution and Unjust Enrichment，§1，2011.

这个意义上讲，不当得利返还义务、不当得利返还责任以及违反返还义务的责任实际上是从不同视角所指称的相同现象。

其二，返还性责任是依后果确定的责任类型，其发生原因可能有多种。就私法上的行为，博克斯认为可分为两类：一类是民事不法行为（civil wrongs），其行为本身具有不法性；另一类是行为本身并非不法（wrong），但导致了合法利益不当变动。[①] 不法行为造成合法利益不当变动当然应受侵权法调整，而非因不法行为的原因导致的权益变动就只能借助返还性义务来治愈或解决相关问题。[②] 从这种角度讲，返还义务并不要求被告存在不法行为。但是，不要求被告行为不法并不意味着行为不法不能引致返还性责任，违反合同义务及侵权行为均可引致返还性责任。例如，在返还法原则的指引下，有英美学者对返还规定进行了细分，发生返还效果的具体制度可分为不当得利的返还、不法行为的返还以及所有权返还请求三类[③]；而在大陆民法体系下，隶属非给付型不当得利的“权益侵害型不当得利”[④]（die Eingriffs-konditionen）充分说明了不法行为可导致不当得利。由此可以看出，返还可作为侵权与违约的责任承担方式，亦可作为不当得利的责任承担方式。从这个意义上讲，不当得利与返还的关系，是一种规范上的而非逻辑上的关系，它更类似于侵权与赔偿之间的关系。[⑤]

其三，返还性责任的核心在于确定权利人是否能够保有返还所带来的权益。因而，在适用返还性责任时，需首先判断是否存在返还的基础，而后原告才可要求被告进行原物或其价值的返还。以德国为代表的大陆法尝试以

---

① Peter Birks, Rights, Wrongs and Remedies, *Oxford Journal of Legal Studies*, Vol. 20, No. 1, 2000, pp. 1 - 37.

② Stephen A. Smith, Unjust Enrichment: Nearer to Tort than Contract, in Ronert Chambers, Charles Mitchell, & James Penner (eds.), *Philosophical Foundations of the Law of Unjust Enrichment*, Oxford University Press, 2009, p. 183.

③ Graham Virgo, *The Principles of the Law of Restitution*, Oxford University Press, 2015, pp. 45, 415, 557.

④ Larenz/Canaris, *Lehrbuch des Schuldrecht*, Bd. 2, C. H. Beck, 1994, SS. 180 - 181.

⑤ Stephen A. Smith, Unjust Enrichment: Nearer to Tort than Contract, in Ronert Chambers, Charles Mitchell, & James Penner (eds.), *Philosophical Foundations of the Law of Unjust Enrichment*, Oxford University Press, 2009, p. 181.

“没有正当原因”来解释不当得利的基础，而英国法则趋向以“不公平”(unjust)的财富转移来解释返还的正当性，但在实质上，“不公平”亦可被视为对“没有正当原因”的一种解释，因而，返还性责任的抽象共性仍可被理解为，法律不允许任何人以使他人蒙受损失的方式得利。[①] 这便是其正当性基础。此时，权益变动原因虽提供了返还性责任的正当性依据，但其在返还性责任的构成中却不具有决定性作用。例如，在因侵害他人受保护民事权益而得利的情形中，不论是采取“侵权责任—损害赔偿—恢复原状(或价值赔偿)”的构造方式[②]，还是采取“权益侵害—不当得利—返还”的构造方式，其目的都在于补偿或返还相应的利益，因而在实质效果上并无差异。然而，如前所述，在价值返还过程中，因为事实上已经采取了类似于强制交易的价值计算方式[③]，此时的价值赔偿与价值返还已经很难被区别开来。但是，与作为次给付义务的损害赔偿不同，违反返还义务并不会导致进一步的损害，因而，返还性权利本身是一种不可被侵害的权利，或者说，违反返还义务的结果仍然是对原义务的承担。[④]

(二) 返还性责任的构成

不当得利责任的目的在于贯彻“任何人不得以使他人蒙受损失的方式而获利”原则。有鉴于此，《美国返还法第三次重述》开宗明义地指出，基于他人损失(expense)而不当得利之人，应负返还责任。[⑤] 从构成要件来看，致害行为、可归责性可能在部分返还性责任中发挥作用，但不属返还性责任的必要条件。返还作为一种基于效果的功能性责任，原物返还当然被纳入该种责任范围，因而，基于物权(包含占有)的返还也构成返还责任的重要组成部分。如果说，侵权法是关于未经同意或未经许可而造成他人损害的法，

---

① 据学者总结，该观点也被博克斯、冯·克雷默尔所重视，详细的介绍参见[美]詹姆斯·戈德雷．私法的基础：财产、侵权、合同和不当得利．张家勇，译．北京：法律出版社，2007：690-693。

② 此时若原物仍在，其构造模式就是“所有权—返还”。

③ 张家勇．论统一民事责任制度的构建：基于责任融合的“后果模式”．中国社会科学，2015(8).

④ Stephen A. Smith，Unjust Enrichment：Nearer to Tort than Contract，in Ronert Chambers，Charles Mitchell，& James Penner (eds.)，*Philosophical Foundations of the Law of Unjust Enrichment*，Oxford University Press，2009，pp. 182-183.

⑤ Restatement (Third) of Restitution and Unjust Enrichment，§1，2011.

那么，返还法是关于未经同意或未经协商而受有利益或篡夺他人对物之支配利益的法。[①] 因而，不当得利返还虽属返还责任，但显然不是返还性责任的全部。

就义务来源来看，合同义务主要产生于法律行为，而非合同义务则产生于法律事实[②]，至于侵权与不当得利所依据的事实，则可再次细分损害与得利。[③] 如果从意定债务和法定债务的视角对债务种类进行划分，不当得利、侵权行为、无因管理、占有与占有保护、所有权人与占有人的关系等应被归入到法定债务（gesetzliche Schuldverhältnisse）的领域。[④]作为上述关系的效果之一，返还义务可能存在于多种债务关系中。返还性责任的适用前提在于，原告基于何种事实而对被告享有返还请求权，因而，统一返还责任构成要件的关键即在于确认返还责任的基础。

1. 须一方有受法律保护的权利或利益（权原）

返还责任作为对原级义务的确认，与作为次生义务的补偿性责任并不相同。返还责任本身既描述了责任形式，也描述了责任内容。返还责任意欲保护的民事权益不仅具有确认权益归属的作用，而且能够决定责任机制可否被发起。原则上，只要是受法律保护的权利或利益，都有可能成为返还性责任的救济对象。不过，返还旨在取回原应归属于权利人的权利或利益，故无论是原物/权利返还，还是价值返还，受保护的权利或利益原则上均须具备可返还性。例如，针对受保护的权益，若仅具有致害行为而无得利可言，则只能适用补偿性责任或防御性责任予以救济，而无返还性责任的适用余地；此外，即便某些侵权行为使行为人有所得利，但可能也无法利用返还性责任加以救济。例如，如果图书的某些内容侵害了原告隐私，原告本可寻求补偿性

① 类似的表述参见，Restatement（Third）of Restitution and Unjust Enrichment，§1，2011。

② 事实上违约责任亦产生于违约的法律事实，只是这种事实可在合同中被提前预测到，但它与合同义务也有着本质的区别。

③ Geoffrey Samuel，*Law of Obligation and legal Remedies*，Cavendish Publishing Limited，2001，p. 387.

④ Marco Staake，*Gesetzliche Schuldverhältnisse*，Springer，2014，S. 6f.

责任的救济，但若允许原告以被告的出版利益进行比例返还，这可能会导致过度返还或有危言言论自由的风险。[①] 因此，受保护权利或权益的认定，在返还性责任中，就具有界定返还内容与范围的作用。

相反，若原告不存在受法律保护的权利或利益，或者原告主动放弃这些权利或利益，也无引入返还性责任的必要。为此，戈德雷教授曾举过一个例子予以说明。原告为了练习使用斧子或觉得视线受阻而砍倒了一棵树，他认为这棵树是长在自己的土地上的，事实上这棵树是长在别人土地上的。然而，被告并不觉得自己的利益受损，相反，他觉得砍得刚好。可见，在受保护权益的评价过程中，存在着主观价值判断问题。原则上，应以客观标准认定原告受法律保护的权利或利益，若有原告的主观判断介入，也即博克斯称之为主观贬值与个人喜好的问题[②]，则可通过原告是否主张返还责任来认定其是否意欲介入主观价值判断。如果原告不愿提起返还责任之诉，此时就不存在受法律保护的权利或利益，被告虽然得利，但并未使原告蒙受损失，原告事实上也获得了练习使用斧子或获得更好视线的利益，当然也不满足返还责任的构成要件。[③] 可见，受保护权利或利益的确定，也能决定责任制度介入调整的必要性。

同样需强调的是，只有那些被告的得利源自原告财产权益的情形，才属于返还法调整的当然范围，而非所有被告因侵害原告权益而得利的情形都可以通过返还性责任予以调整。虽然返还法的基础在于贯彻不允许“以使他人蒙受损害的方式而获利”的原则，但其处理的只是不当的财产权益变动，并不涉及人身权益的领域。也就是说，返还性责任所保护的权益只能是财产权益而非人身权益。若被告因侵害他人人身权益而获得不当利益，即使允许原告请求被告交出因此所获利益（得利剥夺请求权），其也具有“返还”的性

① Dan B. Dobbs, Caprice Roberts, *Law of Remedies*: *Damages*, *Equity*, *Restitution*, West Academic Publishing, 2017, p. 383.

② ［英］皮特・博克斯．不当得利．刘桥，译．北京：清华大学出版社，2012：60.

③ ［美］詹姆斯・戈德雷．私法的基础：财产、侵权、合同和不当得利．张家勇，译．北京：法律出版社，2007：702 - 703.

质，但实则具有特殊惩罚性赔偿的属性，甚至在涉及财产权益的侵权得利情形下，如果被告返还的范围超出应当归属于原告的权益范围，其也不具有返还的属性。[①]

同样地，某些财产权益尽管发生了变动，但并不处于返还法的保护范围内。因道德原因而进行的给付，并不属法律保护的对象，故无须进行返还。[②] 此外，明知无债务而进行清偿、未届清偿期而进行清偿、非法原因给付等亦因违反法安定性和相应的价值判断而无法被含括在“受法律保护”的范围之内。[③] 在我国司法实践中，若对未来的护理费进行了提前清偿，纵然与清偿义务人的期限利益不一致，但债权人仍不构成无法律原因的得利，不能要求其返还已经收取的护理费或支付其利息。[④]

最后需要说明的是，返还仅具有恢复权益归属的功能，并不具有交易功能，因此，即使对禁止流通物也不妨碍返还性责任发挥救济功能。例如，文物属于限制流通物，但原物返还与该返还责任的规范目的并不冲突[⑤]，因返还而产生的继承利益或占有利益仍处于受保护利益范围之内。

2. 须另一方得利

就返还性责任而言，其对应予返还的利益取得形式并无限制：既可以是直接的，也可以是间接的；既可以是基于给付的，也可以是非基于给付（如基于不法侵害或自然事件）的；既可以是享受了服务或取得权利，也可以是免于消耗自己的财产，或减少了自己的债务；等等。[⑥]

普通法学者常常从得利的具体形态出发对得利加以界定。例如，学者戈夫（Goff）、琼斯（Jones）就依“取得利益”的具体形式对得利进行分类。

---

① 张家勇．基于得利的侵权损害赔偿之规范再造．法学，2019（2）.

② Cfr. Cesare Ruperto，*La Gestione d'affari Altrui*，*il Pagamento Dell'indebito*，*è L'arricchimento senza Causa*（*artt.* 2028－2042），Giuffrè，2012，pp. 137－138. 王泽鉴．不当得利．北京：北京大学出版社，2009：90－91.

③ 就相关内容介绍，参见王泽鉴．不当得利．北京：北京大学出版社，2009：92－109。

④ 江苏百锐特贸易有限公司诉张某红不当得利纠纷案．最高人民法院公报，2018（5）.

⑤ 江苏省淮安市中级人民法院．汪某诚等六人诉淮安市博物馆返还祖宅的埋藏文物纠纷案二审民事判决书．最高人民法院公报，2013（5）.

⑥ Restatement（Third）of Restitution And Unjust Enrichment，§1，2011.

其一，获得利益的形式首先是金钱。鉴于金钱的一般等价物属性，因金钱的错误给付导致所给付的金钱并入债务人的个人财产，进而需要依据不当得利返还请求权（一般的债权）进行救济。[1] 其二，得利的形式还可为服务(Service)。鉴于服务的本质为劳务给付，在服务行为完成之后，劳务本身就已经被消耗掉。不过，服务利益能否获得返还，还需视服务的内容而定。戈夫与琼斯将服务的得利返还原则分为三种，具体包括：免费接受、无可争议的受益以及必要的介入。关于不同类型的服务是否需要返还收益均有具体的案例支持，且存在相冲突的案例。例如，在以免费接受为原则时，如果涉及的是土地增值，衡平法就会认定该类收益；无可争议的受益依理性人的认知标准判断，且该种受益只需具有实现的可能性即可；必要的介入是不考虑本人意思的服务提供，紧急救助是其主要适用情形。[2] 其三，得利的形式还可为物（Goods）。具体表现为物的转移或物的消耗。在物被消耗掉时，法院会依“按值支付[3]（*Quantum valebat*）”原则进行返还。其四，得利的形式也可能是土地的改善。但是，该种类型在普通法下都非常特殊，以至于有人质疑，被告在使用或者在占有土地时，是否真的负有返还或恢复的责任。[4] 除上诉四种得利的形式外，还存在其他的诸如动产被改善、使用他人设备、使用保密信息等多种得利形式。[5] 不过，对后几种得利形式，仅有个别案例支撑，目前尚难抽象出一般规则。

与普通法下按照得利内容的具象分类去识别所得利益的方式不同，大陆法尝试从更抽象的角度对何为取得利益进行解读。在意大利法中，得利被大致区分为三种形式，分别为财产增加、费用节省和损失避免。[6] 得利本身需具有财产性与现实性。除节省费用外，如果货物买卖中涉及货币贬值，出卖人因此失去的利益也可以依不当得利向买受人主张得利返还；同时，间接得

① Goff & Jones, *The Law of Restitution*, Sweet & Maxwell, 2002, pp. 18 - 19.

② Ibid., pp. 20 - 27.

③ Ibid., p. 28.

④ Ibid., pp. 28 - 29.

⑤ Ibid., p. 29.

⑥ 《意大利不当得利法》的介绍，见殷秋实．意大利法中不当得利的构成．东方法学，2019（2）。

利也可能构成“取得利益”的方式。[①] 德国法则依给付型不当得利与非给付型不当得利对不当利益的返还予以分类。但是，无论是给付型不当得利还是非给付型不当得利，得利均依客观标准（eine gegenständliche Betrachtungsweise）加以判断。[②] 对权益侵害型不当得利而言，因消费或使用而获得的客观价值被视为得利；此外，债务人因侵权行为而节省的费用亦被作为“取得的利益”[③]。给付与非给付型得利行为的划分，更多是以得利方式为标准，并未就“得利”的具体内涵提供指示。为此，有德国学者试图以得利的实质内容为标准统摄“取得利益”要件，将得利具体分为：积极增加的财产价值、义务或负担的减轻以及费用的节省。[④]

返还性责任的客体极为广泛，既可以是原权利的返还（如通过涂销登记恢复物权原状的方式[⑤]）、原物的返还（如返还基于无效原因发生的给付），也可以是价值的返还（如返还处置他人财产所获价款）。对原权利的返还，在德国物权法上是不当得利法的重要效果之一，“不当得利返还请求权的存在是所有权转移抽象性的基础”[⑥]，其目的在于矫正因抽象物权行为而发生的不当物权变动。但是，在我国法上，物权变动的有因性在逻辑上直接否定了无原因行为之物权变动的效果，因此，不发生以变动原因无效所生的物权返还问题。但是，在合同被解除情形下，则因对解除后恢复原状效果的不同理解而有不同。若解除采直接效果说，则解除前的物权变动不发生效果，物权因解除而立即回归，从而只产生原物返还问题；若解除采间接效果说（折中说），则解除只是产生物权回转的恢复原状效果。[⑦] 涉及其他财产权的交

---

① Cesare Ruperto，*La Gestione d'affari Altrui*，*Il Pagamento dell'indebito*，*èL'arricchimento Senza Causa*（*artt.* 2028－2042），Giuffrè，2012，pp. 137－139.

② MünchKomm /Schwab，BGB，§812 Rn. 1，2013.

③ Ibid..

④ Erman/P. Buck-eeb，BGB，§812 Rn. 3－9，2011.

⑤ 涂消登记也可能成为（状态）妨害排除请求权的内容，此时发生责任竞合现象。王泽鉴．不当得利．北京：北京大学出版社，2009：221.

⑥ 田士永．物权行为理论研究．北京：中国政法大学出版社，2002：386.

⑦ 韩世远．合同法总论．4版．北京：法律出版社，2018：677－681. 朱广新．合同法总论．2版．北京：中国人民大学出版社，2012：528－529.

易，如股权、知识产权（专利权、商标权或版权）的转让等，亦应有类似问题存在。合同解除只是消灭合同预定的履行效力，并不消灭合同所生一切效力，因此，法定返还效果（间接效果说）相比于直接效果说下的物权返还效果，在价值判断上更为一贯。据此，无效合同下给付返还与合同解除下给付返还具有不同法律构造，前者为物权性返还，后者为债权性返还。故返还性责任具有恢复物权圆满状态的效果，因此，得同时成立基于物权的原物返还请求权与基于不当得利的原物返还请求权，其目的在于恢复物权人对物支配的圆满性。

由上可见，返还的对象并不以法律上具有归属意义的得利为限，只要构成规范意义上的得利，即可发生返还责任。因此，权利登记即使与真实权利享有状态不符，其仍给予登记名义人以法律上的利益，在登记未被涂销前，登记名义人仍属法律意义上的权利人，从而得认为享有登记利益。同样，标的物的占有人因为法律对作为单纯事实关系的占有之保护（原《物权法》第245条第1款），占有也赋予实际占有人以法律上的利益，这同样构成规范意义上的“得利”。在司法实践中，所有权即便未转移，法院有时也会依据不当得利要求被告返还原物，此时“取得的利益”并非所有权，只能是“占有利益”或其他的“不当利益”[①]。在其他情形下，无论是因为法律的技术性规定而取得利益（如基于添附规定而取得他人动产的所有权或其上利益），还是基于法律交易而控制应归属于他人的利益（如出卖他人之物获得价款），返还义务人对依事实或交易而取得的利益并不具有归属确认的意义，其利益享有相对于权利人而言并不具有正当理由，无法终局保持该种利益，从而须予返还。在这个意义上，返还义务人的“得利”具有暂时性，只是在规范评价上被认定的得利。

与返还义务人/被告得利的这种抽象的、暂时的特点相关，返还权利人/

---

① 例如，在“徐某良诉王某海不当得利案”中，被告拾得遗失物后，原告向其主张返还，法院认定原告并未丧失所有权，但依然认为被告因拾得遗失物而获得了“不当利益”，进而按照不当得利返还请求权要求被告返还原物。吉林省安图县人民法院一审调解书．最高人民法院公报，1996（2）.

原告所取得的返还权利也带有相似的特点。例如，承租人对侵占人享有的不当得利请求权、在先占有人对侵占人享有的返还占有物的请求权，均旨在恢复权利人对标的物的占有，并不具有确定物上利益归属的特性。从这个意义上说，返还责任仅仅具有技术性的特征，其仅仅表明返还权利人相对于返还义务人具有更优先的应受保护的地位，但并非当然具有确认返还客体归属于返还权利人的效果。于是，在基于不同法律基础主张返还时，尤其是主张作为补充性请求权基础的不当得利返还时，原则上应否定不享有客体上归属利益的返还请求，即无权源的单纯占有返还不构成不当得利返还之对象。①

综上来看，就引致返还请求权的权利或利益类型其可来源于基于原物返还的物权，如所有权、动产质权等，亦可来源于基于价值返还的不当得利返还请求权。鉴于返还责任本属责任范畴，因侵权行为导致原物（广义上可包括权利）被占有时，可通过原物返还责任进行救济，二者内容一致；在应予返还之物因侵权行为被消耗时，则可能存在价值返还责任与补偿性责任竞存的情况。正如学者所言，返还性责任的请求与其他责任的竞合揭示了法律部门之间的区隔并非滴水不漏，同一事实可能导致不同功能性责任的竞合②，体现为功能交错的现象。

3. 须一方得利是基于他方受保护权益

返还责任不仅关注作为返还对象的一方得利，而且强调得利返还旨在救济他方受保护的权益。这样，返还的基础要么在于得利源自他方受保护的权益，要么在于确认返还权利人优于返还义务人控制利益的法律地位。后者可以视为前者的特殊形式，差异仅在于是否需要确认返还对象对返回权利人的

---

① 在这里，需要再一次强调将作为责任类型的返还与作为请求权基础的不当得利返还进行区分的必要性：不同法律基础下的返还责任具有不同的制度构造，但不当得利返还作为确立返还责任之正当基础的补充性法律基础，应当有所节制。如果将原物返还、占有返还、基于合同的返还等都同时作为不当得利返还的对象，广泛承认不当得利返还与其他法律基础返还的竞合，除引发规范冲突外，很难有值得肯定的制度价值。因此，本书作者赞同瑞士学者所主张的所有物返还请求权、占有返还请求权排除不当得利返还请求权的观点。Schlechtrim, *Restitution und Beicherungsausgleich in Europa*, Band 1, SS. 256ff, 281ff//王泽鉴．不当得利．北京：北京大学出版社，2009：32.

② 具体内容参见 Goff & Jones, *The Law of Restitution*, Sweet & Maxwell, 2002, p. 78。

归属效果。直言之，作为法律救济的返还并不以确认权益归属为前提。因此，统一返还责任的构成要件实际上就是抽象出各种不同返还均需满足的最低限度的必要条件。

首先，被告获得利益只需基于原告的权利即可，无须要求原告遭受损失。鉴于返还性责任的目的在于矫正不正当的利益变动，故原告只要证明被告基于受保护权益而取得利益（Gain-based）就能满足返还责任的构成要件，而无须证明自己遭受了具体数额的损失。[①] 在原物返还请求权的行使过程中，若所有权并未发生变动，被告也未因对标的物的占有或者权利登记而享有利益，则很难认为被告基于受保护权益而取得了利益，或者原告遭受到了权利被篡夺的损失。但是，要是被告取得尤其是控制了应予返还的利益，那么不论原告是不是意识到了自己的权利被侵害，或者原告是不是因此而遭受了价值损失（如被侵占的标的物恰好是原告闲置不用之物），甚至原告本身对于应予返还的标的物是不是享有法律上的权利（如侵占无权占有人所占有之物），被告的行为都构成对原告相对于被告的受保护权利的侵犯，从而构成返还的正当基础。在某些返还性责任基础中，如不当得利返还，法律要求原告应“受损失”[②]，但这里的“损失”与补偿性责任中的“损失”或“损害”不同，其更为抽象，只要原告的得利是基于被告的受保护权益即可，并不要求“差额”意义上的损害。但是，由于无权占有人并不享有“权利”，因此，其不得主张不当得利返还，而只能依占有保护请求权主张返还。

其次，由于返还责任旨在恢复原告被侵夺或僭取的利益，因此，应予返还的被告得利须来自原告。被告取得利益的行为或维持占有支配的事实，一定与原告受保护利益相关，这也是责任成立的因果关系在返还性责任中的表

① 《美国返还法第三次重述》第1条释义，基于他人损失（at the expense of another）而获利等同于冒犯他人受保护的权利（in violation of the other's legally protected rights），但权利人不需要证明自己遭受了实际损失。Restatement（Third）of Restitution And Unjust Enrichment，§1，2011.

② 例如，在“江苏百锐特贸易有限公司诉张某红不当得利纠纷案”中，法院认为，不当得利成立的构成要件有四项：一方获得利益，另一方受到损失，获利与受损之间具有因果关系，获得利益没有合法根据。江苏省东台市人民法院一审判决书．最高人民法院公报，2018（5）.

现。就补偿性得利剥夺而言，由于损害赔偿中的价值补偿与不当得利的价值返还在效果上趋同，故将其归入补偿性责任或返还性责任，并不会引发效果差异；但在惩罚性得利剥夺情形下，被剥夺的被告得利并不全部源自原告受保护权益，只是与之有关，从而难以确立得利与被告受保护权益之间的因果关系。此时，法律通过利益归属判断来实现惩罚、威慑的目的。[①] 有鉴于此，将具有惩罚性的得利剥夺归入返还性责任中来并不恰当，惩罚性的得利剥夺制度是让被告放弃所得利益，而非令其返还所得利益。[②]

最后，被告的归责性之有无，不影响返还责任的成立。在各种返还请求权中，物权返还请求权、占有返还请求权、合同返还请求权以及不当得利返还请求权均不以被告的归责性为必要，只有作为侵权责任承担形式的返还财产可能存在需要归责性的问题。因此，侵权责任下的返还责任是否影响返还责任成立要件的统一，实值重视。

从逻辑上讲，责任成立与责任承担属于不同的问题，只有在责任成立问题解决后才需要进一步解决责任承担的问题。按照这样的思路，所有的责任承担方式应当依照侵权责任的成立要件而分别满足不同的归责要件。换言之，即使是在一般侵权行为下，返还财产责任与损害赔偿责任应当一体采纳过错归责标准。在德国法下，返还财产被视为“恢复原状的损害赔偿”[③]，因此，不会引发“返还财产”与“损害赔偿”是否适用相同归责标准的问题。但是，在我国原《侵权责任法》第 15 条（《民法典》第 179 条）中，“返还财产”是与“损害赔偿”对立的侵权责任承担方式，是否令二者适用相同的归责标准，并非没有讨论余地。有学者认为，既然原“《侵权责任法》

---

① 在以预防为目的的得利剥夺的责任要素中，其构造更偏向于“受制裁行为—救济”的双元素构成模式，这种因制裁而矫正因不当手段所取得的利益，既不同于一般的不当得利返还责任，也区别于一般侵权责任。只不过由于其制裁属性，其在规范构成上更倾向于一般侵权责任。参见有关得利剥夺的概述，James Edelman，*Gain-based Damages*：*Contract*，*Tort*，*Equity and Intellectual Property*，Oxford-Portland Pregon，2002，pp. 260 - 264；张家勇．基于得利的侵权损害赔偿之规范再造．法学，2019（2）。

② Peter Birks，Equity in the Modern Law：An Exercise in Taxonomy，*Uni. W. A. L. R.*，1996，p. 31.

③ 李承亮．损害赔偿与民事责任．法学研究，2009（3）.

将返还原物与赔偿损失规定为两种不同的责任方式，返还原物不涉及赔偿损失，返还原物责任只是将原物返还给权利人，不会给侵权人增加负担，因此适用无过错责任，即不问无权占有人有无过错”[①]。另有学者认为，尽管原《侵权责任法》第15条（《民法典》第179条）将返还财产、停止侵害、排除妨碍、消除危险等规定为侵权责任承担方式，但性质上应属物权请求权甚至绝对权请求权，因而在一般侵权场合，它们的成立不以过失为要件。[②] 两种观点尽管在解释进路上相反，但结论仍是一致的，即返还财产责任即使适用于一般侵权场合，也不以过失为必要。

综上可见，在各种返还请求权下，返还责任的成立都无须返还义务人存在可归责性，从而存在统一构成的可能性。

准此，返还性责任的统一构成要件可概括为：（1）请求权人享有受法律保护的权利或利益；（2）被请求人取得了利益；（3）得利系基于受保护权益。

四、补偿性责任构成要件的统一

补偿性责任旨在确定何种损害应该得到赔偿以及赔偿的方式与范围。侵权损害赔偿和合同损害赔偿构成损害赔偿责任的主要领域。[③] 原则上，只要致害行为造成受保护权益遭受损害，就可以考虑启动补偿性责任予以救济。补偿的功能在于填平损失，其贯彻了矫正正义的理念，体现了民事责任的两极性特征：一端是受保护权益所受损害，另一端是相关义务被违反。温里布把权利和义务的相关性理解成一个体系化的整体，矫正正义的相关所得与所失将当事人所拥有的东西与他所应该享有的东西进行对比：通过违反与原告权利相关的义务的行为，被告获得了规范所得，责任即旨在令被告将所获取的规范所得交出；当原告被侵害的权利在被告所违反义务的范围之内时，原告对其所遭受的规范所失就有权获得赔偿。[④]

---

① 魏振瀛．论返还原物责任请求权：兼与所有物返还请求权比较研究．中外法学，2011（6）.

② 崔建远．绝对权请求权抑或侵权责任方式．法学，2002（11）.

③ Maximilian Fuchs，Werner Pauker，Alex Baumgärtner，*Delickts-und Schadensersatzrecht*，9. Aufl.，Berlin Heidelberg，2017，SS. 371 - 372.

④ ［加］欧内斯特·J. 温里布．私法的理念．徐爱国，译．北京：北京大学出版社，2007：132.

从范围上看，补偿性责任可产生于债务不履行中可归因的履行不能、履行迟延、积极侵害债权的行为、侵权行为以及为他人管理事务中的不当行为、引致未获满足之信赖的致害行为、特别情形下的风险归责行为、牺牲行为以及依法引致损害赔偿责任的其他行为。[①]

为统合不同责任基础下损害赔偿责任的构成要件，法国司法部拟定的《民事责任改革法建议草案》采用了“卡塔拉草案”的做法，尝试提取合同责任和非合同责任的共同构成要件，其在责任承担下单分一目（section）规定合同责任和非合同责任的共同规则，包括可赔偿的损失以及因果关系两个问题。[②] 与其并列的目是分别规定合同责任及非合同责任的特别规范。例如，过错要件就在非合同责任的目下规定。从这种立法探索的经验来看，鉴于不同赔偿责任具有不同的责任基础与归责标准，无法予以统一，能够统一的仅为补偿性责任的事实构成要件。因此，与其他功能性民事责任一样，本书仅抽取各种赔偿请求权的共同构成要素，而不会以之取消或取代各种具体请求权基础的规范价值与功能。为此，我们将区分事实构成与责任基础，并从这两个方面审视各种请求权基础，评估统一的限度。

（一）补偿性责任事实构成的统一性

只要受保护权益遭到侵害，且侵害行为与损害结果之间具有因果关系，补偿性民事责任的事实构成要件就获得满足。据此，补偿性责任统一的事实构成要件主要涉及损害（损失）、致害原因和因果关系三个要件。

1. 损害

补偿性责任以损害填补为目标，故而，一切法规范下的损害皆可成为损害赔偿的客体。[③] 不过，从比较法的角度看，不同法域的理论与立法对“损

---

① Vgl. Larenz, *Lehrbuch des Schuldrechts*, Bd. 1 Allgemeiner Teil, 14. Aufl., München: Beck, 1987, S. 421.

② Avant project de loi réforme de la responsabilité civile, Article 1235 - 1240. 其中第 1235～1238 条规定的为可赔偿的损失（Le préjudice réparable），第 1239～1240 条规定的为因果关系（Le lien de causalité）。

③ Vgl. Maximilian Fuchs, Werner Pauker, Alex Baumgärtner, *Delickts-und Schadensersatzrecht*, 9. Aufl., Berlin Heidelberg, 2017, S. 371.

害”可能并没有清晰明确的通行理解。[①] 尽管如此，将损害界定为受害人领域必然发生的可归责于加害人的不利变化，对此仍然存在某种共识。[②] 为了判断是否存在不利变化，德国学者蒙森（Mommsen）提出“差额假说”或“差额说”（Differenzhypothese），他认为，损害应依被害人在损害事故发生后所有的财产额与若不发生损害事故情况下被害人应有的财产额之差额确定。[③]

“差额说”主要着眼于财产损害的认定，对无法用金钱加以评估的非财产损害并不适用。[④] 此外，依“差额”确定的损害是受害人两种抽象财产状态的价值差额，其并未触及实际发生的致害事件的具体面相，因而与人们有关损害的自然意义的认识并不相符。更重要的是，其会引致某些实践难题：当损害偶然发生转移时，可能会面临“有损害而无请求权”或“有请求权而无损害”的问题，如作为托运人的出卖人已因货物风险转移而不承受运输中货物毁损引致的相关损害后果，但作为收货人的买受人因尚未取得货物所有权而无法基于所有权向承运人主张与货物价值相关的损害赔偿请求权[⑤]；也有可能发生有事实上的侵害但没有差额意义的财产损失的情况，如被损车辆在修理期间无法使用，而权利人也并未因此而支出租车费用；或者，不论有无致害事件，受害人的财产总会因不可归责于加害人的其他方式而灭失，如失火烧毁的房屋无论如何会毁于其后发生的地震。在这些情况下，都可能会因没有差额意义上的损害而不恰当地否定加害人的责任。[⑥]

---

① ［德］克雷斯蒂安·冯·巴尔．欧洲比较侵权行为法：下卷．焦美华，译．北京：法律出版社，2004：5.

② ［德］U. 马格努斯．侵权法的统一：损害与损害赔偿．谢鸿飞，译．北京：法律出版社，2009：277.

③ 曾世雄．损害赔偿法原理．北京：中国政法大学出版社，2001：56－58.

④ 如果将“差额”不理解为金钱计量的一定“数额”，则“差额说”甚至对非财产损害也能够提供有价值的指示，即比较受害人在受侵害前后的状况来判定损害之有无与程度，从而通过金钱加以估计和转换。同②281.

⑤ 《民法典》第832条（原《合同法》第311条）并未明确承运人赔偿责任的相应请求权人，似为收货人主张赔偿请求权预留解释空间。但是，结合《民法典》第830条（原《合同法》第309条）有关收货人提货义务的规定来看，该条并未明确其提货权，能否据此确定收货人的受益第三人地位，非无疑义，从而，进一步确认收货人的损害赔偿请求权也存疑。

⑥ 徐建刚．论使用可能性丧失的损害赔偿．法商研究，2018（2）.

上述问题的存在引发了理论上对“差额说”的反思。学者厄特曼（Oertmann）指出，损害乃法律主体因其财产构成部分被毁损或其身体受伤害所遭受的不利。诺伊尔（Neuner）认为：因违约发生的损害赔偿，损害即契约标的物所受的侵害；因侵权行为发生损害赔偿者，损害即直接被毁损的物所受的侵害。[①] 这样，损害不再是受害人两种抽象财产状态的价值差额，而是表现为具体受侵害标的物上的不利变化。通过引入受保护权益事实上的变化因素，修正的损害概念仍然能够保持“差额说”的合理内核。

必须注意到，尽管损害的认定以其自然意义为出发点，但它并非某种纯粹客观的自然事实，而是需要引入法律评价的“规范事实”，只有法律上可赔偿的损害才是损害赔偿法所关注的对象。[②] 从这个意义上说，依“差额说”认定的损害不过是一种计算意义上的损害事实，并未指明其作为责任成立要件的意义。

在大陆法上，损害一般被认为是对受法律保护之权利或利益的侵害，理论上就此有所谓“权利续存说”（Rechtsfortsetzungsgedanke），认为损害赔偿是被侵害权利的持续和实现。[③] 依照这种观点，可赔偿损害实际上是从侵害客体，也就是受法律保护的权益的角度予以界定的。但是，在英美法中，这种先确定受保护权益然后再确定损害的方式并不受欢迎，他们更倾向从侵权类型而非侵权客体的角度去认识侵权行为及其责任，损害赔偿的功能不仅在于填补损害，而且在于确认权利[④]，受保护权益只有通过责任制度的运作才能获得确认。比较典型的例子是，在纯粹经济损失的场合，或者在准予名义赔偿或惩罚性赔偿的场合，我们都无法以受保护权益作为分析前提或以之确定责任的内容。

应当看到，作为责任成立的损害认定与作为其救济方式的损害赔偿，二

① Richtig Neuner，Interesse und Vermögensschäden，AcP，133，277ff.

② Larenz，*Lehrbuch des Schuldrechts*，Bd. 1 Allgemeiner Teil，14. Aufl.，München：Beck，1987，SS. 426－427.

③ ［德］U. 马格努斯．侵权法的统一：损害与损害赔偿．谢鸿飞，译．北京：法律出版社，2009：133.

④ ［德］克里斯蒂安·冯·巴尔．欧洲比较侵权行为法：下卷．焦美华，译．北京：法律出版社，2004：13.

者是不同的。在侵权法中，这个差异常常被说成是“侵害”与“损害”的差异，损害被认为是侵害引发的后果。即使是这样，损害也必须以侵害为前提，侵害的不法性与可归责性决定了损害的可赔偿性。不法性的判断虽有行为不法和结果不法的区分问题，但作为赔偿对象的损害不可能单纯是对不法侵害的反映。[①] 名义赔偿或惩罚性赔偿或许可以被视为损害赔偿的例外，不过，因其并非补偿意义上的赔偿，所以，它们并不在补偿性责任的范围内。既然是补偿，法秩序的要求只能是对不当受损的利益予以填补。故而，受害利益的合法性始终是损害赔偿的必要条件，损害赔偿的对象必须是侵害受保护利益的结果，因违法活动遭受的损失或者取得收益的丧失，以及其他法律不予认可的利益丧失均非可赔偿的损失，这被称为受害利益合法性要求。[②] 这表明，单纯的财产价值减少或者遭受非财产利益损害，与单纯权利侵害，这二者中任何一个单独都不足以引发补偿性的赔偿责任，这被认为是欧洲侵权法上的共识。[③]

可赔偿损害提出的另外一个要求是损失/损害的确定性，即能够得到赔偿的必须是可被确认的实际损失。[④] 这被认为是一个在国内法上不证自明的通常规则[⑤]：为了避免对并未发生或永远也不会发生的损害给予赔偿，可赔偿的损害即使不能以具体金额精确地加以表现，也必须是可合理确定的。这个要求首先体现为原告应当证明损害的实际存在，并常常以证明责任的分配规则形式反映出来。[⑥] 原告对损害的证明只要达到使法官能够确认损害确实存在的高度盖然性即可（合理确定），并不需要证明损害的具体数额（充分

---

① 英美法中存在所谓“自身可诉的侵权行为”与“须证明实际损失的侵权行为”之分，前者将对权利侵害本身视为损害，后者则原告只有在能够证明实际损害时才能提起侵权之诉。[德] 克里斯蒂安·冯·巴尔．欧洲比较侵权行为法：下卷．焦美华，译．北京：法律出版社，2004：11．但是，对于“自身可诉的侵权行为”，原告仅能获得名义上的赔偿，甚至必须自担诉讼费用。在这个意义上，“赔偿”只是确认原告权利的方式，并不具有通常补偿损失的意义。

② 欧洲侵权法小组．欧洲侵权法原则：文本与评注．于敏，谢鸿飞，译．北京：法律出版社，2009：66.

③ [德] 克里斯蒂安·冯·巴尔．欧洲比较侵权行为法：下卷．焦美华，译．北京：法律出版社，2004：6～8.

④ 《国际商事合同通则》第 7.4.3 条。

⑤ 同②73.

⑥ 参见《欧洲侵权法原则》第 2：105 条。

确定）。对那些因证明困难或费用过高而无法精确证明的损害，则由裁判机构酌情判予赔偿。[①] 从这个角度讲，损害的程度或范围也是原告就损害确定性所负证明责任的内容，尽管无须达到精确计量出数额的程度。

但是，就赔偿责任的成立而言，损害的确定性主要与损害的存在相关，损害的程度与范围则与赔偿责任的承担或者责任内容相关。在法律实践中，这两个问题可能是被一并提出并予以解决的，但不能由此否认二者的差异。换言之，我们无须关注侵权责任成立这样的一般性问题，因为侵权责任在内容上总是具体表现为防御性责任、返还性责任与补偿性责任等功能性责任形式，只有针对具体的功能性责任我们才需要关注责任成立与承担的区分问题。在这个意义上，作为责任成立要件的损害是抽离其具体内容或范围的概念范畴，仅保持最低限度的法律评价因素，具有较强的事实判断特征。正因为在责任成立方面损害概念具有抽象性，各种不同请求权基础下的损害赔偿责任在事实构成上才具有统一的可能性。

也就是说，尽管不同请求权基础下可赔偿损害的内容（或赔偿项目）存在差别，但这不会影响它们在作为成立要件的损害问题上的统一性。举例而言：A 卖给 B 一辆二手汽车，声称并保证该车为使用仅一年的二手车。B 为此支付了 5 000 欧元，但事实上，该车为已经被使用四年的二手车，市场价值仅为 4 000 欧元；使用一年的二手车市场价值为 5 500 欧元。若按照侵权的方式计算损害数额，其目标在于让 B 恢复到合同未缔结时的应有状态，此时 B 的损失为 5 000 欧元－4 000 欧元＝1 000 欧元；若按照合同损害赔偿计算，B 可主张期待利益赔偿，则其损失为 5 500 欧元－4 000 欧元＝1 500 欧元。[②] 于是，同样采“差额说”，计算得到的损害额会因请求权基础的差异而在效果上有所不同。但是，若用这个例子来否定违约损害赔偿和侵权损害赔偿事实构成的统一性，则可能是误导性的。即使将 A 的声称和保证作为

① 《国际商事合同通则》第 7.4.3 条第 3 款，《专利法》第 71 条第 1 款第一句，《商标法》第 63 条第 1 款第一句，《著作权法》第 54 条第 1 款及《反不正当竞争法》第 17 条第 3 款第一句。

② Andrew Burrows, *Remedies for Torts and Breach of Contract*, 3rd edn., Oxford University Press, 2004, p. 34.

侵权认定（缔约过程中的误述在比较法上可以作为侵权处理），但侵权责任的成立判断不会考虑具体的损害范围或内容，只会考虑有没有法律所承认的可赔偿损害（损害的存在），只有在认定责任成立后，才需要进一步考虑赔偿的程度或范围并确定赔偿请求权的内容。就违约损害赔偿而言，其情况同样如此，违约责任成立的判断只需考虑是否被告的违约行为造成了原告遭受可赔偿损失即可，损失的内容则是接下来确定具体赔偿责任时需考虑的问题。《奥地利普通民法典》第1295条第1款规定："任何人均得请求加害人赔偿因其过错行为所致之损害；损害，得因违反契约义务而发生，亦得因与契约无关的其他事由而发生。"其反映的正是损害要件的统一性。各国有关损害赔偿责任的规定，在请求权基础规范上均不反映损害的具体内容，仅在责任内容上才作进一步细化规定，不论是否设置损害赔偿一般规范，这都属于共同做法。

2. 致害原因

权利人遭受非其所愿的损害只是补偿性责任的触发因素。民事关系的两极性正当原则，要求被告仅对应由其负责范围内的事项所致损害承担赔偿责任。由此，在与损害要件相关的范围内，必须确认引致损害的原因是否处于应由被告负责的范围，具体包括致害原因的确定和致害原因的效果归属两个方面。

从责任法的角度观察，损害要么是由人的行为所引致，要么是与人的行为无关的意外事件所引致。人的行为又可分为责任人自己的行为与责任人应当为其负责的他人行为，而意外事件也只有处于责任人应当负责的范围内时，才能成为施予其赔偿责任的理由。因此，致害原因大体上可以区分为：责任人自己的不当行为以及责任人应当为其负责的他人行为或事件两种基本类型。

（1）责任人自己的不当行为。

责任法意义上的行为，是指受人之意志支配的身体动静，因此，无意识的身体动作，如在睡眠中或从麻醉状态苏醒时，或因痉挛、心肌梗死及脑出血等情形而发生的身体运动，均非行为。[①] 但在行为人因过失（如吸毒、醉酒等）使自己处于不受控制的状态时，无须将其作为前述原则的例外，仅将其作为“行为人”应为之负责的致害事件处理即可。这是因为，与损害结果直接相关的致害原因是“无意识的身体运动”，而非责任人使自己陷于该种状态的行为（如饮酒的行为），后者不过是确定归责性的考虑因素而已。

一般而言，在事实构成层面，对作为致害原因的加害行为只需从客观视角加以判断，违法与否并非考虑因素。凡与损害结果相关的人之行为都属于加害行为的范畴。由于强调行为与损害结果的“相关性”[②]，加害行为的确定就与有无因果关系的判断缠结在一起，难以区分。但是，与对因果关系的判断需要遵循更为严格的限定不同，加害行为的确定标准要更为宽松。也就是说，只要是可能造成损害后果的行为都可以被评价为“加害行为”，由此造成“加害行为”范围过大的问题则需要通过因果关系要件加以限制或排除。

加害行为在理论上被区分为作为与不作为。作为是主动地造成了损害（或参与了致害风险的产生），故而通常都被视为违法（结果不法）；不作为是在“未防止损害的发生”（或未防范已存在的致害风险实现）的意义上被当作致害原因，因此，只有在存在法律义务的前提下，不作为才能成为致害原因。[③] 这意味着，行为人既可能因为制造了致害风险而担责，也可能因未防范其虽未参与制造但有义务防范的致害风险而担责。从这个角度看，不作为的认定与作为不同，其更多具有法律评价的特征。法律有关受保护权益的归属规范，通常都界定了权利人外的其他人的不作为义务，从而，因作为而造成受保护权益的侵害当然就被推定为违法。不作为既然不在权益归属规范的效力作用范围内，其就只能基于约定或法律规定等而被纳入责任法的调整

① 克里斯蒂安·冯·巴尔．欧洲比较侵权行为法：下卷．焦美华，译．北京：法律出版社，2004：232.

② ［德］埃尔温·多伊奇，汉斯-于尔根·阿伦斯．德国侵权法：侵权行为、损害赔偿及痛苦抚慰金：第5版．叶名怡，温大军，译．北京：中国人民大学出版社，2016：18.

③ 同②.

范围，成为一种责任承担的例外，与之相关的作为义务也因而具有法律义务或与之近似的伦理义务性质。[①]

以保护为目的的合同义务是依约定而有保护义务的典型情形，如保管、保安等义务。此外，合同当事人基于合同性质而承担的保护义务，如出租人担保租赁物不危及承租人安全或者健康的义务、承揽人对定作人所提供材料的保管义务、建设工程合同承包人的质量保证义务以及运输合同承运人所承担的安全运送义务等[②]，虽不以当事人明确的合同约定为必要，但其效果亦与之相同。这些依合同产生的作为义务（保护义务）本身又属于不作为侵权中认定作为义务的考虑因素。同时，当事人之间的在先关系或行为（再一次包括合同、缔约关系甚至纯粹的社会生活交往关系，如相约登山）也可以成为作为义务的产生基础。既然交往本身能够设定义务[③]，责任的发生就不再需要限于积极制造致害危险的行为，只要当事人基于其特定身份或交往关系而需要承担防止致害危险实现的义务，不履行该种义务的行为就可以被评价为应当担责的行为。[④]

无论是通过行为与损害结果的直接事实关联而确定加害行为（作为方式的致害），还是通过法律义务或类法律义务而与损害结果关联确定加害行为（不作为方式的致害），其都不会在事实构成判定上因请求权基础规范的不同而有不同。举例而言，为了帮助遭受难以忍受病痛折磨的患者结束生命，医师停止了治疗（如移除呼吸机），无论是从医疗服务合同还是从一般侵权的角度判断，需要解决的关键问题都是，医师终止治疗的行为是否与其治疗义务相冲突。对这个问题的回答，不可能因为原告偶然选择的请求权基础而有差异。在缔约过失或无因管理中，因当事人不当行为致害的情形也与之类似。认为侵权责任以陌生人之间的关系为规范基础，缔约关系、合同关系以

① ［德］埃尔温·多伊奇，汉斯-于尔根·阿伦斯．德国侵权法：侵权行为、损害赔偿及痛苦抚慰金：第5版．叶名怡，温大军，译．北京：中国人民大学出版社，2016：20.

② 《民法典》第731、784、802、811条。

③ 同①.

④ 这个标准明显宽泛了，但限制的方法只能是通过立法或司法控制的方式进行。

及其他社会交往关系则因当事人之间的密切关系而须承担不同义务的观点，不过反映了一种虚幻的思维逻辑：裁判者只需要在一种假想的抽象理论框架指引下就可以确定当事人的行为义务！但是对具体责任的判断始终必须考虑致害事实发生的整体背景，并对之作一体评价。[①]

（2）责任人应为其负责的他人行为或事件。

私法自治要求民事主体原则上只为自己的行为负责，当损害是由他人的行为或者与被请求承担责任之人的行为无关的事件所致时，赔偿责任原则上应当被否定。不过，没有任何法律制度采取绝对排除为他人行为或事件负责的做法，例外总是被认可。与自己责任相对[②]，为他人行为负责在理论上被称为“替代责任”（vicarious liability）。

关于为他人行为负责的“替代责任”，在归责判断上存在两个阶段：首先判断行为人若自为责任人时其是否可归责（归责标准既可能是过错也可能是无过错，具体依相关侵权责任基础规范确定），然后再根据行为人与被请求承担责任之人的关系（如雇佣、监护等），依法将前述责任归属于被请求承担责任之人（要么为过错归责，要么为无过错归责）。在讨论为他人行为负责的归责标准时，人们主要关注的是第二阶段的归责。当“替代责任”采过错原则时，其与一般侵权责任具有相似性，而与合同责任存在明显差异（不论合同责任是否采纳过错归责的一般标准，在履行辅助人责任上始终是无过错责任[③]）；当“替代责任”采严格责任或无过错责任时，其与危险责任（侵权责任）及合同责任就趋于一致。

不过，无论是“替代责任”还是“为他人行为负责”的称谓，可能都无法真正反映该种责任的正当基础所在。引发损害的是“他人行为”，但“他人行为”并不排除存在对此应当负责之人的可归责行为的存在。比如，雇员

① 张家勇．合同法与侵权法中间领域调整模式研究：以制度互动的实证分析为中心．北京：北京大学出版社，2016：476－479.

② 克里斯蒂安·冯·巴尔．欧洲比较侵权行为法：下卷．焦美华，译．北京：法律出版社，2004：379.

③ ［荷］J. 施皮尔．侵权法的统一：对他人造成的损害的责任．梅夏英，高圣平，译．北京：法律出版社，2009：387.

的过错行为造成他人人身损害，但使用一个容易犯错的雇员从事活动就会造成“雇员致害危险”，该种危险因雇员“犯错”而实现，这样，雇员致害在法律上不仅可以评价为雇员自身的致害（雇员的自己责任），也可以把雇员的致害视为选任、监督过失行为的致害（雇主的自己责任）。从而，“替代责任”在这种情况下就不再是“为他人行为负责”了。不过，要是雇主并无选任、监督的过失行为，只是因为致害原因（雇员的致害行为）存在于其事务领域（雇员为其利益提供服务），而依“损益同在”的原则令其承担损害后果，雇主所担责任就具有为他人行为负责的特征，毕竟使用他人为自己的利益服务并非不当行为，不属于自己责任之规范领域。因此，雇主为他人行为负责的基础，决定了雇主责任是“为他人行为负责”还是“为自己行为负责”的定性。无论如何，既然雇主要么是因为选任、监督过失而负责，要么是依“损益同在”的原则而负责，就很难让人理解在债务履行和非债务履行时，雇主为何要依不同的归责标准而担责，比如在债务履行时采无过错责任，而在从事非债务履行活动时则采过错责任。①

在此，我们看到，制造风险者的责任要比未防范风险实现者的责任更为严格：无论致害风险是源于责任人自己的过错行为，还是源于纵非违法但的确危及他人的危险物或危险活动，或者更为宽泛的危险源，该危险源的归属方总要承担相对而言更加广泛的责任，即通过行动而使事实构成实现的致害危险具有决定意义。②

一旦从危险制造的角度而非直接致害原因是否为责任人自己行为的角度，对危险责任就可能会有不同理解。因危险物致害的责任通常被认为不以

① 一种看法是，在违约情形下，为履行辅助人行为负责的合同当事人是为自己行为负责，因为他并未履行合同承诺。［荷］J. 施皮尔．侵权法的统一：对他人造成的损害的责任．梅夏英，高圣平，译．北京：法律出版社，2009：387. 但是，这种解释并没有说服力。因为，即使是在合同责任采过错责任的法律制度中，债务人也不得通过证明其对履行辅助人选任、监督无过失而免予责任。事实上，如果允许雇主因使用他人而承担比自己亲自行为时更轻的责任，则肯定会减弱雇主对雇员行为的监督、管理，从而对相对人造成不可预料的损害风险。

② ［德］埃尔温·多伊奇，汉斯-于尔根·阿伦斯．德国侵权法：侵权行为、损害赔偿及痛苦抚慰金：第5版．叶名怡，温大军，译．北京：中国人民大学出版社，2016：19.

责任人的“行为”为必要，是纯粹基于物之“危险性”的责任。但是，不仅在认定责任成立时，确定危险物的保有者身份需要考虑其意志因素[①]，而且在责任排除上也可能要考虑保有者与危险的意志关联性，即非因自己原因使危险物脱离控制的保有人通常可以依法免责。[②]

由此可见，是为自己行为负责，还是为他人行为或事件负责，在归类上就如作为与不作为侵权的类型区分上一样，并非总是界限分明。例如，甲因过失驾车撞伤乙，致其昏迷，甲弃之不顾而驾车驶离，其后丙窃取乙之随身财物。就人身伤害而言，甲对乙系因自己的作为而承担赔偿责任；就乙之随身财物被盗的损失而言，虽系第三人行为所致，但因甲在交通事故后有保护乙之安全的义务，故甲仍应就自己的不作为而承担赔偿责任，其不得主张第三人行为之抗辩。

因此，在考虑责任构成时，发挥关键性作用的始终是，引致损害的危险源（行为或事件）是否可归入被请求承担责任之人的事务领域：首先是自己的作为，然后是依社会观念或特别法律规定应归入其负责领域的其他致害原因。

3. 因果关系

对因果关系的认定，理论上存在不同学说，主要有条件说、相当因果关系说、法规目的说和危险范围说等，不一而足。条件说，又被称为等值说，其认为，现实生活中导致权益受侵害的事实可能很多，它原则上被同等对待，只有那些“无之必不生此损害”的事实才可能成为致害原因。该学说以假想事实关系的方式判断因果关系，将所有导致损害的条件，乃至无边界的事件都视为原因，这容易导致民事责任的泛化。[③] 故应肯认条件说的过滤作用，但就因果关系的认定则需考虑其他因素。相当因果关系说在条件关系外

① ［德］克里斯蒂安·冯·巴尔．欧洲比较侵权行为法：下卷．焦美华，译．北京：法律出版社，2004：237-239.

② 《民法典》第1215条第1款（被盗、抢机动车致害的责任）。但是，这并不构成为一项原则，对于高度危险物致害的，即使是第三人行为引致，也可能并不免除保有人责任。原《侵权责任法》第44、68、75、83、86条。

③ ［奥］海尔穆特·库奇奥．侵权责任法基本问题：第1卷·德语国家视角．朱岩，译．北京：北京大学出版社，2017：134.

增加一个要素，即只有那些实质上增加了损害发生可能性的事实方得为致害原因，此即为相当性判断。[①] 此学说以客观可能性对因果关系的认定进行限缩，在实质上赋予了一个概然性判断，这为将法律政策引入因果关系的判断提供了渠道和空间，但关于客观可能性的判断标准则存在争议。[②] 法规目的说，也称规范保护目的说，该说认为，对因不法行为所生损害的赔偿责任，须就相关法规的意义与目的加以探究，尤其要探究其保护何种利益。只有受侵害权益处于相关法规的保护范围内，其损害才能依据该法规获得救济。[③] 该种理论实际上是一种通过法律目的解释来限定因果关系的方式。但是，对法规目的并无明确的判断标准，其常常是法官自行判断的结果，可能造成立法与司法功能混而为一。[④] 危险范围说以事前风险分配的方式认定因果关系，具体是指每个生活在现实社会中的人，都必须承受一定的生活风险，如果损害的发生是由当事人自身应承担的风险所引起，那么损害就应该停留在其发生之处；当行为人不当地造成了危险并且该危险与损害之间具有因果关系时，其就应当承担责任。[⑤] 危险范围说并不能普遍地适用，尤其难以适用于不作为侵权。

从上述关于因果关系理论的简要介绍可以看到，责任法上因果关系的认定极为复杂，各种因果关系理论在不同判决中均有适用的可能性，且充斥着价值判断，给法官留下了极大的自由裁量空间。[⑥]

---

① ［美］H. L. A. 哈特，托尼·奥诺尔．法律中的因果关系．张绍谦，孙战国，译．北京：中国政法大学出版社，2005：425.

② “相当因果关系”在我国法院的审判中的运用较为普遍，获得较为广泛的共识。参见中华联合财产保险股份有限公司乌鲁木齐市沙依巴克区支公司与德汇置业集团有限公司、钱某耐等保险人代位求偿权纠纷申请再审民事裁定书［最高人民法院（2015）民申字第 2408 号］，栖霞市绿源果蔬有限公司、中国银行股份有限公司北京市分行、信用证转让纠纷民事裁定书［最高人民法院（2013）民申字第 1296 号］。

③ 程啸．侵权责任法．3 版．北京：法律出版社，2021：248.

④ 陈聪富．因果关系与损害赔偿．北京：北京大学出版社，2006：129.

⑤ 王利明．侵权行为法研究：上卷．北京：中国人民大学出版社，2004：429.

⑥ 除上述学说外，法院还运用“直接因果关系说”，即只有那些直接造成损害的事实才是法律上的致害原因。参见“中国人寿财产保险股份有限公司漯河市中心支公司、胡亚辉机动车交通事故责任纠纷案”，河南省漯河市中级人民法院（2018）豫 11 民终 1463 号民事判决书。

在区分责任成立与责任承担的基础上，因果关系的规范作用相应地也表现在责任成立与责任范围/承担两个方面。责任成立的因果关系与责任范围的因果关系的区分是德国侵权法理论上的通说。[①] 依据这种区分理论，责任成立的因果关系解决的是加害行为与权益侵害之间的因果关系问题，即行为造成了侵害；责任范围的因果关系问题解决的是被侵害权益与损害之间的因果关系，即侵害造成了损害。[②] 这种区分实际上将加害行为与损害之间的联系分拆为两个阶段，从第一阶段因果关系成立的结论并不能推导出第二阶段因果关系亦成立的结论。第一阶段的判断结果受违法性与过错要件的限制，旨在判断行为人是否应当对权益侵害后果负责的问题；第二阶段要解决的是何种损害应由行为人负责的问题，原则上不再考虑过错问题，仅需基于法律政策判断对其范围予以适当限制。因此，将责任法这两个阶段的因果关系问题一体解决，不仅偏离不同阶段的判断重点，对具体判断亦无法提供清晰的指示。

但是，因果关系的上述构造明显受到侵权法以保护客体为中心之思考进路的影响，对某些客体要素表现不明显的侵权行为，如涉及纯粹经济损失的侵权，加害行为与损害结果之间的关联是直接的，“侵害”与“损害”的区分意义无从体现，强行在加害行为与“纯粹经济损失”之间插入“纯粹经济利益”也于事无补。此外，作为责任成立要件的故意或重大过失也可能对责任范围的确定发挥作用。并且，从本书所主张的功能性民事责任角度看，尽管损害的确源自受保护权益，但补偿性责任直接关注的是“损害”本身，因此，不能直接采纳以保护客体为中心的德国侵权法进路，需要对其作出某些调整。

简言之，在补偿性责任下，作为责任成立的因果关系是确立致害原因（被诉行为或事件）与损害后果之间的因果关系，解决的是被告是否应当向原告承担赔偿责任的问题；作为责任范围的因果关系则进一步确定何种损害

① 王泽鉴．侵权行为．3版．北京：北京大学出版社，2016：231.

② 同①231－232.

应被归入致害原因的效果之下。这种改造可能面临的最大问题是，既然两个阶段的因果关系都同样涉及致害原因与损害结果之间的关系，区分就没有意义。这种疑虑是可以理解的，但并不成立。因为，两个阶段因果关系判断中的“损害”具有不同内涵，即在责任成立的因果关系中，损害结果只是抽象的损害（遭受了可赔偿的损害这个抽象事实）；在责任范围的因果关系中，损害结果则呈现为具体的损害项目与内容（哪些损害是应予赔偿的损害这个具体事实）。只有对那些事实上由被告行为或应由其负责的他人行为或事件引致的损害（事实关联），才需要在责任法上作进一步的法律评价。也即，其处理的是事实认定问题，不涉及法律政策判断。当前述事实关联被确认后，接下来需要处理的是，受害人所受损害能否获得赔偿以及在何种程度上获得赔偿，理论上将其称为“因果关系的可归责性”①。“因果关系的可归责性”涉及违法性、过错或其他归责基础、责任范围等问题。违法性与过错或其他归责基础和责任成立相关，对其判断无须考虑具体的损害内容与范围；责任范围则与赔偿额的确认相关，因而必须涉及损害的具体内容或程度，其主要与受保护权益相关，但同时也受制于特殊的法律政策判断，如排除规范保护目的范围外的损害，或者对故意侵害施予更为宽泛的责任等。在这个阶段，“因果关系”虽然仍以事实认定为基础（具体损害是否与受保护权益相关），但具备更多法律评价的意义（法律关联）。因此，经过调整的补偿性责任之因果关系的判定，在责任成立阶段解决的仍然是“是不是”的问题，而在责任范围阶段解决的是“该不该”的问题。②

基于认定因果关系的目标可以进一步确定因果关系的判断标准：责任成

---

① 克里斯蒂安·冯·巴尔．欧洲比较侵权行为法：下卷．焦美华，译．北京：法律出版社，2004：537-570.

② 由于责任范围的因果关系仍然存在事实认定问题，所以，不能将责任成立的因果关系与责任范围的因果关系和事实上因果关系与法律上因果关系的分类直接等同。尽管理论上存在将相当性因果关系同时适用于责任成立的因果关系和责任范围的因果关系（王泽鉴．侵权行为．3版．北京：北京大学出版社，2016：236-237），但这可能导致将不同的要件（如因果关系与过错问题）混淆的可能性（［德］埃尔温·多伊奇，汉斯-于尔根·阿伦斯．德国侵权法：侵权行为、损害赔偿及痛苦抚慰金：第5版．叶名怡，温大军，译．北京：中国人民大学出版社，2016：25），因此，本书持取如下立场：尽管事实上因果关系既涉及责任成立的因果关系，也涉及责任范围的因果关系，但法律上因果关系仅与责任范围的因果关系相关。

立的因果关系因其事实认定的属性，依通说采必要条件说（不可欠缺之条件说），只有那些为损害结果之发生不可或缺的被诉行为或事实才属于满足事实构成的致害原因。而该判断在认定作为侵权与不作为侵权时采取不同的方法：对作为侵权采“剔除法”，若剔除被诉行为或致害事实，就不会发生该种损害，或会以完全不同的方式发生损害，则该行为或事实与损害结果之间成立因果关系；对不作为侵权则采“替代法”，若行为人履行了法律要求的行为义务，损害结果仍然发生，则不作为与损害结果之间没有因果关系。[①] 但是，在提供不法机会或动机、共同加害行为与共同危险行为、假设因果关系、超越因果关系、累积因果关系以及因果关系中断等情形下，若严格采纳必要条件说来确定因果关系，则有可能发生应当负责之人无须负责的问题，因此需要例外予以修正。[②] 此种修正，其中多数情形仍可基于社会观念而肯定其事实上因果关系，少数情形实际上已偏向法律政策之立场（如共同危险行为与因果关系中断等）。

需要说明的是，我们目前有关因果关系的讨论主要集中在侵权责任方面，这与民法上对因果关系的讨论多以侵权法为模型的情况是一致的，但这不意味着违约赔偿责任或其他赔偿责任就不存在因果关系的问题，从而无法确立因果关系的统一事实构成要件地位。因为这不过是一种假象。

的确，因违约赔偿主要涉及的是履行/给付利益的保护问题，履行利益通常体现在债务人的给付义务/行为中，因此，一旦债务人不履行债务，相对人所受履行利益的损失就当然地被推定为系由债务不履行所致。在这个意义上，违约赔偿中的因果关系就主要表现在责任范围（“近因”）上，违约赔偿责任成立上的因果关系问题也因此极少被关注，这与侵权法上特别关注责任成立上的因果关系迥然有别。然而，在确定违约损害赔偿范围前，必须首先确定违约行为与相对人所受损失之间（责任成立上）的因果关系。[③] 违约

① 程啸．侵权责任法．3版．北京：法律出版社，2021：245.

② 陈聪富．因果关系与损害赔偿．北京：北京大学出版社，2006：51.

③ *Chitty on Contracts*, Vol. 1, 32nd edn., Sweet & Maxwell, 2015, p. 1838.

赔偿所涉及的义务不限于给付义务，还包括保护义务在内，其救济的利益也不限于履行利益或可得利益，尚包括固有利益或维持利益在内。在涉及固有利益或维持利益的场合，违约损害赔偿在责任构成上会面临与侵权责任类似的问题。即使是对履行利益的救济，也只是在责任成立因果关系认定上较为简单而已，但并不能因此否定其存在。事实上，学者也主张借鉴侵权法上有关责任成立的因果关系与责任范围的因果关系的二分法，并采取类似的判断标准或方法。[①] 这表明，不同请求权基础下成立补偿性责任的因果关系不仅有共同的要求，而且具有相同的判断方法与标准。

（二）归责基础的体系构建

补偿性责任会将受害人所受损害依法转嫁给应为其负责的他人承担，因而，补偿性责任须有将损害转嫁的正当理由（Schadenszurechnungsgründe），学说称之为归责原则或标准（Zurechnungsprinzip）。[②] 针对损害发生的不同情形，法律采用不同的归责标准。从理论和实践承认的归责标准来看，补偿性责任至少存在过错责任、危险责任、严格责任、担保责任、公平责任、牺牲责任等多种责任形态。过错责任乃从积极方面确认责任成立的基础，其反面即为理论上通常所称“无过错/无过失责任”（立法上如《民法典》第1166条）。“无过错责任”含括多种不同责任基础，其消极特征并不反映归责的真正基础，故“无过错”并非归责标准，具体无过错责任类型所反映的确立责任的正当理由方为归责基础，如物或活动的特殊危险、组织风险、公平补偿、报偿原理、特别牺牲等，这是需要首先明确的。

1. 过错责任/过失责任

就过错责任/过失责任而言，民法理论通常仿效刑法理论而将其区分为故意和过失两种类型。无论是合同法还是侵权责任法中，都存在概括使用“过错”[③]，

① 韩世远．合同法总论．4版．北京：法律出版社，2018：786.

② 王泽鉴．损害赔偿．北京：北京大学出版社，2017：41.

③ 如《民法典》第157条、第824条、第841条、第929条及第1165条第1款、第1203条第2款等。其中又分为作为责任成立基础的“责任人方面的过错”与作为免责或减轻责任的“受害人或被侵权人方面的过错”。

以及分别使用“故意”[①]（包括“明知”“知情”等替代性用语表达）和“过失”（包括“保管不善”[②]、“怠于答复”[③] 等替代性表达）的情形，过失中亦有特别提及“重大过失”的。[④] 在所有这些规定中，均无对“过错”“故意”“过失”基本含义的说明或界定。在功能上，概括性的“过错”标准是归责与免责或减轻责任的一般标准。“故意”在《民法典》侵权责任编中并未成为确定责任成立的明确标准（原《侵权责任法》第 36 条第 3 款“知道”的规定可视为是间接确立故意侵权责任之例外），而只是免除责任（《民法典》第 1174、1237～1240、1245 条）或加重责任（《民法典》第 1207 条将“明知”规定为惩罚性赔偿责任之要件）的事由。故而，可以认为，我国现行法上并未将“故意侵权”作为独立的或特殊的侵权类型对待，“过失责任”乃“过错责任”的一般归责标准。相反，在涉及以过错为归责标准的违约责任方面，立法者往往概括使用“过错”、“故意”或“重大过失”等用语，甚至“故意”或“重大过失”的用语更为多见（如原《合同法》第 53 条第 2 项、第 189 条、第 374 条及第 406 条[⑤]）。这种状况与我国原《合同法》中的过错责任为违约责任之例外，须以法律明文规定，且在不同违约致害情形下需作不同利益平衡的情况有关。

故意责任始终是主观标准，行为人认识到损害结果且希望或放任该种结果发生。[⑥] 过失则有主观过失与客观过失之别。主观过失通常被理解为行为人应受责难的心理状态，其未尽到本可尽到的避免损害发生之注意义务，反

---

① 如原《合同法》第 42 条第 2 项、第 53 条第 2 项、第 189 条、第 191 条第 2 款、第 406 条第 1 款第二句及第 425 条第 2 款 [《民法典》第 500 条第 2 项、第 506 条第 2 项、第 660 条第 2 款（有调整）、第 662 条第 2 款、第 929 条第 1 款第二句及第 962 条第 2 款] 中的“故意”。原《侵权责任法》并未规定侵权人方面的“故意”，更多规定了受害人或被侵权人方面的故意，如第 27、70～73、78 条（《民法典》第 1174、1237～1240、1245 条）；《民法典》第 823 条（原《合同法》第 302 条）的“旅客故意”亦然。责任人方面的故意为归责基础，受害人或被侵权人方面的“故意”则是免责或减轻责任的事由，功能不同。

② 原《合同法》第 374 条及第 394 条（《民法典》第 897 条及第 917 条第一句）。

③ 原《合同法》第 257 条（《民法典》第 776 条）。

④ 原《合同法》第 53 条第 2 项（《民法典》第 506 条第 2 项）。

⑤ 对应《民法典》第 506 条第 2 项、第 660 条第 2 款、第 897 条以及第 929 条。

⑥ 作为归责标准的故意通常被认为与致害结果相关，可称为“结果相关型故意”，但也存在仅与加害行为相关的“行为相关型故意”，如欺诈侵权、“明知”型侵权等。“结果相关型故意”通常都存在行为相关的故意，但“行为相关型故意”则未必对结果本身由所认识，从而属于一种弱化意义的故意形态。

映为伦理上的可责难性。与之不同，客观过失则是指因行为人未满足法律所要求的行为标准而引致损害。[①] 鉴于在过失归责情形下，行为人并非明知损害结果，而是以其对侵害或损害结果可否预见并予以防止为判定标准，故而，预见与控制能力之判定标准的选择即成关键。主观过失并非将过失判断作为对行为人纯粹心理过程的认知，其必须结合与行为相关的外在环境或客观因素认定过失之有无，因而必然与客观因素牵连。主观过失与客观过失的差异不在于其是否与行为人特定心理状态相关，而在于避免侵害或损害之注意标准的确定：若以行为人具体的注意能力判断过失之有无，为主观过失；若以通常合理之人在类似情况下所能尽到之注意程度为标准（合理人或“中人”标准）判断过失之有无，则为客观过失。在客观过失下，若行为人具体的注意能力高于一般人的注意水平，则其可能成立主观过失而不成立客观过失；相反，若其注意能力低于一般人，则其不成立主观过失而可成立客观过失。在前者，采客观责任将无助于损害之防免，背离过失的道德责难性，与社会一般伦理观念有违。有鉴于此，为避免有更强注意能力的人逃避责任，宜采主观过失标准。相反，虽然客观过失有助于提升社会整体防免损害的激励效果，促进社会交往中的信赖与安全，但其会引发无预见和控制能力者被判令承担责任的问题，形成“无过错的过失责任”状况。为调和主观过失与客观过失标准的冲突，司法实务界与理论界主张，宜依行为人所属特定群体而设置不同行为标准，如对专业人士、组织体设置更高的行为标准以强化受害人救济[②]，对影响认知与控制能力的残疾人或未成年人，则采纳低于正常人或成年人的注意标准以弱化责任[③]，这种做法应值肯定。此外，传统理论认为：为促进交易安全，违约责任应采客观过失标准；反之，侵权责任因涉及对个人自由的维护，应采主观过失标准。但是，现代侵权责任法已呈现出

---

① 有关客观过失之讨论，参见朱岩．侵权责任法通论：总论．北京：法律出版社，2011：291。

② 例如，在“李某、马某林与吉林豪格律师事务所、刘某强委托合同纠纷案”［吉林省高级人民法院（2018）吉民再297号民事判决书］中，法官认为，“刘某强应在执业过程中尽到合理的谨慎注意义务，达到同行业普遍执业标准”。

③ 朱岩．侵权责任法通论：总论．北京：法律出版社，2011：292.

偏重受害人保护的倾向，过失客观化已成趋势。[①] 由此，无论违约责任抑或侵权责任，原则上均以客观过失为一般标准。

当然，纵然不同补偿责任均采相同的过失标准，但这也不意味着过失标准会以同样的方式被适用。直言之，在包括违约在内的债务不履行情形中，由于债务的内容既已确定，不履行债务的行为将被推定为有过失[②]，从而，“过失推定”成为债务不履行过失责任的一般适用方式。相反，在侵权责任下，过失推定具有强化责任、限制行为自由的效果，原则上法无明文不得推定[③]，因而，侵权法上的过失责任原则上为一般过失，由权利人就加害人的过失负证明责任。

尽管如此，还是应当看到，债务不履行责任和侵权责任在过失标准适用上的差异也可能并不像看上去那么明显。既然债务不履行责任实行“过失推定”的前提是债务内容既定，权利人在主张权利时就必须证明债务的具体内容，或为该内容的确定提供相关证据。相反，在侵权责任情形下，确定责任的关键在于认定行为人在社会交往中通常应负的注意义务，或者说满足该项义务所要求的标准。[④] 因此，如果权利人能够证明行为人之行为违反了法律所要求的“必需的行为标准”[⑤]，通常即可被认定为有过错。如此一来，在过失侵权责任下，“过失”的判断需要确定行为人的具体行为是否满足法定的“必需的行为标准”，结合具体情境依该标准所确定的行为要求也就成为该种情境下行为人的“具体行为义务”，违反该义务将与债务不履行责任下的“债务不履行”具有类似效果。

---

① 邱聪智．从侵权行为归责标准之变动论危险责任之构成．北京：中国人民大学出版社，2006：36.

② 需要明确的是，我国法上的违约责任以严格责任为原则，以过错责任为例外。对于合同责任外的其他债务不履行情形，现行法并未提供归责标准的相关指示。按照《民法典》第 468 条之规定，合同编“通则”的规定也可以适用于与其性质不相冲突的其他债务关系。在侵权责任并不存在类似规定的情况下，不能确定非合同债务不履行在性质上不能适用合同债务的归责标准的情况，亦须适用严格责任或无过错责任标准。但对如无因管理中债务不履行所生损害赔偿责任来说，适用无过错责任是难以接受的。就此，在立法既定的情况下，司法与学理需要协力就此加以明确。

③ 王利明．侵权责任法研究：上卷．北京：中国人民大学出版社，2010：228.

④ 陈聪富．侵权归责原则与损害赔偿．北京：北京大学出版社，2005：15.

⑤ 《欧洲侵权法原则》第 4：102 条。具体说明，参见欧洲侵权法小组．欧洲侵权法原则：文本与评注．于敏，谢鸿飞，译．北京：法律出版社，2009：117。

实际上，上述结论也可以从有关违约责任归责标准的讨论中发现。尽管我国传统理论习惯于讨论违约责任的归责原则或标准，但新近的讨论则主张借鉴比较法上有关“结果债务”与“手段/方式债务”的类似区分确定责任。对手段债务而言，只要债务人尽到了最大努力以履行债务，纵未发生预期结果，亦无须承担责任。如果我们承认，“债务人之所以负担损害赔偿责任，不是因为有过失，而是因为他通过合同承接了债务，不履行债务本身就是可归责的”①，那么，由于手段债务的债务人应尽的义务也就是其依履行标准须尽到的义务，履行标准包含于合同义务的内容之中，违反义务的判断本身就包含了传统理论中的“过错”因素，传统法下的过错责任也由此被改造为无过错责任。② 不论是否赞同这个结论，但它至少表明，合同债权人仅仅证明债务人未履行义务尚非充分，与特定义务相关的履行标准也必然成为争议的对象，即债权人必须证明债务人依合同已经承接了特定内容的债务（包含履行标准在内），在这个意义上，有学者将手段义务的归责标准确定为过错③，这看似与前引观点截然相反，但其实质并未改变：是把履行标准作为债务内容的组成部分还是独立的过错判断因素，不过表现为思维方式的差异而已。

如此一来，债务不履行责任与侵权责任中对过失的判断就都表现为对法律要求的行为标准的违反。它们之间的差异则表现在：如何将与行为标准之违反相关的事实因素在权利人与被请求承担责任者之间分配证明负担。

2. 无过失责任

恰如前述，无过失责任并非真正意义上的归责标准，不过是各种不以过错或过失为必要要件的责任基础的总称而已。以下择其要者加以简述。

（1）危险责任。

危险责任乃无过失侵权责任中最重要的责任类型，是现代风险社会中民

① 解亘．我国合同拘束力理论的重构．法学研究，2011（2）：77.

② 朱虎．债法总则体系的基础反思与技术重整．清华法学，2019（3）：138.

③ 朱广新．违约责任的归责原则探究．政法论坛，2008（4）：89.

事责任的主要归责事由，甚至构成区分近代侵权责任法与现代侵权责任法的标识。[①] 危险责任以物或活动的特殊危险（异常危险）作为归责之基础，在归责体系上属于过错责任的例外。

作为危险责任之基础的特别危险，与通常引致损害的特定风险有别。在普通交往安全义务情形下，开启或控制特定危险源者，对因此所生损害有赔偿责任。按照这种理解，责任人承担责任的根据在于开启与控制危险源。此时，归责仍着眼于责任人的行为，危险并非决定责任的充分基础，这种情形下的责任与传统过失责任很难说存在泾渭分明的界限。在这个意义上，相关责任只是介于传统过失责任与无过失责任之间的某种归责标准。也就是说，当归责更加偏重与行为相关的危险源的致害性而非行为人是否能够合理控制其危险时，归责就接近于真正意义上的无过失责任；当归责更加偏重行为人对危险源的开启与控制可能性时，归责就只是被客观化而已，并没有脱离过失责任的底色。关于这种状况，有学者称其为“危险责任与过失责任之间的流动性”[②]。不过，这种说法虽然形象，但容易引致误解：“流动性”只能是针对民事责任整体归责而言的（在两个极端之间的区间进行归责的总体归责状况），而个别致害事件的归责始终只能处于前述区间的特定位置，是谈不上“流动性”的。质言之，“归责的流动性”不等于“危险责任”或“过失责任”的流动性。有学者指出，基于交往安全义务的过失责任与危险责任之间尽管存在边界模糊的情况，但其区别仍然是存在的：危险责任主要强调对特殊危险所致结果负责，其次才是危险的避免；而基于交往安全义务的责任则首先强调对致害危险的防免，对相关的行为要求必须具有合理的可期待性。[③] 这种所谓强调重心的差异，并没有达到概念界定的清晰度要求，其仅仅指出，在进行侵权归责时，裁判者有时候可能会强调特殊危险对归责的决定性，有时候则强调危险防免行为之可期待性对归责的决定性，二者具有补

① 朱岩．侵权责任法通论：总论．北京：法律出版社，2011：388.

② 陈自强．民法侵权行为法体系之再构成（上）．台湾本土法学杂志，2000（16）：67.

③ 李昊．危险责任的动态体系论．北京：北京大学出版社，2020：219.

强关系。因此，“危险”作为归责的考虑因素，只是丰富了归责的基础性考虑因素，即从单纯注重对损害的防免（并因此关注对加害人防免行为的可期待性），转向也考虑致害物或活动的特殊危险性（并偏重受害人的权益救济）。

申言之，如果将危险责任和过失责任（含基于交往安全义务的过失责任）都作为“流动性”的归责体系，势必混淆两种责任的区分基础。如果只有一段具有“流动性”，则前述问题将不复存在。从危险责任与过失责任的特点来看，过失责任作为侵权责任的一般归责标准，其“一般性”的定位能够将危险因素等纳入考虑范围，故而与“流动性”相容。在进行过失判断时需要考虑多种因素，如危险程度、损害大小、预防损害的负担、行为人的行为与被害人损害的社会价值与损害等，其经常涉及价值判断与利益衡量，具有明显的法政策判断的色彩。① 也就是说，“过失”概念具有极大弹性，裁判者可以根据案件具体情况，借助“注意义务标准/必要行为标准”的调整，扩展归责考虑因素的范围，以满足过失归责的实践需要。在过失判断中纳入行为人主观因素外的其他因素，彰显了过失判断的客观化。这种偏离行为人主观情况的客观过失，可能设定了行为人无法达到的行为标准，在这种情况下，行为人所承担的责任就接近于无过失责任。② 为了避免过失客观化引致的严苛性，针对特定类别的人确定其平均的行为标准，就仍然在相当程度上保持了过失的主观性。③

反观危险责任，如果同样将其纳入行为人对损害的防免可能性，则其与过失责任就无法有效界分。因此，危险责任应当将行为人的主观因素排除于归责考虑之外，使行为人仅对其控制的危险物或活动所造成的“不可避免的结果”承担责任，从而成为真正的针对意外损害的严格责任或无过失责任。④ 于是，危险责任就仅指单纯着眼于危险源（物品或活动）的特殊致害

---

① 陈聪富．侵权归责原则与损害赔偿．北京：北京大学出版社，2005：58. 王泽鉴．侵权行为．北京：北京大学出版社，2016：300.

② 黄立．民法债编总论．北京：中国政法大学出版社，2002：241.

③ ［瑞士］雷伊．瑞士侵权责任法．贺栩栩，译．北京：中国政法大学出版社，2015：230.

④ Siehe Nils Jansen，*Die Struktur des Haftungsrechts*，Mohr Siebeck，2003，S. 559.

危险而予以归责的侵权责任。

传统理论通常认为，无过失的危险责任作为过失责任之例外，须以法律有明确规定为必要，其通常表现为特别法上的危险责任规定，且都指向特定的致害情境，如被告应对其运营的火车、飞机、汽车、电气设备所造成的损害负责。于这些责任类型，裁判者在要件涵摄上没有太大的裁量空间，以免“例外”被发展为一般规范，无法达成例外情形法定化的限制效果。

但是，这种具体列举的不利之处在于，当立法者思虑不周时，会出现本应纳入的事实情形未被规范的法律漏洞。同时，法律也可能落后于社会经济的最新发展，若法律修订不及时，严格适用既有规定可能会引发评价矛盾：既然都是机动运载工具造成损害，为何责任的确定还要取决于运载工具是汽车、轻轨、起重机、登山铁道还是电梯呢?[①] 为了避免发生前述问题，现代侵权法开始尝试将引发危险责任的活动加以一般化，而将责任限制的任务部分移交给法律适用者。在侵权法中增设危险责任的一般规定，在法国、瑞士、德国的侵权责任法改革动议中均可见其倡导者。[②]《美国第三次侵权法重述》第 520 条在“严格责任”部分规定了“异常危险活动”（Abnormally Dangerous Activities）的致害责任，与我国《民法典》侵权责任编第八章规定的“高度危险责任”，尤其是第 1236 条规定的“高度危险作业致害责任”大体相当，系属一般危险责任之特殊类型。由此可见，现代侵权责任法有关危险责任的立法已有采用不同程度的一般条款之趋势。尽管如此，不可否认的是，这些一般化的危险责任的确立都无须考虑行为人不当行为之有无，因而仍然能够与过失责任形成明确地区分。

（2）担保责任。

担保责任是行为人在应确保特定结果发生而未发生时须承担的法律责任，其多见于与法律行为有关的民事责任场合。但是，这里的“担保责任”

---

① Siehe Konrad Zweigert，Hein Kotz，Einführung in die Rechtsvergleichung，3rd edn.，Tübingen，1996，SS. 662 - 663//［美］詹姆斯·戈德雷．私法的基础：合同、侵权、合同和不当得利．张家勇，译．北京：法律出版社，2007：340.

② 同①405.

并非指债务人或第三人为担保债权实现而依法律规定或约定所承担的法律责任或义务，而仅指法律救济意义上的一种无过失责任形态。

最为人所熟知的前述意义上的“担保责任”是合同法上所谓的“瑕疵担保责任”，即合同债务人须就其让与标的之权利瑕疵或给付标的之物的瑕疵向相对人承担无过失赔偿责任。在传统民法上，瑕疵担保责任多见于买卖合同、承揽合同等有偿双务合同中，其特殊性主要有二：一是有别于一般以（推定）过错为归责标准的违约责任，而采无过失责任；二是物的瑕疵担保责任采特别的消灭时效规定。[①] 如果合同债务人依合同本就负有移转约定的权利或提供合乎质量要求之标的的义务，其未尽该等义务即构成对合同义务的违反。当法律规定合同债务人原则上须就其违约行为承担严格责任或无过失责任时，前述瑕疵担保义务就当然被纳入“义务违反”的统一规则框架中，从而丧失对其作特殊规定的必要性[②]，其不过为严格的违约责任之具体发生情形而已。[③] 在这种情形下，“担保责任”的正当性仍以合同本身为基础，属于广义的以约定为基础的责任。

与之类似的是债务人对其债务履行辅助人履行债务不符合债务关系之要求的行为承担责任的情形。这种责任不以债务人对辅助人之选任或监督有过失为必要，属于一种无过失责任。[④] 这种责任的发生在相当程度上与侵权法中本人对事务所属人或者雇主对雇员所致损害负责的情形类似，但是，与比较法上通常采取的区别对待，即在侵权法上，本人或雇主仅就自身在选任、监督有过失时方承担责任不同，我国现行法则将前述致害情形与合同法上的履行辅助人责任规则在归责标准上采统一处理，即债务人/本人均需对辅助人的致害行为承担无过失责任。针对这种责任的正当性，存在不同认识，合同法上的辅助人责任规则被认为是杂糅了信赖责任与危

---

① 《德国民法典》第 438 条。

② 韩世远．合同法总论．4 版．北京：法律出版社，2018：555.

③ 参见《民法典》第 617 条关于“质量瑕疵”的责任规定。该法关于“权利瑕疵”并无类似引致规定，仅规定买受人有中止付款抗辩权，在法律适用上，典型合同在没有特别规定的情形下当然得适用《民法典》第 584 条之规定。

④ 《德国民法典》第 278 条，《民法典》第 593 条第一句。

险归责的思想[①]，对侵权法上事务所属人责任的正当性存在更多的解释，监督或控制理论、分散损失与“深口袋理论”、收益与风险一致理论等[②]，不一而足。在中国法上，债务人对其使用的第三人行为承担无过失责任，用人者也要对其工作人员或为其提供劳务者致他人损害的行为承担无过失责任。[③] 这意味着，立法者对使用他人为自己实施活动之人的行为采取相同的归责原则。由此确立的一个原则是，为自己的利益使用他人服务者须承担由此所生的损害，从而将他人的行为与责任人自己的行为完全等置，而无须考虑该他人是为事务所属人履行债务还是从事其他活动。在侵权法中，对事务所属人归责的理由要么是因为辅助人不称职，要么是因为活动的特殊危险，抑或事务所属人在对辅助人选任或监督方面存在过失[④]，如果真是这样，对事务所属人的无过失归责就都能与受害人保护的政策取向协调，且不会与法律上既以确认的归责正当基础发生冲突。

在比较法上，与法律行为相关的担保责任还见之于瑕疵法律行为/合同无效引致的损害赔偿情形，这主要是错误意思表示被撤销时表意人对善意相对人所承担的赔偿责任，以及无权代理未被追认时行为人对善意相对人的赔偿责任。[⑤] 但是，这并非一般性的做法。就我国法的规定来看，尽管理论上有观点主张借鉴前述做法，将因错误意思表示被撤销导致的赔偿责任规定为无过失责任，但这种观点在《民法典》中仍未获得支持[⑥]，其仍以过失责任为归责标准。反之，对未受追认的无权代理行为，《民法典》则不同于理论上的一般看法以及比较法上的多数做法，以相对人的选择为前提，施予行为人对善意相对人的无过失赔偿责任。其正当性在于，法律基于交易安全之需

---

① 卡尔·拉伦茨．德国法上损害赔偿之归责原则//王泽鉴．民法学说与判例研究：第 5 册．北京：北京大学出版社，2009：195.

② 曹艳春．雇主替代责任研究．北京：法律出版社，2008：114－124.

③ 《民法典》第 1191 条第 1 款及第 1192 条第 1 款。

④ ［奥］赫尔穆特·考茨欧．侵权法中事务的所属人和行为人责任．张家勇，周奥杰，译．环球法律评论，2015（4）：15.

⑤ ［德］汉斯·布洛克斯，沃尔夫·迪特里希·瓦尔克．德国民法总论：第 33 版．张艳，译．北京：中国人民大学出版社，2012：268，360.

⑥ 《民法典》第 157 条第二句。

要而对相对人提供信赖保护。[①]

总体而言，作为法定的无过失责任形式，担保责任实际上融合了法律交易中基于交易安全的信赖保护原则与侵权责任中基于危险控制的客观归责原则，其法律政策判断的色彩较为明显。

（3）牺牲责任。

民法上的牺牲责任，指因自己受益而使他人蒙受特别牺牲者，应就他人所受损害给予补偿的责任（Aufopferungshaftung），反面即为权利人的牺牲补偿请求权（Aufopferungsanspruch）。“特别牺牲”是指为特定个人利益而承担容忍义务或权利减损之不利后果。牺牲责任在欧洲法上得到广泛承认[②]，比较法中典型的私法上的规定见于《德国民法典》第 867 条第 2 句、第 904 条第二句、第 906 条第 2 款、第 912 条第 2 款、第 917 条第 2 款、第 962 条第三句等。其实际上可分为三类：一是因紧急情形对他人所有权加以干涉而致损害的赔偿责任，如第 904 条第二句规定的紧急避险情形的赔偿责任；二是超出相邻关系中容忍限度的无形侵害所生的损害的赔偿责任，如第 906 条第 2 款；三是因财产权利受特别限制而须补偿由此所生损失的责任，如第 867 条第二句、第 917 条第 2 款以及第 962 条第三句之规定。在这些情形下，法律均要求权利人须容忍他人的特定侵害或干扰行为，他人的行为属于法律容许行为，无不当性，因而亦无所谓过失问题，但基于平等原则，受益人需对权利人因其所受损失而予以赔偿或补偿。德国的主流学说认为，在前述情形下，获得损害赔偿请求权的原因在于，物之所有人例外因他人优先利益而不能主张依法应享之权利，故应获得补偿。[③]

牺牲责任与危险责任一样均以救济被容许之致害行为所生损害为目标，但依前文所述，危险责任之基础在于物或活动的特殊致害危险性，而牺牲责任之基础则在民事主体间一方为他方利益遭受特别损害，而受损方本无权利

① 张家勇．论无权代理人赔偿责任的双层结构．中国法学，2019（3）：131.

② Siehe Lars Römermann，*Aufopferungshaftung in Europa*，Osnabrück，Univ. Diss.，2007.

③ 王泽鉴．民法学说与判例研究：第 5 册．北京：北京大学出版社，2009：192.

受限之一般义务，故其更多体现的是公平补偿原则，与民事关系两极性原则相恰。与私法上的牺牲责任不同，公法上的牺牲责任的正当基础在于，为公共利益而作出特别牺牲者，不应独自承受损失，国家通过补偿责任而将该损失在社会成员间平等分担，故其反映的乃是宪法上的平等原则。[①]

在我国民法理论上，罕见就该种归责形态进行讨论者，紧急避险受益人的补偿责任常被视作“公平责任”[②]。这种情况可能更多与我国民法上“公平责任”过于泛化相关，其并未反映该种责任真正的归责基础。除此之外，《民法典》第220条第2款第二句规定的责任，即异议登记不当致权利人损害的赔偿责任，亦属牺牲责任。此处所谓“不当”，事实上宜解释为“异议不成立”，异议登记本身即为法律赋予利害关系人之救济权利，纵不成立，亦非不当。之所以在“异议不成立”时赋予权利人以赔偿请求权，乃使其不因他人并不成立的权利主张而遭受损害。值得注意的是，《民法典》第296条删除原《物权法》第92条后段规定，即“造成损害的，应当给予赔偿”。此种处理，将造成相邻关系中因利益相邻不动产所生损害失去特别的请求权基础，其只能转而求助于一般的损害赔偿规范，也就是《民法典》第1165条第1款“一般过错侵权责任”。立法者或许认为，相邻关系中的权利限制以必要性为原则，因此对所生损害即无须赔偿，但超出必要性的限制所生损害当然具有不当性，自应赔偿。但是，超出必要性的限制并不意味着受益人因此而存在不当行为甚至过错，将其纳入过失侵权处理，与此种情形下的损失分担事实情境显非相容。此外，纵属必要性限制，也不意味着权利人应最终承受此种损害，毕竟，相邻关系中对一方权利施予限制的基础，并非基于权利所应承受的一般社会限制，而系服务于个别主体的特殊利益，因此，须经补偿而达致利益平衡，维护法律既以确认的权利秩序。

（4）公平责任。

公平责任是就特定损害由法院基于公平观念，并斟酌相关情况裁定而由

---

① Siehe Lars Römermann, *Aufopferungshaftung in Europa*, Osnabrück, Univ. Diss., 2007, S. 2.

② 程啸．侵权责任法．3版．北京：法律出版社，2021：130.

加害人对受害人给予补偿的民事责任。在比较法上，公平责任主要适用于无责任能力的加害人造成他人损害，且受害人亦无法从监督义务人、法定代理人/监护人等其他赔偿义务人处获得赔偿等少数情形。[①] 我国原《民法通则》第 132 条及原《侵权责任法》第 24 条曾规定，在当事人对造成的损害都没有过错时，可以根据实际情况由当事人分担民事责任。该规范曾是我国侵权法上就“公平责任”的一般规定。既然其为“过错原则”之例外，此种一般规定就与其例外特征不合，有扰乱侵权责任归责体系之嫌。因此，理论上对此多持否定见解。《民法典》第 1186 条虽未删除该规定，但将“可以根据实际情况”改为“依照法律的规定”由双方分担损失，将其有请求权基础规范转换为纯粹的转引规范，有效地避免将“公平责任”泛化。依照该规定，原《侵权责任法》第 87 条（《民法典》第 1254 条第 1 款第二句后段）规定的可能加害的建筑物使用人补偿责任，应属其例，但其具有明显政策判断色彩，体现的是基于社会连带的损害分散思想，与公平原则并不相洽。比较法上常见的无责任能力者致害时的公平责任类型，在我国现行法上反倒成疑。尽管《民法典》第 1188 条第 2 款一如既往地规定了有财产的无民事行为能力人、限制民事行为能力人应从本人财产支付赔偿金，但因其混淆责任主体，且不以监护人无赔偿能力为前提，事实上有以此类主体有财产为前提，将其所致损害处理为该类主体之结果/绝对责任的嫌疑，与公平责任的创设本意相去甚远。就此来看，真正符合“公平责任”本质的规定只有《民法典》第 1190 条第 1 款后段涉及的公平补偿责任，即完全民事行为能力人暂时没有意识或者失去控制造成他人损害但无过错的，应根据其经济情况对受害人予以适当补偿。

据上可见，补偿性民事责任基于发生损害的不同情形可构建多层次的民事责任归责体系。考虑到归责基础彼此相差较大，为适应不同需求，无法依循单一价值强使其归于统一。值得注意的是，纵然同样采纳无过失归责标准，但是，由于违约责任以救济合同设定的权益为目标，该权益与合同义务

① 《德国民法典》第 829 条、《意大利民法典》第 2047 条、《瑞士债务法》第 54 条第 1 款等。

直接关联，因而，违约责任以合同义务不履行为唯一归责基础，赔偿的对象是因此所生之损害。相反，侵权责任以救济固有权益为目标，加害人并不负有促成该权益实现的义务，因而，责任的施予以法定归责要素的满足为必要，并不对行为人的行为本身提出义务性要求。因此，无过失责任依其本性就无法获得统一的基础。

（三）小结

就补偿性责任的必要构成要件而言，正如法国《民事责任改革法建议草案》提取的要素一样，只有可赔偿的损失与因果关系两个要素为合同责任与合同外责任的共同构成要件。致害行为及可归责性虽然在补偿性责任中发挥作用，但若将信赖责任、牺牲责任与公平责任等法定补偿责任均纳入观察范围，就不难发现它们对这些责任的构成并非总是必要。就归责基础而言，不同补偿性责任之间差异极大，违约责任与非违约责任实际上采取了完全不同的构造逻辑：违约责任以严格责任为一般原则，而非违约责任（包括侵权责任以及传统法上除违约责任外的其他债务不履行责任）则以过失责任为一般原则，作为例外而存在的“无过失责任”具有极富差异化的归责基础，无法达致统一的要求。

五、惩罚性责任构成要件的考量因素

（一）惩罚性责任的理论基础

惩罚性赔偿较之补偿性损害赔偿，主要发挥威慑不法行为、预防损害再次发生的功能。王泽鉴先生谓：“民法上的损害赔偿旨在填补被害人的损害，非为处罚加害人，虽具有一定的预防功能，但此乃附带作用。”① 曾世雄先生亦指出，“损害赔偿之最高指导原则在于赔偿被害人所受之损害，俾于赔偿之结果，有如损害事故未曾发生者然”②。与之不同，惩罚性赔偿包含补偿、惩罚与威慑三种职能，当应当补偿的数额超过实际损失时，作为私法中

① 王泽鉴．损害赔偿．北京：北京大学出版社，2017：356.

② 曾世雄．损害赔偿法原理．北京：中国政法大学出版社，2001：16.

特别规则的惩罚性责任便由此产生，只不过由于补偿性功能可被罚金当然吸收，惩罚性责任的重点便落脚于对责任人的不法行为加以惩罚，从而弥补补偿性责任预防功能之不足的缺陷，这也是法律经济学者更关注惩罚性责任威慑职能的原因。[①] 因此，借由受害人的权利主张，民事法律中的惩罚性责任可增大法律欲加预防之特殊不法行为被发现和被惩处的机会，达致运用私法工具实现公法规制的目的。

事实上，以惩罚的方式对待民事违法行为，并非是现代的制度产物。在人类社会早期诸如《苏美尔法典》《汉穆拉比法典》《中亚述法典》等成文法典中，基于民刑不分的立法特点，损害赔偿通常是惩罚性的，以至于古代的惩罚性赔偿制度呈现出一定程度的繁荣。[②] 同样，古代罗马法就损害赔偿也采纳了刑罚与赔偿合一的立法体例，例如，《十二铜表法》是对早期罗马习惯法的汇编，其中涉及的损害赔偿多系针对加害行为的惩罚性规定，如以"赎罪金"赔偿受害人的相关损失，就带有同态复仇的痕迹。[③] 直到罗马法开始对公犯、私犯以及公法与私法加以区分，民事责任和刑事责任才逐渐发展成为两种不同的责任类型，特别是在欧洲大陆中世纪的法律中，蕴含着刑罚之功能的惩罚性赔偿逐渐被国家权力所垄断，基于对私人间损害填补功能的强调，民事责任的惩罚功能被自然而然地剔除。[④] 可见，早期的责任因公、私未分而带有浓重的惩罚性色彩，当然诸法合体的特点也导致上述惩罚措施未被视为私法意义上的惩罚性责任。

在近现代，大陆法系与普通法系就惩罚性赔偿制度的发展出现了明显的分野。私法中的惩罚性赔偿制度在 18 世纪 60 年代的英格兰首次见之于法律，其主要适用于政府官员的压迫性行为，随后适用惩罚性赔偿金的情形扩张至人身侵辱、非法侵入、权力滥用等多种情况，惩罚性赔偿也因此在普通

---

① ［加］安东尼·达甘．衡平法中惩罚性赔偿之法律经济学探析．张小奕，等译．法治研究，2007（6）．

② 金福海．惩罚性赔偿制度研究．北京：法律出版社，2008：2.

③ 周枏．罗马法原论：下册．北京：商务印书馆，2014：855.

④ 金福海．惩罚性赔偿制度研究．北京：法律出版社，2008：11－13.

法国家得到广泛的适用。[①] 与之相比，欧洲大陆法国家对待惩罚性赔偿就要谨慎地多，因秉持损害填补的权益保护思想，责任法的补偿功能被特别强调，特别是严格责任的出现使责任法的惩罚性色彩被进一步弱化。[②] 事实上，在欧洲大陆法国家中，惩罚性赔偿仅在无形财产领域获得了广泛的公开支持，在人身侵害领域，司法实践有时会采纳一种“隐秘接受”的态度[③]，但与普通法的普遍公开适用显然不可等量齐观。

我国关于惩罚性责任的规定早先出现于《消费者权益保护法》(1994 年施行) 第 49 条[④]，随后其扩展到惩罚性违约金、商品房买卖、食品安全、产品责任、知识产权侵权、环境侵权等多个领域，《民法典》第 179 条第 2 款更是确认了惩罚性赔偿在民事责任体系中的特殊地位。因采纳了引致具体法律规定的立法方式，这导致就惩罚性赔偿责任并无一般性的适用规范，点状式的分散立法模式也容易导致不同惩罚性责任之间存在适用冲突。[⑤] 事实上关于惩罚性责任的定义及功能，国内域外并无实质差异。《美国第二次侵权法重述》第 908 条认定惩罚性赔偿的目的是对因被告邪恶动机或不计后果地漠视他人权利的过分 (outrageous) 行为加以惩罚，从而在补偿性赔偿或名义性损害赔偿之外令其额外支付赔偿，以此达到预防他人将来实施类似行为的目的。我国学者也多认可惩罚性责任的补偿、惩罚及遏制不法行为等多重功能[⑥]，认为惩罚性赔偿是在基于恶意、故意、欺诈或者放任方式实施加害行为时，在实际损害赔偿之外施加的一种损害赔偿。[⑦] 从不同的视角可更清晰地识别惩罚性责任的多种功能。基于受害人视角，惩罚性责任的补偿功能能够提供更为充分的救济；基于加害人视角，惩罚性责任不仅惩罚了加害人

---

① ［奥］赫尔穆特・考茨欧，瓦内萨・威尔科克斯．惩罚性赔偿金：普通法与大陆法的视角．窦海阳，译．北京：中国法制出版社，2012：1－2.

② 朱凯．惩罚性赔偿制度在侵权法中的基础及其适用：中国法学，2003 (3)：87.

③ 同①359－363.

④ 2005 年修订后为《消费者权益保护法》第 55 条第 2 款。

⑤ 关于《消费者权益保护法》第 55 条、原《侵权责任法》第 47 条（《民法典》第 1207 条）的规范竞合问题，参见朱广新．惩罚性赔偿制度的演进与适用．中国社会科学，2014 (3)。

⑥ 王利明．惩罚性赔偿研究．中国社会科学，2000 (7).

⑦ 张新宝，李倩．惩罚性赔偿的立法选择．清华法学，2009 (4)：6.

的不法行为，而且针对将来不法行为，具有更强的威慑与预防功能。在正当性上，惩罚性责任虽然满足了对特定权益加强保护，对恶劣不法行为加以惩戒的法政策需要，但其突破了民事责任两极性的一般结构，从而体现出民事责任的工具化使用特点，只不过该工具化使用方式因契合社会公共秩序和公共利益的需要，而使惩罚性责任被纳入民事责任的范围。

秉持私法内在连贯性之特点，受到规范损害的原告与获得规范所得的被告之间应具有两极性。与之不同，惩罚性责任突破了民事责任的私法两极性正当基础，即只要存在相应的应受制裁之行为，原则上即可施加惩罚性措施，以实现对加害行为的惩罚，这导致被告主观状态是否为“知假买假”①、赔偿金数额与实际损失数额是否相称等都可以被忽略。在受害人遭受损失时，补偿性责任与惩罚性责任可能会同时成立。由于惩罚对补偿功能的覆盖，当行为人以超出受害人实际损失额的方式支付金钱赔偿时，补偿性责任的效果就可能会被惩罚性责任所吸收，如基于惩罚的得利剥夺，但在立法上也可能明确区分上述两种责任类型，典型者如赔偿损失与倍数惩罚赔偿金的同时适用。虽然惩罚性责任的成立不影响补偿性责任的适用，但对加害行为的关注导致前者更具有公法管制色彩。

在惩罚性责任已广泛存在的前提下，探索惩罚性责任构成中的具体考量因素，对未来立法及当下司法实践将发挥指导意义。

（二）适用惩罚性责任的考量因素

由于偏重于对致害行为的惩罚，受保护利益在惩罚性责任中未被刻意强调，人身利益与财产利益均能成为惩罚性责任的保护对象。其中，有些受保护利益会涉及对公共空间或公共安全的维护，如环境侵权与产品责任等领域。我国当下制度中的惩罚性责任在很大程度上仍附着于补偿性责任之上，前者的适用也往往与受保护权益以及权益致害后果相关，这在适用场景方面体现出惩罚性责任与私法的相关性。

① 典型者为《食品安全法》第148条中“知假买假”主张十倍赔偿的行为，参见最高人民法院23号指导案例“孙某山诉南京欧尚超市有限公司江宁店买卖合同纠纷案”。

1. 可制裁行为

基于对致害行为的惩罚，加害人应受谴责的行为是成立惩罚性责任的首要关注点。在现有惩罚性赔偿中，可制裁行为既可以是一项侵权行为，如侵害知识产权、环境等的行为，也可能是一项欺诈性的法律行为，如在提供产品或服务时存在欺诈。除法定的惩罚性责任外，在合同中双方还可以约定具有惩罚功能的违约金[①]，后者针对的是当事人的违约行为。原《侵权责任法》第47条（《民法典》第1207条）曾单独规定了产品责任中的惩罚性规定，其将应受制裁的行为限定于“明知产品存在缺陷仍然生产、销售或者没有依据相关规定采取有效补救措施”的行为，随后，《民法典》侵权责任编对知识产权侵权与环境侵权领域中的惩罚性责任进行了概括承认。我国《消费者权益保护法》第55条第2款在更广泛地意义上确认了侵害消费者权益行为的应受惩罚性，可制裁性被认定为经营者明知存在缺陷而仍然向消费者提供商品或者服务。除上述侵权领域外，合同领域的可制裁行为往往表现为提供商品或服务的欺诈提供行为（《消费者权益保护法》第55条第1款），该原则在食品买卖合同、旅游合同中被重申。从本质上看，欺诈既可以作为法律行为瑕疵的具体类型，本身也构成侵权法的独立诉因，只不过法律行为中的欺诈只导致法律行为被撤销，而不必然伴随损害，但惩罚性责任中的欺诈提供行为往往意味着合同已经履行完毕，它常常伴随着受害人的实际损失，且以法律明确规定为限。

2. 主观恶性

除客观的不法行为外，施加惩罚性责任时还要考虑加害人的主观恶性，这要求加害人在主观上意识并知晓该加害行为时仍主动去实施。基于救济措施与行为恶劣程度相称的原则，《美国第二次侵权法重述》第908条认定惩罚性赔偿的规制对象是行为人的过分行为，“过分”表明被告从事该行为时

---

① 当然，也有学者强调基于私人自治的违约金具有压力与补偿功能，而非私罚功能。姚明斌．违约金论．北京：中国法制出版社，2018：90-91.

具有邪恶动机（evil motive）或者在行为时完全不计后果（reckless）地漠视他人权利，如果仅仅是疏忽、错误、判断失误等一般过失行为，惩罚性赔偿就不予适用。[①] 与之类似，我国制定法中的惩罚性责任一般也要求加害人主观上的恶意。

侵权领域内的惩罚性责任大部分都要求行为人的权利侵害行为是基于故意，例如，关于行为人的主观方面，在知识产权侵权领域要求“故意侵害他人知识产权”（《民法典》第1185条），在产品责任领域为“明知产品存在缺陷仍然生产、销售”（《民法典》第1207条），在环境侵权领域则为“侵权人违反法律规定故意污染环境、破坏生态”（《民法典》第1232条）。在产品责任领域需注意，当生产者或销售者没有依据前条规定采取有效补救措施造成严重损害后果时（《民法典》第1207条），受害人也有权主张惩罚性赔偿。该情形下主观恶性的程度相较于“明知”虽有缓和，但依《民法典》第1206条，投入产品流通后生产者或销售者本应采取及时的补救措施避免损害，已经知晓产品存在缺陷却未采取有效措施的，仍然构成放任损害结果发生的间接故意[②]，其同样具有主观恶性。在特别法中，惩罚性赔偿的主观恶性同样被强调。例如，依《消费者权益保护法》第55条第2款，惩罚性责任的适用条件是，经营者明知商品或者服务存在缺陷仍然向消费者提供；与之类似，依《食品安全法》第148条第2款，惩罚性责任的适用条件是，生产不符合食品安全标准的食品或者经营明知是不符合食品安全标准的食品。

除侵权领域外，合同领域惩罚性责任的施加也考虑行为人的主观恶性，其主要适用情形是行为人实施了欺诈行为。依《消费者权益保护法》第55条第1款，存在经营者提供商品或者服务有欺诈行为的，消费者便可主张增加相应的赔偿金额。通常认为，“提供商品或服务有欺诈行为”应以主观上

① Restatement (Second) of Torts，§908 (1979)，Comment b. Character of defendant's conduct.

② 最高人民法院民法典贯彻实施工作领导小组．中华人民共和国民法典侵权责任编理解与适用．北京：人民法院出版社，2020：349.

故意为前提，司法实践中的欺诈也一般认定为“故意告知虚假情况”或者“负有告知义务的人故意隐瞒真实情况”[①]。不过，实践中有判决从结果不法的角度对“欺诈”的适用条件进行了拓宽，特别是当商品存在瑕疵而被告又不能证明已经尽到瑕疵告知义务时，便可认定存在瑕疵隐瞒的行为，继而构成欺诈。[②] 故当客观商品或服务与真实情况不符时，法院可依据经验规则推定经营者具有存在欺诈交付的可能，在证明责任的分配上，若经营者不能证明自己对该瑕疵不可责，法院就能认定存在欺诈交付。[③] 前述应告知而未告知的行为虽构成欺诈[④]，但行为人的主观方面可能仅仅是过失。由此可见，《消费者权益保护法》中对欺诈之“故意”的认定可能因证明责任的参与而得到缓和，从而趋向于客观归责。在旅游合同中，惩罚性赔偿金针对的是旅行社恶意拒绝履行合同的行为，依《旅游法》第 70 条的规定，当旅行社具备履行条件却不履行包价旅游义务，经旅游者要求仍拒绝履行合同而造成旅游者人身损害、滞留等严重后果的，旅游者可主张惩罚性赔偿金。对最高人民法院《关于审理旅游纠纷案件适用法律若干问题的规定》（2020 年修正）第 15 条规定的欺诈提供旅游服务行为，则适用于《消费者权益保护法》第 55 条第 1 款规定的欺诈认定标准。

3. 损害后果

损害后果在诸多惩罚性赔偿规定中被特别强调，如《民法典》第 1185 条（知识产权侵权）、第 1207 条（产品责任）、第 1232 条（环境侵权），《消费者权益保护法》第 55 条第 2 款，《旅游法》第 70 条第 1 款等都强调了损害后果的严重性，特别是在产品责任、消费者权益保护（《消费者权益保护法》第 55 条第 2 款）、包价旅游合同（《旅游法》第 70 条第 1 款）等领域，

---

① 最高人民法院《关于适用〈中华人民共和国民法典〉总则编若干问题的解释》（法释〔2022〕6 号）第 21 条。

② 最高人民法院指导案例 17 号“张某诉北京合力华通汽车服务有限公司买卖合同纠纷案”。

③ 这种情形也被学者称为“故意认定欺诈之缓和”，具体参见张红．论《民法典》内外合同责任之惩罚性赔偿．法学评论，2020（5）。

④ 陆青．论消费者保护法上的告知义务：兼评最高人民法院第 17 号指导性案例．清华法学，2014（4）．

惩罚性责任的适用更是限于严重的人身损害（包括死亡与健康遭受严重损害），而财产性损害排除惩罚性责任的适用。适用惩罚性赔偿时，知识产权侵权中的“严重”特指“情节严重”，它既包括手段不法的严重性，也包括损害后果的严重性。而在环境侵权中，适用惩罚性责任的损害要求是损害后果严重。可见，虽然诸多惩罚性责任中都要求损害后果的严重性，但该严重性在内容、指向和对象上存在着内部差异。

事实上，由于惩罚性责任旨在惩罚可制裁之行为，损害后果与惩罚性责任之间存在着非必需的联系。在美国，惩罚性赔偿的施加不需要原告一定遭受了精神上或身体上的损害，损害后果之严重性仅仅是判断赔偿数额的一个考量因素。[①] 不过，在我国，由于惩罚性责任仍与受害人遭受的损失紧密关联，某些惩罚性责任虽不强调损害后果的严重性，但惩罚性责任的适用往往依附于补偿性责任之上。例如，《食品安全法》第 148 条第 2 款与《消费者权益保护法》第 55 条第 1 款均强调对可制裁行为的惩罚，只要满足生产、经营不符合食品安全标准的食品与提供商品或者服务有欺诈行为的条件，除赔偿损失外，以损失或支付价款为基础的“倍数罚”即会产生。由于惩罚性责任并未与受害人的损失完全隔离，前者仍以后者成立为适用前提，这体现出惩罚性民事责任区别于纯粹公法制裁措施的私法属性。只不过在这种情形下，损害的“严重性”便无从谈起，特别是在“知假买假”的情形中，由于司法实践已经认可“知假买假”适用惩罚性赔偿的合理性[②]，受害人的损失仅仅表现为购买物品本身的财产损失，更难谓“严重”。这些都体现出惩罚性责任旨在惩罚可制裁行为的单极性特点。

---

① Restatement (Second) of Torts, § 908 (1979), Comment c. Extent and nature of harm.

② 最高人民法院《关于审理食品药品纠纷案件适用法律若干问题的规定》第 3 条。在指导案例 23 号“孙某山诉南京欧尚超市有限公司江宁店买卖合同纠纷案”中，法院认为，消费者购买到不符合食品安全标准的食品，要求销售者或者生产者依照《食品安全法》的规定支付价款十倍赔偿金或者依照法律规定的其他赔偿标准赔偿的，不论其购买时是否明知食品不符合安全标准，人民法院都应予支持。当然学说中也存在相应的反对观点，参见刘宝玉，魏振华．“知假买假”的理论阐释与法律适用．法学论坛，2017 (3)；尚连杰．“知假买假”的效果证成与文本分析．华东政法大学学报，2015 (1)；李仁玉，陈超．知假买假惩罚性赔偿法律适用探析：对《最高人民法院关于审理食品药品纠纷案件适用法律若干问题的规定》第 3 条的解读．法学杂志，2015 (1)。

可以说，在我国现阶段，损害后果是惩罚性责任成立的必要要件，但不同的惩罚性责任对损害后果的类型或严重性具有不同的要求。对损害后果的依附性，以损失为基础的责任承担方式揭示出现有惩罚性责任与私法责任制度（特别是补偿性责任）的某种内在联系，但对损害的不同限制又体现出惩罚性责任在私法中的本质特异，正是这种内在联系与本质差异，塑造了我国当下《民法典》与特别法中的惩罚性责任规则。

（三）小结

就惩罚性责任的构成要件而言，可制裁行为、行为人主观恶性与损害后果为其重要的考量因素，特别是可制裁行为与行为人的主观恶性，构成了一项应受制裁的不法行为，这是惩罚性责任得以存在的正当性基础。对损害后果的依附性体现了惩罚性赔偿的民事属性。惩罚性责任一般要求损害后果具有严重性，但个别惩罚性责任会突破严重性要求，一些惩罚性责任还会限制损害的具体内容。需说明的是，由于我国现阶段私法中惩罚性责任的适用仍遵循严格的法定原则，上述要素提取的意义就在于，为已有规则的适用或未来惩罚性责任的新增提供一个参考框架。

第四节　本章小结

从我国《民法典》的立法过程来看，《民法总则（草案）》“室内稿”最初采取的表述方式并非“民事责任”，而是“民事权利的行使与保护”，“征求意见稿”对此予以延续，直到在 2016 年 5 月 27 日的“征求意见稿修改稿”中，“民事责任”才取代“民事权利的行使与保护”的表述，并且之后的四次审议稿采用的都是“民事责任”。这种语词表述的变化实质上牵涉我国民事责任制度的定位：是将民事责任作为原《民法通则》的特殊“制度资产”予以当然承继，还是从新的视角重构民事责任法？这已涉及民事责任法的体系定位问题，即其是权益救济法，还是民事制裁法？以义务违反构建一般责任法的做法，在面对《民法典》第 179 条所列举的不同责任类型时，并不能形成妥当的解释。无论是法国法上的《民事责任改革法建议草案》，还是英美法上救济法的展开，均为研究民事责任提供了参考视野。从几经变化的立法表述可以看出，民事责任蕴含权利救济与保护的思想毋庸置疑，将民事责任定位于权益保护，亦有制定法可依。

不过，在将民事责任法向民事救济法转化时需要注意，救济的内涵远大于责任的内涵，因为从范围上来看，撤销、时效抗辩、请求确认无效等均属于对权利人的救济①，而这些显然不属于责任法的内容。因而，在以民事责任法为独立研究对象时，需自始警惕的是，所谓的民事责任法需以《民法典》总则编设立的"民事责任"章为制度依据。就此而言，统一民事责任的目标之一就是以权益救济为指导思想，在"民事责任"章的框架指引下，探寻统一民事责任构成的方法。

为此，本章尝试以"抽象的共同构成要件＋功能性责任构成要件"的方式对民事责任进行统一。这种统一构成的实现方法，一方面仍坚持原级义务与次级义务的区分，例如，防御性责任、返还性责任在本质上仍属于原级义务，而补偿性责任则属次级义务；另一方面，在责任构成中也正视不同责任之间的实质性差异，尝试以救济的效果与责任本身的功能对不同的责任类型进行"中间层次"的统一，从而整合相似责任的责任融合效果，对不同责任区别对待。这种思维方式是结果导向的，并非教义分析式的，而是实用主义型的；并非问题解答式的，而是规范整合性的。统一民事责任始终不能避免的问题是，原告是否存在值得保护的利益以及应该以何种方式对原告进行保护。结果导向的价值判断为民事责任的引入提供必要指引，实质正义的目标要求为消除非必要的责任竞合奠定了正当性基础。

当然，"抽象的共同构成要件＋功能性责任构成要件"的统一并非一项易事。首先，防御性责任因具有预防功能而被单独抽离出来，受法律保护的权利或利益受到侵害或有遭受侵害的现实危险，而且该种状态仍继续存在，

---

① 例如，在谈及合同法领域的救济方式时，特定履行、实物返还的例外、赔偿、不履行的抗辩、撤销、时效抗辩、共同过错、减损义务均属于合同法的救济。B. S. Markesinis，W. Lorenz，G. Dannemann，*The Law of Contracts and Restitution*：*A Comparative Introduction*，Oxford：Clarendon Press，1997，pp. 616－661.

是适用防御性责任的构成要件；在表现形式上，以不作为请求为主的停止侵害和以作为请求为主的排除妨碍、消除危险构成了防御性责任的主要类型，鉴于继续履行不要求过错，只要存在履行可能，就需要通过继续履行来维护当事人的履行利益，因而其在本质上更倾向于防御性责任。

其次，返还性责任虽具有共同的构成要件，但因返还所依据的基础关系不同，并受制于物权变动模式的影响，返还性责任内部亦存在差别：在基于物权请求权的原物返还，与原物返还不能而导致的不当得利价值返还中，它们在现行法下仍然具有特殊性的规则，如何统合跨越了物债二分的返还性责任，特别是如何协调返还性利益的一般债权属性和附担保利益的返还请求权属性，仍然存在不小的挑战。

再次，在补偿性责任中，行为要件的不同要求以及归责原则的分化，致使补偿性责任内部存在着明显的内容分化。尝试以抽象的义务违反来统一民事责任在大部分情况下虽得以适用，不过，信赖责任、法定补偿责任的介入又对义务违反的规范构造形成了巨大冲击。因此，补偿责任的构成要件仍难以与债之发生原因作绝对性分离。比较法上（法国法、瑞士法）统一合同责任与非合同责任的尝试，为我们提供了借鉴，对补偿责任构成要件进行统一的关键之处就在于引入适当的限制条件。

最后，惩罚性责任的成立往往与加害人的可制裁行为与主观恶性直接相关，作为公法手段私法化的表现形式与民事责任的特别类型，对它更适宜在具体规定中作个别关注。

从方法上来看，统一民事责任构成，正如尝试统一救济法领域的学者所言，它是一种认识论上的统一，而非将该种构造方式规定到具体的法典框架中。[①] 欧洲私法统一的法文化对法国民事责任法改革的促进功不可没[②]，民

① Geoffrey Samuel, *Law of Obligation and legal Remedies*, Cavendish Publishing Limited, 2001, pp. 560 - 561.

② 学者认为促进法国民事责任法改革的因素有三，除欧洲私法的统一化之外，其他两项因素分别是：对《拿破仑法典》颁行 200 年仍旧生效的庆祝以及对欧盟的一些合同及民事责任指令的承认。Cfr. Guido Alpa, *Sulla riforma della disciplina della responsabilità civile in Francia*, Contratto e impresa, 2018, p. 1.

事责任构成要件的统一，同样也致力贯彻、实施这种统合的思想。因而，在功能上认清不同责任类型的区别与差异，赋予民事责任以独立且可适用的规范内涵，检讨相似责任类型的共同效果，避免使本应为工具的法律规则沦为目的，是统一民事责任构成的最终目标。

第四章

统一民事责任承担论

基于功能区分的视角，前一章对统一防御性责任、返还性责任、补偿性责任的构成要件进行了尝试分析，它解决的是何时应当引入民事责任的问题，旨在明晰民事责任的发生机制；本章拟解决的问题是，在责任成立的基础上，责任人如何承担具体的责任。基于对受保护权益的救济，民事责任的承担与被侵害权益的类型和所欲实现的功能性救济目标直接相关，而与传统基于责任发生原因的责任类型划分（如违约责任、侵权责任）并无当然的对应关系。为此，统一民事责任承担论将依据受侵害权益的具体类型和民事责任的救济目标，分别阐释各种功能性民事责任的具体承担规则，尝试确定对各责任类型进行内部效果上的统一。需说明的是，因特别立法政策，对惩罚性责任难以适用一般性构成规则，但在责任承担上仍具有探讨意义。

第一节　防御性责任

防御性民事责任旨在消除或减轻对受保护权益的侵害或者损害发生的危险，包括移除对受保护权益享有或行使的妨碍源，具体表现为停止侵害、消除危险与排除妨碍、继续履行等。[①] 防御性责任是对干扰民事权益以其应有方式实现的因素之排除，既可以表现为对责任人积极行为的法律要求，也可以表现为对妨碍行为的禁止。在我国，原《民法通则》第 134 条曾规定了“停止侵害”、“排除妨碍”与“消除危险”等民事责任承担方式，《侵权责任法》第 15 条曾将其明确为侵权责任的承担方式。《民法典》第 236 条（原《物权法》第 35 条）规定，物权受妨害或可能受妨害时，权利人可以请求“排除妨害、消除危险”。理论上称其为物权请求权。针对危及他人人身、财产安全的侵权行为，《民法典》第 1167 条（原《侵权责任法》第 21 条）则规定，“……被侵权人有权请求侵权人承担停止侵害、排除妨碍、消除危险等侵权责任”。《民法典》第 995 条确立了人格权受害人享有的防御性请求权。此外，《商标法》《著作权法》《专利法》中也有关于停止侵害的规定，但都未就其效果作更为详细的规定。所以，关于不同防御性责任的适用范围及效果统一问题，仍值得进一步探讨。[②]

与此同时，为使防御性责任的实施得到保障，2017 年《民事诉讼法》第 100 条专门规定了行为保全制度，其在 2021 年的《民事诉讼法》中得到保留。[③] 依《民事诉讼法》（2021 年）第 103 条第 1 款的规定，对于某些使判决难以执行或者造成当事人相关损害的案件，依据对方当事人的申请，法院可以裁定对其财产进行保全，责令其作出一定行为或者禁止其作出一定行为。在当事人未申请时，法院在必要时亦可依据职权裁定采取保全措施。行为保全制度使防御性责任在适用于行为时具有了程序性的制度保障。这种类似于强制性禁止令或禁止性禁止令的行为保全制度，使防御性责任的适用情形可以扩及争讼发生之前，从而更好地发挥防御性责任的预防功能。但同时也应看到，在将行为保全制度与防御性责任加以衔接的

① 张家勇．论统一民事责任制度的构建：基于责任融合的“后果模式”．中国社会科学，2015（8）：94.

② 梁慧星．中国物权法草案建议稿：条文、说明、理由与参考立法例．北京：社会科学文献出版社，2000：208.

③ 最早的类似规定可见于原《民通意见》第 162 条第 1 款，其规定：在诉讼中遇到有需要停止侵害、排除妨碍、消除危险的情况时，人民法院可以根据当事人的申请或者依职权作出裁决。

时候，防御性责任可以不受“不告不理”原则的约束，这与请求权的私权属性似有相背。为此，若诉讼中需要防御性救济，而权利人未提出相关请求，法院可以通过释明的方式予以提示，但不应直接依职权判予防御性责任。相对上述规定，原《侵权责任法》以及《民法典》均明确为“被侵权人有权请求”。基本法之价值取向既明，应予尊重。故法院在处理防御性责任的纠纷时，应慎重采纳依职权的行为保全措施，避免防御型请求权实体纠纷的提前处理。

一、防御性责任与绝对权请求权的适用关系

从逻辑上看，既然“停止侵害、排除妨碍与消除危险”等三种责任是一般责任形式，其应当具有统一的适用条件和法律效果。不过，《民法典》物权编与《民法典》侵权责任编在责任形式的列举上并不完全一致，这是否会因此而影响其理解与适用，实值关注。

（一）防御性责任对绝对权请求权的吸收

虽然原《民法通则》、原《侵权责任法》均将停止侵害、排除妨碍、消除危险作为民事责任承担方式予以规定，但原《物权法》将排除妨害、消除危险作为物上请求权进行规定，《民法典》保留了前述规范状况，并无改订。物上请求权是对所有权的一种保护机制，在所有权遭受侵害时，法律除提供侵权法的保护外，还基于所有权支配标的物的物权特性，为维持及回复应有之支配状态，另设所有权之物上请求权予以特别保护。① 这种对所有权的（物权法上的以及侵权法上的）双重保护机制，以及这两种保护机制在方式上的“雷同”，导致一个疑难问题的出现：两种保护机制之间究竟是何种关系？就此问题理论界进行了激烈的学术探讨。有学者指出，这种争议的存在乃是由于立法对防御性民事责任的性质缺乏一致的立场，其时而采绝对权的保护方式，时而采侵权责任的保护方式所致。② 有关两种机制关系的理解，

---

① 谢在全．民法物权论：上册．北京：中国政法大学出版社，2011：116.

② 叶名怡．论侵权预防责任对传统侵权法的挑战．法律科学（西北政法大学学报），2013（2）：123.

涉及防御性责任的适用范围，因此需要予以辨明。

《民法典》物权编关于物权保全请求权的规定针对的是“妨害物权或可能妨害物权”的情形。所谓妨害，是指以侵害占有外的其他方式致物权本来效力无法实现的状况[①]，至于其发生原因系人之行为抑或与行为无关的事件，在所不问。值得注意的是，《民法典》第 1167 条（原《侵权责任法》第 21 条）规定的“停止侵害、排除妨碍、消除危险”责任与《民法典》第 236 条（原《物权法》第 35 条）存在以下差异：其一，保护对象不限于“物权”，而是人身或财产（物权当然也是财产）；其二，适用要件不再是妨害或可能妨害，而是“危及人身、财产安全”。妨害是指权利享有不完满，而危及人身、财产安全则是指所有危害或可能危害人身、财产权利享有和行使的情形，其针对的是侵害或侵害可能性，在这个意义上，“侵害行为”本身可能成为“排除妨害或妨害防止”中被除去的“妨害源”。所以，“停止侵害”所以具有保全物权的效果，但其在侵权法中的功能显然超出了维持权利享有完满性，其尚有防止造成权利归属秩序被破坏的功能。因此，即使侵害行为不指向任何特定的权利，其在侵权法上仍存在合理价值。

对于停止侵害、排除妨碍（害）、消除危险的性质，学界一直存在着物权请求权与民事（侵权）责任分立与合并之争的问题，该争议并未因《民法典》编纂的完成而告终结。原《物权法》第 35 条与原《侵权责任法》第 21 条分别以物权请求权与侵权责任的形式规定了相似的权利救济内容，这就导致了关于二者关系合并说、独立说以及竞合说等学说争议的产生。

赞成合并说的学者认为：应当将停止侵害、排除妨碍、消除危险作为民事责任的承担方式在侵权法中加以规定，虽然从法律后果来看，将其设为物权请求权或侵权责任并无实质区别，但设定为侵权责任在体系上具有将其拓展到其他权利的可能，更符合责任之救济属性。[②] 而且基于请求权的视角，

① 有关妨害概念界定的不同观点之争，参见马勇．物权防御请求权研究．北京：法律出版社，2014：54。

② 魏振瀛．侵权责任法在我国民法中的地位及其与民法其他部分的关系．中国法学，2010（2）：34－35.

在物债二分的体系下，债权本身即可产生原级请求权，也能产生债务不履行时的救济请求权；相反，物权本身只产生对世的消极不作为义务，只有在受到侵害时才产生请求权。这样的规定导致完全可以将物权请求权纳入要求义务人履行民事义务或请求责任人承担民事责任的请求权体系内，以此建立包括物权、知识产权、人格权在内的绝对权保护体系。① 需注意的是，即便将物权请求权纳入侵权请求权的体系内，其在归责原则、诉讼时效等方面也须具有等同于物权请求权的适用规则。② 结果是，纳入侵权请求权的做法虽在形式上建立了统一救济进路③，但在制度目标、构成要件与法律效果上，该类“民事责任”仍然与一般的损害赔偿责任存在实质性差异。

在此基础上，赞成物权请求权独立说的观点认为：不应以民事责任的方式认定物权请求权，二者之间存在诸多适用冲突，例如：从功能来看，物权请求权具有优先性，从而与属于债权债务关系的民事责任存在差别，也起不到民事责任的担保或制裁作用；从适用顺序来看，物上请求权在请求权检索顺序中紧邻合同或类合同请求权，这与处于劣后位置的侵权请求权不在同一层次；在具体适用规则上，诉讼时效的差异、仅针对绝对权而非相对权的适用范围也导致其与一般的民事责任存在差异。这些都是侵权请求权无法取代物权请求权的理由。④ 即便妨害与损害的界限存在模糊之处，但立法者有意构建一套相互独立、彼此协调、相互补充的私法救济体系，前述构成要件与法律效果的差异正是这种多层次救济体系的体现，故不能轻易否认物权请求权与侵权请求权的区分价值。⑤ 在承认这些差异的基础上，在物权的保护上

---

① 魏振瀛．民事责任与债分离研究．北京：北京大学出版社，2013：78－85. 魏振瀛．论请求权的性质与体系：未来我国民法典中的请求权．中外法学，2003（4）：385－410.

② 魏振瀛．侵权责任法在我国民法中的地位及其与民法其他部分的关系．中国法学，2010（2）：35－37.

③ 刘明飞．侵权行为法统一救济论科学吗．政治与法律，2004（2）：51.

④ 崔建远．论物权救济模式的选择及其依据．清华大学学报（哲学社会科学版），2007（3）．崔建远．绝对权请求权抑或侵权责任方式．法学，2002（11）：40－43. 王轶．略论侵权请求权与诉讼时效制度的适用．中州学刊，2009（4）.

⑤ 曹险峰．防御性请求权论纲．四川大学学报（哲学社会科学版），2018（5）.

便产生物权请求权与侵权请求权的竞合。[①]

但是，仅仅法条的竞合并不符合统一民事责任的救济目标。应当看到，作为侵权责任的停止侵害、排除妨碍、消除危险与作为物权请求权的停止侵害、排除妨害、消除危险并无实质差异，无论是上述的独立说，还是合并说，均承认物权请求权或侵权请求权有不同于一般损害赔偿责任的实质差异，只不过物权请求权更多的是着眼于绝对权的权能，而侵权请求权则关注一般的人身与财产利益。主张物权请求权不宜作为民事责任承担方式的理由中存在诸多不成立的情形，例如：物权请求权优先于债权请求权实现并非源自其请求权性质，而是源自作为其基础的物权；是否受诉讼时效限制，涉及法律、政策上特殊的价值判断，并非基于简单的请求权性质界定，即使是同样具有物权请求权性质的非登记动产的返还请求权，仍应受诉讼时效限制[②]，而明显具有债权性质的"基于投资关系产生的缴付出资请求权"仍不受诉讼时效限制。[③] 在补偿性民事责任本身已经存在过错与无过错归责原则的前提下，认为物权请求权因不适用一般过错归责原则而无法被纳入民事责任的观点更不可取，况且，预防之属性已揭示了防御性责任区别于补偿性责任的特别功能。此外，既然绝对权请求权相对于原权利而言是次生的，不同于作为原权利的支配权，仅在绝对权受到侵害、妨碍或者有被侵害的危险时才产生，其在性质上就与侵权责任处于同一层次，将其归入民事责任更为合理；防御性的物权请求权可以被看作绝对权排他性或者物权效力的表现[④]，但这并不意味着不存在债权性质的防御请求权，德国法上就存在防御请求权一般化的趋势：在满足侵权责任客观构成要件的情况下，会产生侵权性的妨害防止和妨害排除请求权。[⑤]

---

① 王利明．侵权责任法研究：上卷．2版．北京：中国人民大学出版社，2016：163.

② 《民法典》第196条第2项仅规定不动产物权和登记的动产物权的返还请求权不适用诉讼时效规定，基于诉讼时效的一般性，对该规定应可作反对解释，即非属其规定的其他物上返还请求权应受诉讼时效的限制。

③ 最高人民法院《关于审理民事案件适用诉讼时效制度若干问题的规定》第1条第3项。

④ 最高人民法院物权法研究小组．《中华人民共和国物权法》条文理解与适用．北京：人民法院出版社，2007：148. 陈华彬．物权法原理．北京：国家行政学院出版社，1998：97.

⑤ 王洪亮．妨害排除与损害赔偿．法学研究，2009（2）：58.

正如学者所指，防御性请求权与损害赔偿、不当得利返还相互配合，共同构筑了私法上的三重责任体系，只要涉及应受约束之妨害的防御，该保护功能在债法或相对权中的法律地位就应得到承认。[①] 因此，不能因为防御性请求权更多与绝对权的保护相关，就认为其只能是绝对权的效力形式或权能。将绝对权请求权与物权等绝对权完全等同，不仅混淆了原权与救济权，而且与我国现行法有关民事责任的规定不相符。救济权的效力会受制于原权，但是，二者性质仍属有别：原权可以有对世性，具有绝对性；但救济权只能是对人的，具有相对性。在对物权等绝对权进行救济时，如果面临义务人/债务人破产的情形，权利人可以通过行使取回权的方式确保利益的实现。这种效力虽然与救济相关，但其反映的恰恰是物权而非物权请求权的效力！此外，我国法上的民事责任具有更加宽泛的意义，其与救济性请求权乃一体两面之关系：从责任承担者角度看，其为不利后果的承担（义务）；从责任相对方来看，其为救济性请求权。[②] 故物权请求权被解释为不同于侵权损害赔偿请求权的其他侵权请求权，物权保护的具体规范就相应地被解释为侵权责任的特殊规范，正为此意。[③] 于是，我们有理由认为：物权请求权或绝对权请求权与侵权法上的排除妨碍、消除危险等侵权责任实际上具有相同的规范目标，应适用相同的构成原理并被赋予相同的法律效果，将物权请求权纳入民事责任体系的统一救济论，不仅有利于请求权的体系化和民事责任的统一，而且体现了立法传统的稳定和延续。

需说明的是，上述分析选择将物权作为绝对权的代表进行分析。事实上在对人格权、知识产权的保护中，也会面临绝对权请求权与防御性责任适用关系的困扰。我国《民法典》第995条规定，人格权受到侵害的主体享有停止侵

---

① Eduard Picker, *Der „hdingliche" Anspruch*, in Helmut Koziol, Peter Rummel (Hrsg.), *FS für Bydlinski zum* 70. *Geburtstag*, Springer, 2002, S. 317f.

② 原《侵权责任法》第21条（《民法典》第1167条）就是以请求权的方式予以表述的，即"……被侵权人可以（有权）请求侵权人承担……等侵权责任"。因此，一些学者直接就在绝对权请求权名下讨论侵权法上的停止侵害、排除妨碍、消除影响责任。程啸．侵权责任法．3版．北京：法律出版社，2021：748.

③ 朱虎．物权请求权的独立与合并：以返还原物请求权为中心．环球法律评论，2013（6）.

害、排除妨碍、消除危险的请求权；第997条更是直接规定了人格权禁令制度，它使权利人能够直接诉诸禁令制度而无须再行诉讼。[①] 关于对知识产权能否适用前述请求权，则缺乏一般规定。但在具体责任的承担上，基于人格权与知识产权保护的防御性责任可能会存在特别考量因素。例如，标表型人格权保护中的排除妨碍多表现为对不实信息的更正与删除：网络服务提供者的必要措施行为（《民法典》第1195条）、媒体报告失实的更正或删除义务（《民法典》第1029条）、不当信用评价的更正或删除义务（《民法典》第1029条）、个人信息错误时的更正与删除义务（《民法典》第1037条）等，都属于广义的排除妨碍。在知识产权保护中，基于知识产权的专有而非支配、边界难以确定等特点，知识产权保护中的防御性请求权包括停止侵害请求权、排除妨碍请求权、废弃请求权、获取信息请求权等。[②] 从整体上看，与物权请求权一样作为绝对权请求权的人格权防御请求权、知识产权防御请求权与《民法典》第1167条规定的侵权责任的关系，同样适用前述考量。

（二）“排除妨害”与“排除妨碍”的关系

作为物权请求权内容的“排除妨害”与作为民事责任或侵权责任的“排除妨碍”是否具有相同含义，理论上存在不同看法。有学者认为，妨碍的范围比妨害更广：妨碍是对他人行使权利的不合理的障碍，并不以实际有损害发生为前提；妨害则是指实施了妨害他人享有权益的行为，后果上通常已有不利益状态发生。因此，排除妨碍的适用范围更广。[③] 由于现行法并未就“妨害”与“妨碍”作出定义，理论上也没有关于二者之理解的共识，既然有论者认为多数意见将两者等同，则其反对意见仅仅依循自己的功能界定进行说理，显然是欠缺说服力的。[④] 这本身反映了一个更加麻烦的问题，即“妨害”“损害”“妨碍”三者之间是何种关系。在抽象意义上，任何实际发

① 程啸．侵权责任法．3版．北京：法律出版社，2021：749.

② 杨明．知识产权请求权研究：兼以反不正当竞争为考察对象．北京：北京大学出版社，2005：216－217.

③ 王利明．侵权责任法研究：上卷．北京：中国人民大学出版社，2010：628.

④ 相应考证参见茅少伟．防御请求权相关语词使用辨析．法学，2016（4）。

生的“妨碍”“妨害”都应当是一种不利益的状态，否则，权利人何须发动民事责任这一救济程序呢？如果因为存在“不利益状态”即认为存在“损害”，这就会引发更进一步的问题：“妨害”本身是损害赔偿的对象吗？

正如我们在前面业已提及的，从比较法甚至单纯逻辑的角度看，将“妨害”作为“损害”的特殊形式没有任何障碍，这个结论实际上同样适用于“妨碍”与“损害”的关系。不过，如此宽泛地界定“损害”概念，将会进一步影响“排除妨害/妨碍”与“损害赔偿”的关系界定。我国《民法典》将“损害赔偿”与“排除妨碍”、“消除危险”、“返还财产”、“恢复原状”等多种具体的责任形式并置，除非认为这种列举是不当的，否则，唯一合理化的解释就是，我国现行法上的“损害赔偿”仅指以给付金钱的方式补偿权利人所受的经济损失，“损害”原则上仅指依“差额说”确定的财产减值。由此，排除妨碍、消除危险、返还财产、恢复原状均不以损害为必要。① 恰如有学者所指出的，如果认为“妨害/妨碍”包含了“损害”要素，对被损坏之物都可以借助“排除妨害/妨碍”加以救济，这可能架空损害赔偿责任的归责要求，使其蜕变为“结果责任”，因而，宜认为“排除妨害”与“排除妨碍”具有实质相同的含义，都不以有实际损害为必要。②

物权法上的妨害可区分为行为妨害与状态妨害，其对于确定请求权相对人有其意义。③ 在内容上，只有超出容忍限度的对物权的干扰才属具有不法性④的“妨害”。“排除妨害”直接的效果是除去构成妨害之原因，通常表现为移除妨害源，如拆除越界建筑或竹木，移走被占用车位上的车辆

---

① 在逻辑上还有一种可能性是，可以在广义上理解“损害”概念，但对“损害赔偿”则使用狭义概念。问题是，这种区分的实际意义何在呢？在比较法上对“损害”采广义，比如德国，与其“损害赔偿”以恢复原状为原则的立法取向相符，损害赔偿能够更多容纳无须以“财产差额”为基础的损害赔偿形式。如果不关注这种概念上的差异，过于宽泛的“损害”概念可能有害无益。

② 程啸．侵权责任法．3版．北京：法律出版社，2021：751－742.

③ 王泽鉴．民法物权．北京：北京大学出版社，2009：131.

④ 我国学者对不法性的论述，参见崔建远．物权：规范与学说：以中国物权法的解释论为中心（上册）．北京：清华大学出版社，2011：318. 全国人大常委会法制工作委员会民法室．中华人民共和国物权法：条文说明、立法理由及相关规定．北京：北京大学出版社，2007：50. 马勇．物权防御请求权研究．北京：法律出版社，2014：94。

或者堵塞出入口的物品，移除散发恶臭之垃圾等。但是，在行为妨害情形下，如不当、反复否认他人权利情形下，命令其不为该等行为的方式，亦属妨害排除之方式；在状态妨害，如错误的权利登记情形下请求涂销登记亦属之。[①] 在这些情形下，并无有形的“妨害源”存在，停止造成妨害的行为为其表现形式。此外，排除妨害的费用应由人自行承担。

侵权法上的“排除妨碍”同样以妨碍的违法性以及妨碍状态的持续为前提，在内容上亦以移除构成妨碍的障碍为要[②]，如将占用通道的障碍物移除，将污染河流或环境的污染物清除，将堵截流水的淤堵疏通等。[③] 值得注意的是，侵权责任法上的“排除妨碍”并未要求超出容忍限度，但是，这项要求本身已包含于“违法性”要件中。这与物权法上的妨害排除请求权相同。同样，排除妨碍的费用也由责任人承担，并不需要额外的要件，如过错。若被侵权人自行排除妨碍并为此支出费用的，其有权要求责任人返还。[④] 因此，没有证据支持在我国现行法上，物权法上的“排除妨害请求权”与侵权责任法上的“排除妨碍请求权”具有不同的内容或效力。侵权责任法上的“排除妨碍请求权”具有超出物权保护的适用范围，并不构成区分两种请求权的正当理由。

至物权法上的“消除危险请求权”（理论上称之为妨害防止请求权），其实际上派生于妨害排除请求权。侵权责任法上的“消除危险请求权”亦同。故对两者的关系适用前述分析结论，即具有相同效果。

二、“停止侵害”与“排除妨害”、“消除危险”的区分

基于前述分析得出的结论仍然会面临进一步地质疑：如果物权法上

---

① 王泽鉴．民法物权．北京：北京大学出版社，2009：133.

② 陈现杰．中华人民共和国侵权责任法条文精义与案例解析．北京：中国法制出版社，2010：70－71.

③ 全国人大常委会法制工作委员会民法室．中华人民共和国物权法：条文说明、立法理由及相关规定．北京：北京大学出版社，2007：79.

④ 程啸．侵权责任法．3版．北京：法律出版社，2021：752.

"排除妨害请求权""消除危险请求权"与侵权责任法上的"排除妨碍请求权""消除危险请求权"具有功能和内容上的一致性，则应如何看待"停止侵害请求权"的防御性功能？毕竟物权法上并无该种责任形式的规定，这是否影响其适用范围，并进而挑战前述分析所得出的一致性结论？

侵权责任法上停止侵害请求权是权利人请求行为人停止对自己造成或可能造成的、尚在持续中的不法行为，如果该等行为尚未发生或已经终止，则不予适用。[①] 停止侵害请求权指向的是正在进行中的不法行为，其既不以实际损害为必要，也不以造成权利的实际妨害或妨碍为必要。从这个意义上讲，其可以与物权法上针对行为妨害的妨害排除形成交叉关系：持续中的侵害行为如果已经造成了物权享有或行使的干扰，则停止侵害可以表现为"妨害排除"的具体方式；如果仅仅是有造成妨害之危险，则停止侵害又可以作为"妨害防止（消除危险）"的具体方式。对这种交叉情况不难解释，侵权行为并不当然都造成妨害/妨碍或其危险，而是可以单纯造成损害或有造成损害之危险，因此，停止侵害是从侵害原因之消除角度予以法律干预，排除妨害/妨碍或者消除危险则是从侵权行为之特定结果的防止角度加以干预：即使侵害行为已经结束，只要妨害或妨碍尚在持续，权利人均得主张排除妨害/妨碍请求权；纵无妨害/妨碍或其危险存在，亦不妨权利人主张停止侵害请求权。由于物权请求权在于对特定结果之防止（排除对物权享有或行使的干扰而恢复物权支配的完满性），因此，停止侵害并不具有作为独立物权请求权的意义。反之，对于侵权行为而言，其保护的领域更为宽泛，既涉及物权的保护，也涉及人格权及其他民事权利的保护；不仅要保护权利本体，而且要保护权利的财产价值，因此，停止侵害具有作为独立责任形式的价值或意义。

一般认为，停止侵害的适用范围限于绝对权遭受侵害的情形，物权、人身权以及知识产权遭受侵害为其经常适用的场合。[②] 因我国《民事案件

---

① 杨立新．侵权责任法．北京：法律出版社，2010：123-124.

② 陈甦．民法总则评注：下册．北京：法律出版社，2017：1276．程啸．侵权责任法．3版．北京：法律出版社，2021：749.

案由规定》（2020年）在二级案由中第44条规定了“申请诉前停止侵害知识产权案件”的案由，司法实践中涉及“停止侵害”的案件亦多集中于知识产权案件类型之中。在实践中，“停止侵害”的适用范围突破了绝对权遭受侵害的情形，某些特定的受保护权益亦可受到“停止侵害”民事责任的救济。例如，当邮电局因为某些争议而无端停用用户的通信权利时，法院对用户主张停止侵害“通信权”的权益予以了保护。[①] 此时，邮电局本与用户之间订立了通信服务协议，当邮电局拒绝履行服务时，用户所诉求的“停止侵权”实则是要求对原合同义务的“继续履行”，由此看出，当停止侵害旨在消除权益侵害原因时，在涉及履行义务的维持上其亦能与防御性的“继续履行”责任发生重合。因而，停止侵害既可表现为诉请一方停止某项积极的作为（不作为）来维护绝对权免受侵害，亦可能表现为诉请一方停止某项消极的不作为行为而履行合同约定的作为义务（继续履行），这再次说明，停止侵害旨在从消除侵害原因的角度加以描述，而排除妨碍、消除危险、继续履行则旨在指明救济结果的实现形式。在此，将物权法上的不作为（Unterlassung）等同于我国语境下的“停止侵害”[②]，可能会限制停止侵害作为一般性防御责任的适用范围。[③] 那种将其适用于对未发生之侵权行为预防[④]的观点同样未意识到停止侵害的独立预防功能。

因而，为避免“停止侵害”与“排除妨碍”“消除危险”“继续履行”救济效果的混淆，原则上当被告能被赋予积极作为义务时，应承认“排除妨碍”“消除危险”“继续履行”在消除侵权行为特定效果时相对于“停止侵害”救济措施的优先性与独立性；只有当被告被单纯地施予不作为义务而消

---

① “刘某诉枝城市邮电局停止侵害、赔偿损失案”，湖北省宜昌市中级人民法院（1998）宜中民终字第77号民事判决书。

② 一般而言，德语语境下的“Unterlassungsanspruch”为“不作为请求权”，但学者将其同译为“停止侵害”，容易与我国语境下的“停止侵害”相混淆。具体翻译见［奥］海尔穆特·库奇奥．侵权责任法的基本问题：第1卷·德语国家的视角．朱岩，译．北京：北京大学出版社，2017：21。

③ 类似观点参见张谷．作为救济法的侵权法，也是自由保障法．暨南学报，2009（2）；叶名怡．论侵权预防责任对传统侵权法的挑战．法律科学，2013（2）：126。

④ 丁海俊．预防型民事责任．政法论坛，2005（4）：126.

除侵害之原因时，方可认定“停止侵害”独立救济的可能，从而避免发生“停止侵害”适用范围的泛化。有学者将我国“停止侵害”责任的适用场合限于：(1) 正在进行的侵害；(2) 已经发生过侵害，有继续侵害之虞；(3) 未曾发生侵害，但有可能发生侵害等场合①，亦是从侵害原因的角度加以描述的。需注意的是，鉴于“停止侵害”的特殊功能，只要旨在消除“侵害”或“侵害可能”的规范目标，“停止侵害”便可与其他防御性民事责任或补偿性民事责任共同适用。

三、防御性责任效果的统一

在澄清了物权请求权与防御性责任、排除妨害与排除妨碍之间的关系后，最终需解决防御性责任效果的统一问题。如前所述，防御性责任的目的在于实现民事责任的预防功能，以事前介入的前瞻性方式来避免损害的实际发生，停止侵害、排除妨碍（害）、消除危险等不同责任承担方式均系防御功能的体现，从而与基于矫正正义的补偿责任存在差异。

（一）防御性责任的救济目标

防御性责任的特点导致被请求人是否存有过错，是否存在损害后果，侵害、妨害或危险等是否具有不法性，可能均不在责任成立要件的考虑范围之内。如前所述，在物权请求权原则上可被纳入防御性责任之后，进而需要考虑的是，如何将具有预防功能的防御性责任进行一般化，从而服务于现行“民事责任”的“救济法”构造。

关于防御性责任首先需考虑其与补偿性责任（损害赔偿）的功能配置。基于预防功能而设立防御性责任的目的在于与损害赔偿法形成梯度不同的救济机制，从而在权益遭受侵害或具有受侵害可能时予以介入。在三种防御性责任中，强调致害原因的侵害和强调权益支配完满状态被干涉的妨碍与危险本身即存有重叠关系，以至于停止侵害、排除妨碍与消除危险在司法实践中

① 魏振瀛．《民法通则》规定的民事责任：从物权法到民法典的规定．现代法学，2006 (3)：55.

的界限较为模糊。[①] 除此之外，仍需考虑的是，防御性责任对补偿性责任的功能僭越问题。由于防御性责任对侵权法上的受保护权益均有救济之可能，由此导致的后果是，诸如过错责任、无过错责任、法定列举原则等一系列保障行为自由的规则限制，可能会被不要求过错的防御性责任所覆盖而遭架空。[②] 此时，仍需尽量区分不同责任类型的功能。如前所述，排除妨碍针对的是侵害源的消除，而损害赔偿针对的则是已经造成的损害，这是区分防御性责任与补偿性责任的关键。也即，在排除妨碍之危险源的意义上，妨碍人承担的是一种无过错的风险责任；但在妨碍已经造成损害的情形时，受害人若要请求恢复原状或请求损害赔偿，则需在损害的可赔偿性上考虑妨碍人的过错等侵权责任要素。例如，在因水管泄漏导致邻居土地被淹的案子中，妨碍人承担修复水管或者关闭水闸的责任是恰当的，但将消毒或排除积水的责任同样分配给他，就超出了防御性责任的调整目标。

就防御性责任与补偿性责任的功能区分，司法实践中有时会混淆恢复原状与排除妨碍之间的关系。例如，在“李某涛等诉杨某排除妨碍暨恢复原状纠纷案”[③] 中，被告在共有空间设置鞋架等，妨碍公共空间的使用，法院引用的虽是原《物权法》第 35 条有关排除妨碍的规定，判决说理却将其后果说成是恢复原状。恢复原状为补偿性责任的承担方式，在该案中，若认定被告的责任承担方式为恢复原状，则须满足补偿性责任的构成要件，原告需证明被告存在过错；若适用防御性责任，无论是对公共空间使用的妨碍，还是拒绝让原告撤离其财产，原告都无须证明被告存在过错。由此可见，将被告的责任认定为防御性责任还是补偿性责任，会有明显的法律效果差异。

事实上，这种混淆在有关合同解除效果的法律适用中也有表现。《民法典》第 566 条第 1 款规定：合同解除后，尚未履行的，终止履行；已经履行

---

① 如在“广东伟雄集团有限公司、佛山市高明区正野电器实业有限公司、广东正野电器实业有限公司与佛山德顺区正野电器有限公司、佛山市顺德区广大群众企业集团有限公司不正当纠纷案”中法院以“排除妨碍”说理，但以最终判处责任人承担“停止侵害”的责任。

② 王洪亮．物上请求权的功能与理论基础．北京：北京大学出版社，2011：197.

③ 江苏省盐城市盐都区人民法院（2018）苏 0903 民初 1026 号民事判决书。

的，根据履行情况和合同性质，当事人可以要求恢复原状、采取其他补救措施，并有权要求赔偿损失。在“中国人民解放军空军房地产管理局西昌办事处与王某永排除妨碍纠纷案”① 中，原、被告之间的租赁合同被解除，但被告拒绝撤离原告的土地及设施，法院判决被告承担恢复原状、排除妨碍的民事责任。若过度泛化恢复原状的适用范围，将使一切形式的责任类型，如停止侵害、排除妨碍、返还财产均可纳入恢复原状之中。但是，合同解除情形的恢复原状效果，既未包含可归责性的判断，又未明定恢复原状的费用承担规则，这致使恢复原状在规范文义上能够涵盖排除妨碍、返还财产等多种责任形式。有鉴于此，在处理合同解除的义务承担规则时，妥当的做法是：依据返还责任的处理原则，能够返还的，应当返还；不能返还但能恢复原状（排除妨碍）的，恢复原状；仅在既不能返还也不能恢复原状的情况下，被告才承担价值赔偿责任。② 由于合同解除后，返还的基础在于原物返还（返还型责任），若返还人还存在其他妨碍权利人行使权利的行为或状态，排除妨碍的防御性责任也可被引入，恢复原状与返还财产、排除妨碍不可避免地会发生竞合。

（二）权利人的容忍义务

在何种程度上认定防御性责任，还涉及容忍义务的统一适用问题。除赋予受保护权益以防御性责任外，有时为避免责任泛化而损害行为自由，权利人在一定程度之下还被赋予容忍义务。例如，工厂排污、铁路经过庄稼地在一定条件下都能被容忍，因为基于交易成本和社会利益的考量，只要补偿相关权利人以一定费用或对排污行为、运营行为进行抽税，将私人成本与社会成本分离，使该类行为实现社会效益最大化。③ 容忍义务既可产生于公法，也可产生于私法。就私法上的容忍义务而言，其既可来源于法律规定，如基

① 四川省西昌市人民法院（2017）川3401民初2707号民事判决书。

② 例如，在“甘肃浙云海投资发展有限公司、甘肃沃润商贸有限公司合同纠纷案”中，最高人民法院认为，“合同解除的原则是恢复到合同未签订前之状态，不能恢复的要进行补救和赔偿，即能够相互返还和恢复原状的，需相互返还和恢复原状；不能相互返还和恢复的，当事人有权要求采取其他补救措施或要求赔偿损失”［最高人民法院（2017）最高法民终53号民事判决书］。

③ 就制度经济学的相关内容，参见张五常．经济解释：制度的选择．北京：中信出版社，2010：36－55。

于相邻关系的容忍义务；也可产生于所有权人的单方同意，或者债法上的、物权法上的承诺或契约，如基于地役权合同产生的容忍义务。[①] 例如，在"石某朝诉孙某来排除妨碍案"[②] 中，原告起诉被告新盖的房屋影响其采光权，但鉴于原、被告之前曾签订了有关采光的协议，原告再次提起诉讼的行为有违诚信原则，故法院驳回了原告的请求。整体而言，若被妨碍之人负有容忍妨害的私法或公法上义务，则其无排除妨害请求权。

（三）费用承担

从救济的角度来看，判断某人承担防御性责任时还涉及权利（救济）实现的费用分担问题。这导致停止侵害、排除妨碍与消除危险的具体适用可能存在区分。一般认为，停止侵害要求妨害到他人权益的侵害人不再积极进行作为即可，侵害人可能还有其他的选择余地；但当认定妨碍人具有排除妨碍或消除危险义务时，这无异于通过"强制性"的形式赋予了当事人负担更重的积极作为义务。[③] 这样的观察视角导致有些学者将其同普通法上的禁止令直接进行类比：停止侵害相当于禁止性禁令，它要求行为人通过不为一定行为来达到停止侵害的目的，而排除妨碍对应于强制性禁令，它要求行为人通过采取特定行为来停止侵害。[④] 不过，就该积极作为义务而言，是否应一概课以妨碍人，理论上存在争议。

从最终的责任形式来看，排除妨碍和消除危险的责任承担形式均系积极作为，它们均可转化为对实施该排除或消除行为的费用承担。[⑤] 由此产生的结果是，若被告承担防御性责任，则其需承担相应的作为费用支出；若不承担防御性责任，则无须承担排除妨碍或消除危险的费用。但是，若被告并无

---

① Baur/Stürner, *Sachenrecht*, 18. Aufl., 2009, §12, Rn. 9, S. 140.

② "石某朝诉孙某来排除妨碍案"，江苏省扬州市中级人民法院（2006）扬民一终字第 0401 号民事判决书。

③ ［奥］海尔穆特·库奇奥．侵权责任法的基本问题：第 1 卷·德语国家的视角．朱岩，译．北京：北京大学出版社，2017：28.

④ 丁海俊．预防型民事责任．政法论坛，2005（4）：126.

⑤ 一般而言，停止侵害系以不作为为责任内容，消极的不作为不应产生费用承担问题。若停止侵害的过程中需要一定的费用，则鉴于费用承担的目的在于排除妨碍或针对的是未来损害的风险，已不属于停止侵害的责任范畴。

过错，特别是基于自然事件或者物的自然性质而产生妨碍或危险时，让被告承担排除妨碍或消除危险的费用，并不公平，此时只需课以所有权人（被告）容忍受危害人排除妨碍或消除危险的义务，其并不承担排除妨害的责任。[①] 相应地，被告不应承担与排除妨害、消除危险相关的费用。

对此，学者皮克（Picker）认为，只要妨碍人阻碍了所有权人对物的支配或者行使了所有权人在物上的权利，对他人权利施加了不当影响，预防性救济（排除妨碍）即可被引入，而无须考虑该妨害是否由过错行为引起，甚至当妨碍因第三人或者自然事件引起时亦不阻止防御性责任的介入[②]，但这种观点的适用具有局限性。将排除妨碍责任一概课以妨碍人的做法，只适用于排除妨碍人无须支付任何费用的情况；但若排除妨碍需负担相当数额的费用，并不能一概认定该费用由妨碍人承担。就此，排除妨碍的责任承担在原则上可区分两种情形：第一种情形是，妨碍人对被妨碍人实现权利支配之圆满状态负有容忍义务，妨碍人即便负有防御性责任，但其只对被妨碍人承担配合或者协助义务，排除妨碍的费用仍由被妨碍人承担，特别是妨碍完全是因自然事件或土地之自然性质而产生时，被妨碍人对妨碍人无排除妨碍请求权，例如，因自然之雨水使泥石自高地流向低地，高地所有权人虽为所谓的“妨碍人”，但原则上不负有运走泥石之义务。[③] 另一种情形是，排除妨碍人负有积极的作为义务来排除妨碍。[④] 排除妨碍的费用承担，因考虑可归责性的参与，其实质已经涉及损害赔偿的转移，这也是某些学者强调排除妨碍与损害赔偿之间具有某种内部关联，需要谨慎区分的原因。[⑤] 就此，因排除妨碍所生费用之承担与损害赔偿责任的关系可能就无法被明确区分。而在最终

---

① Baur/Stürner, *Sachenrecht*, 18. Aufl., 2009, §12, Rn. 18, S. 144.

② 就学者皮克相关观点的介绍参见王洪亮．物上请求权的功能与理论基础．北京：北京大学出版社，2011：205；[奥] 海尔穆特·库奇奥．侵权责任法的基本问题：第1卷·德语国家的视角．朱岩，译．北京：北京大学出版社，2017：33。

③ Baur/Stürner, *Sachenrecht*, 18. Aufl., 2009, §12, Rn. 16-19, S. 143f.

④ [奥] 海尔穆特·库奇奥．侵权责任法的基本问题：第1卷·德语国家的视角．朱岩，译．北京：北京大学出版社，2017：33.

⑤ Larenz/Canaris, *Lehrbuch des Schuldrecht*, Bd. 2, C. H. Beck, 1994, SS. 673, 703.

的结果上，只要妨碍乃基于人之行为或意思活动而产生，或来自人所制造的设施时，排除妨碍的费用都可能被分配至妨碍人[①]，这种做法又使费用承担的分配更趋向一种风险责任。由此可见，仅负有消极不作为义务的停止侵害与可能承担积极作为义务的排除妨碍之间，因费用承担的分配而呈现出不同的法效果区别。

我国的司法实践有时模糊了这二者之间的关系，致使承担排除妨碍的责任与承担排除妨碍的费用之间存在脱节。例如，在“肖某宝因萧某田、彭某珍宅地所生树木妨碍其房屋安全要求排除妨碍纠纷案”[②] 中，原告的房屋因对方宅基地自然生长的树木受损，原告继而要求被告承担排除妨碍，法院判决认定该树木系自然生长，被告虽应承担排除妨碍的民事责任，但对排除妨碍所需费用，法院则基于“被告未尽提醒义务，让被告承担全部费用有失公平”等角度考虑，判令原告、被告各承担一半的费用。可见，在实践中，排除妨碍的责任承担被排除妨碍的费用承担所消解，这变相地将排除妨害的费用承担等同于损害赔偿责任，并不当地将可归责性引入排除妨碍费用承担的分配中。

就消除危险责任的承担形式而言，司法实践中，法院既可能判决被告直接承担消除危险的责任，如因车库立柱受损，法院判决作为被告的物业管理公司承担修复损害、消除危险的责任[③]；也可能判决被告承担消除危险的费用，甚至指明被告承担消除危险责任的具体行为方式。例如：在“江苏省常州市人民检察院诉许某惠、许某仙民事公益诉讼案”中，被告因在无危险废物经营许可证的情况下，擅自从事废树脂桶和废油桶的清洗业务而遭刑事处罚。但是，现场仍留有废水及未清理的油桶，为此，法院除判决被告承担恢复原状的费用及赔偿既有损失的责任外，还要求被告委托有相关资质的单位

① Baur/Stürner, *Sachenrecht*, 18. Aufl., 2009, §12, Rn. 19, S. 144.

② “肖某宝因萧某田、彭某珍宅地所生树木妨碍其房屋安全要求排除妨碍纠纷案”，江苏省淮安市中级人民法院（2011）淮中民终字第 0295 号民事判决书。

③ “张某彬等诉乐山市圣地房地产开发有限公司等消除危险纠纷案”，四川省夹江县人民法院（2017）川 1126 民初 830 号民事判决书。

对废桶、污水及池底污泥进行处理以消除危险[①]；在“王某田诉苗某才消除危险纠纷案”中，法院判决“被告苗某才于本判决生效之日起十日内清除其西院墙外坑内的垃圾，并将坑填平”以承担消除危险之责任。[②]

整体而言，在费用承担的分配上，是否对停止侵害、排除妨碍设置同样的构成要件，其内部有着更为精细的划分。由于消除危险与排除妨碍的功能相似，其处理模式同样适用于上述排除妨碍责任及其费用承担的分析思路。

第二节　返还性责任

返还性责任是责任人向权利人返还被僭取的应当归属于后者之利益的责任类型，具体表现为返还原物及其产出物或替代物、受保护权益的派生权益或其价值等。由于责任人应予返还的利益会考虑不当致贫和不当收益两项因素，这与维持社会成员间财富均衡的正义目标相符，返还利益受司法干预的必要性也因而最强。[③] 对返还性责任可以从两个角度加以观察：一是从责任引致原因角度观察返还责任，制度上表现为以返还责任的不同发生原因来确定其效果；二是从责任效果的角度观察返还责任，制度上将返还责任作为统一的调整对象确定其要件和效果。前者是传统大陆法通常选取的角度，比如分别规定物权法上的原物返还请求权、合同法上因合同无效或解除而产生的返还请求权、不当得利返还请求权、侵权法上的返还请求权等。由于法律并未对各种原因下的返还效果作统一规定，不同返还原因下的返还是否具有相同效果，以及在效果相异时是否可能因责任竞合而引发评价冲突，都需要在理论上加以检视。后者是美国返还法重述选取的观察视角，其试图将不同返还原因进行统一规定。但是，不同返还原因下的责任效果是否能够完全统

---

① 此时恢复原状已经不可能，对已经造成的损害承担支付恢复原状的“改善”费用和价值补偿责任。参见最高人民检察院第八批指导性案例，“江苏省常州市人民检察院诉许某惠、许某仙民事公益诉讼案”（检例第 28 号）。

② “王某田诉苗某才消除危险纠纷案”，北京市房山区人民法院（2017）京 0111 民初 19883 号民事判决书。

③ [美] L. 富勒，小威廉 R. 帕杜 . 合同损害赔偿中的信赖利益 . 韩世远，译 . 北京：中国法制出版社，2004：9.

一，如何界定统一的边界，尤其是如何在统一规范的同时，保留返还原因类型区分的合理价值，在理论上也一直争议不断。我国法上返还责任基本遵循的是传统大陆法的进路；其对不同返还原因分别规定，并因而形成法律基础纷繁多元的规制状况。但是，关于各种返还基础下的法律效果规定又语焉未详，彼此间效果统一性或差异性也因而难以辨明。值得注意的是，即使在第二种视角下，也不得不考虑具体的返还基础，因此，考察不同返还原因下的返还效果，是评估返还责任统一的限度的最为便捷而有效的方式。

一、返还性责任的发展简史

在罗马法上，物法上除“要求返还所有物之诉”，即所有权人针对不法占有人提起的，要求其承认自己的权利从而返还物及其一切添附的诉讼[①]外，还有针对土地的暴力侵夺人的“恢复占有令状”；债法上的返还则主要是不当得利之诉，即对缺乏正当原因或法律基础的财产增加（arricchimento ingiusto）所提起的“无债因请求返还之诉”（condictiones sine causa），以及针对盗窃、抢劫等私犯提起的损害赔偿之诉，其诉讼形式为“要求返还被窃物之诉”（condictio furtiva），它甚至可以由所有权人针对窃贼的继承人提起。[②]“无债因请求返还之诉”主要包括四种类型：一是给付未获回报的返还之诉；二是因错误的不当清偿提起的“错债索回之诉”；三是为使他人不为不道德或不合法行为而给付或允诺情形下的“因受讹诈的请求返还之诉”；四是因不存在或已终止的关系而给付时的狭义“无债因请求返还之诉”与“债因消失后的请求返还之诉”[③]。不难看出，这些返还诉因都可以在两大法系的现代返还规则中找到对应物。在“实物契约”情形下，主要是信托、消费借贷、使用借贷、寄托与质押等合同类型中，也会发生义务人的返还义务。不过，这种返还义务是基于合法行为而发生的法律义务/债务，其并非

---

① ［意］彼德罗·彭梵得．罗马法教科书．黄风，译．北京：中国政法大学出版社，2005：172.

② 同①308.

③ 同①304－305.

源自对不当权益变动或侵害而进行的救济，所以，与前述返还之诉确立的基础完全不同。因此，这类返还在现代各国法律上都不作为返还性责任对待，这是需要特别留意的。[①]

后世大陆法在对待返还责任的问题上，基本延续了罗马法这种根据不同返还原因加以规定的做法，作为救济法的返还法由多种与返还有关的规范群构成。马克西尼斯（Markesinis）曾将德国法中的返还救济划分为六种模式，分别是不当得利模式、无因管理模式、所有权人/占有人模式、合同终止模式、损害赔偿模式及法定转让模式。[②] 在这些返还中，最重要的返还是物权法中的原物返还、合同法中合同无效或解除后的给付返还、作为恢复原状损害赔偿之形式的财产返还以及不当得利返还等形式。原物返还的基础可以是具有占有权能的物权（基于物权的原物返还），也可以是单纯的在先占有（基于占有的原物返还），其目的均在维持物权人或占有人对物之支配。合同无效或被解除后的返还则涉及目的挫败后的给付清算问题；在因不法行为而发生损害赔偿责任时，返还可为恢复原状之损害赔偿的具体表现形式。不当得利返还则是矫正以他人为代价而得利的特殊返还基础，在有的法律制度中其与合同、侵权等并列为独立债之发生原因（如德国法），而在另一些法律制度中，不当得利返还只有在欠缺其他债因的情形时才予以考虑，是一种辅助性的债因形式（如法国法）。

尽管在确定返还责任时，同样会存在类似于罗马法和大陆法传统那样的责任原因的考虑，但是，以判例法为特征的英美法传统并未有大陆法传统那样相对完整的理论体系。在返还法的发展历程中，美国学者扮演了领导性角色，并影响了英国等普通法系国家。1937 年，美国学者斯伟（W. A. Seavey）与斯科特（A. W. Scott）发表了《返还重述：准合同与拟制

---

① 需要说明的是，我国法律一直为基于合同的返还义务的不履行提供“实际履行”的救济，而“实际履行”又被当作违约责任加以规定，这样，任何非自愿的合同返还义务不履行都可以被转换为救济法上的“返还性责任”。如何看待这种基于逻辑的转换必要性，是一个在理论上并未引起充分注意的问题。

② B. S. Markesinis, W. Lorenz, G. Dannemann, *The Law of Contracts and Restitution: A Comparative Introduction*, Oxford: Clarendon Press, 1997, pp. 710-717.

信托》；2011 年，美国法律协会发表《美国第三次返还与不当得利法重述》。于此期间，返还法在其他英美法系国家也取得了长足发展。1996 年，英国学者罗伯特·戈夫与戈勒斯·琼斯出版《返还法》第一版；2012 年，安德鲁·伯罗斯完成了《英国不当得利法重述》。在前述标志性著作与重述的影响下，英美返还法的独立性与统一性日趋增强，返还法的结构与原理逐渐完善。

学者戈勒汉姆·维果（Graham Virgo）认为，返还法并非建立在一个统一的原则基础上，而是需要区分三种不同的返还救济类型，它们分别是返还不当得利、防止不法行为人从其不法行为中获利以及确认被告侵犯的财产权利。[①] 从法律效果来看，返还救济也主要可以分为两种典型类型：一是对人性的债权返还救济，其目的在于回复被告所受领的应当归属于原告的金钱价值；二是物权性（对物性）的返还救济，这是让原告可以就被告持有的财产主张自己的财产权利。[②] 英国学者戈弗瑞·撒穆尔（Geoffrey Samuel）则将返还的诉因分为不同的三类，分别是：基于所受领金钱的返还（Action for money had and received）、基于支付费用的返还（Action for money paid）与按劳计酬（*Quantum meruit*）。[③] 对所受领金钱的返还之诉，其主要包括非债清偿、因不法行为而得利等导致的返还。支付费用的返还与罗马法中传承下来的无因管理返还之诉相当，只是英国法下的无因管理之诉不仅要求情况紧迫，而且往往需要支出费用之人与返还义务人之间存在特殊的在先关系。所谓的按劳计酬是指，权利人基于先前的明示或默示许可而为义务人提供服务或劳务，进而向义务人主张返还劳务报酬，实践中的海难救助亦属于此种返还类型。未经义务人许可，权利人不得主张按劳计酬。[④]

英美法中除普通法上的返还救济外，还存在衡平法上的返还救济措施，

---

① Graham Virgo, *The Principles of the Law of Restitution*, Oxford University Press, 2015, p. 8.

② Ibid., p. 4.

③ Geoffrey Samuel, *Law of Obligation and legal Remedies*, Cavendish Publishing Limited, 2001, pp. 392 - 396.

④ Ibid., pp. 394 - 396.

具体包括因虚假陈述、错误订立合同所导致的返还，因胁迫或施加不当影响所订立合同导致的返还，因经济胁迫（Economic duress）所导致的返还[①]，利润剥夺之诉（Account of profits）[②] 以及代位清偿后清偿人对真正债务人所享有的返还请求权（Subrogation）。可以看出，普通法与衡平法的二分致使返还的诉因也被割裂，返还责任呈现出繁杂的实用主义与类案导向思维特征。

鉴于普通法与衡平法的划分致使返还责任形式繁杂，有学者开始尝试在统一的框架下对返还责任进行划分。学者戈夫、琼斯认为，普通法的特定返还救济措施虽然曾借鉴大陆法系不当得利的分类，但特殊案例的出现最终促使法官意识到，应该有一个统一的返还规则来调整它们。为此，他们基于不同的考量将返还责任分为三大类。第一大类是原告基于自己的行为使被告获得利益的责任，具体包括四小类：（1）原告因错误导致被告得利；（2）原告的行为受到了胁迫而被告因此得利；（3）原告基于必要之需而介入他人事务；（4）原告基于无效交易而使被告得利。第二大类是被告从第三人处获得利益后的返还责任，具体也包括四小类：（1）对土地新领主的同意（Attornment）；（2）被告无权限而干涉原告与第三人之间的关系；（3）遗赠、未留遗嘱而死亡以及生前信托导致的返还；（4）为使意欲的受赠人受惠而对瑕疵赠与物进行完善。第三大类是被告基于自身不法行为而获得利益进行的返还。这一类返还相当于大陆法下权益侵害型的不当得利返还，但其种类比权益侵害型不当得利的范围要宽，具体包括犯罪行为、侵权行为、违反信托义务以及违反保密义务而得利等。[③] 在这种观念下，返还法就是关于将被告不法获得（至少是不被允许保留）的利益交还给原告，但并非旨在矫正后者

① 经济胁迫已成为衡平法迫于压力从而导致撤销的独立诉因形式，它无须达到侵权行为或其他不法行为的程度，这种压力的威胁是可避免的，甚至有时候该压力都不是非法的。就该形式而言，它类似于我国显失公平的救济制度，学者称之为一种混合了诚实信用原则以及道德、社会所不能接受行为的混合检测标准。具体介绍，see Geoffrey Samuel，*Law of Obligation and Legal Remedies*，Cavendish Publishing Limited，2001，pp. 401 - 402。

② 利润剥夺之诉为衡平法下针对信托关系的返还诉讼形式。它指的是，受托人违反信托义务，从事不法行为而取得利润，委托人据此可要求剥夺该利润。Bryan，A. Garner ed.，*Black's Law Dictionary*，9th，West，1999，p. 22.

③ Goff & Jones，*The Law of Restitution*，Sweet & Maxwell，2002，pp. 76 - 78.

所受损害的法律规范。[1] 这可谓对美国学者完成的返还与不当得利法重述立场的简洁描述。

我国现行法遵循的基本是大陆法的传统进路，对不同返还原因而分别规定。因此，从体系归列上，同样不能简单地将返还责任仅仅作为不当得利返还这种特殊债因的效果。但是，我国现行法就各种返还原因的效果规定并不详备，需要借助理论、判例进行规则重述。有鉴于此，下文将以中国法为中心，梳理相关返还规范的法律效果。

二、不同责任基础下返还效果规范的整理

在我国现行法上，返还责任不仅存在于民法的典型领域，如物权法、合同法、侵权法等，而且还存在于一些民事单行法或特别法，如公司法、保险法、劳动法等法律中，甚至在一些公法文件中——如税收征管法、刑法等——也可以发现其相关规定。一般而言，关于特别法甚至公法中存在的返还责任，虽然有其特殊性，但仍然需要遵循民法关于返还责任的基本原理。因此，本书以下有关中国现行法的整理仅限于典型民法领域，而不涉及其他领域。

（一）物权法上的原物返还请求权

在我国现行法上，物权法上的原物返还分为基于物权的原物返还与基于占有的原物返还两种类型。二者在主要效果上具有相似性，故统一说明。

依据原物返还请求权，无权占有人（侵占人）须将物复归于物权人在事实上的支配。但是，就《民法典》第 235 条（原《物权法》第 34 条）所称“返还原物”究竟如何理解？实际存在不同理解的可能性。

1. 给付义务抑或容忍义务

从逻辑而言，既然返还的前提在于“侵占”，即对占有的剥夺，所以，返还即以消除该状态为限。如果物权人或占有人的占有丧失源自返还义务

① Ward Farnsworth, *Restitution: Civil Liability for Unjust Enrichment*, the University of Chicago Press, 2014, p. vii.

人，则返还义务人自应负责消除该状态，即有义务恢复请求权人对物的占有。关于这种返还义务在性质上是给付义务还是单纯容忍义务，理论上有不同认识。[①]

我国通说认为，返还义务是一种给付义务，返还义务人负有恢复权利人对物事实上支配的义务。反对观点则认为，将返还义务定位为给付义务会混淆物权返还请求权与债法上的返还请求权。为此，只要排除权利人与物之间的支配障碍即可，并不需要返还义务人为积极行为，也就是说，返还义务人只要容忍他人取回并控制标的物即可。[②] 如果是这样，只要返还义务人放弃占有，最多容忍权利人进入其领域找寻、取回其物，就已履行返还义务。但是，这样的理解显然与原物返还请求权的规范目的不合，因为，侵占不仅造成侵占人与物之间形成应被排除的控制关系，而且也造成权利人与物之间事实控制关系的断裂。对第一种效果的矫正可以通过返还义务人放弃占有达成目标，但后一种效果则无法通过单纯放弃占有即被恢复。

据此来看，如下的看法是有道理的：法律既要防止占有人因原物返还请求权而成为牺牲者（被不当地施予法律义务），也要阻止权利人不正当地私力取回。为此，返还义务人负有在自己支配范围内将物找出，使权利人可能接触到物并容忍其取走的义务。[③] 这种返还义务并不要求返还义务人恢复权利人对物的事实上支配，只要为这种支配尽到最低限度的协助即可，由此，既可以避免与债法上的返还义务混淆，也与物权法上原物返还请求权旨在恢复权利人对物支配的规范目的相洽，应当说有其合理性，尤其是，当返还义务人对物控制并非因其过错行为所致时，前述处理方式更能避免无辜的无权占有人被苛求去恢复权利人的事实占有，包括付出精力或时间而送交标的物。当返还义务人为间接占有人时，其仅需向权利人让与对直接占有人的返

① 有关讨论详见，王洪亮．物上请求权的功能与理论基础．北京：北京大学出版社，2011：78。
② 同①79－80.
③ 同①80－81.

还请求权即视为返还。[①]

2. 返还地

对于返还义务地来讲，部分观点主张区分动产或不动产而不同。对于不动产，因返还义务人只需放弃占有、负担消极的容忍义务即可，所以返还地即为不动产所在地；对于动产，则是动产物权人的居住地或主营业地。[②] 相反观点认为，尽管占有的动产在无权占有期间可能发生位置移动，但返还义务人原则上仍仅就物之现在位置的现状负返还义务。[③] 实际上，如果将返还义务定性为或等同于给付义务，则应准用非金钱债务的履行地规定，即不动产在其所在地，而动产则在返还义务人所在地；如果将其限定为最低限度的协助义务，动产的返还地应以物之现在所在地为宜。

3. 返还范围

就返还范围而言，物权法仅规定原物返还，而在占有返还情形后则明确规定包括原物和孳息（《民法典》第 460 条，原《物权法》第 243 条）。此外，当标的物因毁损、灭失而取得保险金、赔偿金或补偿金等替代物时，占有人无论是善意、恶意，均应返还。如果占有人得请求返还孳息与替代物，举轻明重，似无理由认为物权人的地位反而劣于占有人。不过，有学者指出，原物返还请求权的内容原本仅在消除无权占有状态，故限于原物返还，在无权占有期间发生的损害赔偿、孳息以及费用返回诸问题，均不为原物返还请求权所包括，占有人与占有回复请求权人之间就这些内容所发生的关系，乃出于彻底清算当事人间利益考虑而已。[④]《民法典》第 461 条明确规定赔偿请求权人为“不动产或动产的权利人”，即排除单纯占有人，但不限于物权人，也包括基于债权的占有人，所反映的也正是“债权人利益原则”，即只有享有受保护对象归属利益者，方得主张债权上的保护。

---

① 不同观点认为，如果允许以转移间接占有的方式代替返还原物，而直接占有又拒不返还时，物权请求权人仍然无法通过行使请求权直接占有标的物。朱岩，高圣平，陈鑫．中国物权法评注．北京：北京大学出版社，2007：173. 这个看法将事实问题与法律问题混同，并无说服力，不应赞同。

② 同①173.

③ 同①84.

④ 张双根．物权法释论．北京：北京大学出版社，2018：226.

4. 返还费用

理论上一般认为，返还费用应由返还义务人负担。[①] 也有观点认为，若无权占有的形成不可归责于双方当事人，则对返还费用应依公平原则由双方合理分担。[②] 对这个问题的回答需要与前述返还义务的定性与返还地的确定保持一致。如果采纳最低限度的协助义务观点，并将返还地确定为物之所在地，则返还费用即当然应由返还义务人负担，而无须考虑公平分担之问题。

5. 费用补偿与损害赔偿

《民法典》第 460 条“但书”规定（原《物权法》第 243 条）仅赋予善意占有人必要费用偿还请求权，这反映出对恶意占有人的绝对否定立场。

涉及损害赔偿的问题则更为复杂。《民法典》第 459 条（原《物权法》第 242 条）规定，只有恶意占有人应对因使用所致物损害负赔偿责任，善意占有人不承担赔偿责任。《民法典》第 461 条（原《物权法》第 244 条）规定，动产或不动产毁损、灭失的，如有保险金、赔偿金、补偿金等替代物的，占有人不分善意、恶意都应将其返还权利人，不足弥补损失的，仅恶意占有人负补充的赔偿责任。就该两条规定的理解，仍需作以下补充。

首先，《民法典》第 459 条与第 461 条所指损害是否同一，不无疑问。第 461 条所称的损害乃“不动产或者毁损、灭失”，在程度上既包括全损（毁灭），也包括部分损害（损坏）。这样一来，该条规定的“损害”就当然包括了第 459 条可能造成的相同情形（损坏）。也即，两条规定存在调整对象上的交叉关系。第 459 条存在的独立“损害”情形即为因使用而发生的贬值损失。由于第 461 条并未规定“毁损、灭失”的引发原因，因此，若其系因占有人“使用”所致，亦应属该条规范范围。如此，则第 459 条所称“损害”应被限缩解释为“因使用所致贬值损失”，从而可清晰划定与第 461 条的界限。

其次，《民法典》第 461 条虽同样体现了对恶意占有人的绝对否定立场，

① 王泽鉴．民法物权．北京：北京大学出版社，2009：127.

② 崔建远．物权：规范与学说：以中国物权法的解释论为中心（上册）．北京：清华大学出版社，2011：316.

但其将损害赔偿作为返还保险金、赔偿金、补偿金等替代物的补充责任形式，使本来可以直接请求全部赔偿的权利人反而蒙受不利。[①] 但是，因返还的前提是占有人已取得替代物，所以，此时占有人面临的情况实际上与被请求全部赔偿相似。真正成为问题的是，若占有人因物之毁损、灭失而有保险金、赔偿金、补偿金之请求权，其应返还的是该等请求权（债权让与），若该等请求权已实现，返还金钱之义务与赔偿义务实无区分价值。但若恶意占有人仅负让与债权而替代赔偿，则可能致权利人承担第三人无偿付能力之风险，这不足以充分保护权利人，也与对恶意占有人作否定评价的立场不合。故在解释上，该条规定的返还替代物义务仅对善意占有人有其特别价值。

再次，纵然将替代物返还限于善意占有人，但当善意占有人已就所取得之金钱进行消费，即无现存利益时，若仍强令返还，这似与《民法典》第459条保护善意占有人之价值立场难称吻合。

最后，令恶意占有人负绝对的结果责任似嫌过苛。毕竟占有之恶意与侵权之过错并不等同，若侵权法上侵权人仅就过错负责，而在物权法上令恶意占有人负结果责任难谓合理。

综上，物权法上原物返还无论是基于物权还是占有，其固有的内容原则上限于原物本身，这与该类请求权规范目的在于排除无权占有一致。其他涉及孳息、费用补偿、损害赔偿的问题，仅属于原物返还牵连的清算问题，并不当然在原物返还请求权的效力范围内。从这个意义上看，原物返还请求的核心内容仅为返还义务人放弃物之占有，将物置于返还权利人得取回之处所并容忍其取走即可。

（二）合同法上返还请求权

如前所述，合同法上的返还包括作为原级义务之实际履行形式的返还（如在租赁、借款、保管、运输等情形下的原物或本金之返还），也包括合同不成立、无效或解除情形下的返还。对于前者，其内容以合同为基础，无须

---

① 张双根．物权法释论．北京：北京大学出版社，2018：220.

特别的法律规定。有学者认为，有效移转占有型合同到期之后，若债务人只是不返还标的物，并不构成不当得利，只有对标的物继续使用而获取收益时方产生不当得利。[①] 故而，本文仅讨论合同无效或被撤销（以及不成立，下同）情形下的返还与合同解除情形下的返还，就二者所涉返还问题是否应一体处理，理论界及比较法上都存在不同看法，鉴于我国现行法将二者分别规定，故本书亦暂将二者分别考察。

1. 合同无效或被撤销时的返还

《民法典》第157条（原《民法通则》第61条第一句、原《合同法》第58条第一句）规定，因无效或被撤销的合同所取得的财产应予返还，不能返还或没有必要返还的，应折价补偿。对于该规定的效果，理论上的理解并不一致。

理论上多数观点认为，由于我国并不承认物权行为无因性理论，因此，在合同无效或被撤销时，不论是否交付（动产）或变更登记（不动产），均不发生物权变动，从而权利人得主张所有物返还请求权[②]，仅当标的物不存在或者返还的标的为金钱时，方发生不当得利返还请求权的问题。此一处理原则，对返还标的为他物权、知识产权、债权等其他权利亦同样适用。[③]"折价补偿"的发生前提为"不能返还或者没有必要返还"，"不能返还"乃是结果指向的，无论是事实上的（如专有技术或信息资料被泄露，原物灭失而无替代物，或者给付为劳务），还是法律上的（如标的物已被他人善意取得），均属之；"没有必要返还"则是指实际返还财产不具有经济合理性，并且，前述情形的"补偿"与"赔偿"有别，不以过错为要件，是以与应返还之对象相当之金钱价值替代原本形态之返还。[④] 准此以言，前引规定所称

① 郑玉波．民法债编总论．修订2版．北京：中国政法大学出版社，2004：114.

② 崔建远．合同法总论：上卷．北京：中国人民大学出版社，2008：357. 当然，该学者也认为得同时成立占有不当得利返还请求权。同①359. 不同观点认为，由于相关司法文件确认被撤销合同的财产返还请求权应自合同被撤销之日起计算诉讼时效，因而在性质上应属不当得利返还。谢鸿飞．合同法学的新发展．北京：中国社会科学出版社，2014：239.

③ 韩世远．合同法总论．4版．北京：法律出版社，2018：320－321.

④ 同③322.

“返还所取得的财产”乃是指以财产之原本形态的返还，故而，在返还对象为物时，即为原物返还。从而，折价补偿即为所取得财产之价值形态的返还。值得注意的是，因法律并未指明“不能返还”的原因，故此处的返还实际并不会因为取得财产人之善意或恶意而有不同的返还范围。但是，有学者及司法判决认为，若合同无效后的财产返还违背公序良俗原则，则应排除返还。[①]

一些学者认为，当原物不存在时，因返还转换为不当得利返还，故返还范围应受限于受领人之善意或恶意。[②] 除此之外，理论上并未涉及原物之孳息、费用返还，损害赔偿等类似于“占有人—占有回复请求权人之关系”的问题。

2. 合同解除时的返还

《民法典》第566条第1款（原《合同法》第97条）规定，合同解除后，已经履行的，当事人可以根据履行情况和合同性质“请求恢复原状”。理论上一般认为，返还已履行部分相关的财产是恢复原状的主要内容。

合同解除时应当返还原物，当原物不存在或者为劳务或其他无形给付的情形时，应当按照折价返还，原物折价以解除时的折价标准为参照。受领金钱时应自受领时返还利息；非金钱给付，应返还使用利益[③]；若受领的物产生果实等时，也应并返还。[④] 此外，还应补偿因返还产生的费用。对返还义务人在占有期间为维护标的物而支出的必要费用也应返还，但是，为保护非违约方和对违法行为进行制裁，违约方履行或返还人支出的费用以及非违约方已经得到的孳息，则不应返还。[⑤]

但是，对于合同解除而言，其效果还受制于一个更为根本性的问题，即合同解除的法律构造，这主要涉及“直接效果说”和“折中说”的立场采择

① 朱广新．合同法总则研究：上册．北京：中国人民大学出版社，2018：372．尹田．论法律行为无效后的财产返还．时代法学，2010（5）：31．

② 崔建远．合同法总论：上卷．北京：中国人民大学出版社，2008：359．

③ 需注意的是，用益返还在性质上并非原物返还，而系价值返还，并受制于原合同对待关系的约定。王洪亮．债法总论．北京：北京大学出版社，2016：362．

④ 韩世远．合同法总论．4版．北京：法律出版社，2018：684．

⑤ 王利明．合同法研究：第2卷．北京：中国人民大学出版社，2015：363．

问题。具体而言，若采直接效果说，则合同解除导致合同消灭，已为给付失去给付原因，在有因性物权变动模式下，依合同为给付的一方得主张物上返还请求权；在不涉及原物返还的情形下，则发生不当得利返还问题。[①]若采折中说，合同解除并不导致原来依合同所为给付失去给付原因，而只是依法产生物权回归的效果，因而属于一种以“恢复原状”为目的的债权关系。[②]而且，在因质量不符合约定而解除合同时，标的物毁损、灭失的风险由出卖人承担，是即将发生买受人免除返还义务之问题。[③] 在双务合同被解除且双方均负有返还义务时，在折中说之下，回归清算关系因与本来的债务关系具有同一性，故当然有同时履行抗辩权的适用[④]；在直接效果说下，虽然物权请求权之间以及物权请求权与不当得利请求权之间无法成立牵连关系，但是，因物权请求权并不排斥同时成立占有不当得利返还请求权，在存在竞合关系时，当事人选择不当得利返还请求权即可与相对人的不当得利返还请求权形成牵连关系，并因而亦得主张同时履行抗辩权。[⑤] 最高人民法院《全国法院民商事审判工作会议纪要》（法〔2019〕254 号，简称《九民纪要》）第 34 条规定，“双务合同不成立、无效或者被撤销时，标的物返还与价款返还互为对待给付，双方应当同时返还”，也反映了相同的立场。

3. 分立 vs. 统一

从比较法的角度看，合同无效或被撤销时的返还与合同解除时的返还的关系有区分模式与统一模式两种类型。采取区分模式的立法例有德国法、瑞士法、日本法，以及我国台湾地区的相关立法，还有 Draft Common Frame of Reference（DCFR）、PICC 与 PECL。依《德国民法典》之规定：合同无效或者被撤销，返还适用第 812 条以下的不当得利返还规则；而合同解除之后的返还，则适用第 346 条，且排除适用不当得利返还规则。之所以如此区分处理，主要是基于以下认识：合同无效和被撤销是因为合同在缔结之时存

① 崔建远．合同法总论：中卷．北京：中国人民大学出版社，2012：692.

② 韩世远．合同法总论．4 版．北京：法律出版社，2018：681.

③ 同②.

④ 同②.

⑤ 同①721.

在瑕疵，其效果是合同自始无效，合同在返还清算中不应当再发挥作用；解除合同的原因一般情况下都是在合同履行过程中产生了障碍，解除并不消灭合同，只是形成一种返还清算关系，被解除的合同中的意思表示，本来并没有任何瑕疵，其应当在返还清算中继续发挥作用，从而能够保持合同的牵连性。① 我国台湾地区的处理与德国相同②，瑞士法也与之类似，但因奉行有因的物权变动原则，故合同无效或被撤销时的返还请求权为物权而非债权性质。日本民法理论多认为契约无效、被撤销时的给付物返还应依据不当得利处理；而合同法定解除后的清算关系，只应适用合同法中的规定来处理，不应适用不当得利之规定。③ DCFR、PICC 与 PECL 同样对合同无效与解除的法律效果作了区分。PICC 第 3.2.15 条规定了合同无效的恢复原状规则；第 7.3.5 条和第 7.3.6 条则区分了一次性履行合同和一段期间内履行合同的解除的后果，前者的解除具有溯及力，与合同无效的财产返还规则相同，对于后者的解除则仅可就终止生效后的期间主张恢复原状。DCFR 和 PECL 的规定与之类似。对此有学者认为，在 PECL 的框架下，合同无效与解除的返还规则是不同的，解除只能消灭未来到期的给付义务，如果义务在解除之前已经到期则并不会排除，因此只要提供了给付，只有在对待给付落空的情况下才能要求返还；而撤销中的返还请求权不需要对价的落空，这导致了财产返还规则的割裂。④

对合同无效或者被撤销与合同解除的法律效果采统一处理模式的立法例有法国法、意大利法、英美法与《欧洲共同买卖法》。2016 年法国债法改革在债法领域内设立了体系化的返还统一规则，不仅适用于非债清偿返还、不当得利返还，也适用于因合同无效、被撤销与合同解除等导致合同溯及既往灭失以后的返还问题。⑤ 在意大利民法中，对合同无效、被撤销与合同解除

---

① Siehe Hellewege, *Die Rückabwicklung gegenseitiger Verträge als einheitliches Problem*, Mohr Siebeck, 2004, S. 522.

② 王泽鉴，不当得利．2 版．北京：北京大学出版社，2015：298.

③ 刘言浩．不当得利法的形成与展开．北京：法律出版社，2013：154.

④ ［德］索尼娅·梅耶．失败合同的返还清算：欧洲的新发展．冯德淦，译．南京大学法律评论，2019（2）.

⑤ 李世刚．法国新债法统一返还规范研究．河南社会科学，2017（2）：93.

的法律效果基本可以统一处理，理论上认为除继续的或定期的给付契约外，合同无效、被撤销与合同解除都具有溯及力，因意大利法中物权变动以有因性为原则，如果这种变动自始或者事后（基于溯及力）失去原因，就可以根据非债给付制度而非不当得利来要求返还。[①] 英美法中对是否返还以及如何返还的规定都取决于合同失败的确切原因，但是所有的返还请求权，无论是在无效的情况下还是在撤销或者解除之中，都归于返还法，可以认为是“合同之外的返还法”。

实际上，从前文有关两种类型返还的效果考察中我们看到，合同无效或被撤销时的返还与合同解除时的返还效果差异，首先反映在返还请求权的性质差异方面。如果合同解除有溯及力，则对解除所产生的财产返还效果与无效时的财产返还效果作统一评价应该没有什么障碍，因为，在两种情况下，合同都不能成为保有给付效果的原因。若合同解除无溯及力，则已为给付的内容不发生返还问题，解除效果发生后的清算与无效、被撤销甚至不成立时的给付返还情形也完全相同。或许有人会认为，统一处理可能会造成解除时的不公平结果：出卖人因解除而得享有物权性返还请求权的保护，而买受人则只有债权性的返还请求权。不过，这样的后果并非源自统一处理，而是源自给付标的的特征：有体物相比金钱能够保持其特定性，从而为物权性保护提供充足的保护理由，而金钱则因其相反特质而通常只能由债权法提供救济。即使如此，从比较法的角度看，在英美法上，针对金钱给付，只要金钱本身的特定性不丧失，其也能获得物权性保护。[②] 此外，也可以考虑如《瑞士债法改革学者建议草案》（2020年）那样，即使在无效或被撤销情形下也排除物权性返还请求权，统一依债权清算关系处理。[③]

---

① 陆青．合同解除有无溯及力之争有待休矣：以意大利法为视角的再思考．河南省政法干部管理学院学报，2010（3）：82.

② Ward Farnsworth，*Restitution：Civil Liability for Unjust Enrichment*，the University of Chicago Press，2014，pp. 123ff.

③ Siehe Kern und Bettinger，Schuldrechtsmodernisierung in der Schwei? - Der Entwurf Obligationenrecht，2020，Fn. 62，ZEuP，2014，S. 575//汤文平．法律行为解消清算规则之体系统合．中国法学，2016（5）：148.

其次，在解除情形下，可能因为涉及风险负担问题而与无效情形有别。因为，在合同无效或被撤销情形下，返还不能的风险由返还义务人承担，不能返还时应折价补偿；相反，在合同解除情形下，如买卖合同因标的物瑕疵而被解除时，标的物毁损、灭失的风险由出卖人承担（《民法典》第610条，原《合同法》第148条），从而可能发生买受人不能返还时免除返还义务的问题，且其并不丧失自己的价金返还请求权。对此问题，或许换一个角度观察会有不同结论。这种风险负担规定的运用既可以视为特殊的返还义务发生条件，从而与返还效果无关；也可以视为返还义务的抗辩理由，从而成为解除返还时的特殊效果。从风险负担规则作为裁判规则的角度看，将其作为返还义务的发生理由似乎更为合理，从而，前述问题也就不成其为特殊的理由。在合同解除时不会发生因不法或悖俗原因产生的给付不允许返还问题，但仅此尚不足以作为反对统一处理的理由，毕竟任何一般规则的具体适用总会因特定情形而有差异。

还有一个可能的差异是，在合同无效或被撤销时，返还不能时的折价不受合同约定的影响，但在合同解除时返还不能的，应当考虑合同约定因素对折价的影响。[①] 折价返还乃是返还不能时的特殊问题，应当基于返还义务发生的具体情形而有所调整，即是否纳入对价约定有效性因素以确定返还范围，这与其他确定返还的考虑因素一样，都不足以成为反对统一调整的充分理由。有学者认为，合同解除的返还应类推适用不当得利返还规则[②]，或者以统合说为立场，独立设置返还清算之债，以“解消”来囊括“无效或基于其他原因效力被取消”的情形，包括无效、撤销、解除、消费者撤回等[③]，其反映的也是类似的构想。

（三）不当得利返还

不当得利返还是我国民法理论上关于返还问题关注最多的领域，但由于

---

① 赵文杰．论不当得利与法定解除中的价值偿还：以《合同法》第58条和第97条后段为中心．中外法学，2015（5）：1196．

② 同①1191．

③ 汤文平．法律行为解消清算规则之体系统合．中国法学，2016（5）：132．

法律规定不明确，其涉及的内容仅限于返还对象“不当利益”的一般规定，新颁行的《民法典》增补了多项返还抗辩事由，而就其他诸多问题均未涉及，理论界在若干重要问题上的共识仍属不足。

1. 返还客体

最高人民法院原《民通意见》第131条规定，不当利益包括原物和孳息，但利用不当得利取得的利益，应在扣除劳务管理费后予以收缴。由于《民法典》有关民事责任形式的规定中删除了原《民法通则》规定的没收、收缴等公法责任中的规定，因此，应当认为，前述司法解释中的收缴规定将不再适用。

不当得利返还旨在矫正不正当的财产权益变动，因此，返还的对象应限于财产利益，而不包括精神利益。有学者认为，“财产利益”并不以具有财产价格为限，如特殊纪念物品或证书等，纵无交易价格，也可作为返还对象。[①] 不过，若返还对象本身无交易价格，则仅当所获利益原本形态尚在且未发生返还不能时方有返还意义。要是原本形态的利益无法返还，则折价返还无返还意义。单纯占有或不当的权利登记与之类似，其本身并无交易价格，但占有或登记彰显其所标示的权利，仍具有法律上的价值，如当事人可以主张占有保护，或根据公示之推定效力而享有利地位，如受领给付等。在这个意义上，其仍属广义上取得“不当利益”，应受不当得利返还法的规制。

若因所获利益而更有所得时，如收取的孳息（天然或法定孳息）、获得的使用利益、受领的债权清偿或应返还的彩票中奖、因物之毁灭而获得的保险金、赔偿金或补偿金等代偿物时，其当然应属返还对象。使用利益本身只能替代返还，即支付使用费。但是，因处分原物所获得的对价（交易替代物）是否属于返还对象？如甲将应返还给乙的市价1万元的A物以1.2万元的价格出卖给丙，且丙为善意；或者以应返还的1万元购买股票，现股票升值达市价2万元的，应如何确定甲对乙的返还范围？就此存在不同看法。否定见解认为，不当得利请求权在于避免债权人遭受损失，而非使其获利，故而，所交易替代物价值高于原物价值时，仍应以原物价值确定返还。[②] 但

① 王泽鉴．不当得利．北京：北京大学出版社，2015：245.

② 同①247－248.

是，若售价更低，权利人则仅得主张实际获利即价款，对差额部分则须另行求偿。[①] 但是，如果交易所得在社会观念上应认为源自应归属权利人的权利（收益取得原本利益），则判断债权人是否会因返还而获利，而不应单纯着眼于价格对比，当然同时也应虑及法政策上的适当性。这涉及得利剥夺责任之定性问题，也是英美返还法上借助拟制信托保护返还权利人之理由所在。[②] 在涉及返还标的财产增值时，《九民纪要》第 33 条规定，“应予返还的股权、房屋等财产相对于合同约定价款出现增值或者贬值的，人民法院要综合考虑市场因素、受让人的经营或者添附等行为与财产增值或者贬值之间的关联性，在当事人之间合理分配或者分担，避免一方因合同不成立、无效或者被撤销而获益”。这种处理方式实际上就并非依循单纯逻辑，而是考虑了财产增值来源，具有相当的合理性。

若无法返还原物，仍应采取折价返还方式。对于价格的计算，理论上有客观说、主观说、对待给付说与原因区分说等四种。客观说认为，价额应依市场客观交易价值定之；主观说认为，应就受益人财产加以计算，其在财产总额上有所增加或减少的，应返还增加或减少后的价额[③]；对待给付说即以合同约定价格为准来确定折价数额[④]；理论上以客观说为通说，现有立法中亦存在此种做法。

2. 返还范围

理论上的通说认为，不当得利返还的范围受制于返还义务人的善意或恶意。不知道其取得利益无法律根据的善意受益人仅以现存利益为限附返还义务，而知道或应当知道取得利益无根据的恶意人则应返还全部所获利益；若取得利益时为善意嗣后恶意，则以恶意开始时的现存利益为限。现存利益应考察受益人的财产总额是否增加，即通过若未受利益时应有财产之总额与现

① 刘凯湘．债法总论．北京：北京大学出版社，2011：47.

② Ward Farnsworth, *Restitution: Civil Liability for Unjust Enrichment*, the University of Chicago Press, 2014, p. 124.

③ 王泽鉴．不当得利．北京：北京大学出版社，2015：249.

④ 汤文平．法律行为解消清算规则之体系统合．中国法学，2016（5）.

在财产总额之差额确定，而不以所受利益之原本形态是否存在为限。[①] 在判断现存利益时，应当扣除受领利益时所支出的费用[②]及因信赖能够获益而遭受的损失。[③] 理论上也有主张对恶意占有加重责任，在返还标的为金钱时，其应当加付利息返还[④]；在得利返还不足以弥补权利人损失时，其尚需负担赔偿责任。有学者主张此种赔偿责任不以受益人有故意或过失为必要，乃不当得利法上的特殊制度。[⑤] 但是，此论似有混淆利益取得恶意与侵权法上过错之嫌，我国《民法典》明定“依法赔偿损失”，性质上为参引规定，在没有特别规定的情况下，应遵循一般侵权行为的归责标准。

3. 返还地与返还费用

不当得利返还为法定给付义务，故返还地与返还费用均应以法律关于债务履行的规定为据（《民法典》第 511 条第 3、6 项），即返还费用由返还义务人自行承担。但是，在因非可归责于双方原因（如自然原因）发生返还的情形下，承担非金钱债务的其他标的返还费用对受益人/返还义务人似嫌过苛。

4. 不当得利的排除与抗辩

《民法典》第 985 条规定了三种排除不当得利返还的情形，即为履行道德义务进行的给付、期前清偿以及明知无债务而进行清偿。对理论上多数人赞同的排除不法（含悖俗）原因给付情形的返还请求权立场，未作规定。至于比较法上多见的得利不存在的抗辩，实已暗含于善意得利人仅以现存利益负返还义务的规定中。

（四）侵权法上的财产返还

原《侵权责任法》第 15 条将“返还财产”规定为侵权责任形式，但是《民法典》已删除该规定，将侵权责任限制在防御性责任和补偿性责任两个层面，不再包含返还性责任。由于我国现行法上的“损害赔偿责任”仅指金

---

① 孙森焱．民法债编总论．北京：法律出版社，2006：153.

② 同①.

③ 王利明．债法总则．北京：中国人民大学出版社，2016：219.

④ 王泽鉴．不当得利．北京：北京大学出版社，2015：271.

⑤ 同④272.

钱赔偿形式，因此，与比较法上将财产返还作为恢复原状的损害赔偿形式不同。在这个意义上，若因侵权行为发生财产侵占的后果，权利人得同时主张原物返还请求权或不当得利返还请求权，并得与损害赔偿请求权同时主张，发生责任聚合而非竞合现象。

三、返还性责任的效果统一

在完成对不同返还性责任引致原因下法律效果的考察后，我们就可以对返还性责任效果规范的统一性作出初步评估了。我们首先评估三种主要返还责任基础，即物权法上的原物返还请求权、合同法上的返还请求权以及不当得利返还请求权的规范效果一致性，然后再尝试提出统一的可能方向。

（一）不同返还基础的效果异同

我们不难看出，不论基于何种返还原因，返还责任的效果都是返还义务人应将其取得的原本归属于请求权人的权利或利益及其孳息予以返还，在物权法上的返还情形，仅涉及原物返还及孳息返还，在其他返还情况下，尚包括对其他利益形态的返还，如对股权、知识产权、债权等财产权利的返还，以及登记涂销等返还内容或形式。在原物返还时，若返还义务人存在对物或权利的利用，其应同时返还其价值（价值返还）。若返还义务人因标的物毁损灭失而受有保险金、赔偿金、补偿金等代偿物时，其应返还该代偿物。前述情形下的返还，均不以返还义务人在利益取得或保持时是否为善意而有不同。

当原物返还不能时，发生折价返还问题。此种效果仅涉及合同法上的返还请求权与不当得利返还请求权，而与物权请求权无关。就合同法上的返还请求权而言，折价补偿并不受制于返还不能的原因，属于无过错责任。但是，在不当得利返还情形下，善意受益人仅就现存利益为限负返还责任。因此，若返还不能的原因不可归责于他，在不存在代偿物的情况下，善意受益人将被免除返还义务，从而不发生折价返还的问题。这个差异反映了合同法上的返还请求权与不当得利返还请求权在规范效果上的冲突。因为，在合同无效情形中，若无效原因并不归责于返还义务人一方，其取得利益时亦属善意，则当返还标的物非可归责于他的原因而灭失时，令其承担折价返还义务明显过苛。因此，在因合同无效所生返还责任情形中，如因受欺诈而撤销买卖合同，理论上甚至主张，纵然标的物在合同撤销前因买受人过失而灭失，受欺诈的买受人也免负返还义务，且可主张返还请求权。[①] 因此，前述效果差异的正当性在法政策上值得反思。

在费用补偿上，物权法上的返还请求权在“占有人—回复请求权人关系”问题上采取了绝对不利于恶意占有人的法政策，但仅赋予善意占有人的必要费用偿还请求权。在不当得利返还情形下，若承认善意受益人因信赖支出费用的扣减权利，事实上将发挥与费用补偿相同的效果。对合同法上的返还请求权，也应同样对待。

关于合同法上的返还请求权在双务合同情形中的同时履行抗辩问题，其属于该种请求权的实现问题，与返还效果并无直接关系，故在返还效果统一问题上无须特别考虑。

三种返还请求权在理论上最为重要的差异或许被认为体现在返还请求权的性质上，并因而产生附随差异。一般认为，物权请求权乃物权性的请求权，而不当得利返还请求权则为债权性的请求权，合同法上的请求权则存在物权性和债权性两种可能性。从而，在返还义务人破产时，物权性返还请求权人得通过行使取回权而确保权利实现；但债权性返还请求权则无此优待。此外，物权性返还请求权还享有诉讼时效的优待，即涉及不动产物权和登记的动产物权的返还请求权不受诉讼时效限制。就此问题，有以下两个问题需要说明。

首先，确定返还请求权的属性并无实益。这是因为，救济性请求权乃是权利实现之工具，其救济效果如何，受制于其救济的权利性质。换言之，物权请求权之所以具有物权性，不是因其自身效果，而是源自其救济的物权。也正是由于这个缘故，在合同法上的救济情形下，返还请求权本身无法抽象界定其性质，在涉及原物返还时，必须先界定原物上之权利归属。在德国法

---

① 王泽鉴．不当得利．北京：北京大学出版社，2015：265.

上，由于对物权行为无因性的贯彻，合同无效并不当然影响因履行该合同而发生的物权变动效果，故合同无效情形下的原物返还在原则上仅具有债权性。反之，在采有因性物权变动原则的情形下，合同无效情形下的原物返还则为物权性。类似地，就不当得利返还而言，由于返还义务人受益意味着其在法律上取得了本该归属于返还请求权人的权益，因此，不当得利返还通常为债权性的。但是，在占有不当得利返还情形下，则根本不发生权利归属变动问题，如此时发生返还义务人破产的情况，权利人仍可基于物权而取回标的物。再如，在金钱返还的情形下，其通常具有债权性，但是，如果货币是用信封、纸袋等包装的，则该笔金钱被侵占后如能够被识别为原所有人的财物，则所有人可以行使返还原物请求权。[①] 因此，返还请求权的物权性与债权性只是一种方便的说法，将其与请求权基础结合在一起，可能是误导性的，尤其是在涉及非物权请求权的情形时更是如此。

其次，原物返还请求权的诉讼时效优待，不会在法律实践中产生明显的适用效果优势。原物返还请求权之所以不受诉讼时效限制，基本考虑乃是为避免适用诉讼时效与物权公示公信原则发生抵牾，且并非所有原物返还请求都享有此种优待。[②] 在承认占有不当得利返还请求权的情况下，其必然能够与原物返还请求权发生竞合，所以，即使是在统一效果的视角下，诉讼时效优待也不会对当事人权益救济产生明显影响。

（二）返还性责任效果统一的可能进路

从前面我们可以发现，合同法上的返还请求权与不当得利返还具有天然的亲缘关系，尤其是在不考虑物权请求权的情况下，理论上甚至主张将其作为不当得利返还请求权对待。不当得利返还请求权与物权法上的原物返还请求权也主要因其返还目标不同而相异，但在规范实际适用时，因为竞合的存在，两种请求权差异的价值实际上被极度减弱了。因此，如果我们坚持返还

① 王利明．物权法研究．4版．北京：中国人民大学出版社，2016：203－204.

② 最高人民法院民法典贯彻实施领导小组．中华人民共和国民法典总则编理解与适用：下．北京：人民法院出版社，2020：990.

请求权的技术性特征，统一的返还性责任效果就是可能的。

1. 原物返还与价值返还的区分

不当得利返还义务以返还所获的特定财产为原则，即义务人应当首先返还原物，只有在原物返还不能的情形下，义务人才会产生价值返还的义务，即对原物进行估值后偿还相应的价金。大陆法系各国在不当得利返还的方法上，大都坚持应当首先进行原物返还。例如：《意大利民法典》第 2041 条第 2 款规定，在不当得利的标的是特定物时，若该物在提出请求时尚存，则获利者要承担返还实物的义务；《法国民法典》第 1379 条规定，如不当受领之物是不动产或有形动产且原物仍在时，受领人有义务返还原物；依《德国民法典》第 818 条之反对解释，原物返还是不当得利返还的优先方式。只有当得利人所获利益依性质或因其他原因不能进行原物返还时，大陆法系国家才允许适用价值偿还替代原物返还。依其性质不能返还，主要是指物的损耗或消费，或者所受利益为劳务或服务等情形。所谓其他原因，包括原物完全灭失的客观不能，或者得利人将原物有偿转让而第三人已经善意取得时出现的主观不能情形。

与大陆法系不同的是，英美法并无返还特定财产的原则性规定，其采取了一条完全不同于大陆法系的返还法路径。英美法在施加返还义务人返还责任时，首先要求的就是义务人返还所获得的金钱价值。在普通法的历史上，对准契约的救济方式就严格限制在了金钱返还的范围之内，如在英国法早期的令状诉讼中，与返还财产有关的准契约的诉讼都不是针对接受原物的返还，而是以金钱的方式对所获取的实物、劳务或者金钱的价值返还。原物返还作为价值返还的一种例外方式是从衡平法中发展出来的，其所适用的范围也仅限于侵权损害赔偿，直到后来才作为价值返还的一种补充形式而在返还制度中被确定下来。[①] 即便如此，英美法中的原物返还范围也并非大陆法系那

① Geogre E. Palmer, History of Restitution in Anglo-American Law, in *International Encyclopedia of Comparative Law*, Volum X: Restitution-Unjust Enrichment and Negotiorum Gestio, Brill Academic Publishers, 2007, pp. 111 - 112.

样宽泛，其仅限于通常意义上的受领之物本身，对大陆法上的替代物的返还，在英美法中并不被视为原物返还的类型。如此一来，英美法上的原物返还的范围相较于大陆法被极大地限缩。虽然如今英美法中普通法的救济与衡平法的救济仍被强调，但选择权在义务人，义务人有权决定采取何种返还方式。[①]

我国现行法中并无原物返还优先的明确规定，但是，适用原物返还优先的原则具有明显的好处：首先，原物返还时意味着返还请求权人仍享有物权，从而原物返还能够最有助于恢复侵占事实未发生时的应有状态。其次，价值返还涉及更复杂的问题，这主要是折价标准的选择问题。由于折价标准以及折价时点的选择不同，可能发生折价高于或低于权利人本来享有之利益状态，引发投机行为或强迫交易问题。最后，由于原物返还借助其所救济的物权而享有破产和诉讼时效方面的优待，更有利于权利救济目标的实现。

在原物返还不能时，价值返还将是返还救济的唯一方式。孳息返还原则上属于价值返还范畴，但孳息如以特定物的方式存在，亦应准用原物返还优先的规定。

2. 价值返还的范围

在原物返还优先的前提下，返还范围的问题就主要与价值返还有关。大陆法一般认为，当损害大于利益时，返还的范围应以利益为准；当利益大于损害时，返还的范围则以损害为准。[②] 这是不当得利返还范围的抽象界定标准，在原物返还时根本就不存在这种比较的必要性。在具体的操作上，则根据得利人的主观状态产生不同的返还效果。善意得利人仅负其现存利益的返还责任，倘若所受利益已不存在，则不负返还责任。善意得利人承担相对较轻的返还责任，显示了法律对善意得利人的保护，使其不致因不当得利返还导致财产减少。[③] 相反，恶意得利人则应返还受益时的原受利益以及基于该利益所取得的利益。无论在返还请求权提出时该利益是否尚存，也无论该利

① 李语湘．比较法视角下英美返还法的结构与功能研究．北京：中国政法大学出版社，2015：230.

② 王泽鉴．不当得利．北京：北京大学出版社，2015：254.

③ 杜景林，卢谌．德国民法典评注：总则·债法·物权．北京：法律出版社，2011：455.

益是否由于不可抗力或其他不应归责于得利人事由而毁损灭失，受领人此时的返还义务并不会消减。而且，恶意得利人还需对所受利益附加的利息及因其行为对受损人造成的损害负赔偿责任。

英美法的返还范围以所受利益的价值为一般衡量原则，且受制于特殊情形以及可识别的财产规则的限制。[①] 英美法在确定返还范围时一方面并没有大陆法上两者相较取其小的规则，另一方面也不考虑得利人的主观状态，而其主要目的在于对得利人不当获益的去除，并通过这种方式来确定得利人应当返还的范围。因此，以受领价值确定返还责任，无须考虑得利人在受领之后发生的事情以及对受领利益价值的影响。即使得利人发生了大陆法系上认为得利事后处分的行为也不重要，因为返还范围并不受此限制。但是如果受领利益后，客观情况确实发生了重大改变，要求得利人继续按照原定标准履行返还义务将会导致不公平时，得利人可以以此抗辩，但这并未真正改变价值返还范围的考量标准。

从功能角度看，大陆法系对得利人返还范围关注其主观状态，无外乎是为了确定得利人应当返还受领利益还是现存利益，尤其是当且仅当受领利益与现存利益出现差额时，是否应当将得利人的主观情事考虑在内从而最大限度地保护受损人的利益。而英美法系由于在返还的标准上已经事先明确了受领利益与现存利益的区分，所以此时得利人的主观状态是善意还是恶意并不具有决定性的作用。反而，大陆法系中的善意标准以及举证证明存在较大难度，以此来看，反而不具备更佳的可操作性。受损人在选择返还的救济途径时仅需关注他是否能够从得利人那里获得原先交付的标的物或者相应的财产价值。从这个意义上说，英美法的处理方式其实在最终的效果上与大陆法系区分得利人善意与否并无很大的差别，反而在规则的操作上避免了大陆法系中一些不确定概念的判定问题，有利于返还效果的确定和可预期。

3. 返还义务人的费用补偿请求权

如果得利人的费用支出是为了维护标的物的正常状态，且这种维护的需

① 李语湘．比较法视角下英美返还法的结构与功能研究．北京：中国政法大学出版社，2015：231.

要是自然发生而非归因于得利人的利用或管理不善，那么，费用支出就对权利人有利，要是权利人对此不给予补偿，其在实际上就构成权利人相应的不当得利。英美法在历史上就曾将无因管理所生费用的偿还纳入返还法解决，其考虑就与此类似。照此逻辑推论，对必要费用的补偿，应不受限于得利人取得利益的主观状态。相反，在有益费用支出情形下，为避免发生强迫得利，并与侵权责任法之不法行为预防目标相协调，仅得考虑给予善意得利人优待，使其有权请求补偿或者在价值返还时适当抵扣，也是合理的。我国现行法仅就必要费用给予善意得利人优待，剥夺恶意得利人一切费用补偿请求权，这并不利于物之价值的保持，虽可另借损害赔偿法救济权利人，但并非社会经济上最优处置方式，在法政策上的妥当性有再斟酌之必要。

4. 得利返还与损害赔偿

在传统法律上，财产归属的侵夺对权利人已构成损害，故而，其当然属于损害赔偿之对象，返还被侵夺财产也因此可以被看作是损害赔偿责任的承担形式。但是，在我国现行法上，损害赔偿仅指对损害的金钱救济。[①] 在这样的前提下，损害赔偿与返还财产的关系需要特别关注。

如果不将财产返还作为优先于损害赔偿的独立责任形式，则意味着权利人得不要求返还财产，而要求责任人给予价值补偿，并将其合并到其他损害之中。我国《民法典》侵权责任编改变了原《侵权责任法》的做法，将返还财产剔除于侵权责任形式外，这必然引致此种适用关系。当原物返还尚属可能时，此种做法将面临前文所提及的折价补偿之问题，即作价困难与强迫交易的问题。为免此弊，最佳做法是在当事人欠缺合意时，将应赔偿之“损害”限定为其他经济上的不利，不包括原物等其他原本形态之财产归属或控制侵夺的不利状态。

但是，在返还价值形态时，财产返还优先于损害赔偿的必要性则不复存在，因为即为价值赔偿，责任人原则上自须以金钱形式返还，这与损害赔偿在形式上就完全一致，从而对二者可以一并处理。如此一来，价值形态的财

① 传统理论认为，赔偿不必以金钱形式作出，但此观点与我国现行法有关民事责任细分的状况并不吻合，尤其是会造成“返还财产”“恢复原状”“赔礼道歉”等与“损害赔偿”之间的混淆重叠。

产返还，在任何意义上都可以被看作是损害赔偿的表现形式。由此衍生的效果是返还性责任与补偿性责任的功能替代问题，即价值形态的返还与全部损害的损害赔偿责任二者不可并用。在这样的逻辑下，返还性损害赔偿与单纯补偿性损害赔偿的区分就需要引起特别关注。

第三节　补偿性责任

补偿性责任是在致害行为或事件造成他人权益损害时所应承担的民事责任。补偿性责任主要涉及的是损害赔偿责任[①]，但不限于此。因为，我国民法上的损害赔偿是与“返还财产”“恢复原则”对称的责任形式，故应界定为以金钱给付为内容的民事责任。这样会产生一个问题，即那些不以财产返还为内容，而是单纯以排除受侵害权益之受害事实状态为目的的救济方式，如责任人自行修理、支付费用的治疗等，由于其并非向受害人为金钱给付，所以也无法作为损害赔偿责任形式，但其的确是对受害人损害的填补。此外，赔礼道歉、消除影响、恢复名誉也既非返还性责任，也非以金钱给付为内容的损害赔偿，但同样以消除权利人所受不利为目的。这些救济措施因为具有修复被侵害权益的属性，应当被视为补偿性责任的承担方式。当然，作为最重要且最常使用的权益救济形式，损害赔偿责任一直是民事责任法的规范重点与理论研究的重要课题，甚至可以说，民事责任法主要就是围绕损害赔偿责任的成立与承担规则而展开的。

本节的目的并非就补偿性责任作全面研讨，而是致力于一个相对较小的目标：不同致害原因下的损害赔偿责任是否具有统一规范的可能性？就这个问题，比较法上的经验实际上已提供了较为明确的指示[②]，即损害赔偿的统

① 实际上，“损害赔偿”在我国现行法与比较法上具有多种功能，其可以指代一方向另一方给予金钱的所有救济形式，包括单纯的补偿性赔偿，也包括以恢复权利人财产应有状态的返还性赔偿，还包括并不以补偿损害为内容的精神损害赔偿与惩罚性赔偿等。本节所称的“补偿性责任”指向广义的“损害赔偿”概念，即包括单纯的补偿性赔偿，以及返还性赔偿与精神损害赔偿。

② 在范式民法典中，为损害赔偿设立一般规范乃是通行做法，即使不设一般规范，理论上和实践中仍承认实质上一般规范的存在。

一规范是存在的，尤其是可赔偿损害之要件、赔偿方法、赔偿范围以及赔偿额之计算等问题均具有相当程度的共同性。① 我国现行法并无损害赔偿的一般规范，因此，从中国法的现实出发，参酌比较法经验，尝试构建补偿性责任的一般规范，当有其现实意义。

需要说明的是，民法上的损害赔偿责任主要以合同法上的损害赔偿和侵权法上的损害赔偿为中心，其他损害赔偿原因下的赔偿责任主要参照前述两种责任类型的调整规则，因此，本节主要围绕合同法和侵权法中的损害赔偿责任规定，按照赔偿责任的主要问题顺序，讨论二者在责任效果上统一的可能性及限度。

一、损害赔偿的目标

就损害赔偿的一般目标而言，主要有损害填补、损害预防与惩罚制裁等。② 尽管这基本上是理论上通行的观点，但也有学者指出，这样的目标设定实际上是从利益冲突双方中的一方进行观察，具有典型单极性的特点，与民事关系的两极性相违，难以形成具有连贯性的正当理由体系。③ 除此之外，对损害预防也可以从不同的角度观察：从受害人的角度看，损害填补的结果可能使责任人丧失其侵害所得，从而失去不法行为的经济激励，故而能够发挥预防损害的作用；从惩罚制裁的角度看，惩罚性责任的承担不仅可剥夺加害人的所得，甚至令其承担超出其所得的经济制裁（惩罚性赔偿），自然具有更强的吓阻不法行为的效果。尽管损害填补可能因不足以剥夺全部侵权得利而预防不足，惩罚制裁也可能因为超出受害人所受损害而致其因侵害而得利，从而有违权利救济的补偿原则，并因而存在正当性方面的质疑。但是，预防功能并没有更多制度上的配合措施，准此以观，从两极性的角度

① 曾世雄．损害赔偿法原理．北京：中国政法大学出版社，2001：118．王泽鉴．损害赔偿．北京：北京大学出版社，2017：60－80，112－271，283－354．

② 王泽鉴．损害赔偿．北京：北京大学出版社，2017：25．

③ ［加］温里布．私法的理念．徐爱国，译．北京：北京大学出版社，2007：42－43，45．

看，损害赔偿的前述三项功能就可以精简为损害填补与惩罚制裁两项。[①] 本节的目的是讨论补偿性责任的相关问题，故而，惩罚性责任并不在本节考察范围内（详见本章第四节）。

（一）恢复原状的损害赔偿 vs. 价值赔偿

权益救济的目标是通过民事责任的承担，使受害人恢复到若无权益侵害其本应处于之状态。由于侵害事实已实际发生，“原状”已遭破坏，所以，权益救济只可能“恢复至应有状态”而非“恢复至原有状态”，“恢复原状”不过是一种简洁的表达。[②]

如前所述，当侵害已经发生并实际产生权益侵害后果时，返还原物或恢复被侵夺之权利的本来形态（如返还被不当移转的物权、知识产权、股权及债权等）的返还性责任是最能体现权益救济目标的方式。当返还不能或成本过大时，价值补偿就是不得已但仍属有效的救济方式。

如果说返还性责任最有助于恢复被侵害权益的应有状态，而补偿性责任只是填补受害人财产的减值，从中就不难发现，要是加害人从受害人处拿走的财产刚好也就是受害人因侵害而失去的价值，价值返还的救济方式与价值赔偿的救济方式在效果上就完全一致。但是，由于返还性责任不要求满足归责性要件，因而，价值补偿的返还方式相比于价值赔偿的方式而言，对权利人就具有更优的保护效果。当然，价值补偿的返还方式也有其自身的限制，即其必须源自受侵害的权益本身，且加害人取得了与该权益相应的价值；此外，善意得利人还享有得利丧失的抗辩，这在一定程度上又缓和了价值返还的严厉性。

但是，值得关注的还有另外一个问题：如果恢复被侵害权益的应有状态

① 质疑的观点可能认为，从过失相抵（或与有过失）的角度看，在有关责任保险中通过费率调整的方式，也都可以达到预防的目的，但这与两极性的考虑无直接关系。但是，受害人因与有过失被减少赔偿额，实际上是将在法政策上或事实上应由其自己承担的损害禁止向责任人转嫁，故仍然可以纳入两极性视角下思考。责任保险的费率调整是通过影响加害人的行为方式预防损害，与损害填补或制裁都没有直接关系，但是，其一方面并非责任法本身的问题，另一方面也并非总是与责任法相关。从这个意义上讲，这两项理由都不具有足够的说服力。

② 曾世雄．损害赔偿法原理．北京：中国政法大学出版社，2001：17.

是救济的首要目标，那么，即使在无法恢复原状时，也应当尽可能接近这样的状态。因此，损害赔偿的首要目标应当是恢复原状。《德国民法典》的规定具有代表性，其第249条第1款规定，“负损害赔偿义务者，应恢复至如同使赔偿义务发生之情事未发生时之状态”，在立法上明确了损害赔偿以恢复原状为原则的立场；其第2款又同时规定，“因对人侵害或对物毁损，而应赔偿损害者，债权人得不请求恢复原状，而请求恢复原状所必要之金额”，又界定了金钱赔偿与恢复原状的适用关系。根据随后第250、251条的规定，该法则进一步确定了恢复原状优先的规则，即除非存在法定例外情形，只有在恢复原则不能或花费过巨时，债权人方可请求金钱赔偿。有学者指出，恢复原状与受损人微观上所受的具体损害关联，具体方式表现丰富，这取决于致损事实的具体形态以及所侵害的具体利益：行为人不法侵占他人之物，恢复原状的方式为返还原物；当损毁他人之物时，恢复原状表现为修理或寻找其他品质相同的替代物；在不法侵害他人身体健康时，恢复原状就是进行必要的治疗和救助。①

可见，《德国民法典》上的“恢复原状”实际上存在两种不同的功能设定：作为损害赔偿的一般原则，其不仅包括对受害权益自然状态/事实状态的恢复（第249条第1款），也包括通过金钱给付替代恢复原状（第249条第2款）；作为损害赔偿的主要方式，其仅指对受害权益自然状态/事实状态的恢复。恰如前述，在我国现行法上，“损害赔偿”与“返还财产”、“恢复原状”等民事责任形式对称，仅指损害的金钱补偿。故而，我国法上的损害赔偿只与德国民法上以金钱给付为表现形式的损害赔偿相当。

不过，纵然在我国现行法上，以金钱给付的损害赔偿也不限于依受害人财产状况作抽象计算所得的价额予以赔偿（“差额说”）。我国《民法典》第1184条规定：“侵害他人财产的，财产损失按照损失发生时的市场价格或者其他合理方式计算。”依市场价格计算财产损失，是损害的抽象确定方式，其与恢复原状的救济目标难谓完全吻合。但是，“其他合理方式”

① 李承亮．损害赔偿与民事责任．法学研究，2009（3）：140-141.

则暗含了关照具体损害形态，在赔偿额计算上作不同于依市场交易确定金额的可能性。比如，德国法上所谓的请求侵权人支付“恢复原状所必要之金额”，以及“因治愈受伤之动物所需之费用虽显超过动物价值者，不当然为需费过巨”（《德国民法典》第 251 条第 2 款第二句），其所指的替代恢复原状的金钱赔偿，就并非抽象财产的差额计算所得。就我国法而论，除财产损失也应作类似理解外，对人身损害，并非主要以抽象标准确定赔偿额。[①] 唯应注意者，我国现行法并未就替代恢复原状的金钱赔偿与价值赔偿的适用顺位加以明确规定，似乎将其留给裁判者自由裁断，这或将在相当程度上引致法律适用方面的不确定性。[②]

为此，就我国现行法上损害赔偿规则的解释适用来看，仍应遵循恢复原状优先的原则。具体而言，当侵害事实已经发生时，针对原物或原权利的返还性责任应当优先适用；当不能返还（含事实上不能、法律上不能与经济上花费过巨）时，应采取价值返还或者价值赔偿的方式。但是，在造成人身伤害或物之损坏的情形下，若责任人已提供合理的治疗救助或自行对物进行修理，或者以种类物替代受损物，且不会增加受害人不合理负担或损害的，受害人不得拒绝。其根据在于，在前述情形下，受害人若拒绝加害人/责任人主动提出的补救措施，可能构成权利滥用，违反诚信原则。同时，在进行金钱赔偿时，除非恢复原状在经济上不可期待（花费过巨）或在法律政策上不值得肯定[③]，替代恢复原状的金钱补偿/赔偿也应当优先于单纯依“差额说”计算赔偿额的价值赔偿。唯有遵循这样的处理原则，“救济与权利一致的原

---

① 参见《民法典》第 1179 条。在涉及人身损害的标准赔偿时（第 1180 条涉及的死亡赔偿金），则明显偏离恢复原状的补偿原则。

② 不同观点认为，由于恢复原状优先原则和金钱赔偿主义各有利弊，前者最符合损害赔偿的目的，能够充分实现完全赔偿的原则；后者简便易行且具有很强的操作性，所以，将采取何种赔偿方法的决定权赋予法官，由其根据个案的具体情况，有针对性地确定合适的赔偿方法，这种自由裁量主义的模式将更为可取。程啸．侵权责任法：3 版．北京：法律出版社，2021：759－762.

③ 参见“陈某冰与广州玉德堂陵园有限公司恢复原状纠纷上诉案”，广东省广州市中级人民法院（2015）穗中法民五终字第 3672 号民事判决书。案涉墓地与案外人墓地的使用面积存在重叠，对案涉墓地恢复原状将影响案外人的合法权益，恢复原状不具备现实可行性，在此情况下，法院仅判定被告赔偿原告精神损害赔偿金 2 万元。

则”才能够真正获得贯彻。

（二）完全赔偿原则

损害赔偿法的基本目的在于填补被害人所受的损害，在学说上被称之为“损害填补原则”[①]。法律通过加害人承担损害赔偿责任，以使受害人处于如同损害未曾发生时的状态。[②] 为达成该目标，各国法律一般在形式上或实质上都承认“完全赔偿原则”[③]。

就违约赔偿而言，我国《民法典》第 584 条（原《合同法》第 113 条第 1 款）规定，当事人一方不履行合同义务或者履行合同义务不符合约定，造成对方损失的，损失赔偿额应当相当于因违约所造成的损失，包括合同履行后可以获得的利益。该规定被认为确立了我国合同法上违约责任的完全赔偿原则，使违约方就与违约行为存在因果关系的非违约方所受全部损害承担赔偿责任。[④] 就侵权赔偿而言，我国法上并没有类似的规定，但理论上认为也存在同样的原则，即赔偿义务人应赔偿受害人的全部损害，而无须考虑加害人的过错程度、当事人双方的经济状况，以及其他归责的具体情况。[⑤]

由此可以看出，完全赔偿原则的基本含义是：在责任成立的前提下，责任人就受害人因责任引致原因所造成的全部损害承担赔偿责任，而不考虑违约方/加害人过错、责任人财产状况等其他因素，责任人要么全部负责，要么不负任何责任，所以，理论上也常将其与“全有全无原则”加以等同。

如果将完全赔偿原则与“全有全无原则”等同，那么对该原则的贯彻可能产生极端效果，在实际上并不能得到真正施行。[⑥] 从现代法律的发展来看，这种极端的价值立场也逐渐被抛弃，转向了所谓的“限制赔偿主义”，

① 王泽鉴．损害赔偿．北京：北京大学出版社，2017：25.

② 曾世雄．损害赔偿法原理．北京：中国政法大学出版社，2001：16－17.

③ ［奥］海尔穆特·库奇奥．侵权责任法的基本问题：第 1 卷·德语国家的视角．朱岩，译．北京：北京大学出版社，2017：300.

④ 韩世远．合同法总论．4 版．北京：法律出版社，2018：795.

⑤ 周友军．我国侵权法上完全赔偿原则的证立与实现．环球法律评论，2015（2）：97.

⑥ 郑晓剑．侵权损害赔偿效果的弹性化构造．武汉大学学报（哲学社会科学版），2019（4）：139－140.

即在肯定责任成立的基础上，对责任范围加以限定，责任人仅就法律规定范围内的损害负赔偿责任。事实上，出于实践操作与传统因素的考虑，尽管理论上存在赔偿过度的可能性（如对标准赔偿下收入损失的赔偿），但更为常见的则是赔偿不足的问题（如因损失证明困难、可赔偿损害的政策限制等），救济结果与救济需要发生偏离或不一致的情况可以说是损害赔偿的常态。①

因此，完全赔偿原则作为损害赔偿的基本原则，并非在真正意义上对受害人所受到的全部损害都必须进行赔偿，而是以完全赔偿原则确立赔偿的“最上限”，再通过损害赔偿范围的评价机制进行限制，最终确定损害的“最下限”。损害赔偿范围的评价主要从两个角度出发：一是通过损害赔偿的内部评价机制，如与有过失、损益相抵规则进行第一层次的折减；二是通过损害的外部评价机制，如赔偿限额、赔偿责任的减轻等规则进一步缩减赔偿的额度，最终确定加害人应当赔偿的金额。②

从这个意义上讲，完全赔偿原则就更多具有理论意义，于法律实践而言，因可赔偿损害及其范围不仅在理论层面常存分歧，而且在各国法律间也呈现出多样性的规范状况，因此，只有在特定的法律制度和社会背景下，结合具体的法律规定与实践需要，才可能提出有针对性的理论见解。

二、损害赔偿的基本问题

损害赔偿责任的统一，其目的不在于寻求各种致害原因下结果的一体化（这是一个可能被误解的主题），而是要尝试回答如下问题，即：在面对相同损害事实时，对不同致害原因类型在法律效果上能否作统一规范，或者统一规范的限度如何？因此，我们这里将不会对损害赔偿制度作全面考察，而只是就其最基本的规范内容，从合同法与侵权法的赔偿规定入手加以研讨。

① Dan B. Dobbs, *Law of Remedies: Damages, Equity, Restitution*, Vol. 1, West Publishing Co., 1993, pp. 30-31.

② 需要指出的是，完全赔偿原则并非适用于所有的损害赔偿类型，对一些特定的损害，比如在适用公平责任的案件中，完全赔偿原则并不适用。周友军．我国侵权法上完全赔偿原则的证立与实现．环球法律评论，2015（2）：109；相关案例请参见“江某玉等与江西省进贤县温圳镇农机管理站等侵权损害赔偿纠纷”，江西省南昌市中级人民法院（2009）洪少民终字第16号民事判决书。

（一）损害类型

赔偿责任所要填补的是受害人因致害原因所造成的损害，损害类型决定了赔偿的内容和抽象的赔偿范围。

1. 所受损失与所失利益

这种损害类型区分是关于可赔偿损害最基本的分类，其适用于各种致害原因下的损害界定。所受损失是指权利人的权益因致害原因而积极减少（积极损失），所失利益则指权利人的财产本应增加而因致害原因未增加，即新财产的取得被妨害（消极损失）。[①] 这种分类仅适用于财产损害，并不及于非财产损害，因为，非财产损害并不存在依财产金额确定损失的情况，也不存在应增加利益未增加的情况。[②]

就合同中的损害赔偿责任而言，因有效合同之履行而可获得的利益（履行利益或期待利益），因合同不履行而失去可得利益，包括与履行相当之利益（适当履行时的财产状况与违约时的财产状况之差额）或者转售利润等，皆属所失利益。因迟延履行所生损失、因瑕疵履行所生修理费用之支出、因不良履行遭受履行利益外的其他损失（如有毒饲料致喂养的家畜死亡）、因缔约过失造成的费用支出等，均属所受损失。

在合同法理论上，就损害赔偿的对象还有所谓“信赖利益”“期待利益”“固有利益”等类型划分。其中，只有期待利益的损失为所失利益，而“信赖利益”“固有利益”原则上为维持利益。“信赖利益”中有所谓“机会损失”，即因合同不能有效缔结而丧失的与其他交易机会相关的损失。“机会损失”系因信赖而发生的损失，故学者将其作为缔约过失引发的“间接损失”，亦属信赖损失之一种。机会损失属于因其他交易本可取得之利益，在这个意义上，该利益的损失为所失利益。不过，机会损失是因为信赖而放弃本可获

---

① 王泽鉴．损害赔偿．北京：北京大学出版社，2017：70.

② 就那些以获取精神愉悦或享受为目的的合同而言，如度假旅游合同、婚庆合同等，因合同未适当履行而未能实现期待中的生理与心理满足，似乎与所失利益相似。但是，在这种情况下，法律所保护者也是合同当事人实际遭受的积极损害，期待中的满足只是评价这种损害的参考因素而已，本身无法作为赔偿之对象。

得的其他利益，从缔约过失角度看，放弃的利益被视为实际已得利益，在这个意义上，机会损失亦可认为是所受损失。此外，根据《民法典》第 171 条第 3 款之规定，无权代理行为未受追认时，善意相对人可向无权代理人主张履行利益的损害赔偿，此时，尽管无权代理行为本身无效，但善意相对人仍可获得在行为有效时本可获得之利益。此外，在其他合同无效的情形下，缔约当事人也并非只能获得信赖利益的赔偿，而是可能获得相当于期待利益的损害赔偿。[①] 因此，期待利益本身可表现为一种损害赔偿的计算方式，即假定交易有效而可获得之利益，而不要求交易事实上有效，可谓为一种反事实的损害认定。

就侵权法上的损害赔偿而言，因侵权法保护的是固有利益（完整利益/维持利益），如因财物毁损而财产减少，因身体伤害而支出医疗费用等，这些损失都属于所受损失。但是，因生产设备被损毁而导致的收入损失、车辆停运遭受的营业损失、因人身伤亡或丧失劳动能力而丧失的收入等，则属所失利益。在侵权法上，还存在所谓“生存机会损失”的情形，其主要是在意外致死的情形中，如因医疗过失致本有生存机会者失去生命。“生存机会损失”与前述合同法上的交易机会损失虽同样与“机会”相关，但前者属于非财产损失，“生存机会”实际为受保护权益范畴，所以，“生存机会损失”本身并非一种损害类型，故与交易机会损失不可并论。

从上述概述可知，合同法的主要任务是保护当事人总财产的完整性，其中以经济利益为基本内容，如与费用支出相关的经济利益、合同履行利益或期待利益等。但是，合同法也保护固有利益或完整利益，即基于特定财产受侵害而遭受的损失，如因违约造成运输或保管的财产丢失或毁损，或者合同当事人的人身遭受侵害等。与之相似，尽管侵权责任法以保护固有利益为基本目标，但是，在第三人侵害债权的情形中，债权本身也是侵权法的保护对象，从而，合同创设的期待利益在这种情形下也可以获得侵权法的保护。由于“所受损失”与“损失利益”乃是一种分析性概念，其并不与特定的致害

① 张家勇．论前合同损害赔偿中的期待利益：基于动态缔约过程观的分析．中外法学，2016（3）．

原因相关，因此，就其加以规定的法律规范就能够成为损害赔偿的一般规范。

需附带说明的是与所受损失和所失利益分类相关，在我国民法理论和实务上更为常见的一种分类是直接损失和间接损失。直接损失是指受保护权益本身因侵害所遭受的损失，故也被称为客体损失，如财产损坏减值损失；间接损失则是因权益受侵害而导致的其他非受保护权益本身的损失，如人身伤害情形下的收入损失、运营车辆损毁造成的停运损失、瑕疵标的物导致合同当事人其他固有利益的损害等，故也被称为结果损失。[①] 这种区分的意义旨在将某些类型的间接损失排除于可赔偿损失之外，如将缔约过失赔偿中的交易机会损失排除于赔偿范围之外。[②] 实际上，无论是将某些情形下的所失利益排除于赔偿范围外，还是将某些间接损失排除于外，都不是基于损害本身的归类，而是涉及特定的限制赔偿的法律政策或价值判断，毕竟，某种损失被归类为所失利益与间接损失并不能决定其是可赔偿的损失还是不可赔偿的损失。

2. 财产损害与非财产损害

财产损害也称物质损害，是指权利人因权益侵害而遭受的经济上的不利益，如费用支出、财产减少、收入损失等；非财产损害也称非物质损害，是指财产外的其他损害，主要表现为法律上所认可的生理上或心理上所感受之痛苦[③]，故理论上也多以其指称“精神损害”。

财产损害一般能够以金钱进行评价，评价标准为客观的市场价格；对非财产损害则通常只能采取主观评价。在一些国家，合同法领域排除对这种非财产损害的金钱赔偿；但是在另一些国家，非财产损害在合同之诉中原则上也是可赔偿的[④]；尽管多数欧洲国家将非财产损害限制在人身伤害案件中，甚至在严格责任情形下排除非财产损害赔偿，但少数国家（如奥地利，尤其

---

① 理论上有将直接损害等同于受保护权益遭受的“具体损害”，如身体伤害、车辆毁损；间接损害则是指被害人的财产遭受的损害。王泽鉴．损害赔偿．北京：北京大学出版社，2017：76.

② 王利明．合同法研究：第1卷．北京：中国人民大学出版社，2011：367.

③ 曾世雄．损害赔偿法原理．北京：中国政法大学出版社，2001：294.

④ ［英］W. V. 霍顿·罗杰斯．比较法视野下的非金钱损失赔偿．许翠霞，译．北京：中国法制出版社，2012：385.

是法国）则允许在侵害物时主张非财产损害赔偿。[①] 因此，至少从比较法的角度看，我们并不能得出非财产损害属于侵权赔偿的特殊问题。

从我国的情况看，就非财产损害赔偿的法律适用问题也存在不小的争议。首先，是否应将精神损害赔偿排除于违约赔偿领域？就此存在不同看法。在《民法典》颁行前，我国法上并无违约精神损害赔偿的明确规定，有关精神损害赔偿的规定则见于原《民法通则》《侵权责任法》，以及最高人民法院《关于确定民事侵权精神损害赔偿责任若干问题的解释》等明显涉及侵权责任的规定，最高人民法院甚至在《关于审理旅游纠纷案件适用法律若干问题的规定》中明确否定了旅游合同中的违约精神损害赔偿。但是，我国司法实践中对违约精神损害赔偿并不存在明确、一贯的立场，而原《合同法》第 113 条第 1 款关于违约赔偿的规定也表明，违约“损失赔偿额应当相当于因违约所造成的损失”，这在文义上也可以将违约精神损害赔偿包括进来。正是由于这样的法律状况，理论上支持与反对违约精神损害赔偿者均不乏其人，但支持者似居于多数地位。[②]《民法典》第 996 条明确规定：“因当事人一方的违约行为，损害对方人格权并造成严重精神损害，受损害方选择请求其承担违约责任的，不影响受损害方请求精神损害赔偿。”其首次明确以立法上一般规定的方式承认了违约精神损害赔偿。

其次，如果承认违约精神损害赔偿，其适用条件与范围是否与侵权赔偿相同？在《民法典》颁行前，理论和司法实践都承认违约精神损害赔偿不仅可以适用于因违约造成人身权益侵害的情形，而且可以适用于与婚庆、摄影、骨灰盒保管等违约有关的情形。[③] 但是，其仅规定违约行为侵害“人格权”造成严重精神损害的，可以主张违约精神损害赔偿。这种规定与侵权赔偿的规定并不完全一致。《民法典》第 1183 条第 1 款沿袭原《侵权责任法》

---

① ［德］U. 马格努斯 . 侵权法的统一：损害与损害赔偿 . 谢鸿飞，译 . 北京：法律出版社，2009：277－278.

② 有关于此的立法与理论状况更为详细的介绍，参见张家勇 . 合同法与侵权法中间领域调整模式研究：以制度互动的实证分析为中心 . 北京：北京大学出版社，2016：271。

③ 崔建远 . 论违约的精神损害赔偿 . 河南省政法干部管理学院学报，2008（1）.

第 22 条的规定，即侵害自然人的“人身权益”造成严重精神损害的，被侵权人有权请求精神损害赔偿；同时，《民法典》第 1183 条第 2 款又在将最高人民法院《关于确定民事侵权精神损害赔偿责任若干问题的解释》第 3、4 条部分内容改造后规定，因故意或重大过失侵害具有人身意义的特定物造成严重精神损害的，亦同。对比《民法典》前引规定，不难看出以下差异。

其一，对“损害对方人格权”与“侵害自然人人身权益”是否应作相同解释？就文义而言，合同“对方”既可以是自然人，也可以是组织体，因此，严格自文义看，前者要大于后者，毕竟，在法人名称许可使用合同中，仍可能发生“名称权”侵害的可能性。此外，“人格权”是否等同于“人身权益”？我国理论上通常认为，人身权益不仅包括人格权，还包括身份权，据此观之，后者的保护范围又大于前者。如果非法使被监护人脱离监护，导致亲子关系或近亲属间的亲属关系遭受严重损害的，可以主张精神损害赔偿。[①] 在委托监护关系中，受托人违反委托合同而实施前述行为的，委托人是否可以主张违约精神损害赔偿呢？

其二，侵权责任中的精神损害赔偿还可以适用于故意或重大过失侵害具有人身意义的特定物的情形，尽管相同的情况也可以发生于违约情形，如尸体或骨灰盒保管合同等，但债权人能否同样主张违约精神损害赔偿，就属于于法无据的情况，在解释上就会面临与《民法典》颁行前类似的状况。毕竟，《民法典》第 584 条仍然沿袭了原《合同法》第 113 条第 1 款的规定，未对违约赔偿的损害类型作特别限制，在解释上存在将前述情形的违约精神损害赔偿纳入的可能性。但是，如果对精神损害赔偿的适用情形采法定主义立场，则这种解释方案就并不可行。

据此，由于《民法典》立法技术上的原因，立法者在违约精神损害赔偿问题上未能表达彻底、清晰的立场。也就是说，其未能在涉及精神损害赔偿的问题上，就相同权益的相同侵害，在责任基础上赋予相同法律效果。当然，就法律适用的总体情况而言，人格权遭受侵害造成严重精神损害是精神

① 最高人民法院《关于确定民事侵权精神损害赔偿责任若干问题的解释》第 2 条。

损害赔偿最重要、最常见的适用情形。因此，总体而言，违约赔偿和侵权赔偿在精神损害赔偿问题上总体趋于一致。

3. 小结

根据《民法典》第468条之规定，法律若对非因合同产生的债权债务关系没有专门规定的，则适用合同编“通则”的有关规定。因此，在非因合同产生的债权债务关系中，前述有关违约赔偿与侵权赔偿的讨论结论，也当然适用于因其他债权债务关系所产生的损害赔偿责任。

从前述讨论来看，无论是所受损失与所失利益，还是财产损害与非财产损害的损害类型，均可以统一适用不同的损害赔偿类型，原则上不受请求权人所选责任基础类型的影响。但是，这两种分类只能提供损害赔偿的最抽象范围，并不能作为在具体损害赔偿纠纷中判定某种损害是否属于可赔偿损害的依据。实际上，具体损害类型或损害项目的确定，如某一侵害事件中特定财产的损失为何、营业收入如何、医疗费用的支出情况、合同标的物转售利润、精神损害的发生情况等，对损害赔偿责任的认定有着更为重要的实践意义。这些具体的损害情形，虽然可能与特定的责任基础有更多关联，如迟延损害为债务不履行之损害结果，通常不与侵权赔偿相关，但损害类型讨论的真正价值始终在于：相同权益遭受的相同侵害是否因责任基础的不同而有别，而并非不同的责任基础是否存在完全一致的规范问题。

（二）损害赔偿的限制

恰如所见，各国法律在损害赔偿问题上实际采纳的都是限定赔偿原则，即仅允许对一定范围内的损害加以赔偿。合同法与侵权法在各自领域内形成了一些并非完全一致的规则，评估这种差异产生的原因，是确定二者共同规范的前提。

1. 可预见性规则 vs. 相当因果关系规则

从权益救济的一般逻辑来看，权益侵害是权益救济的触发机制，由此造成的损害涉及的是赔偿责任的成立问题，只要权益侵害引发了损害，责任成立的事实构成要件即告满足，在责任成立的其他要件亦获满足的情况下，涉及的就是赔偿责任内容的确定。由此可以发现，在责任成立阶段，责任成立的事实因果关系界定了可赔偿损害的可能范围，即：原则上，只有因权益侵害所生的损害才可成为赔偿的对象。在责任承担阶段，需要决定的是对哪些具体损害应予赔偿。前者划定了抽象赔偿的抽象范围，后者则界定了赔偿的具体内容。只是在这个意义上，责任成立的因果关系和责任范围的因果关系才具有各自的作用领域。在责任范围的确定上，不仅要确定具体损害结果与权益侵害的事实联系，更重要的是依循特定的法律政策，确定哪些损害结果应作为法律认可的赔偿对象，据以发挥责任限制功能。①

由此也可以看出，所谓责任范围的因果关系所要解决的真正问题其实不是因果关系的问题，而是责任限制的问题。因此，作为一般的责任限制工具，无论是德国法的相当因果关系或法规目的说，还是英美法的近因理论等，都是从具体损害结果加以考虑，对与救济相关的权利本身并未过多关注，这种做法是符合权益救济的通常逻辑的。由于侵权法以法律已予承认的权益为保护对象，因而，责任限制理论就是关注具体损害结果与权益侵害之间结合的密切度，就此目的而言，权益内容被视为是既定的，是可以直接提取的。

与之不同，典型的合同债权依据当事人自由意志而设定，作为实现自身利益并分配特定风险的工具，因此，合同债权内容的确定完全受制于以合意为基础的当事人意思。当合同债务不履行或不适当履行造成合同债权不能实现时（履行利益或期待利益落空），违约方应当承担的责任范围的确定就必须返回合同关系本身，从合同分配风险的具体约定入手来确定责任承担，约定的内容当然反映了违约后果的预见可能性。这种预见不必为事实上的预见（尤其是通过约定违约金或损害赔偿计算方法予以反映），更多表现为一种规范性要求，即应当预见之范围。对违约后果的预见本身构成合同风险分配的内容，涉及合同权利义务的确定。

《民法典》第584条第二分句（原《合同法》第113条第1款“但书”）规定，赔偿“不得超过违约一方订立合同时预见到或应当预见到的因违约可

① 陈聪富．因果关系与损害赔偿．北京：北京大学出版社，2006：27.

能造成的损失”。预见主体为违约方，是因为其为合同内容的确定者，也是违约后果的承担者，以其为预见主体亦体现了合同自由原则的要求；预见的时间为合同订立时，违约方在此时的预见内容决定了其愿意承担合同风险的限度；预见的内容为“违约可能造成的损失”，既然是“可能”，就只是一种概括性地预见，即预见损害的类型或种类，而无须预见损害的程度或数额。①

不难发现，无论是相当因果关系还是可预见性规则的判断，其都是斟酌与致害原因（侵权行为或事件与违约行为）相关的通常因素，这对以损害填补为目的的损害赔偿而言有其合理性，但从损害预防的角度则未必合理。也就是说，如果在侵权赔偿范围上仅斟酌侵权行为或事件通常所致损害后果，或者在违约赔偿时仅考虑违约方在合同订立时的预见范围，都可能存在对致害原因的预防不足的问题：如果侵权人为故意行为，或者违约方故意违约，其在行为时能够具有更多的信息优势，所以，理论上主张对故意侵权或违约行为应当加重责任，即赔偿范围不再适用前述责任限制规则。②

不难看出，尽管可预见性规则一般被认为属于特殊的限制违约责任的法律规则③，但是，其特殊性并非在于违约行为本身，而在于违约赔偿救济的损害类型，即合同预定风险分配范围内的事项，这主要是对合同履行利益或期待利益的赔偿。对合同约定范围外的损害，尤其是在加害给付造成固有利益损害时，其通常发生在当事人预定的风险分配范围外，对这种损害，是很难用可预见性规则加以限制的。再次，就当事人侵害债权情形的损害赔偿而言，其涉及履行利益或期待利益的损害赔偿内容，即使在侵权赔偿中也不能

---

① 韩世远．合同法总论．4 版．北京：法律出版社，2018：796．

② ［美］詹姆斯·戈德雷．私法的基础：财产、侵权、合同和不当得利．张家勇，译．北京：法律出版社，2006：297. 姚明斌．《合同法》第 113 条第 1 款（违约损害的赔偿范围）评注．法学家，2020（3）：186.

③ 在英美法上也存在用“合理可预见说”限制侵权赔偿责任的情况，即以损害是否处于被告行为引起的危险范围，且损害是否为事件正常发展过程中所生通常结果作判断，使被告仅就可预见之损害结果且对可预期之原告发生的情况负赔偿责任。陈聪富．因果关系与损害赔偿．北京：北京大学出版社，2006：27. 但是，此种合理可预见说与合同法上可预见性规则虽均从致害人的角度着眼，遵循合理预见标准，但其基础并不相同：合同法上的可预见性规则最终可溯源至合同自由原则，但合理可预见说则仅在于合理限制责任以保障行为自由。

不考虑合同法关于可预见性规则的规定。因此，作为一般性的责任限制规则，可预见性规则或相当因果关系或者其他责任限制工具，都只与具体损害类型相关，而并不与特定的责任基础或致害原因类型相关。

2. 减损规则 vs. 与有过失规则

减损规则通常也被看作是违约赔偿中的特殊责任限制规则，其要求在违约发生后，违约对方应当采取适当措施防止损失扩大，否则将在相应范围内免除违约方的赔偿责任（《民法典》第 591 条）。虽然减损义务作为法定义务（不真正义务）对违约对方施加了约束，但是，其有利于避免损害结果发生或扩大，增进社会整体利益。

与有过失（也称混合过错、共同过失、过失相抵）规则同样是限制责任的规则，但其适用并不与特定的责任类型关联，不仅在侵权责任，而且在合同责任，甚至其他类型的损失分摊问题上，其都会被考虑到。[①] 与有过失规则强调，如果受害人对损害的发生也有过失，其无权就相应的损失要求赔偿。其正当性在于，不允许受害人把自己行为或冒险引起的后果转嫁给别人，并且，既然侵权人和受害人都以在法律上不应被认可的方式引发了损害，受害人就没有理由将损害后果全部分配给侵权人承担。况且，受害人过失的存在更多表现为未采取合理的预防措施防止侵权损害的后果发生或扩大，“合理性”的要求暗含了经济上的合理性，因此，其适用结果同样具有增进社会整体效益的作用。

就我国现行法的规定来看，侵权赔偿中对与有过失规则有明确规定。在立法上，原《民法通则》第 131 条规定：“受害人对于损害的发生也有过错的，可以减轻侵害人的民事责任。”原《侵权责任法》第 26 条沿袭了原《民法通则》的规定，《民法典》第 1173 条则将与有过失的适用条件明确为“被侵权人对于同一损害的发生或者扩大有过错”，在原来的“发生”外增加了“扩大”的情形，避免通过扩张解释“发生”要件而导致不必要的规范松动。

在《民法典》之前，我国民事基本法中并无与违约赔偿有关的减损规

① ［德］U. 马格努斯，［西］M. 马丁-卡萨尔斯．侵权法的统一：共同过失．叶名怡，陈鑫，译．北京：法律出版社，2009：360－361.

则。2012年最高人民法院《关于审理买卖合同纠纷案件适用法律问题的解释》（已被修改）第30条规定，买卖合同中的违约对方对违约造成的损失发生也有过错的，可以扣减其相应的损失赔偿额，正式将与有过失规则引入违约赔偿制度体系。《民法典》第592条第2款将该规则正式入典："当事人一方违约造成对方损失，对方对损失的发生有过错的，可以减少相应的损失赔偿额。"从而形成违约赔偿限制规则中减损规则和与有过失规则并行的局面，与《国际商事合同通则》的做法保持一致。①

法律在与有过失的规定上，没有像减损规则那样采取确定性的禁止规定形式，即规定违反减损义务的，"不得"就扩大的损失要求赔偿，而是采取指示性裁判规则的方式，规定"可以减轻"违约方的责任。这意味着，在违反减损义务的情形下，该规定可以作为违约方拒绝承担相应赔偿责任的抗辩理由；在受害人存在与有过失时，该规定既可以成为违约方的抗辩理由，又可以成为法院裁判减责的依据。同时，《民法典》第592条第2款使用"可以"用语表明，受害人与有过失并非当然减轻违约方责任，而是应当根据违约的具体情况酌情决定，责任减轻并非当然的效果。

之所以在违约责任中存在减损规则和与有过失规则并存的局面，其分界主要为时间标准，即对损失的发生适用与有过失规则限制，对损失的扩大则由减损规则调整。

减损规则和与有过失规则在违约赔偿中"分工合作"，在侵权责任中则被与有过失归责统一处理，因为后者同时适用于"统一损害的发生或扩大"。由于两种责任中的与有过失规则的适用效果都是"可以减轻"，采取了相似的规范结构，因此，二者在整体制度上就并无实质差异，无论是减损规则还是与有过失规则，其目的都具有防免本可预防之损害的积极效果，因此，纵然将减损规则一体纳入与有过失规则处理，也不会产生明显的规范效果差异。②

---

① 《国际商事合同通则》第7.4.7条及第7.4.8条。

② 从规范表面的差异来看，《民法典》第591条第2款明确规定承担减损义务支出的合理费用由违约方承担，在相关与有过失规则中则没有类似的规定。实际上，这种差异可以而被消除，因为，在与有过失适用情形中，违约对方或者被侵权人为避免损害发生或者扩大而采取防范措施所支出的合理费用，可以在赔偿时被评定为违约行为或侵权行为所造成的损失，通过将防范措施相关费用纳入损失处理，与有过失规则的适用就与减损义务规则趋于一致。

3. 损益相抵

损益相抵亦称损益同销，是指受害人基于损害发生的同一原因而获得利益时，应将其所获利益从赔偿义务人应予赔偿的总额中扣除的赔偿限制规则。尽管民法理论均赞同该规则之正当性，但我国民事基本法层面对其始终欠缺规定。最高人民法院《关于审理买卖合同纠纷案件适用法律问题的解释》第 23 条规定："买卖合同当事人一方因对方违约而获有利益，违约方主张从损失赔偿额中扣除该部分利益的，人民法院应予支持。"该规定仅将其限制于买卖合同领域，并未将其扩及于其他违约情形。

损益相抵制度的理论基础在于损害赔偿法中的"利益说"和"禁止获利"原则。[①] 其中，利益说是指，损害是受害人损害事件后的整体财产状况与假设损害事件未发生时受害人应有的整体财产状况经比较所得出的差额。[②] 禁止获利则是指，损害赔偿的功能是填补受害人所遭受的损害，在目的上应使后者处于损害事故如未发生时应处的地位，但赔偿权利人不能因该损害之赔偿而处于较损害发生前更为有利的地位。[③] 因此，在计算损害之财产差额时，其现有财产状况中必须考虑因同一致损事件所获利益，否则，权利人将因侵害而意外获利。

损益相抵规则是否有其独立且必要之地位，其实在相当程度上与损害之观念或意义相关，若采利益说或差额说之损害观念，损害为受害人因致害原因所处之现实整体财产状况相较于应有状况减少的财产额。在该种理论下，致害原因造成的整体财产减少额应为其产生的损失（暂称"毛损失"）与引起受害人获利之间的差额（"净损失"）。因此，在这种损害观念下，损益相抵不过为损害额确定的应有之义，并无独立意义。相反，若采组织说之损害观念，受害人所受损害乃在特定财产上所受不利益。在计量损害时，该特定财产上的减额并不包含受害人因同一致害原因所获利益。因此，只有依"禁

① 曾世雄．损害赔偿法原理．北京：中国政法大学出版社，2001：237－238.

② 赵刚．损益相抵论．清华法学，2009（6）：87.

③ 程啸．损益相抵适用的类型化研究．环球法律评论，2017（5）：27－28.

止获利”原则方可以阻止不同损害观念所产生的无法被正当化的差异，其方式就是确立损益相抵规则，将可赔偿损失/损害确定为对特定财产的不利益与同一致害原因引起的受害人获利之间重叠后之净额。

恰如学者所论，损害观念之“利益说”与“组织说”均有其弊。[①] 就我国《民法典》之规定及司法实践来看，损害赔偿之计算多根据具体损害项目定其金额，然后加总计算，因此，所采损害观念比较接近于组织说。但是，在涉及纯粹经济损失等情形时，损害只能就整体财产状况观察，因而，不得不采纳利益说。此外，由于损害赔偿系就致害事件作整体考察，原则上不允许当事人分拆损害项目而单独提出请求，就此而论，亦非采利益说不可。

据此，损益相抵规则之独立性并非当然。但是，纵然承认其独立性，其显然也超越特定责任基础类型而具有损害赔偿的一般规范属性。

（三）损害赔偿额的计算

损害赔偿额的计算涉及损害金额的确定，就其须有具体损害事实予以证明而言，其为事实问题；但对各种损害应如何确定其金额，又涉及法律评价问题，尤其是在毁损物的赔偿标准、人身损害情形下的收入损失以及精神损害赔偿等问题上，前述事实与法律问题交融的局面极为明显。

关于损害赔偿额的计算方法，理论上有抽象/客观计算法与具体/主观计算法之分类。抽象或客观计算法是指仅斟酌与损害相关之普通因素，即不因受害人特定身份而异其赔偿额的计算方式，如通常参酌市场价格确定标的物价格即为典型。具体或主观计算法则是参酌受害人具体因素，如从事了替代交易，其收入水平或能力、经济状况或社会地位/身份（如消费者），受害人智力或生理上的特质等。

就我国现行法的规定看，对损害赔偿额的计算问题在立法上关注明显不够。《民法典》第585条之规定允许合同当事人约定违约金或违约时损失赔偿额的计算方法，在违约赔偿责任问题上贯彻了合同自由原则，但是，对在法定赔偿情形下应当如何确定赔偿额，则未置一词，将其完全交给学理和法

① 曾世雄．损害赔偿法原理．北京：中国政法大学出版社，2001：120.

律实践解决。这种状况可能与原《合同法》在立法时较多参考《国际商事合同通则》的情况有关，毕竟，该通则也未就损害赔偿额的计算提供任何明确的规定。与之不同，《联合国国际货物销售合同公约》就当事人实际从事了替代交易（购买替代物或转售）时的赔偿额计算方式（第 75 条），以及无替代交易时的损害赔偿额计算方式（第 76 条）分别作出规定，实际上系就买卖合同中履行利益或期待利益赔偿的典型情形，分别从具体计算和抽象计算两种方式加以规定。在涉及更多合同类型时，类似的规定几乎是不可行的。基于合同自由原则，违约后果自可由当事人自行安排，依其约定确定损害赔偿额，这应属主观计算损害之方法。若当事人间并不存在特别的约定或安排，则只能参照同等情形下的其他交易也就是市场情况来确定价格；若无市场价格，只能由裁判者参酌相关交易具体情况而酌定赔偿，或者以损害无法确定之理由否决赔偿请求。由于市场价格随时间而有变化，故而，如何确定损害赔偿计算的标准时点已成为问题，就违约赔偿而言，有缔约时、违约时、裁判时以及违约与裁判间特定时点等多个参照时点。[①] 此外，履行地点对损害赔偿额的计算也影响。[②]

相比而言，我国现行法就侵权赔偿额的计算规定得则较为细致。这种细化规则首先是通过司法解释作出的。例如，最高人民法院《关于审理人身损害赔偿案件适用法律若干问题的解释》就人身损害赔偿各赔偿项目的赔偿额计算作出了详细的规定，如医疗费、交通费、住宿费、误工费（有收入的）、护理费等原则上以实际发生的费用或具体情况计算，采取的是具体或主观的计算方式，但对住院伙食费、营养费、住院伙食补助费、误工费（不能证明收入情况的）、丧葬费、死亡赔偿金、残疾赔偿金等的计算则采抽象或客观计算法。精神损害赔偿额的确定需要综合考虑侵权人的过错程度，侵害的手段、场合、行为方式等具体情节，侵权行为所造成的后果，侵权人的获利情况等多项因素，总体上更偏向于采客观计算法。最高人民法院《关于审理道

---

① 韩世远．合同法总论．4 版．北京：法律出版社，2018：822.

② 《联合国国际货物销售合同公约》第 76 条第 2 款。

路交通事故损害赔偿案件适用法律若干问题的解释》第 12 条，对交通事故造成的财产损失规定了相应的计算项目，如维修支出费用、重置费用、使用替代性交通工具的合理费用等。《民法典》就人身损害情形下的损害赔偿额的计算与前述人身损害赔偿司法解释的规定基本一致。侵害财产的，原则上以财产损失发生时的市场价格计算（抽象/客观计算法），但同时允许以其他合理方式计算（具体/主观计算法）。

不难看出，损害赔偿额的计算方法原则上只与损害发生的具体情形、损害计算方法的操作性以及特定的法律政策相关，与具体的责任基础类型区分无关。例如，在违约造成人身损害或固有利益损害时，侵权赔偿的计算规则也应同样适用。相反，在第三人侵害债权情形时，与被侵害债权相关的损害赔偿额的计算也不可能不适用违约赔偿的相关规则（经由司法裁判和学理所确认）。

（四）分期支付 vs. 一次总付

损害赔偿的前提是可赔偿的损害具有确定性，但是，在诉讼发生时，损害的准确范围可能无法确定，如果允许受害人自由地在新发生损害时提出新的请求，则无论是从当事人负担角度还是诉讼经济的角度，都并非优选，并且，受害人也可能面临找不到加害人或者加害人赔偿能力丧失或减弱的困境，因此，一次性终局解决纠纷就有其正面价值。① 这个问题更多涉及的是纠纷的一次解决问题，与这里要讨论的赔偿责任的实体问题无关。

除前述赔偿请求外，关于赔偿金的支付也存在一次总付的问题。一次总付会加大责任人的经济负担，但分期支付又会加大管理成本，使请求权人承担加害人赔偿能力恶化的风险，因此，立法如何在两种选择之间进行权衡就很重要。

《民法典》第 1187 条就侵权赔偿金的支付，规定如下：当事人可以协商赔偿费用的支付方式，协商不成的，原则上应当一次性支付，一次性支付确

---

① ［奥］海尔穆特·库奇奥．侵权责任法基本问题：第 1 卷·德语国家视角．朱岩，译．北京：北京大学出版社，2017：307.

有困难的，可以分期支付，但被侵权人可以请求提供相应担保。在违约赔偿情形中，则没有类似的明确规定。《国际商事合同通则》第 7.4.11 条规定，损害赔偿金应当一次性支付，若依损害的性质分期支付是适当的，也可以分期支付。

据此可知，一次总付有利于节省管理成本，使请求权人免于承担赔偿义务人偿付能力可能发生的不利变化，因此，在平衡义务人的偿付能力的情况下，应当优先采用一次总付的方式。但无论如何选择，赔偿金的支付与责任类型没有关系，为损害赔偿法上的一般问题。

三、损害赔偿的一般效果规范

超越具体责任类型区分的损害赔偿一般规则就构成损害赔偿法的一般规范，由于责任成立一般规范的价值有限，其主要就表现为损害赔偿的一般效果规范。

如前文就损害赔偿基本问题的概述所反映的，违约赔偿和侵权赔偿都涉及超越特定责任类型区分的共同规范问题。但是，由于我国现行法就损害赔偿问题采取区分责任基础并分别规定的做法，在涉及共同问题域的事项上采取了并非完全协调的规范表达，且对所有共同问题并非总在重要的责任类型中都加以规定，往往是在此领域有规定而在彼领域欠缺相应规定，这造成立法上共同规定的确认困难。立法上的前述现象本身也反映出立法者对损害赔偿一般规范的意义存在认识不足，缺乏对赔偿问题作总体关照的体系意识。

从比较法的经验来看，直接就损害赔偿一般规范加以规定的，亦属少数。但从范式民法典的经验来看，凡是有债法总则设置的《民法典》，很少有不设置损害赔偿法一般规范者。《德国民法典》在债法编“债务关系的内容”一章中，将赔偿义务作为给付内容加以规定，其第 249 条以下对损害赔偿的方式和范围、金钱赔偿方式与非物质损害的赔偿、与有过失、费用的利息支付等问题都加以规定。这种一般性规定赔偿义务的方式被更为抽象的“给付义务”概念所涵盖，因此，其形式意义的彰显度就不及《奥地利普通民法典》。后者设“损害赔偿法”专章并集中规定损害赔偿问题，除部分规定明显与特定责任类型相关外，如有关损害赔偿责任的“特别规定”就明显是关于侵权赔偿的规定，违约金的规定主要与违约赔偿相关，其他如关于损害、损害赔偿的方法、对身体和财产侵害的赔偿等的规定，就很难与特定责任类型联系，应当被认定为损害赔偿的一般效果规范。这种集中规范的好处主要在于，法律适用者能够更加简便地识别不同责任类型应共同适用的赔偿规范。

如果立法在形式上没有设定损害赔偿一般效果规范，为满足识别要求，立法者可以采取其他立法技术，主要是准用方式，将某些责任类型的赔偿规范也适用于其他责任类型下的赔偿责任。例如，《瑞士债务法》第 99 条第 2 款规定，不履行约定的赔偿责任范围，应依特定法律行为的性质予以确定，尤其是应减轻无偿行为债务人的责任。在此基础上，该条第 3 款规定，对违约行为其他方面的赔偿，准用关于侵权责任范围的规定，从而有关侵权赔偿责任的规定（第 42 条及以下诸条）亦适用于违约赔偿责任。

鉴于我国《民法典》未设置损害赔偿一般规范，而实质意义的赔偿法一般规范应当存在（参见本节第二部分所述），因此，有必要在法解释论层面讨论其确立的可能进路。《瑞士债务法》利用“准用”方式扩张特别规范的适用领域，借以确立一般规范的方式，是值得首先考虑的，毕竟，我国《民法典》第 468 条关于非合同债权债务关系可以适用合同编有关规定的规定，表明立法者推定合同之债和非合同之债在债的效果上本质相同，可以适用同等法律评价，从而为实质债法总则的确立提供了基础。①

不过，令人遗憾的是，利用《民法典》合同编“通则”提供的实质债法总则规范解决损害赔偿法一般效果规范的需求，可以说是聊胜于无。因为，合同编“通则”中关于损害赔偿的效果规范本来就很少，除有关期待利益的赔偿规定外，其他规定如减损规则、约定违约金或损害赔偿计算方法等，都难以适用于其他非合同债务关系；还有一些规定，如与有过失规则、违约精神损害赔偿等规定，侵权责任编本来已有规定（如与有过失规则），甚至提

① 于飞．我国民法典实质债法总则的确立与解释论展开．法学，2020（9）．

供了更为充分的救济规定（如精神损害赔偿），扩张适用的需要根本就不存在（最多需要扩张适用于其他合同外非侵权债之关系）。因此，除解决第三人侵害债权这种本来就较少发生的侵权赔偿问题外，借助《民法典》第468条的扩张效果几乎无法解决问题。

从损害赔偿的规范需求来看，真正需要扩张适用的恰恰不是合同编的损害赔偿规范，而是侵权责任编中的赔偿规范。这是因为，在合同编以及其他非侵权责任的责任类型中，本来就没有涉及人身、财产等固有权益侵害的赔偿规范，这些规范都集中规定在侵权赔偿责任制度中。即使是在合同中利用违约保护这些权益，其通常也不受可预见性规则的限制，且通常属于合同预定的风险分配外的损失，因而对其赔偿需要采取与侵权损害赔偿更为一致的处理。在其他侵权外非合同损害赔偿的责任类型中，情况更是如此。因此，侵权赔偿效果规范天然地具有一般规范的属性，通过“准用”甚至“适用”方式而将其扩用于其他非侵权损害赔偿情形，不仅必要而且可行。事实上，在我国司法实践中，法院在涉及固有利益侵害确定损害赔偿时，通常都是直接引用侵权责任法的赔偿规定，但是，事实上具有一般规范的效力，与其正当地被确认为一般规范，是完全不同的问题。解决此一问题的最佳也最为简单的做法是，在侵权责任编第二章中增加规定，“本编规定也适用于其他非侵权引起的损害赔偿”。

除前述问题外，在违约精神损害赔偿问题上存在的与侵权规范不完全一致的问题，也应引起必要的重视。而对这个问题，唯有修法才是最佳的解决路径。

第四节　惩罚性责任

惩罚性责任虽然具有民事责任的部分特征，即因责任承担所产生的财产后果归属于权益被侵害的民事主体享有，但在某种意义上构成受害人的得利，这使惩罚性赔偿背离了民事权益救济的补偿性原则，其正当性在理论上以及法律实践中都遭到质疑。尽管如此，惩罚性责任在私法领域仍被适用，我国现行法也对其予以承认，本书将对其两种主要形式，即惩罚性赔偿和得利剥夺性赔偿予以考察。

一、惩罚性赔偿

如其名称所示，惩罚性赔偿旨在实现对责任人的“惩罚”，实现制裁与预防的功能。但是，这个看似清晰的描述其实无法遮盖有关这个概念所存在的认识分歧。例如，在美国法上，惩罚性赔偿不仅被认为对行为人有制裁功能，而且也具有对受害人的补偿功能。因为，在某些情形下，惩罚性赔偿被用作精神损害赔偿的替代，以及难以准确确定赔偿额的人身损害或者通常不被允许赔偿的与诉讼有关的费用的替代。① 在大陆法理论中，也有类似的观点认为，对精神损害或无形财产损害的赔偿也具有惩罚功能。② 就一般损害赔偿而言，精神损害或其他无形损失或可推测但无法证明的经济损失，完全在现代损害赔偿关于“规范性损失”或“非财产损害”概念中，尚未完全溢出“赔偿”“抚慰”的通常含义，尽管在通常不可赔偿的损害意义上，它们的确具有某种隐性的惩罚效果。③ 从惩罚的通常意义来看，只有那些完全不以受害人所受不利为基础，或者明显超出受害人所受不利通常所能获得的赔偿金额时，“赔偿”的惩罚性才能被确认。也就是说，惩罚性赔偿是责任人承担的超出对受害人补偿范围的金钱支付义务。

（一）惩罚性赔偿的目标

惩罚性赔偿的目标，也就是其预设的规范功能，不仅决定了惩罚性赔偿的适用范围，也影响到惩罚性赔偿金的量定。

正如惩罚性赔偿在英国法中主要用于对压迫性、专断性或违宪性行为的

① 王利明．美国惩罚性赔偿制度研究．比较法研究，2003（5）：6.

② ［奥］赫尔穆特·考茨欧，瓦内萨·威尔科克斯．惩罚性赔偿金：普通法与大陆法的视角．窦海阳，译．北京：中国法制出版社，2012：75－76，89－90. 但是，德国主流理论和联邦最高法院对此持否定看法。同①91－93.

③ 德国民法理论上认为，精神损害赔偿具有“补偿功能”、“弥补功能”、“象征性赎过功能”以及“维护尊严功能”等四种功能，也反映了类似的看法。［德］迪特尔·施瓦布．民法导论．郑冲，译．北京：法律出版社，2006：259－260.

制裁，并剥夺行为人因侵害行为所获超出赔偿金的收益一样[①]，在承认惩罚性赔偿的现代法制下，它也主要被用于对恶意的欺诈性行为，或者可能造成严重后果的侵权的制裁或预防。补偿性的损害赔偿旨在通过将侵害行为造成的不利后果转嫁给行为人，以在除去受害人所受不利的情况下，间接剥夺加害人因加害行为所获收益，从而在救济受害人的同时实现预防功能。不过，要是行为人能够从侵权中获得超过其可能支付的赔偿金的收益，补偿性损害赔偿的预防效果就难以达成。与之不同，惩罚性赔偿是在受害人获得补偿性赔偿外，要求行为人额外向其支付一定数额的金钱（单独惩罚），或者要求其支付超出通常应付赔偿额的金额（混合惩罚），由此避免了前述预防不足的问题。对此，德国联邦最高法院和瑞典最高法院都在其判决中，要求“在计算赔偿额时，考虑预防性请求的理论，即考虑作为结果的利润”，这明显肯定了惩罚性赔偿的思想。[②]

从民事关系的两极性正当结构来看，惩罚性赔偿为了制裁的目的而令责任人承担超额赔偿，欠缺私法救济的正当性。不过，从实际效果来看，惩罚性赔偿通过使受害人获得超额赔偿，可以激励其对特定行为提出控告，从而以一种有效率的方式去发现应受制裁的行为。在这个意义上，惩罚性赔偿是将实现预防功能所获得的社会收益，即为促使责任人不再实施类似行为而令其支付的“罚金”，直接分配给受害人。由此，也有理由认为，惩罚性赔偿所具有的制裁或惩罚效果不过是法律实现预防功能的手段而已。

在我国法上，惩罚性赔偿最先适用于震慑合同中的欺诈行为，以维护诚信交易，随后在侵权领域逐渐扩展，以预防可能导致严重后果的侵权行为，包括旅游侵权［《旅游法》第70条、最高人民法院《关于审理旅游纠纷案件适用法律若干问题的规定》（2020年修正）第15条］、食品安全（《食品安全法》第148条）、知识产权侵权（《民法典》第1185条）、产品责任（《民

① ［奥］海尔穆特·库奇奥．侵权责任法基本问题：第2卷·比较法的视角．张家勇，等译．北京：北京大学出版社，2020：341.

② ［德］克雷斯蒂安·冯·巴尔．欧洲比较侵权行为法：上卷．张新宝，译．北京：法律出版社，2001：744.

法典》第1207条)、环境侵权(《民法典》第1232条)等。在这些适用情形中，原则上以行为人明知其行为违法或者存在故意为要件，彰显了惩罚性赔偿欲防止的特定行为类型，其背后体现的威慑或预防效果呼之欲出。

应当注意的是，惩罚性赔偿毕竟已经溢出了私法两极性正当结构外，所以必须作为例外而严格限制其适用范围，尤其是应贯彻“过罚相当”的惩罚原则，以与公法上的惩罚在价值立场上保持一致。否则，惩罚性赔偿将可能假借预防之名，而有过度惩罚之实。

（二）惩罚性赔偿额的量定

惩罚性赔偿因其与私法两极性正当性结构存在背离，故只能作为例外而存在，其适用原则上限于法律明确规定的少数特定情形。在不同法域中，其适用范围广、狭有别。对惩罚性赔偿金的量定，立法例上主要有两种确定方式：一是比例模式，即依特定的参照基准，如受害人所受损失或补偿性损害赔偿额、商品价款或接受服务的费用等，按照一定的比率或倍数确定惩罚性赔偿金。为了避免惩罚不足或者惩罚过度，法律可能对惩罚性赔偿金同时规定最低或最高限额。例如：我国《消费者权益保护法》第55条第1款规定，经营者承担的惩罚性赔偿金为消费者购买商品的价款或者接受服务的费用的3倍，最低不少于500元;《食品安全法》第148条第2款规定，惩罚性赔偿金为食品价款的10倍或者损失的3倍，最低不少于1 000元。立法上规定惩罚性赔偿最低限额主要是为了保持一定程度的惩罚性。相反，更多运用惩罚性赔偿的美国法则一般规定惩罚性赔偿额的最高限额，具体各州不同，补偿性赔偿额的2至10倍均有之。① 二是概括规定模式，即法律仅规定在特定情形下可以适用惩罚性赔偿，但并未明确具体的适用标准。例如，我国《民法典》第1207条规定：“明知产品存在缺陷仍然生产、销售，或者没有依据前条规定采取有效补救措施，造成他人死亡或者健康严重损害的，被侵权人有权请求相应的惩罚性赔偿。”

① ［奥］赫尔穆特·考茨欧，瓦内萨·威尔科克斯．惩罚性赔偿金：普通法与大陆法的视角．窦海阳，译．北京：中国法制出版社，2012：234.

不难发现，前述两种惩罚性赔偿确定方式的差异，主要在于赔偿金额的计算是否存在具体的参照基准。除此之外，比例模式通常都规定惩罚性赔偿的最高限额，而概括规定模式则将惩罚性赔偿额的确定完全交由裁判者自由确定。就法律适用来看，概括规定模式存在裁量失据或范围失控的危险，在比较法上较为少见。我国司法实务界的观点认为，我国《民法典》第1207条的具体适用需要参照补偿性赔偿数额加以确定。[①] 不过，结合我国法上有关惩罚性赔偿的既有规定看，这种参照基准有其合理性，但如何参照尚需通过司法解释或其他方式加以明确。果真如此，概括规定模式实际上就被改造为比例模式了。

但是，比例模式仍有不足。这种立法模式只为惩罚性赔偿的计算提供了具体的操作标准，同时规定了最终数额的最高及最低限额，在这种最高限额下，裁判者仍保留了极大的自由裁量空间。

英国法律改革委员会在就惩罚性赔偿制度改革的建议中提出，法官在判给惩罚性赔偿时应遵循两项原则：一是不得超过惩罚被告行为的最低必要性原则；二是必须遵循与被告的不法行为严重程度相适应的原则。美国联邦最高法院则提出了三项指导原则，即考虑被告行为应受谴责的程度、惩罚性赔偿应与补偿性赔偿保持合理的比例关系以及与被告行为已受或应受的民事和刑事制裁进行比较等。[②] 这些原则所反映的共同思想是，惩罚性赔偿应当以最低必要的惩罚为原则，且须“过罚”相当。[③] 前者通过惩罚性赔偿的适用范围和适用要件予以贯彻，后者则通过赔偿额的限定加以落实。

为此，法律一方面需要满足弹性化的需求，以适应不同情形下的惩罚强度需求；另一方面需要为裁判者行使裁量权提供具体指引或设置边界。为裁判者提供指引要素，使其在裁判时有所遵循，是同时满足前述两项需求的有

① 最高人民法院民法典贯彻实施工作领导小组．中华人民共和国民法典侵权责任编理解与适用．北京：人民法院出版社，2020：353.

② 金福海．惩罚性赔偿制度研究．北京：法律出版社，2008：123-124.

③ 朱广新．惩罚性赔偿制度的演进与适用．中国社会科学，2014（3）：119.

效方法。尽管不同法域的法制经验所提供的指引要素各有不同[①]，但以下要素是较为重要的。

一是行为人主观上可责难的程度。尽管在是否适用惩罚性赔偿上，法律一般要求以行为人故意为必要，但在少数情形下，行为人即使仅存过失，如生产不符合食品安全标准的食品，其仍可能要承担惩罚性赔偿责任。通常而言，故意甚至恶意侵权比过失侵权具有更强的可责难性；行为人积极纠正错误并采取补救措施，相较于隐匿、销毁证据以逃避责任，则具有较弱的可责难性。

二是行为人造成或可能造成的损害后果的严重性。一般而言，人身损害比财产损害更为严重；财产损害数额大的侵害比数额小的侵害更为严重；受害人（包括潜在受害人）数量更多的侵害比受害人较少的侵害更为严重；持续时间更长的侵害比持续时间较短的侵害更为严重。有鉴于此，惩罚性赔偿额一般可以参照补偿性赔偿数额量定。

三是行为人获利的程度。惩罚性赔偿的适用结果，应当尽可能地完全剥夺侵权人因不法行为所获得的收益，以适应惩罚性赔偿的预防目标。

四是行为人的财产状况。这涉及惩罚性赔偿威慑效果的发挥，一般而言，行为人经济状况不同，同等的惩罚性赔偿额对其威慑效果也会不同。因此，有必要根据行为人经济状况而调整惩罚性赔偿额。

五是行为人遭受行政或刑事制裁的可能性。如果存在公法上制裁的可能性，通过私法手段遏制不法行为的需求就相对较弱。但是，公法上制裁的存在并不排除私法上的制裁。

与其他情形下的依要素裁判一样，裁判者需要在惩罚性赔偿的预防目标指引下，并在综合权衡多项要素的基础上确定适当的惩罚性赔偿额。比如，尽管行为人对损害后果的发生仅有过失，但其造成的损害后果极为严重，且损害发生后拒不采取补救措施，社会影响恶劣的，则仍可以在允许的裁量幅度内判处较高的惩罚性赔偿金。

---

① 金福海．惩罚性赔偿制度研究．北京：法律出版社，2008：122－125.

二、得利剥夺性赔偿

（一）概念厘定与基本类型

剥夺性赔偿是将牟利性不法行为所获利益予以剥夺并归之于权益被侵害者的责任形式。实践中，“剥夺性赔偿”主要有以下基本类型：对侵害知识产权[①]、人格权[②]所获利润的剥夺；公司董事违反“忠实勤勉义务”，从事与本公司同业竞争等行为而不法获得利润的，所得利润应返还给公司[③]；以及对市场主体违反反垄断法或者从事不正当竞争行为获得非法利润的剥夺。[④]

《民法典》第1182条第一分句规定：“侵犯他人人身权益造成财产损失的，按照被侵权人因此受到的损失或者侵权人因此获得的利益赔偿。”该条除坚持原《侵权责任法》第20条规定的允许得利剥夺性赔偿的立场外，重要的变化是将得利剥夺性赔偿与补偿性赔偿置于同等地位，允许受害人自由选择。

剥夺性赔偿与补偿性赔偿的差异在于，前者以侵权人的侵权得利为基准，而补偿性赔偿则以受害人损害为基准，由于损害与得利并不总是保持一致，因此，当不法得利超出受害人所受损害时，得利剥夺性赔偿就偏离了“权利与救济一致”或者“禁止得利”原则，而呈现出对侵权人的惩罚特征。[⑤]

从我国现行法有关得利剥夺性赔偿的规定看，其主要适用于牟利性侵权情形。在这些情形下，如果允许受害人追究行为人因不法行为所获利益，将有助于激励其实施该种自利但符合法律预期的行为，这与法律承认的惩罚性赔偿可作相似考量。[⑥] 既然得利剥夺以权利保护为目标，将受剥夺之得利归属于受侵害的权利人无疑具有合目的性。

---

① 《专利法》第71条第1款、《商标法》第63条第1款及《著作权法》第54条第1款。

② 《民法典》第1182条（原《侵权责任法》第20条）。

③ 《公司法》第148条。

④ 《反垄断法》第57条、《反不正当竞争法》第17条第3款。

⑤ 张家勇．基于得利的侵权赔偿之规范再造．法学，2019（2）.

⑥ Ewoud Hondius & André Janssen (ed.), *Disgorgement of Profits: Gain-Based Remedies throughout the World*, Springer, 2015, p. 488.

（二）得利剥夺性赔偿规范的一般化

鉴于得利与损害的不同关联关系，基于得利的损害赔偿可分为返还性损害赔偿与剥夺性损害赔偿。这种区分虽然在功能上明确了得利剥夺制度的不同属性，但在实践中确定基于得利的损害赔偿时，通常都不会对与损害相当的得利和超出损害范围的得利作明确区分，从而使返还性得利剥夺与具有制裁性的得利剥夺难以界分，学者因此认为，剥夺性损害赔偿请求权兼具普通损害赔偿请求权与不当得利返还请求权之双重特征。[①] 不过，这种看法仅注意到与权益归属相关的得利剥夺，对惩罚性的得利剥夺则有所忽略。[②] 如果无视得利剥夺制度潜在的惩罚性效果，将无法正确认识超额得利剥夺的规范意义。

不难发现，在我国法上，惩罚性不仅存在于剥夺性损害赔偿中，同样也可见于以许可使用费替代实际损害确定赔偿额的情形。依我国《专利法》第71条第1款、《商标法》第63条第1款，赔偿额可参照该专利或商标许可使用费的倍数合理确定。[③] 如果将该规定所称专利或商标的许可使用费与理论上通常所称的“合理许可使用费”等同，当据此确定的赔偿额超出该使用费一倍时，受害人所获得的赔偿无论如何无法被理解为是补偿性的或者返还性的。因为既然是“合理的”许可使用费，则其当然应被视为使用该专利或商标的客观市场价格，超出该价格的赔偿也必然具有惩罚性了。[④] 如果要为这种做法提供正当基础，其只能与超出实际损害范围的得利之剥夺性损害赔偿

---

① 朱岩．“利润剥夺”的请求权基础：兼评《中华人民共和国侵权责任法》第20条．法商研究，2011（3）：142.

② 在这种相关性存在的情形，究竟是返还还是补偿，不过是一个语词选择的问题，都是恢复若无致害事件时双方本应处于的状态。正是基于这种考虑，此处对补偿性赔偿与返还性赔偿不作严格区分，它们共同与超额得利剥夺的剥夺性损害赔偿对应。

③ 这样的做法或将成为知识产权侵权赔偿的一般方式，因为《著作权法（修订草案送审稿）》第76条也规定，“侵犯著作权或者相关著作权的，在计算损害赔偿数额时，权利人可以选择实际损失、侵权人的违法所得、权利交易费用的合理倍数或者一百万元以下数额请求赔偿”。

④ 《商标法》第63条第1款规定，侵犯商标专用权的赔偿数额参照该商标许可使用费的倍数合理确定，对恶意侵犯商标专用权，情节严重的情形，可以在按照上述方法确定数额的一倍以上五倍以下确定赔偿数额。据此，另一种可能的理解是，针对恶意侵权可在许可使用费合理倍数的基础上于五倍以内确定赔偿额，似可推知“许可使用费的合理倍数”规定的主要目的在于补偿损害。果真如此，其与理论上通常所称“合理的许可使用费”应当同其意义，本身并无惩罚性。

一样，系通过惩罚而预防特定类型的侵权行为。如果仅仅需要支付合理的许可使用费，损害赔偿实际上就不过是由侵权人发动的专利或商标的强制许可，在比较成本与收益后，侵权人就有足够的激励实施侵权，故而按许可使用费的一定倍数确定赔偿额就可以增加侵权成本，从而避免这种不当激励。由此可见，这种加重的损害赔偿与惩罚性赔偿一样，并不以侵权人的实际得利为参考因素，因此仍然可能发生无法剥夺全部侵权得利的情况。当然，相反情况同样也可能发生，此时超出得利范围所施予的惩罚相比于剥夺性损害赔偿会更为严厉。

因此，基于得利的损害赔偿不能被简单地认为是混合了补偿性与返还性的特殊赔偿方式，更恰当地说，它是混合了返还性与惩罚性的特殊赔偿方式。此处所称的“赔偿”也不再单纯是“补偿”意义上的，而是混合了“补偿/返还”与“惩罚”双重功能的金钱给付形式。

应当承认剥夺性损害赔偿的确与合同、侵权、无因管理及不当得利等债之类型有别，但若据此认为它是按照效果予以认定的债之关系则是错误的，以其否定相关债因从而作为独立的责任基础规范更是找错了理由。[①] 须知剥夺性损害赔偿非无原因，其可以与侵权、违约、不当得利发生关联，在承认不真正无因管理的情况下还可与无因管理发生关联，焉能认为其不论及债之原因？恰如所论，由于其与前述各种债之典型构成有所不同，故有作特别处理之必要。简言之，如果承认剥夺性损害赔偿的正当性，按照本文提出的主张，与其隐蔽地将其归入不当得利返还或不真正无因管理之下，不如承认其具有独立的责任基础地位。当然，在剥夺性损害赔偿特别规范之外确立一般规范尚需其他理由。就此可分两点申说之。

其一，得利剥夺若非与受保护权益本身相关，则须与其预防目的相合。对越来越倾向引导人们采取特定行为的现代私法而言，不再可能将预防功能仅仅作为私法的附属功能。[②] 超出损害的得利剥夺乃基于特定政策考量，将

---

① 缪宇．获利返还论：以《侵权责任法》第20条为中心．法商研究，2017（4）：87.

② ［德］格哈德·瓦格纳．损害赔偿法的未来：商业化、惩罚性赔偿、集体性损害．王程芳，译．北京：中国法制出版社，2012：128.

行为人的得利确定地归属于权利人，借此发挥其预防功能。但是，如果将任何与他人权利相关的得利都收归于权利人，又将诱使行为人采取更高的注意义务标准，而超出合理注意义务标准的保障措施对社会而言属于纯粹浪费性的支出，实非可取。既然得利超过了权利人利用其权利本可获得的利益，这就意味着行为人对该利益的产生具有积极作用。促进权利利用之产出与避免增加权利人保障支出相较之下，将剥夺性损害赔偿限于行为人对其行为所涉他人权益有明确认识（故意）之场合应属合理。若行为人为谋取利益而无所顾忌，则剥夺其因此所获利益当可接受。从比较法的经验看，在具有得利剥夺功能的不真正无因管理及不当得利返还之例外情形，均多以行为人明知其行为侵害他人权益为限，于此亦可为佐证。若明知或故意成为规范牟利性侵权行为之决定性要素，并不限于特定的受保护权益类型，则确认得利剥夺性赔偿之一般性亦当无碍。①

其二，我国现行法上的得利剥夺性赔偿限于特定权益侵害类型。知识产权法上的得利剥夺规定并未要求具备过错要件，而人身侵权则仅以过失要件为已足，公司法、证券法上的归入权甚至根本没有过错要件之要求，此等特别规范似与以故意为剥夺性损害赔偿要件之一般规范形成冲突，但是这种冲突并非不可消解。必须指出的是，与被侵害权益归属相应的得利，其正当基础是返还而非惩罚。

从不当得利返还角度分析，此时并不需要满足可归责性要件。即使依现行法将得利剥夺作为补偿性损害赔偿的替代方式而论，可归责性之特征也不过是被遮蔽而非被否定。因为，可归责性是补偿性损害赔偿的要件，将其替代为基于得利的损害赔偿即无须另行考虑可归责性。直言之，只要是被剥夺之得利系本应归属于权利人之得利，或者说是权利人利用其权利也当然可以获得之利益，得利剥夺即无须具备可归责性要件。TRIPS 协议第 45 条第 2

---

① 在有些国家（如以色列），得利剥夺可适用于几乎所有的法定或约定义务之违反情形；在有些国家（如南非和巴西），得利剥夺则仅适用于少数领域：有的限于物质损害情形，有的则可以适用于造成非物质损害之情形。Ewoud Hondius & André Janssen (ed.), *Disgorgement of Profits: Gain-Based Remedies throughout the World*, Springer, 2015, p. 500.

款规定的所得利润之返还亦需在相同意义上理解。否则，补偿性损害赔偿须以明知或应知侵权为必要，剥夺性损害赔偿却无须可归责性要件，其在价值判断上显非适当。[①]《瑞士债法典》第 423 条将各种牟利性侵权的得利剥夺一体纳入，也侧面印证了这个道理。

但不得不承认的是，我国现行法的规范表述的确使问题变得有些混乱，无论是替代实际赔偿的许可使用费，还是基于侵权得利的损害赔偿，要么被作为单纯的替代性损害赔偿额计算方式，要么不对其适用条件作必要限制，这都导致补偿与惩罚功能发生混淆，其根本原因乃在于对不同法律救济措施的关系缺乏清晰认识。

三、得利剥夺性赔偿与惩罚性赔偿的关系

由于得利剥夺性赔偿具有惩罚属性，故其与惩罚性赔偿的关系必须加以明确。就我国现有的惩罚性赔偿规定而言，《消费者权益保护法》第 55 条规定的惩罚性赔偿适用于欺诈性销售，而《民法典》第 1207 条（原《侵权责任法》第 47 条）规定明知产品存在缺陷仍然生产或销售应承担惩罚性赔偿责任，《食品安全法》第 148 条第 2 款则仅对经营不符合食品安全标准食品的惩罚性赔偿要求明知，而对生产行为不作类似要求。因而我国现行法针对惩罚性赔偿，原则上都要求满足恶意或有意无视他人权益的严重不法行为要件，这与理论上的见解接近。[②] 在这个意义上，得利剥夺要求满足故意要件，应当说在价值判断上与之契合。但是，恰如前述，《民法典》第 1182 条就人身侵权情形下的得利剥夺性赔偿则并未要求满足故意要件，是否可认为这反映了立法者强化人身侵权保护的价值立场，尚需慎重对待。由于人身权益本身并无财产价值，无从比较得利与受侵害人身权益之间的价值衔接，故

① 在富勒看来，“返还利益”要比“信赖利益”具有“强两倍”的干预正当性，如果将这个道理用于本文所讨论之问题，也就是返还不当得利的正当性要强于单纯的补偿性损害赔偿。［美］L. 富勒，小威廉 R. 帕杜．合同损害赔偿中的信赖利益．韩世远，译．北京：中国法制出版社，2004：9.

② 朱广新．惩罚性赔偿制度的演进与适用．中国社会科学，2014（3）．虽然《食品安全法》第 148 条第 2 款对生产行为主体未作主观方面的要求，其更多的是出于强化食品安全之特殊政策考量，但实际上，主体生产不符合质量标准食品的行为通常具有故意或者有意无视其行为的严重性。

而，在这个意义上，应肯定该规定在适用要件上有别于其他财产权侵权。

为了罚当其过，避免对同一行为进行重复惩罚，就不能不对剥夺性损害赔偿与惩罚性赔偿之关系加以注意。也就是说，如果剥夺性损害赔偿具有惩罚性，再对同一行为叠加惩罚性赔偿就存在重复惩罚的问题。换句话说，即使针对应予惩罚之行为，具有惩罚性的剥夺性损害赔偿不可与惩罚性赔偿并用。

作为发挥预防功能的特殊制度，剥夺性损害赔偿与惩罚性赔偿具有功能替代性，且剥夺性得利以实际得利为基础，其具有的惩罚性相对较弱。因此，在惩罚性赔偿仅适用于特殊情形的制度背景下，剥夺性损害赔偿之一般化应有其值得肯定的规范意义。

第五节　本章小结

民事责任的承担是民事责任的最后实现，也是民事责任成立的直接目标。从统一民事责任的视角看，民事责任承担论是统一民事责任的重心所在。从比较法的经验来看，民事责任构成论的统一价值和空间都极其有限，而民事责任承担论尤其是有关损害赔偿的统一规范则可有较大作为。本章的主旨就是主要从中国法制的现状出发，并结合比较法的经验，考察不同责任基础面对相同权益侵害和救济目标时，是否存在共同的效果规范。鉴于权益侵害并不存在单一的救济形式，因此，根据功能性责任形式整理不同责任类型下的救济效果将是必要的。

相对较为单纯的功能性责任形式是防御性责任，其主要表现为排除妨害/妨害和防止妨害两种形式，后者也称消除危险。它们在德国法传统中，最先是作为物权的保护方法而得以确立的，二者合称保全请求权，其目的是恢复物权支配的完满性。其作为物权请求权具有救济性请求权性质，当然设定了相对人的行为义务，在这个意义上，物权请求权与相对人的物上责任也与民事责任的两极关系相应，并不因物权的对世性而不同于其他救济性请求权。物权请求权并不以物权本体遭到侵害为前提，而是以物权实现受妨害或有受妨害之虞为要件，故仅以责任方的行为不法或应对妨害状态负责为必要，因此，任何消除现实或迫近的妨害原因的措施均能满足救济目的。对因妨害而发生的物权本体遭受的不利，则构成损害，通过修复或赔偿等补偿性责任进行救济。从这个意义上讲，防御性责任具有“防害于未然”的特点，以此构成与其他功能性责任的最大差异。对有着类似权益救济需要的绝对权益，防御性责任也同样适用，最典型表现是人格权侵权、知识产权侵权等领域对防御性责任或保全请求权的广泛运用。由于这种责任类型与其所保护的权益及侵害类型相关，与致害原因的类型归类（是侵权还是违约）无关，故而具有统一规定的可能性。

返还性责任是矫正不当财产权益变动的功能性责任形式，其发生基础非常多元，不仅物权法上有原物返还责任，而且合同法上因合同不成立、无效或被解除也会发生财产返还责任，基于不当得利而发生的返还责任更是前述返还基础外最为重要的返还责任类型，从比较法上看，返还责任甚至被作为侵权赔偿的方式，在其他特别私法甚至公法规范中也存在返还责任的身影。在责任效果上，返还请求权根据具体情形而具有物权性或债权性，这种属性界定在返还义务人发生清偿不能时对权利人会产生不同影响。因此，返还责任的这种基础多元和内容庞杂的特点，对返还性责任的统一规范产生较大挑战。我们的研究反映出，依据原物返还（包括恢复特定权利本来形态的返还形式）与价值返还的类型区分是一种有前途的统一基础；同时，将返还责任/返还请求权与其救济的权益属性隔离开来，使返还请求权仅仅发挥技术性权利的特色，将其关涉的实质利益依被保护的权利及其特殊衍生方式确定其物权性和债权性，将是更为灵活的处理方式。简单说，原物返还请求权具有物权性，但价值返还请求权或占有返还请求权都不能被当然地界定为具有债权性，其可能根据特定的法律政策判断而获得物权性请求权的地位。通过这样的整理，返还性责任仍然具有较高程度的统一规范空间。

补偿性责任是最后也是最常被适用的功能性责任形式，损害赔偿也就是金钱给付的权益救济方式，为其规范重点。从比较法的经验看，损害赔偿责任在不同责任类型下具有较高程度的统一性。在《民法典》颁行前，我国民事法律上不同损害赔偿效果规范的最大差异是，认为违约侵害人身权益造成严重精神损害的，不得依违约主张精神损害赔偿。随着《民法典》的颁布，这个差异被消除了。但是，损害赔偿规范分散化、碎片化的状况并未被消除，最为重要的两大适用领域，即违约赔偿和侵权赔偿，合同法和侵权法未能在相同的规范主题，如与有过失、精神损害赔偿等方面采取一致性处理；对其他共同的规范主题，要么未能提供相关规范（如损害类型规范），要么共同性彰显不足（如侵权赔偿内容与计算规范对违约赔偿可适用性欠缺明文规定），都反映出立法者对损害赔偿法欠缺清晰的体系性认识。无论如何，损害赔偿法的一般规范是应当存在且实际存在的，这为责任统一提供了制度需求与现实基础。

无论如何应当认识到，责任规范的统一并不是主张不同责任类型具有完全一致的规范内容，而只是强调责任类型不能成为区分责任效果的充分理由。承认不同责任类型存在共同的责任效果规范，是建构统一民事责任制度的认识基础，而根据功能性民事责任的类型区分进行分层统一，则是实现该目标的可行进路。

结　论

构建统一的民事责任制度

一、民事责任统一的必要性

我国学理和立法上已经表现出明显地将民事责任独立出来的倾向，但是，民事责任制度的构建还是未竟之事业，初步实现了民事责任的独立，还未做到民事责任的体系化。从原《民法通则》的制定至今，我国民事责任制度已经形成了以违约责任和侵权责任为主，以其他责任类型为补充的格局。从理论的角度来看，这是由于违约责任和侵权责任是最古老的民事责任类型，地位最为重要，适用范围最为广泛，规则最为成熟，而其他责任类型大多是为了弥补违约责任和侵权责任的空隙而创设的，具有补充性和简易性的特点，没有形成系统的规范体系。从实践的角度来看，这与我国民事立法分步走的背景相关，在这种立法指导思想的影响下，我们往往会有孤立地关注合同法、物权法、侵权法的倾向，缺乏从整体上对民事责任制度的宏观把握。通过梳理我国目前的民事法律，可以发现，对权益侵害的民事救济零散地分布在合同法、侵权法、物权法甚至婚姻家庭法等法律之中。这些法律在规定民事救济手段时，对该救济方式在性质上是否属于民事责任、此救济手段与彼救济手段之间是什么关系等问题缺乏思考。

因此，有必要构建统一的民事责任制度，整合各民事部门法中涉及民事救济的各项规定，明确哪些救济是责任性质的、应适用民事责任的相关原则和规范，哪些救济不是责任性质的、不受民事责任的原则和规范的约束。只有首先辨明这些救济手段是否属于民事责任，才能确定其是否适用民事责任在构成要件、责任方式和范围等方面的规定。例如，既然物权法规定了在相邻关系中造成损害的救济手段，那就要确定这种救济是否属于民事责任。相邻关系是指在相邻的不动产所有人和利用人之间，一方所有人或利用人的支配力与他方所有人或利用人的排他力相互冲突时，为调和其冲突以谋共同利益，而由法律直接规定的权利、义务。对相邻关系的调整，既有物权的方法也有债权的方法，物权的方法旨在限制相邻不动产所有人或使用人的权利，确定相邻双方的权利边界——不动产权利人在利用相邻不动产时，应尽量避免对相邻不动产权利人造成损害；债权的方法就是通过损害赔偿来填补利用行为对相邻不动产权利人造成的损害。相邻关系中的这种补偿责任并不当然要求责任人有可归责性，属于牺牲责任。

而且，《民法典》物权编中规定的物权所具有的禁止其他主体对权利客体的侵犯的消极权能，与民事责任（特别是停止侵害、排除妨碍、消除危险）之间的关系，也存在争论。对所有权而言，除具有占有、使用、收益、处分等积极权能之外，还具有排除他人干扰或侵害的消极权能。克尼佩尔（Rolf Knieper）教授指出，完全的所有权自由的社会意义并不在于所有权人的积极能力，而在于其“消极”的一面，排除其他所有法律主体对所有权客体的侵犯，才是该权利的本质。[①] 既然绝对权本身就具有排除干扰或侵犯的效力，那么当物权遭受侵害时，权利人主张加害人停止侵害、排除妨碍或消除危险，是基于物权、人格权等绝对权天然就具有的消极权能，还是基于侵权法中关于承担停止侵害、排除妨碍或消除危险等责任的规则呢？有学者，依据原《侵权责任法》的规定，主张加害人承担停止侵害、排除妨碍或消除危险等责任需满足过错责任原则，行为人或损害源控制人在没有过错时将有权抗辩，这导致权利人得不到救济。因此其主张对绝对权的保护不应囿于美

① ［德］罗尔夫·克尼佩尔．法律与历史：论《德国民法典》的形成与变迁．朱岩，译．北京：法律出版社，2003：251.

国法的思路，完全求助于侵权法，而应当同时依靠基于绝对权的消极权能而产生的请求权。[①] 这种观点的产生正是由于民事责任的体系尚不完善，在损害赔偿责任于民事责任体系中居绝对主导地位的背景下，对防御性民事责任的认识过于局限。

此外，虽然原《民法通则》中有单独的“民事责任”章，但是民事责任具体规范主要还是分散在各民事部门法中：违约责任主要规定在原《合同法》中，侵权责任主要规定在原《侵权责任法》中。除这两大基本责任类型之外，还有在无因管理和不当得利等法律关系中产生的责任，但在目前我国的民事法律放弃使用债务不履行责任，又没有建立起系统的民事责任制度的情况下，对这类民事责任缺少具体的规定和系统的梳理。一般认为，因无因管理而产生的责任具有准契约责任的色彩，因不当得利而产生的责任具有法定损害赔偿责任的特征[②]，可以借助合同责任和侵权责任来完成此类责任在民事责任体系中的定位。

从我国民事责任立法碎片化和零散化的现状，不难得出构建统一的民事责任制度的必要性。构建统一的民事责任制度，并不意味着将全部民事责任规则集中规定在一处，这样既无必要也无可能。统一民事责任制度就是尝试在未来《民法典》的总则部分完善民事责任的一般原则和规范，将各类责任所具有的共同属性抽象出来，使其普遍适用于所有民事责任类型，从而使民事责任制度形成一个具有内在统一性的有机的组合体，而不是各责任类型的简单相加。

二、统一民事责任的理论进路

民事责任法由责任成立和责任承担两个部分的规范构成，因此，统一民事责任也应同时从这样两个组成部分来加以观察：统一的层面可以分别存在于两个组成部分，也可以存在于整个责任层面，就如同责任竞合情形下请求

---

① 崔建远．债权：借鉴与发展．修订版．北京：中国人民大学出版社，2014：687－692.

② 黄茂荣．债务不履行与损害赔偿．厦门：厦门大学出版社，2014：8.

权规范竞合说与全规范统合说一般[①]，实际上反映了统一的不同可能性或层次。不同类型的民事责任虽然存在共同性，但并不存在统一的结构，只能在不同层次加以统一。

依我国现行法的规定，民事责任有不同的承担方式。为了更好地反映权益救济的目的，我们无须细致地区分责任承担的具体手段和方式，而刻意从功能视角来观察民事责任并进行类型化，据此，民事责任可以被分为防御性民事责任、补偿性民事责任和惩罚性民事责任。当我们从功能性民事责任的视角审视民事责任的统一问题，可以发现更大的统一可能性。

（一）责任成立的统一：寻求构成要件的最大公约数

就统一民事责任构成的方法来看，存在着两种进路。一种是在抽象的基本观念上对责任进行研究。此种统一的前提是，责任在抽象层次上是否都以义务违反为前提。作为原《民法通则》特殊“制度资产”的民事责任制度，在强化权利保护观念的同时，可能也导致某些学者固化了责任的抽象构成方式：那种坚持以义务违反来构建民事责任制度的观点，无论如何都不能回答：为何返还责任、无过错赔偿责任等民事责任形式，并不以义务违反为其发生前提？无论是原给付义务与次给付义务的划分，还是经重申的救济和经转化的救济的区分，虽有助于理解责任的本质属性，但并不能揭示民事责任的效果归属及效果趋同，也不能为具体的救济措施提供指引。另一种进路是：就各种具体的责任类型提取构成要件的最大公约数，获得所有责任类型的基本构成。我们已经看到，该进路的最终结果是，只能确定受保护权益和事实构成上的因果关系两个要素。从法律技术的角度看，责任构成要件上这种程度的统一，对于责任法的构造或法律适用是不充分的，因为无法由其得出具体责任构成的全部法律要求（要件）。

但是，责任构成要件方面较低程度的统一性，并不能彻底否认统一的价值。这是因为，无论是将义务违反作为责任成立之一般前提的否定，还是关

① 张家勇．合同法与侵权法中间领域调整模式研究：以制度互动的实证分析为中心．北京：北京大学出版社，2016：296.

于受保护权益与事实构成上的因果关系对于责任成立的必要性认识，都从不同的角度深化了我们对民事责任制度之基本特征或功能的理解。民事责任法作为民事救济制度，其以救济被侵害的受保护民事权益为目标，因果关系则是将权益救济的目标与责任施予连接起来的法律纽带，反映了“责任人—权利人”之间的相关性：如果受救济的民事权益并非为责任人应负责范围内的行为或事件所侵害，就没有法律上的正当理由要求责任人对权益侵害后果负责。因而，受保护权益和因果关系就确立了民事责任构成的最低限度而非充足的事实基础。相反，对义务违反作为责任成立之一般前提的否定，则从另一个方面说明了责任法的特殊运作机制：如果受保护权益遭受侵害并不源自促成权益实现或防免损害的相对义务的不履行，也不归因于责任人违反法律规定的禁止侵害或干扰权益实现的不作为义务，那么，民事责任在任何意义上都不应当被认为系义务不履行所致。权益救济的目标决定了，“受保护权益—（相对义务）—权益救济”与“受保护权益—权益救济”是该目标实现的两种基本结构形式。

民事责任成立层面的有限统一性也表明，满足最低限度的民事责任要件，仅仅为民事责任的成立提供了最低限度的确定性，这并不足以揭示不同民事责任的全部内涵。若需确立具体的责任，仍需援引不同责任类型的构成要件。该方法与基于债因的个别责任类型构建并无实质性差异。因而，无论是在抽象层次上统一民事责任构成，还是在具体层次上提取民事责任的共同构成要件，都不否定民事责任的法律调整仍需借助类型化的构造技术。

在传统民事责任法上，纵然采取原因进路，但各种原因所导致的结果是相对确定的，其中最为重要的责任是损害赔偿责任。与之不同，我国《民法典》延续了对民事责任形式作具体列举的做法，对权益救济的具体方式作出细分。这种细分虽然具有裁判指示明确性的好处，但也带来不同责任形式之间的相互交叠和界分困局。因此，本研究借助比较法提供的启示，依循功能化民事责任的进路，将不同民事责任形式加以整合，并以之为整理不同责任原因下民事责任规范效果的着力点，即采纳“结果模式”尝试对民事责任法予以重新建构。这种方式的统一，相较于全面统一，可称为“中间层次”的统一。由此引致的问题，就是它仍然反映的是不同功能性责任的共同成立要件，并未解决功能性责任是否因不同的致害原因而在具体效果上存在差异的问题。对于这个问题，必须借助责任承担的统一性研讨予以检视。

（二）责任承担的统一：救济与权利相一致

民事责任的承担，旨在消除权益侵害行为导致的不利后果；其主要与侵害后果相关，而与责任发生领域的关联并不紧密。因此，民事责任承担方面的统一，在理论上和具体操作上所面临的障碍，相比责任成立要小得多。由于责任承担方式主要与侵害类型和救济目标相关联，将责任承担方式依据其所适用的侵害类型以及所欲实现的功能效果归入防御性民事责任、补偿性民事责任和惩罚性民事责任等功能性责任类型，要比归于传统的以责任发生领域为标准划分的合同责任、侵权责任等，更具合理性。

在防御性责任方面，其旨在消除阻碍权利按其本来内容实现的障碍因素。该种责任是权利归属功能的当然延续，仅要求侵害行为满足违法要件，而不要求具备有责性。其内容相对单一，因而具有高度的统一性。返还性责任旨在恢复被不当改变的权益归属状态，将被不当移转给责任人的财产利益返还权利人。其同样无须满足有责性要件。在责任统一方面，宜将原物返还与价值返还作不同处理，但无论如何，返还之形式或内容并不当然决定权利人在返还利益上的权利属性，其物权性或债权性既取决于拟救济的权利形态，也取决于返还利益的具体存在形式，如特定性（可识别性）等。在价值返还情形下，返还责任相比于原物返还情形下要面临更多的抗辩可能性。

相比于前两种功能性责任形式，补偿性责任的内容要复杂得多，但统一可能性同样存在。就补偿性责任的目标而言，其主要是通过损害赔偿恢复被侵害的受保护权益。恢复原状是其基本目标，价值补偿为其基本形式。因此，原则上，受害人因侵害行为遭受的全部损害都应获得赔偿。此即“完全赔偿原则”。现代法律早已放弃“全有全无”的绝对立场，而是根据侵害行为造成的损害情况，依特定的法律、政策，对可赔偿的损害采取限定的做法，并确立“限定赔偿原则”。限定赔偿的工具在违约责任中有可预见性规则、减损规则等，但其他规则，如相当因果关系理论、与有过失规则以及损益相抵等，同时见诸违约赔偿和侵权赔偿规范体系中。这些规则，从其适用情况来看，并不与特定责任类型完全结合，因此具有赔偿责任一般效果规范的性质。

就赔偿之内容而言，所受损失与所失利益、财产损害与非财产损害（精神损害）是确定赔偿范围的基本工具。它们都不与特定的责任类型相关。传统看法认为，违约责任与侵权责任的责任类型选择会影响责任范围，即只有依侵权提出权利主张才可以获得精神损害赔偿，且司法实践也表现出将精神损害赔偿限制在侵权责任范围内的倾向。对这种观点，学界虽不乏支持者，但质疑和批评的声音也不断出现。《民法典》为回应前述理论质疑和实践需要，明确规定：违约侵害人格权造成严重精神损害，受害人依违约主张赔偿的，不影响其请求精神损害赔偿。由此，两种责任类型最重要的效果差异被清除。

在责任承担上，应坚持救济与权利相统一的原则，相同权益面临相同侵害时，权利人可获得的法律救济只与权利本身相关，而与可供选择的责任类型无关。民事责任的类型建构是为了便捷权益救济，而非设置障碍、制造差别。各功能性民事责任在内具有统一的效果，在外则共同服务于权益救济目标。

三、民事责任一般法的制度建构

我国为正处于法制完善阶段[①]的成文法国家，法律体系化的任务主要由立法机关承担，分散地民事立法造成的立法碎片化问题，只有通过立法途径才能最有效地解决。[②] 此外，由于我国民事立法采取的是分别制定单行法的方针，每一部法律都致力于构成一个独立的完整的规范体系，因此分散在各部门法中的有关民事责任的规定也存在一定的重复。既然民事责任具有统一

① 2011 年 3 月 10 日，全国人大常委会委员长吴邦国在十一届全国人大四次会议上宣布，中国特色社会主义法律体系已经形成。据此提出，我国处于社会主义法律体系基本形成之后的法制完善阶段。

② 张家勇．论统一民事责任制度的构建．中国社会科学，2015（8）：100.

的理论基础与实践需要，那么就应当将这种统一性在民事责任的制度构建和立法体系中得到贯彻。在我国《民法典》将“侵权责任”单独成编，并且放弃制定债法总则的背景下，应将民事责任制度的统一作为规范设置的指导思想，构建统一的民事责任一般规范，实现民事责任制度的体系价值。

长期以来，我们致力于责任制度的类型化和精细化，却忽视了对民事责任的整体把握。在这种对具体责任类型的研究偏好的影响之下，学术和立法都拘囿在合同责任、侵权责任或者更为具体的某一特定情形之下的民事责任的范围之内，对于从宏观上和整体上对民事责任进行理解和阐释，以及构建统一的民事责任一般规范，关注不够。如前文所述，在民事责任的构成上，我国存在统一民事责任的构成规范，但有消除责任制度分立所产生的抵牾和冲突的必要；在责任承担上，责任方式和范围只与权益侵害和救济目标相关，而与责任基础的分类脱钩，故也有消除责任分离导致的权利救济差异的必要性。

统一民事责任制度的构建以民事责任一般规范的提取为目标，并不旨在构建整全的民事责任法。其主要的考虑是，整全的民事责任法将会搅乱现有民事规范体系，将相对完整的规范体按照权益创设/确认规范与权益救济规范的方式加以区隔，从而在规范形式上隐藏其内在关联。这种状况主要体现在合同法规范体系上，其要求将违约责任的全部内容以及其他典型合同中的救济规范全部移至“民事责任法”中，从而造成合同法关联规范的隔离，容易引致理解与适用上的不便。这种情况在物权法、人格权法等民法领域也存在，但不如合同法中那般重要。采用这种方式影响最小的只有侵权责任法，其本身就是典型的民事救济法，将侵权责任和其他民事责任集中规定与目前其在《民法典》中单独成编的编制方式没有太大不同。

因此，最为切实可行的应该说是照顾现行制度体系的进路，即提取民事责任一般规范，将其纳入《民法典》总则编的“民事责任”章中。这种安排在最大程度上反映了民事责任作为民事权益救济工具的属性，与“民事责任”已被纳入《民法典》总则编的现实相符，在理论上也顺理成章。更为重要的是，如果《民法典》总则编中应该纳入“民事责任”的制度内容，民事责任一般规范进入总则编就不仅必要，而且有助于充实总则编“民事责任”的制度内容，并且，在《民法典》不设置债法总则的情况下，在总则编中直接纳入各功能性民事责任的一般规范内容，也能避免准用技术导致的法律不确定问题。

令人遗憾的是，学界与立法机关未能借助民法典编纂的绝佳机会，充分利用总则编开创的专门设置“民事责任”一章的制度成果，在《民法典》编纂体系上进行真正的创新。在错过这一历史机遇后，只能期待通过民法理论和司法实践的共同努力，并经由实践探索和理论竞争，形成内容合理、价值融贯的实质统一的民事责任制度。

参考文献

一、中文

(一) 著作

1. ［德］埃尔温·多伊奇，［德］汉斯-于尔根·阿伦斯．德国侵权法：侵权行为、损害赔偿及痛苦抚慰金：第5版．叶名怡，温大军，译．北京：中国人民大学出版社，2016.

2. ［葡］安图内斯·瓦雷拉．债法总论：第1卷．唐晓晴，译．北京：社会科学文献出版社，2020.

3. ［澳］彼得·凯恩．阿蒂亚论事故、赔偿及法律：第6版．王仰光，朱呈义，等译．北京：中国人民大学出版社，2008.

4. ［澳］彼得·凯恩．侵权法解剖．汪志刚，译．北京：北京大学出版社，2010.

5. ［意］彼德罗·彭梵得．罗马法教科书．黄风，译．北京：中国政法大学出版社，2005.

6. ［葡］Carlos Alberto da Mota Pinto. 民法总论．林炳辉，刘因之，欧阳琦，冯瑞国，译．澳门：澳门法律翻译办公室，澳门大学，1999.

7. 曹艳春．雇主替代责任研究．北京：法律出版社，2008.

8. 陈聪富．侵权归责原则与损害赔偿．北京：北京大学出版社，2005.

9. 陈聪富．因果关系与损害赔偿．北京：北京大学出版社，2006.

10. 陈年冰．中国惩罚性赔偿制度研究．北京：北京大学出版社，2016.

11. 陈甦．民法总则评注：下册．北京：法律出版社，2017.

12. 陈现杰．中华人民共和国侵权责任法条文精义与案例解析．北京：中国法制出版社，2010.

13. 程啸．侵权责任法．3 版．北京：法律出版社，2021.

14. 崔建远．合同法总论：上卷．北京：中国人民大学出版社，2008.

15. 崔建远．合同法总论：中卷．北京：中国人民大学出版社，2012.

16. 崔建远．物权：规范与学说：以中国物权法的解释论为中心（上册）．北京：清华大学出版社，2011.

17. 崔建远．债权：借鉴与发展．修订版．北京：中国人民大学出版社，2014.

18. ［美］戴维・G. 欧文．侵权法的哲学基础．张金海，等译．北京：北京大学出版社，2016.

19. ［德］迪特尔・施瓦布．民法导论．郑冲，译．北京：法律出版社，2006.

20. 丁玫．罗马法契约责任．北京：中国政法大学出版社，1998.

21. 杜景林，卢谌．德国民法典评注：总则・债法・物权．北京：法律出版社，2011.

22. 费安玲．罗马私法学．北京：法律出版社，2020.

23. ［德］弗朗茨・维尔亚克．近代私法史：以德意志的发展为观察重点．陈爱娥，黄建辉，译．上海：上海三联书店，2006.

24. ［古罗马］盖尤士．法学阶梯．黄风，译．北京：中国政法大学出版社，1996.

25. ［德］格哈德・瓦格纳．损害赔偿法的未来：商业化、惩罚性赔偿、集体性损害．王程芳，译．北京：中国法制出版社，2012.

26. 郭明瑞，房绍坤，于向平．民事责任论．北京：中国社会科学出版社，1991.

27. ［美］H. L. A. 哈特，托尼・奥诺尔．法律中的因果关系．张绍谦，孙战国，译．北京：中国政法大学出版社，2005.

28. ［奥］H. 考茨欧．侵权法的统一：违法性．张家勇，译．北京：法律出版社，2009.

29. 韩世远．合同法总论．北京：法律出版社，2018.

30. ［奥］海尔穆特·库奇奥．侵权责任法基本问题：第1卷·德语国家视角．朱岩，译．北京：北京大学出版社，2017.

31. ［奥］海尔穆特·库奇奥．侵权责任法基本问题：第2卷·比较法的视角．张家勇，等译．北京：北京大学出版社，2020.

32. ［德］汉斯·布洛克斯，沃尔夫·迪特里希·瓦尔克．德国民法总论：第33版．张艳，译．北京：中国人民大学出版社，2012.

33. ［奥］汉斯·凯尔森．纯粹法学说．雷磊，译．北京：法律出版社，2021.

34. ［德］汉斯·约瑟夫·威灵．德国不当得利法．薛启明，译．北京：中国法制出版社，2021.

35. ［奥］赫尔穆特·考茨欧，瓦内萨·威尔科克斯．惩罚性赔偿金：普通法与大陆法的视角．窦海阳，译．北京：中国法制出版社，2012.

36. 黄立．民法债编总论．北京：中国政法大学出版社，2002.

37. 黄茂荣．债法通则之一：债之概念与债务契约．厦门：厦门大学出版社，2014.

38. 黄茂荣．无因管理与不当得利．厦门：厦门大学出版社，2014.

39. 黄茂荣．债务不履行与损害赔偿．厦门：厦门大学出版社，2014.

40. 黄薇．中华人民共和国民法典合同编解读：下册．北京：中国法制出版社，2020.

41. 黄娅琴．惩罚性赔偿研究：国家制定法和民族习惯法双重视角下的考察．北京：法律出版社，2016.

42. ［荷］J. 施皮尔．侵权法的统一：对他人造成的损害的责任．梅夏英，高圣平，译．北京：法律出版社，2009.

43. ［日］吉村良一．日本侵权行为法：第4版．张挺，译．北京：中国人民大学出版社，2013.

44. 金福海．惩罚性赔偿制度研究．北京：法律出版社，2008.

45. ［德］克里斯蒂安·冯·巴尔．欧洲比较侵权行为法：上卷．张新宝，译．北京：法律出版社，2001.

46. ［德］克里斯蒂安·冯·巴尔．欧洲比较侵权行为法：下卷．焦美华，译．北京：法律出版社，2005.

47. ［美］L. 富勒，小威廉 R. 帕杜．合同损害赔偿中的信赖利益．韩世远，译．北京：中国法制出版社，2004.

48. ［瑞士］雷伊．瑞士侵权责任法．贺栩栩，译．北京：中国政法大学出版社，2015.

49. 李昊．交易安全义务论：德国侵权行为法结构变迁的一种解读．北京：北京大学出版社，2008.

50. 李昊．危险责任的动态体系论．北京：北京大学出版社，2020.

51. 李开国，张玉敏．中国民法学．北京：法律出版社，2002.

52. 李宜琛．民法总则．北京：中国方正出版社，2004.

53. 李永军．中国民法学：第1卷．北京：中国民主法制出版社，2022.

54. 李宇．民法总则要义：规范释论与判解集注．北京：法律出版社，2017.

55. 李语湘．比较法视角下英美返还法的结构与功能研究．北京：中国政法大学出版社，2015.

56. 梁慧星．民法学说判例与立法研究．北京：中国政法大学出版社，1993.

57. 梁慧星．中国物权法草案建议稿：条文、说明、理由与参考立法例．北京：社会科学文献出版社，2000.

58. 梁慧星．民法解释学．北京：法律出版社，2015.

59. 梁慧星．民法总论．北京：法律出版社，2017.

60. 林诚二．民法理论与问题研究．北京：中国政法大学出版社，2000.

61. 林诚二．民法债编总论：体系化解说．北京：中国人民大学出版社，2003.

62. 刘凯湘．债法总论．北京：北京大学出版社，2011.

63. 刘言浩．不当得利法的形成与展开．北京：法律出版社，2013.

64. [德] 鲁道夫·冯·耶林．论缔约过失．沈建峰，译．北京：商务印书馆，2016.

65. [德] 罗尔夫·克尼佩尔．法律与历史：论《德国民法典》的形成与变迁．朱岩，译．北京：法律出版社，2003.

66. [美] 罗斯科·庞德．法律与道德．陈林林，译．北京：中国政法大学出版社，2003.

67. 吕永波．系统工程：修订版．北京：清华大学出版社，2003.

68. [德] U. 马格努斯．侵权法的统一：损害与损害赔偿．谢鸿飞，译．北京：法律出版社，2009.

69. 马勇．物权防御请求权研究．北京：法律出版社，2014.

70. [德] 曼弗雷德·沃尔夫．物权法．吴越，李大雪，译．北京：法律出版社，2002.

71. 苗力田．亚里士多德全集：第 8 卷．北京：中国人民大学出版社，1991.

72. [加] 欧内斯特·J. 温里布．私法的理念．徐爱国，译．北京：北京大学出版社，2007.

73. 欧洲侵权法小组．欧洲侵权法原则：文本与评注．于敏，谢鸿飞，译．北京：法律出版社，2009.

74. [英] 皮特·博克斯．不当得利．刘桥，译．北京：清华大学出版社，2012.

75. 邱聪智．从侵权行为归责标准之变动论危险责任之构成．北京：中国人民大学出版社，2006.

76. 邱雪梅．民事责任体系重构．北京：法律出版社，2009.

77. 全国人大常委会法制工作委员会民法室．中华人民共和国物权法：条文说明、立法理由及相关规定．北京：北京大学出版社，2007.

78. 孙森焱．民法债编总论．北京：法律出版社，2006.

79. 孙宪忠．中国物权法总论．北京：法律出版社，2014.

80. [日] 田山辉明．物权法．增订本．陆庆胜，译．北京：法律出版社，2001.

81. ［德］U. 马格努斯，［西］M. 马丁-卡萨尔斯．侵权法的统一：共同过失．叶名怡，陈鑫，译．北京：法律出版社，2009.

82. ［英］W. V. 霍顿·罗杰斯．比较法视野下的非金钱损失赔偿．许翠霞，译．北京：中国法制出版社，2012 年．

83. 王伯琦．民法总则．台北：台湾编译馆，1979.

84. 王洪亮．物上请求权的功能与理论基础．北京：北京大学出版社，2011.

85. 王洪亮．债法总论．北京：北京大学出版社，2016.

86. 王利明．违约责任论．北京：中国政法大学出版社，1996.

87. 王利明．侵权责任法研究：上卷．北京：中国人民大学出版社，2010.

88. 王利明．合同法研究：第 1 卷．北京：中国人民大学出版社，2011.

89. 王利明．合同法研究：第 2 卷．北京：中国人民大学出版社，2015.

90. 王利明．侵权责任法研究：上卷．2 版．北京：中国人民大学出版社，2016.

91. 王利明．债法总则．北京：中国人民大学出版社，2016.

92. 王利明．物权法研究．4 版．北京：中国人民大学出版社，2016.

93. 王利明．中国民法典评注：侵权责任编．北京：人民法院出版社，2021.

94. 王少禹．侵权与合同竞合问题之展开：以英美法为视角．北京：北京大学出版社，2010.

95. 王泽鉴．不当得利．北京：北京大学出版社，2009.

96. 王泽鉴．债法原理．北京：北京大学出版社，2013.

97. 王泽鉴．民法物权．北京：北京大学出版社，2009.

98. 王泽鉴．民法学说与判例研究．重排合订本．北京：北京大学出版社，2015.

99. 王泽鉴．侵权行为法．3 版．北京：北京大学出版社，2016.

100. 王泽鉴．损害赔偿．北京：北京大学出版社，2017.

101. ［日］望月礼二郎．英美法．郭建，王仲涛，译．北京：商务印书馆 2005.

102. 魏振瀛．民法．北京：北京大学出版社，高等教育出版社，2017.

103. 魏振瀛．民事责任与债分离研究．北京：北京大学出版社，2013.

104. ［日］我妻荣．新订物权法．［日］有泉亨，补订．罗丽，译．北京：中国法制出版社，2008.

105. 谢鸿飞．合同法学的新发展．北京：中国社会科学出版社，2014.

106. 谢鸿飞，等．债法总则：历史、体系与功能．北京：社会科学文献出版社，2021.

107. 谢鸿飞，朱广新．民法典评注：合同编：第 4 册．北京：中国法制出版社，2020.

108. 谢在全．民法物权论：上册．北京：中国政法大学出版社，2011.

109. 徐爱国．哈佛法律评论：侵权法学精粹．北京：法律出版社，2005.

110. 杨立新．侵权责任法．北京：法律出版社，2010.

111. 杨明．知识产权请求权研究：兼以反不正当竞争为考察对象．北京：北京大学出版社，2005.

112. 姚明斌．违约金论．北京：中国法制出版社，2018.

113. 于飞．权利与利益区分保护的侵权法体系之研究．北京：法律出版社，2012.

114. 曾世雄．损害赔偿法原理．北京：中国政法大学出版社，2001.

115. ［美］詹姆斯·戈德雷．私法的基础：财产、侵权、合同和不当得利．张家勇，译．北京：法律出版社，2007.

116. 张广良．知识产权侵权民事救济．北京：北京大学出版社，2003.

117. 张家勇．合同法与侵权法中间领域调整模式研究：以制度互动的实证分析为中心．北京：北京大学出版社，2016.

118. 张俊浩．民法学原理：下册．北京：中国政法大学出版社，2000.

119. 张民安．法国民法．北京：清华大学出版社，2015.

120. 张双根．物权法释论．北京：北京大学出版社，2018.

121. 张五常．经济解释：制度的选择．北京：中信出版社，2010.

122. 赵汀阳．论可能生活．北京：三联书店，1994.

123. 郑玉波．民法总则．北京：中国政法大学出版社，2003.

124. 郑玉波．民法债编总论．修订2版．北京：中国政法大学出版社，2004.

125. 周枏．罗马法原论：下册．北京：商务印书馆，2014.

126. 朱广新．合同法总则．2版．北京：中国人民大学出版社，2012.

127. 朱庆育．中国民法典评注：条文选注：第1册．北京：中国民主法制出版社，2021.

128. 朱岩．侵权责任法通论：总论．北京：法律出版社，2011.

129. 朱岩，高圣平，陈鑫．中国物权法评注．北京：北京大学出版社，2007.

130. 邹海林，朱广新．民法典评注：侵权责任编：第1册．北京：中国法制出版社，2020.

131. 最高人民法院民法典贯彻实施工作领导小组．中华人民共和国民法典侵权责任编理解与适用．北京：人民法院出版社，2020.

132. 最高人民法院民法典贯彻实施工作领导小组．中华人民共和国民法典总则编理解与适用：下．北京：人民法院出版社，2020.

133. 最高人民法院侵权责任法研究小组．《中华人民共和国侵权责任法》条文理解与适用．北京：人民法院出版社，2010.

134. 最高人民法院物权法研究小组．《中华人民共和国物权法》条文理解与适用．北京：人民法院出版社，2007.

135. 郑玉波．民法债编论文选辑：上．台北：五南图书出版公司，1984.

（二）论文

1. ［加］安东尼·达甘．衡平法中惩罚性赔偿之法律经济学探析．张小奕，等译．法治研究，2007（6）.

2. 白江．我国应扩大惩罚性赔偿在侵权责任法中的适用范围．清华法学，2015（3）.

3. 蔡明清．浅谈民事制裁的适用问题．现代法学，1994（3）.

4. 蔡培如．被遗忘权制度的反思与再建构．清华法学，2019（5）.

5. 曹险峰．防御性请求权论纲．四川大学学报（哲学社会科学版），2018（5）.

6. 陈忠五．论契约责任与侵权责任的保护客体："权利"与"利益"区别正当性的再反省．台大法律评论，2007（3）.

7. 陈自强．民法侵权行为法体系之再构成（上）．台湾本土法学杂志，2000（16）.

8. 程啸．损益相抵适用的类型化研究．环球法律评论，2017（5）.

9. 崔建远．绝对权请求权抑或侵权责任方式．法学，2002（11）.

10. 崔建远．论物权救济模式的选择及其依据．清华大学学报（哲学社会科学版），2007（3）.

11. 崔建远．论物权救济模式的选择及其依据．清华大学学报（哲学社会科学版），2007（3）.

12. 崔建远．论违约的精神损害赔偿．河南省政法干部管理学院学报，2008（1）.

13. 崔建远．精神损害赔偿绝非侵权法所独有．法学杂志，2012（8）.

14. 崔建远．民法总则应如何设计民事责任制度．法学杂志，2016（11）.

15. 崔建远．绝对权请求权抑或侵权责任方式．法学，2022（11）.

16. 丁海俊．预防型民事责任．政法论坛，2005（4）.

17. 葛云松．民法上的赔礼道歉责任及其强制执行．法学研究，2011（2）.

18. ［奥］海尔穆特·库齐奥．动态系统论导论．张玉东，译．甘肃政法学院学报，2013（7）.

19. ［奥］赫尔穆特·考茨欧．侵权法中事务的所属人和行为人责任．张家勇，周奥杰，译．环球法律评论，2015（4）.

20. 李承亮．损害赔偿与民事责任．法学研究，2009（3）.

21. 李仁玉，陈超．知假买假惩罚性赔偿法律适用探析：对《最高人民法院关于审理食品药品纠纷案件适用法律若干问题的规定》第3条的解读．法学杂志，2015（1）.

22. 李世刚．《法国民事责任改革法草案》解析与启示．交大法学，2017（2）.

23. 李世刚．法国新债法统一返还规范研究．河南社会科学，2017（2）.

24. 李寿初．道德与法律的关系类型辨析．文史哲，2011（4）.

25. 李永军．论《民法典》人格权编的请求权基础规范：能否以及如何区别于侵权责任规范？．当代法学，2022（2）.

26. 李志毅，王东坤．民事制裁原则初探．山东审判，1996（11）.

27. 刘宝玉，魏振华．"知假买假"的理论阐释与法律适用．法学论坛，2017（3）.

28. 刘明飞．侵权行为法统一救济论科学吗．政治与法律，2004（2）.

29. 陆青．合同解除有无溯及力之争有待休矣：以意大利法为视角的再思考．河南省政法干部管理学院学报，2010（3）.

30. 陆青．论消费者保护法上的告知义务：兼评最高人民法院第17号指导性案例．清华法学，2014（4）.

31. 罗大钧，杨峰．民事责任归责问题的理论思考．学术交流，2004（1）.

32. 马俊驹．民法上配权与请求权的不同逻辑构成：兼论人格权请求权之独立性．法学研究，2007（3）.

33. 满洪杰．荣誉权：一个巴别塔式的谬误?："Right to Honor"的比较法考察．法律科学，2012（4）.

34. 满洪杰．荣誉权作为独立人格利益之质疑：基于案例的实证分析．法商研究，2012（5）.

35. 茅少伟．防御请求权相关语词使用辨析．法学，2016（4）.

36. 缪宇．获利返还论：以《侵权责任法》第20条为中心．法商研究，

2017 (4).

37. 潘劲松．论民事责任对民事权利的保障．法学杂志，2004 (2).

38. [法] 热娜维耶芙·威内．民事责任法再法典化的希望．吕琳华，译．苏州大学学报（法学版），2018 (2).

39. 尚连杰．“知假买假”的效果证成与文本分析．华东政法大学学报，2015 (1).

40. 税兵．惩罚性赔偿的规范构造：以最高人民法院第23号指导性案例为中心．法学，2015 (4).

41. [德] 索尼娅·梅耶．失败合同的返还清算：欧洲的新发展．冯德淦，译．南京大学法律评论，2019 (2).

42. 汤文平．法律行为解消清算规则之体系统合．中国法学，2016 (5).

43. [日] 田山辉明．合同责任与侵权责任．法学家，2001 (5).

44. 王歌雅．荣誉权的价值阐释与规制思考．环球法律评论，2013 (3).

45. 王洪亮．妨害排除与损害赔偿．法学研究，2009 (2).

46. 王洪亮．论侵权法中的防御请求权．北方法学，2010 (4).

47. 王利明．惩罚性赔偿研究．中国社会科学，2000 (7).

48. 王利明．我国侵权责任法的体系构建：以救济法为中心的思考．中国法学，2008 (4).

49. 王利明．侵权责任法与合同法的界分：以侵权责任法的扩张为视野．中国法学，2011 (3).

50. 王利明．论人格权请求权与侵权损害赔偿请求权的分离．中国法学，2019 (1).

51. 王利明．违约中的信赖利益赔偿．法律科学，2019 (6).

52. 王轶．略论侵权请求权与诉讼时效制度的适用．中州学刊，2009 (4).

53. [奥] 威尔伯格．私法领域内动态体系的发展．李昊，译．苏州大学学报（法学版），2015 (4).

54. 魏振瀛．论债与责任的融合与分离：兼论民法典体系之革新．中国法学，1998（1）.

55. 魏振瀛．论请求权的性质与体系：未来我国民法典中的请求权．中外法学，2003（4）.

56. 魏振瀛．《民法通则》规定的民事责任：从物权法到民法典的规定．现代法学，2006（3）.

57. 魏振瀛．侵权责任法在我国民法中的地位及其与民法其他部分的关系．中国法学，2010（2）.

58. 魏振瀛．论返还原物责任请求权：兼与所有物返还请求权比较研究．中外法学，2011（6）.

59. 吴香香．请求权基础视角下《民法典》人格权的规范体系．中国高校社会科学，2021（4）.

60. 解亘．我国合同拘束力理论的重构．法学研究，2011（2）.

61. 谢鸿飞．违约责任与侵权责任竞合理论的再构成．环球法律评论，2014（6）.

62. 辛尚民．从违法的特征谈民事制裁的适用．法律适用，1993（3）.

63. 徐建刚．论使用可能性丧失的损害赔偿．法商研究，2018（2）.

64. 许中缘，崔雪炜．论合同中的人格利益损害赔偿．法律科学，2018（3）.

65. 杨振山．民事救济权制度简论．法学研究，1993（3）.

66. 姚明斌．《合同法》第 113 条第 1 款（违约损害的赔偿范围）评注．法学家，2020（3）.

67. 叶名怡．论侵权预防责任对传统侵权法的挑战．法律科学，2013（2）.

68. 叶名怡．违约与侵权竞合实益之反思．法学家，2015（3）.

69. 尹田．论法律行为无效后的财产返还．时代法学，2010（5）.

70. 殷秋实．意大利法中不当得利的构成．东方法学，2019（2）.

71. 于飞．侵权法中权利与利益的区分方法．法学研究，2011（4）.

72. 于飞．我国民法典实质债法总则的确立与解释论展开．法学，2020

(9).

73. 于韫珩．违约责任中的信赖利益赔偿．环球法律评论，2015 (3).

74. 张谷．作为救济法的侵权法，也是自由保障法．暨南学报，2009 (2).

75. 张红．论《民法典》内外合同责任之惩罚性赔偿．法学评论，2020 (5).

76. 张家勇．基于得利的侵权损害赔偿之规范再造．法学，2019 (2).

77. 张家勇．论前合同损害赔偿中的期待利益：基于动态缔约过程观的分析．中外法学，2016 (3).

78. 张家勇．中国法民事责任竞合的解释论．交大法学，2018 (1).

79. 张家勇．论统一民事责任制度的建构．中国社会科学，2015 (8).

80. 张家勇．权益保护与规范指引．四川大学学报（哲学社会科学版），2017 (1).

81. 张家勇．论无权代理人赔偿责任的双层结构．中国法学，2019 (3).

82. 张新宝，李倩．惩罚性赔偿的立法选择．清华法学，2009 (4).

83. 赵刚．损益相抵论．清华法学，2009 (6).

84. 赵文杰．论不当得利与法定解除中的价值偿还：以《合同法》第 58 条和第 97 条后段为中心．中外法学，2015 (5).

85. 赵新华，许辉猛．民事责任的两种规范模式．西南政法大学学报，2005 (3).

86. 郑晓剑．侵权损害赔偿效果的弹性化构造．武汉大学学报（哲学社会科学版），2019 (4).

87. 周友军．我国侵权法上完全赔偿原则的证立与实现．环球法律评论，2015 (2).

88. 朱广新．违约责任归责原则探究．政法论坛，2008 (4).

89. 朱广新．惩罚性赔偿制度的演进与适用．中国社会科学，2014 (3).

90. 朱虎．物权请求权的独立与合并：以返还原物请求权为中心．环球法律评论，2013 (6).

91. 朱虎．债法总则体系的基础反思与技术重整．清华法学，2019（3）.

92. 朱凯．惩罚性赔偿制度在侵权法中的基础及其适用．中国法学，2003（3）.

93. 朱晓喆．存款货币的权利归属于返还请求权：反思民法上货币“占有即所有”法则的司法运用．法学研究，2018（2）.

94. 朱岩．“利润剥夺”的请求权基础：兼评《中华人民共和国侵权责任法》第20条．法商研究，2011（3）.

二、外文

1. M. Polinsky and Steven Schavell, Punitive Damages: An Economic Analysis, Ⅲ *Harvard Law Review*, 1998（4）.

2. Alessio Zaccaria, *Obligatio est iuris vinculum: lineamenti di diritto delle obbligazione*, G. Giappichelli Editore-Torino, 2005.

3. Andrew Burrows, *Remedies for Torts and Breach of Contract*, 3rd edn., Oxford University Press, 2004.

4. Arthur Kaufmann, *Analogie und „hNatut der Sache“: Zugleich ein Beitrag zur Lehre vom Typus*, R. v. Decker & C. F. Müller Heidelberg, 1982.

5. S. Markesinis, W. Lorenz, G. Dannemann, *The Law of Contracts and Restitution: A Comparative Introduction*, Oxford: Clarendon Press, 1997.

6. Baur/Stürner, *Sachenrecht*, 18. Aufl., 2009.

7. Bryan, A. Garner ed., *Black's Law Dictionary*, 9th edition, West, 1999.

8. Cesare Ruperto, *La Gestione d'affari Altrui, Il Pagamento dell'indebito, è L'arricchimento Senza Causa*（artt. 2028 - 2042）, Giuffrè, 2012.

9. Charles Rickett and Ross Grantham ed., *Structure and Justification in Private Law: Essays for Peter Birks*, Oregon: Oxford and Portland, 2008.

10. *Chitty on Contracts*, Vol. 1, 32nd edn., Sweet & Maxwell, 2015.

11. Claus-Wilhelm Canaris, *Die Vertrauenshaftung im Deutschen Pri-*

vatrecht，C. H. Beck München，1971.

12. Dan B. Dobbs，*Law of Remedies*：*Damages*，*Equity*，*Restitution*，Vol. 1，St Paul，Minn.：West Pubilishing Co.，1993.

13. Dan B. Dobbs，Caprice L. Roberts，*Law of Remedies*：*Damages*，*Equity*，*Restitution*，3rd edition，West Academic Publishing，2018.

14. Dirk Looschelders，*Schuldrecht*：*Allgemeiner Teil*，16. Auflage，München，2018.

15. Diter Medicus，*Grundwissen zum Bürgerlichen Recht*：*ein Basisbuch zu den Anspruchsgrundlagen*，Carl Heymanns Verlag，2008.

16. E. Allan Farnsworth，Legal Remedies for Breach of Contract，*Columbia Law Review*，Vol. 70，No. 7（Nov.，1970）.

17. Eduard Picker，*Der „hdingliche" Anspruch*，*in Helmut Koziol*，*Peter Rummel*（*Hrsg.*），FS für Bydlinski zum 70. Geburtstag，Springer，2002.

18. Ernest J. Weinrib，*The Idea of Private Law*，Oxford University Press，2012.

19. Erwin Deutsch，*Allemeines Haftungsrecht*，Carl Heymanns Verlag，1996.

20. Eugen Klunzinger，*Einführung in das Bürgerliche Recht*：*Grundkurs für Studierende der Rechts-und Wirtschaftswissenschaften*，München：Verlag Franz Vahlen，2013.

21. Friedrich Carl von Savigny，*System des heutigen römischen Rechts*，Berlin：Erster Band，1840.

22. Fritz Fabricius，*Zur Dogmatik des„ hsonstigen Rechts"* gemäß §823 Abs. I BGB，AcP 160，1961.

23. Gert Brüggemeier，*Haftungsrecht*：*Struktur*，*Prinzipien*，*Schutzbereich*，Springer Verlag，2006.

24. Geoffrey Samuel，*Law of Oligations and Legal Remedies*，London · Sydney：Cavendish Publishing Limited，2001.

25. Goff & Jones, *The Law of Restitution*, Sweet & Maxwell, 2002.

26. Geogre E. Palmer, History of Restitution in Anglo-American Law, in *International Encyclopedia of Comparative Law*, Volum X: Restitution- Unjust Enrichment and Negotiorum Gestio, Brill Academic Publishers, 2007.

27. Graham Virgo, *The Principles of the Law of Restitution*, Oxford University Press, 2015.

28. H. L. A. Hart, Positivism and the Separation of Law and Morals, *Harvard Law Review* 71, 1958.

29. Guido Alpa, *Sulla riforma della disciplina della responsabilità civile in Francia*, Contratto e impresa, 2018 (1).

30. H. Stoll, Consequences of Liability? Remedies, in *International Encyclopedia of Comparative Law*, Volume Ⅺ, Chapter 8, Martinus Nijhoff Publishers, 1983.

31. Hans Brox, Wolf-Dietrich Walker, *Allgemeiner Teil des BGB*, 39. Aufl., München: Verlag Franz Vahlen, 2015.

32. Hellewege, *Die Rückabwicklung gegenseitiger Verträge als einheitliches Problem*, Mohr Siebeck, 2004.

33. Helmut Koziol, *Grundfragen des Schadenersatzrechts*, Jan Sramek Verlag, 2010.

34. Helmut Koziol (eds.), *Basic Questions of Tort Law from a Comparative Perspective*, Jan Sramek Verlag, 2015.

35. Helmut Koziol, Vanessa Wilcox eds., *Punitive Damages: Common law and Civil Law Perspectives*, New York: Springer-Verlag Wien, 2009.

36. James Edelman, *Gain-based Damages: Contract, Tort, Equity and Intellectual Property*, Oxford-Portland Pregon, 2002.

37. John P. Dawson, Restitution without Enrichment, *Baston U. L. R*, 1981 (3).

38. Karl Larenz, *Methodenlehre der Rechtswissenschaft*, Springer-Ver-

lag Berlin Heidelberg GmbH，1992.

39. Larenz，*Lehrbuch des Schuldrechts*，Bd. 1，Allgemeiner Teil，14. Aufl.，München：Beck，1987.

40. Larenz/Canaris，*Lehrbuch des Schuldrechts*，Bd. 2，C. H. Beck，1994.

41. Lars Römermann，*Aufopferungshaftung in Europa*，Osnabrück：Univ. Diss.，2007.

42. Leslie E. John，*Comment*：*Formulating Standards for Awards of Punitive Damages in the Borderland* of *Contract and Tort*，74 Calif. L. R.，1986.

43. M. J. Tilbury，*Civil Remedies*，Vol Ⅱ：Remedies in Particular Contexts，Butterwords，1993.

44. Marco Staake，*Gesetzliche Schuldverhältnisse*，Springer，2014.

45. Massimo Bianca，*La responsabilità*，Milano，2019.

46. Maximilian Fuchs，Werner Pauker，Alex Baumgärtner，*Delickts-und Schadensersatzrecht*，9. Aufl.，Berlin Heidelberg，2017.

47. Mc Camus，John D，*The Restatement*（*Third*）*of Restitution and Unjust Enrichment*，Canadian Bar Review，2011.

48. Michael Kelly，*The Phantom Reliance Interest in Contract Damages*，Wisconsin Law Review，1992.

49. Medicus/Lorenz，*Schuldrecht* Ⅱ *Besonder Teil*，17. Aufl.，C. H. Beck，2014.

50. Medicus，Petersen，*Allgemeiner Teil des BGB*，11. Aufl.，C. F. Müller，2016.

51. Medicus/Petersen，*Bürgerliches Recht*，Vahlen，2019.

52. Natalino irti，*L'età della decodificazione*，Quarta eddizione，Giuffrè，1999.

53. Nils Jansen，*Die Struktur des Haftungsrechts*，Mohr Siebeck，2003.

54. Holmes，*Commom Law*，Little，Brown and Company，1923.

55. Oliver Moréteau，Revisiting the Grey Zone Between Contract and

Tort: The Role of Estoppel and Reliance in Mapping out the Law of Obligations, in Koziol/Steininger (eds.), *European Tort Law*, 2004.

56. Otto von Gierke, *Schuld und Haftung im älteren deutschen Recht*, Breslau, 1910.

57. Paula Giliker, The Role of la faute in the Avant-projet de réforme, in *Reforming the French Law of Obligations*, edited by John Cartwright, Stefan Vogenauer and Simon Whittaker, Oxford and Portland, Oregon, 2009.

58. Peter Birks, *Rights*, Wrongs and Remedies, *Oxford Journal of Legal Studies*, Vol. 20, No. 1, 2000.

59. Peter Birks, Equity in the Modern Law: An Exercise in Taxonomy, 26 *Uni. W. A. L. R.*, 1996.

60. Peter Loser, *Die Vertrauenshaftung im schweizerischen Schuldrecht*, Stämpfli Verlag, 2006.

61. Rafal Zakrzewski, *Remedies Reclassified*, Oxford University Press, 2009.

62. Reinhard Zimmermann, *The Law of Obligations*: *Roman Foundations of the Civilian Tradition*, Oxford University Press, 1996.

63. Robert A. Hillman, *The Richness of Contract Law*, Kluwer Academic Publishers, 1997.

64. Robert A. Hillman, *The Richness of Contract Law*: *An Analysis and Critique of Contemporary Theories of Contract Law*, Springer Science & Business Media, 1997.

65. Robert Chamber, Charles Mitchell, James Penner ed., *Philosphical Foundations of the Law of Unjust Enrichment*, Oxford University Press, 2009.

66. Rudolf Huebner, *A History of Germanic Private Law*, translated by Francis S. Philbrick, Boston: Little, Brown, and Company, 1918.

67. Saul Litvinoff, Contract, delict, morals, and law, 45 *Loyola Law Review*, 1999.

68. Stephen A. Smith, Unjust Enrichment: Nearer to Tort than Contract, in Ronert Chambers, Charles Mitchell, & James Penner (eds.), *Philosophical Foundations of the Law of Unjust Enrichment*, Oxford University Press, 2009.

69. Todd D. Rakoff, Fuller and Perdue's The Reliance Interest as a work of legal scholarship, *Wisconsin Law Review*, 1991.

70. Ward Farnsworth, *Restitution: Civil Liability for Unjust Enrichment*, the University of Chicago Press, 2014.

71. Walter Wilburg, *Die Lehre von der ungerechtfertigten Bereicherung nach österreichischem und deutschem Recht: Kritik und Aufbau*, Graz, 1934.

72. Wilburg, *Entwicklung eines beweglichen Systems im bürgerlichen Recht*, Verlag Jos. A. Kienreich, 1950.

73. Ewoud Hondius & André Janssen (ed.), *Disgorgement of Profits: Gain-Based Remedies throughout the World*, Springer, 2015.

后　记

在某种意义上，本书可以被看作是《合同法与侵权法中间领域调整模式研究：以制度互动的实证分析为中心》一书的“后传”，接续了后者所开启的主题，讨论了统一民事责任的一般理论与规范建构问题。本书原本打算展开但终未完成的工作，即对防御性责任、返还性责任、补偿性责任以及惩罚性责任作更为深入的阐释，唯待来日矣！

恰如本书第一章业已指明的那样，“民事责任”并非一个具有共识性内涵的概念。在德、奥等国的民法传统中，责任法是指非合同责任法，或者干脆就是指侵权责任法。不过，其损害赔偿法的概念更为宽泛，包括违约损害赔偿在内。在法国民法中，责任法则更具一般性。普通法下的“救济法”思维则与我国的民事责任制度存在着某种程度的体系共鸣。总体而言，不同法律传统对民事责任的基本内涵具有基本的共识，即用以指称：为救济受侵害的民事权益，特定人对特定人负担的约定或法定义务。我国自《民法通则》以来，基本上也是在这种意义上使用民事责任概念，并建构相关法律制度的。

从理论与规范建构来看，民事责任基本上是围绕合同责任与非合同责任而展开的，非合同责任除包括侵权责任外，还包括缔约过失责任、不当得利返还责任以及其他法定补偿责任等形式。由于责任本身具有法定性，合同责任与非合同责任类型区分的真正价值在于，合同责任处理对基于当事人意思自治所创设权益的法律救济，相应地，非合同责任则处理不依赖当事人意思的固有利益之救济问题。如果真的能够像这样进行清晰的对象划分，规范建构的复杂性将会大幅减弱。实际上，责任法的规范结构不可能被一劳永逸地预先确定，先前偶然确立的责任法框架总是伴随认识深化、实践需要而得到修正或完善。结果，按照类型建构的责任法越来越基于实用性目的而被工具化了，合同责任和非合同责任之间不再有清晰的区分标准：在合同责任规范也保护固有利益，或者侵权责任规范也保护合同权益时，任何抽象而清晰的责任类型划分都将是困难，甚至不可能的。

人们很容易明白，如果对合同责任与非合同责任预设的分类基础改变了，再将基于类型划分的规范效果不加改变地适用于已经变化的待决事实，就难免得出不当甚至错误的结论。例如，我们曾经认为，违约损害赔偿范围不包括精神损害，但这种认识随着《民法典》的颁行已基本上被放弃了。既然实证法上的责任类型因工具化而界限模糊，出现了调整领域或责任原理的交错，那么按照实质性的评价标准跨越实证法的形式类型，针对不同场景重新整理责任法规范，就成为统一责任法理论的出发点。

从规范建构的角度看，按照责任法的基本结构，统一民事责任包括统一责任构成与统一责任效果两个部分。在立法既定的情况下，统一责任构成主要服务于认识目标，即确立各种民事责任的统一规范基础，也就是作为法律救济前提的统一事实构成，如权益侵害、致害原因/事实与因果关系。任何欠缺这种统一事实构成的责任规范，都必然面临正当性质疑，基于单纯损害分配目标的“公平责任”，即为其例。

统一民事责任更大的意义在于统一责任效果。无论责任法中是否已经有对某种民事责任效果的统一规范，如某些立法例中有关损害赔偿的统一效果规范，在面临相同权益侵害时，在法律体系的视角下，都应当承认统一的责任内容。当事人有效的风险分配约定对责任的构成与效果具有决定性；对非意定范围内的风险事项，则必须依立法所确定的评价标准，从特定法律体系的角度加以评价。这样，对于待救济的权益，在法教义学上真正重要的是：当事人是否已有相关风险分配约定？如何对未约定的风险事项基于体系视角确定评价效果？在这样的思维模式下，无论是面对被归类到单一责任类型下的民事权益救济，还是面对可以同时被归类到多个责任类型下的民事权益救济（责任竞合），功能性民事责任都是最好的切入口，由此，不同责任类型的法律效果能够得到最大限度的统一，避免因归类原因而引发“相同情况不同处理”的反法治原则的结果。

本书是我申请的教育部一般项目的研究，即“民法典编纂视野下统一民事责任的构建”的预定结项成果。由于我个人的原因，课题进行得很不顺利，以致结题时间一拖再拖，最后竟然不得不为了按时结题而改为论文结题。虽然最终还是完成了本书的撰写，但对有些事情有必要作特别说明。

为了完成课题，我请课题组成员之一周奥杰以课题内容撰写博士学位论文。奥杰是我在四川大学指导的硕士研究生，后来他成为梁慧星老师在四川大学指导的博士研究生。我最初的打算是，以他撰写的博士学位论文为基础，作必要修改后提交结题，算是“一鱼多吃”吧！正是基于这样的预想，我跟他商定了论文的写作框架和思路，基本上是在《合同法与侵权法中间领域调整模式研究：以制度互动的实证分析为中心》第五章所确定的思路上推进。或许是因为他想着自己要撰写博士学位论文，独立思考与理论创新是必须的，所以，他在我确定的写作框架下，作出了不同于我预设的创新思考。等到我看到他的论文时，才发现其观点与我的观点背离不少，甚至可以说，他是在我提供的“旧瓶”里装上他自己的“新酒”。尽管从博士学位论文写作的角度，我无话可说，但对于文章的基本观点，尤其是有关统一民事责任原理与规范的理解，我是不接受的，毕竟，课题是我的，我不能提出我自己所不认同的结项成果。于是，我决定“重点炉火”，再酿“旧酒”。

鉴于当时的情况，我已无法独自完成这项工作，所以“被迫”请当时还在罗马第一大学访学且正在撰写博士学位论文的昝强龙博士（现在是我的同事了）一起完成这项工作。尽管我们完全抛弃了奥杰博士的论文的观点，按照我在《合同法与侵权法中间领域调整模式研究：以制度互动的实证分析为中心》一书，以及《论统一民事责任制度的建构——基于责任融合的“后果模式”》一文中所奠定的思路展开我们的研究，但是，本书的整体框架与奥杰的博士学位论文仍然保持了基本一致。之所以不将他作为本书的合作作者，是因为我们完全是独立创作，对于本书观点的形成，无法确定他的贡献度（虽然我的确“借用”了他的标题）。何况，他论文的总体框架本来是我建议的，写作框架相似也无碍于各自成果的独创性，并且，本书与他的博士学位论文都“派生于”我在《合同法与侵权法中间领域调整模式研究：以制度互动的实证分析为中心》一书中确定的问题，这种框架上的相似就更无可厚非。当然，还是要感谢奥杰博士为本书主题进行的具有对照意义的有益探索。

本书导论，第一、二章及结论由我完成，第三、四章的主要内容由昝强龙博士完成，少部分内容由我完成。感谢我的博士研究生黄清新同学为书稿校对付出的辛劳。另外，要特别感谢中国人民大学出版社政法分社郭虹社长的支持，以及责任编辑专业、细致的编校。

写完这篇后记，窗外凉风送爽，心头升起一种久违的轻松感。

图书在版编目（CIP）数据

统一民事责任：原理与规范/张家勇，昝强龙著
. -- 北京：中国人民大学出版社，2023. 10
ISBN 978-7-300-32025-0

Ⅰ. ①统… Ⅱ. ①张…②昝… Ⅲ. ①民事责任-研
究-中国 Ⅳ. ①D923. 04

中国国家版本馆 CIP 数据核字（2023）第 150102 号

统一民事责任：原理与规范
张家勇　昝强龙　著
Tongyi Minshi Zeren：Yuanli Yu Guifan

出版发行	中国人民大学出版社		
社　　址	北京中关村大街 31 号	**邮政编码**	100080
电　　话	010－62511242（总编室）		010－62511770（质管部）
	010－82501766（邮购部）		010－62514148（门市部）
	010－62515195（发行公司）		010－62515275（盗版举报）
网　　址	http：//www. crup. com. cn		
经　　销	新华书店		
印　　刷	涿州市星河印刷有限公司		
开　　本	720 mm×1000 mm　1/16	**版　　次**	2023 年 10 月第 1 版
印　　张	20. 5 插页 1	**印　　次**	2023 年 10 月第 1 次印刷
字　　数	301 000	**定　　价**	89. 00 元